華人教育模式：
全球化視角

Chinese Education Models in a Global Age

周祝瑛、錫東岳、魯嬪文　主編

Chinese Education Models in a Global Age

Chuing Prudence Chou

Jonathan Spangler

Wendy Lu

Editors

目次

第一篇　當過去遇到未來

第三篇　當理論遇到實踐

第四篇　結語

附錄

主編者簡介

周祝瑛（Chuing Prudence Chou）

周祝瑛博士為國立政治大學（NCCU）教育學系教授，教育部公費留學生，美國加州大學洛杉磯校區（UCLA）比較及國際教育博士，美國傅爾布萊特資深學者，政大學術優秀獎得主。曾任國際期刊如：*Higher Education Policy*、*Chinese Education and Society* 等專刊主編與編輯委員。先後在臺灣政大、日本東北大學與秋田國際教養大學、奧地利維也納大學與中國大陸華南師範大學等授課，並指導過來自臺灣、大陸、美國、英國、法國、聖露西亞、哥倫比亞等碩博士論文。周教授長期關心臺灣教育改革與全球教育發展，除經常發表媒體教育評論，並著有《誰捉弄了台灣教改？》、《愛在紐西蘭》、《比較教育與國際教改》、《翻轉性別教育》、《網絡效應與青少年教育》以及 *Cultural and Educational Exchange in Rival Societies*（衝突地區的文教交流）、*Chinese Education Models in a Global Age*（華人教育模式：全球化視角，中、英文版）、*Taiwan Education at the Cross-road*（十字路口的臺灣教育）、*The SSCI Syndrome*（SSCI症候群）等書。詳見個人網站 http://www3.nccu.edu.tw/~iaezcpc/index.html。
✉ iaezcpc@nccu.edu.tw

錫東岳（Jonathan Spangler）

目前擔任亞太政策研究協會祕書長與南海智庫主任，並於 2018 年取得國立政治大學亞太研究博士學位學程國際關係組的博士學位。主要研究興趣為亞太區域安全、海域爭端與兩岸關係，特別著重於研究不同國家的外交政策與亞太區域政治趨勢起伏間的關係。具有超過十五年的教學經驗，曾經教授過的課程涵蓋國際關係、教育、永續發展與其他等多元領域。出版過的專書與專題報告

書，以及發表過的學術文章、分析與評論、參考資料和其他著作等皆獲得不同領域的決策人員、研究人員、學生與媒體的認可並予以引用。此外，亦是一位熱愛越野賽跑的愛好者與業餘登山家，並已取得山難搜救和野外急救的合格認證。無論從事何種工作與活動，一心所繫即是對社會盡棉薄之力及帶來正面影響。Spangler 博士來自美國科羅拉多州，近十多年來分別在拉丁美洲與東亞國家學習與工作，自 2010 年起在臺灣生活與工作。詳見個人網站 jspangler.org 。

✉ jsymmetry@gmail.com

魯嬪文（Wendy Lu）

畢業於復旦大學外文學院，臺灣政治大學亞太研究碩士。目前就職於上海高頓教育集團。

✉ pinwenlu514@hotmail.com

作者群簡介（依各章作者排序）

Julia Kwong

加拿大曼尼托巴大學榮譽教授，加拿大皇家學會會士，著有 *Cultural Revolution in China's Schools May 1966-April 1969*（1988）和 *The Political Economy of Corruption in China*（1997）等著作。
✉ chak-sin.kwong@umanitoba.ca

李軍（Jun Li）

現任加拿大西安大略大學教育學院教育政策與領導學終身教授、全美國際與比較教育學會書系《全球視野中的教育》（紐約州立大學出版社）首任編輯；香港教育研究學會前主席、香港比較教育學會前會長。
✉ jun.li@uwo.ca

郭琳媛（Linyuan Guo-Brennan）

加拿大愛德華王子島大學教育學院教授
✉ liguo@upei.ca

鄭勝耀（Kent Sheng Yao Cheng）

國立中正大學教育學研究所／師資培育中心教授
✉ kentcheng@ccu.edu.tw

W. James Jacob

美國曼菲斯大學教育領導學系教授兼系主任
✉ wjacob@pitt.edu

黃光國（Kwang-Kuo Hwang）

國立臺灣大學心理學系特聘教授，亞洲本土及文化心理學會會長。長期致力於

結合東、西文化，以科學哲學作為基礎，發展本土社會心理學。
✉ kkhwang@ntu.edu.tw

周憶粟（Yisu Zhou）

澳門大學教育學院助理教授
✉ zhouyisu@umac.mo

王丹（Dan Wang）

香港大學教育學院副教授
✉ danwang@hku.hk

李枝秀（Zhixiu Li）

澳門大學教育學院碩士研究生
✉ stephanie-lzx@163.com

鄧蔚玲（Weiling Deng）

美國加州大學洛杉磯校區教育學院博士候選人，研究領域包括：比較與國際教育、教育哲學、中國教育近現代史、跨文化研究、女性主義研究、新媒體與社會運動。
✉ weilingdeng1989@gmail.com

宋可音（Ko-Yin Sung）

美國猶他州立大學中文學系副教授兼系主任。研究範圍包括：漢語學習策略、學習動機、漢字習得以及電腦輔助教學。
✉ Koyin.Sung@usu.edu

蔡筱梅（Hsiao-Mei Tsai）

美國猶他州 Cedar Ridge 小學教師，研究領域為：中文語言學習與教學策略、漢字的閱讀與寫作，以及語碼轉換對學齡兒童漢語習得的影響等。
✉ zinatsai@gmail.com

王秀槐（Hsiou-huai Wang）

美國哈佛大學教育博士，國立臺灣大學師資培育中心教授

✉ wanghs@ntu.edu.tw

周祝瑛（Chuing Prudence Chou）

（請見主編者簡介）

楊雁斐（Yanfei Yang）

國立政治大學教育學系博士生

✉ 105152520@nccu.edu.tw

錫東岳（Jonathan Spangler）

（請見主編者簡介）

梁瀞文（Jingwun Liang）

加拿大英屬哥倫比亞大學教育學院研究生

✉ liangjw1994@gmail.com

何艾馨（Ai-Hsin Ho）

紐西蘭奧克蘭市西湖男子高中主任

✉ ai.hsin@gmail.com

王宇（Yu Wang）

北京大學文學博士，現任首都師範大學國際文化學院副教授。研究領域包括：
漢語作為第二語言教學、國際教育等。

✉ wangxiaoyu9238@aliyun.com

蔡藝術（Sining Marcos Kotah）

國立菲律賓大學教育行政博士，現任菲律賓僑中學院副校長，擔任馬尼拉私立
學校協會會長，推動華語作為第二語言的教學路向。

✉ ningkotah@yahoo.com

笪微微（Wei-Wei Da）

加拿大西安大略大學布萊舍爾學院行為和社會學系副教授。研究領域包括：移民和移民家庭、婦女和社會性角色、宗教與文化融入、兒童養育和教育及老年問題。

✉ wda@uwo.ca

Anthony Welch

澳洲雪梨大學教育學教授及前院長，曾獲中國「海外名師」的榮譽。著作主要涉及澳洲及亞太地區教育政策及教育改革等議題。著作已被譯為十餘種語言，包括 2011 年出版之《東南亞高等教育》。

✉ anthony.welch@sydney.edu.au

王震華（Zhenhua Wang）

澳洲雪梨大學教育學博士生，研究課題為「從高校利益相關者視角比較中澳本科層次合作辦學」。

✉ zwan0487@uni.sydney.edu.au

Gulbahar Beckett

美國愛荷華州立大學應用語言學和科技領域教授。研究包括：進步主義教育及傳統教學模式。擔任《移民、本土和少數民族教育》（*Diaspora, Indigenous, and Minority Education*）期刊副主編。

✉ beckett@iastate.edu

趙娟娟（Juanjuan Zhao）

美國俄亥俄州辛辛那提大學教育博士，研究包括：跨文化教育理論和實踐、第二語言和外語的教學等。

✉ zhaojj@mail.uc.edu

蔡晨雨（Chen-Yu Cai）

畢業於浙江大學教育系，臺灣政治大學教育研究所碩士。
✉ caichenyuzju@163.com

趙明明（Ming Ming Chiu）

香港教育大學數據分析及多元教育講座教授。曾對全世界 65 個國家地區的幾十萬名學生進行分析，發現經濟地位、社會公平及文化價值對學生學習的影響。
✉ mingmingchiu@gmail.com

陳高偉（Gaowei Chen）

香港大學教育學院助理教授，研究專長為如何應用統計和機器學習模型分析課堂和網上討論過程，促進師生互動和學習成效。
✉ gwchen@hku.hk

王兆云（Zhaoyun Wang）

加拿大多倫多大學安大略教育研究院博士候選人
✉ zhaoyun.wang@mail.utoronto.ca

王光明（Guangming Wang）

中國天津師範大學教師教育學院教授、院長、博士生導師
✉ bd90310@163.com

許雅寧（Ya-Ning Hsu）

美國哥倫比亞大學雙語教育博士，為哥倫比亞大學教育研究所兼任助理教授，專精英語教學、閱讀教學及雙語教育。
✉ Hsuz@exchange.tc.columbia.edu

姒依萍（Yiping Si）

國立政治大學教育學系博士生
✉ 78033543@qq.com

推薦序一　我與華人教育的緣分

　　1970 年代，筆者初涉華人教育研究領域，當時正值中國大陸文革如火如荼的進行階段，同時臺灣緊隨當時日本令世人矚目的教育與現代化成就的步伐，步入亞洲四小龍的行列。在那一個令人難忘的時代裡，一方面中國大陸號召平等主義的同時，高喊延續五四運動，繼續打倒孔家店，剷除儒家遺緒等激進暴力路線。另一方面，華人世界卻出現另一個在傅高義（Ezra Vogel）形容中，堪稱與韋伯新基督教倫理相匹配，具儒家倫理的現代轉型社會（Vogel, 1991）。

　　1980 年 10 月，第一次拜訪孔子的出生地──曲阜，至今筆者仍然保留著當年孔子銅像被人砸碎、橫躺在墓旁的照片。相對於此，退回到更早的 1970 年，首度從香港輾轉到臺灣時，在港、臺兩地筆者親眼目睹傅高義口中那個快速步入現代化的華人社會預言，其震撼經久未散。

　　當時很少人對於華人教育模式感到興趣，甚至未曾料到它將對後世產生深遠的影響。更無人會料到，鄧小平領導的改革開放，會對日後的世界造成何種影響，又如何讓中國大陸快速向現代化轉型，甚至緩和了兩岸劍拔弩張的關係。也唯有到了 1990 年代冷戰結束後，杭廷頓（Samuel Huntington）接著預言接下來的世界將面臨「文明的衝突」。相對的，聯合國提出了「文明對話」相抗衡，鼓勵西方教育家敞開心胸，去認識那一個曾經影響歐洲啟蒙運動，卻常被遺忘的「東方文明」。基於這樣的共識，多倫多大學的安大略教育研究院（Ontario Institute for Studies in Education, OISE）在 1992 年召開了一場以「跨越文化」（Knowledge Across Cultures）為主題的國際研討會。邀請來自東亞、印度、中東、東非、歐洲及北美的專家學者，一起探討中國、印度和穆斯林對歐洲啟蒙運動的貢獻（Hayhoe & Pan, 2001）。隨後的 1994 年，在中國大陸的嶽麓書院，學者們再度聚首。嶽麓書院成立於西元 961 年，比歐洲最早的現代大學還早一百多年。該次研討會，大家一起探討了東亞文化中的認識論和制度模式，如何影響全球教育思潮（Hayhoe & Pan, 1996）。

　　如今二十多年過去了，這本書見證了華人教育模式的豐富多元，以及如何激勵學前到高等教育各階段的教師專業、教學、課程、學習方法，和教育制度等方面的發展與改善；有些作者毫不避諱地檢討儒家傳統文化中長期以來的侷限性，進而建議華人教育中的儒家文化傳統，如何與西方進步主義教育等元素相結合。本書透過許多生動的範例加以說明這些模式，如：華語及數學學習、公民意識的形塑、學前教育及研究生教育學等探討。書中內容橫跨多地區的華人社會，以及散居各處華人的教育觀念與實務，包括：菲律賓、紐西蘭、澳洲、美國、加拿大、臺灣和中國大陸等。其中，有些案例試圖融合表面上看似充滿矛盾與衝突的西方實用主義（pragmatism）與東方新愛國主義（neo-patriotism），從而探究其教育的特質。

　　作者群高度的文化敏感度，能夠深入詮釋各地華人社群的教育現況，比較不同華人社會教育過程，如何將原有的華人理念與現行制度做調節，充分顯示了全書作者具備嫻熟的比較研究理論基礎與方法學訓練。本書編者周祝瑛教授、錫東岳博士和魯嬪文女士共同編纂的章節包含：華人教育模式緣起、東西方交流、理論與實務等三個層面。周教授對本書內容做了非常精練的概括和總結，而錫東岳則總結了「華人教育特性」（Chineseness），提出：混種與異質等多元性與融合性特徵，以此詮釋華人教育中的規範、機構與個人間的關係。透過整本書的系統介紹與分析，讀者可以細細咀嚼，在全球化時代中華人教育的發展及其影響。

許美德（Ruth Hayhoe）

加拿大多倫多大學安大略教育研究院講座教授

參考文獻

Hayhoe, R., & Pan, J. (Eds.). (1996). *East-west dialogue in knowledge and higher education.* New York: M.E. Sharpe.

Hayhoe, R., & Pan, J. (Eds.). (2001). *Knowledge across cultures: A contribution to dialogue among civilizations.* Hong Kong: Comparative Education Research Centre, University of Hong Kong.

Vogel, E. (1991). *The four little dragons: The spread of industrialization in East Asia.* Cambridge, MA: Harvard University Press.

推薦序二　中國教育模式，全球華人經驗

　　中國教育傳統源遠流長，幾千年歷史綿延不斷，積累了豐富的經驗，培養了眾多人才。但近百年來，引進了西方教育制度和理念，中國的教育傳統似乎湮沒在西方教育之中。直到兩次 PISA 測試，上海取得頭籌，西方國家才對中國教育刮目相看。於是對中國教育議論紛紛，由此而涉及華人教育。「虎媽」、「狼爸」相繼出現，似乎這就是中國教育的模式、華人教育的摸式。實際上這是很大的誤解。因此有必要對華人教育做一番研究，進行一番解讀。我想這就是周祝瑛教授編纂這部書的緣由。

　　我經常講，教育離不開一個民族的文化，華人教育也離不開中華傳統文化。文化是民族的基因，滲透在民族的血液中。因此華人，無論是在中國大陸，還是在海外各地，至今仍保持著中華文化傳統，也保持著中華教育傳統。

　　中華教育傳統有哪些特點？

　　首先，中華兒女重視教育。中國人，不管達官貴人還是庶民百姓，總是千方百計讓自己的子女讀書，培養他們知書達理，創家立業。海外華人也都繼承了這個傳統，而且為了生存，更加重視對子女的教育。

　　其次，中國教育重嚴格、重基礎。過去要熟讀「四書五經」，現在強調基本知識、基本技能的訓練，與西方的自由教學不同。家長對孩子都十分嚴格，所以出現了所謂「虎媽」、「狼爸」之說。但其實他們並不能代表所有華人的教育，更不能代表現代中國教育。華人對子女的要求嚴格有之，但每個家庭的方式並不相同。

　　第三，中國教育具有開放性、發展性，願意吸收各種教育經驗。中國現代教育是從西方引進的，吸收了許多西方的教育理念和制度，同時隨著時代的發展不斷變革和發展。現代中國的教育雖然還保持著中華文化的精神，但無論在內容上還是形式上都已融入世界教育的軌道。特別是主張學生為本、個性發展、自主探究等教育方式，使得中國教育符合時代的步伐。

　　第四，中國教育具有包容性、適應性。中國教育雖然保持著中華傳統，但不保守，不斷吸收其他國家的經驗。因此，各地華人教育都重視融入當地文化，適應當地文化風情。當然各地情況不同，與各地政策和華人在當地的地位有關。華人群體較集中的地方，中華教育的傳統就多一點（如緬甸的第五代華人還能說流利的漢語）。

　　因此，周祝瑛教授主持的這項研究很有意義，不僅使我們了解全世界不同華人教育的異同，也讓世界了解中華文化及其對教育的影響。我來不及拜讀完全書，周教授要我寫幾句話，我就發表這些感想。

中國教育學會理事長

北京師範大學教授

推薦序三 儒家社會中的教育優勢

　　近年來，華人教育愈來愈受到國際上的注意。所謂「二十一世紀是亞洲世紀」的說法，甚囂塵上；而引人注意的，除了華人社會的經濟強勢以外，教育的發展也令人矚目。香港、臺灣素來在國際比較中，名列前茅（新加坡也是其中）；2009 年上海在 PISA 研究中獨佔鰲頭，帶出了韓、日、華、越所謂儒家社會（或曰筷子社會）的優勢。而在高等教育的國際比較中，華人社會的大學也表現出色，為亞洲之冠。在全球各地紛紛進行教育改革之際，華人社會的教育無疑令人另眼相看。不過，這些國際比較只是表面看得見的成績；華人教育的出眾，一定有其文化底蘊。這些文化底蘊，可以看成是中華文化數千年人類智慧的累積與沉澱；不過在極端崇尚功利的工業社會中，似乎被掩蓋了。現在世界步入「後工業」的新世代，「人」正在重新恢復他們的地位。這些涉及人類基本要素的教育內涵，也許正在發揮其集聚的獨特威力。這方面的研究，還剛剛開始。本書從世界各地的華人社會，觀察華人教育。環境不一樣、處境不一樣，具體的措施也各有千秋；但是就是從這些多樣的側面，反而可以看出不同的華人社會裡華人教育的共通之處，從而管窺華人教育的基本要素和豐富內涵。從這個角度看，這本書可以說是同類的第一本，也打開了研究華人教育新的一頁。

香港大學前副校長與榮休教授

推薦序四　華人教育的挑戰與突圍

　　這是一個變動的時代，也是一個全球化的時代，在地球村概念下，教育上的蝴蝶效應，愈來愈明顯；現代華人在世界上扮演的角色和影響力，也愈來愈重要。凡我華夏子弟，不論你身在何方，必須思考你的來處和去處，珍惜所擁有的成就，發揮改變世界的正向影響力量。其中，最值得探究的是教育議題，因為教育是一切改革的引擎。

　　無疑地，百年來華人社會的教育在西潮衝擊下，發生了許許多多的變化，包括量變和質變。在量變方面，最明顯的是教育機會均等、普及教育的實踐，古老的「有教無類」理想再也不是空想；在質變方面，我們看到了各種教育現場的「拼盤」、「外來種」和「混血兒」。前兩者或不東不西，或「自我殖民」（黃光國教授語），沒有主體性；後者則融合中外，既傳承又創新，儼然優秀的新品種，帶來新世界的希望。

　　華人族群根深葉茂，歷經許多世代，早已遍布全球；此不獨是人口的擴增，也是文化的傳播。中華文化（尤其儒家文化）畢竟是我們的根，植基中華文化的教育，雖屢經磨難，終如浴火鳳凰，生生不息，繁衍出形形色色、多姿多彩的教育樣貌，展現出「和而不同」的特色，這也就是本書的主題──全球化時代中的華人教育模式。

　　本書的作者群是來自全球各地的三十餘位國際知名學者，分就教育思潮、教育政策、教育改革、課程教學、師資培育、高等教育、教育評鑑、華語教學、文化衝擊、網路教育、兩岸四地教育評比等熱門議題，進行深入解析，可謂既具廣度，又有深度，乃是極為獨特罕見的全球性華人教育專著。

　　本書三位主編周祝瑛教授、錫東岳博士及魯嬪文女士素以發揚中華文化、促進教育革新為職志，在英文版出書之後，不辭勞苦，主譯本書，以饗同好，敬佩之餘，特綴數語，鄭重推介。

吳武典

國立臺灣師範大學名譽教授

推薦序五　他山之石

　　長久以來，各國之教改常不斷觀察和反省國際趨勢，以收他山攻錯之效。只是，在過程中常會遇到矛盾，到底該「堅持做自己」或該「順應世界潮流」？或者有折衷之道嗎？華人社會也不例外，遇到推動國際教育理論和方法時，常批「外國月亮比較圓」，加以反對，要不然就是照單全收，全然忘了自己的強項。

　　1980 年代，我主持一項多年期的國際學校效能研究計劃，其中安排國際學者到訪，吸引 BBC 團隊抵臺報導國小教學特色，自覺與有榮焉。還有一次英國學者來訪，得知我在臺灣參與推動開放教育，還籌備國內開放教育學會，乃以英國經驗提醒我說：「倒洗澡水的時候，千萬不要把小孩一起倒掉。」這句話讓我印象深刻，時常反思教改有無拋棄自己的長處。

　　1992 年 8 月 5 至 6 日，我參加在華府舉辦的 APEC 教育部長會議臺灣代表團，這個會議由美國布希總統倡議，並由美國教育部主辦，主題是「二十一世紀教育標準」（Education Standards for the Twenty First Century）。在前導的研討會中，多位美國學者報告其於東亞國家的研究發現，對亞洲四小龍的教育表現讚譽有佳。聽到美言，片刻欣喜，之後就馬上反省到需要改變的缺點。

　　華人分散在全世界，不論他們在哪裡，都會受到固有文化和思維的影響。在教育上，華人特別關注子女教育，總認為教育是向上流動的重要管道，學業一定要嚴格要求，升學考科更需斤斤計較。華人學生的學業優異表現固然可取，然而別忘了其中也有需要解決的問題。

　　華人教育的專著仍屬有限，很高興看到周祝瑛教授、錫東岳博士和魯嬪文女士主編的大作——《華人教育模式：全球化視角》問世。該書扣緊華人教育

主軸，邀請知名學者撰文，其範圍遍及幼教至高教各個領域，論其異同，辨其得失，發人深省，十分精彩。時值該書出版之際，特綴數語，予以推薦。

黃政傑

靜宜大學終身榮譽教授

中文版主編序

近幾年，隨著中國大陸經濟與政治實力的崛起，加之具有華人背景的學生在各種國際學習評量（如 PISA 等）中，表現優異，愈來愈多人開始關注「教育」與大陸日漸興起之間的關聯。有鑑於此，編者希望透過多國國際學者的協力合作，經由各地華人世界與社群對於教育理念與學校實務等的探究，以解釋華人圈中共同的教育特質，藉此歸納出相關的理論或模式，用來解釋華人教育如何在激烈的全球化競爭中，能夠在各種國際評量與競賽中脫穎而出等疑問。同時試著去理解這些身處不同地理環境的國際或華裔學者，如何透過局外人與局內人的視角，比較世界各地區華人教育的特色。

有鑑於此，2016 年春季 Springer 出版社出版了《華人教育模式：全球化視角》（*Chinese Education Models in a Global Age*）英文版專書，在撰寫脈絡上，先從歷史脈絡等縱軸面，選擇自十八世紀中現代教育制度啟蒙的歷史發展脈絡，觀察當代中國大陸等華人地區教育模式的演進與發展。其次，再從國際視角的橫切面，分析當東方遇見西方時所發展出的模式，是如何受到西方教育哲學與制度的影響。第三部分則涉及華人教育模式理論與實務的探討，比較其在各處發展的異同。

由於上述研究計劃屬國際上少見的大規模華人教育研究，因此每位作者的研究主題各有千秋，從西方影響下的華人高教模式、當杜威遇見孔老夫子、中國大陸教育政策，到網路學習調查研究、儒家思想與數學教育、兩岸四地學生 PISA（國際學生能力評量計劃）的學習時間比較等當代新興議題。

在舉世出現「一窺華人教育究竟」及「華語學習」熱潮中，本書的出版，基本上符合上述需求。本書最後歸納出：各地華人教育並不侷限於單一模式，而是包含三項特徵：

1. 華人教育模式隨著時代而持續變動。
2. 在近代教育模式的建立與轉變過程中，融合了中國儒家與德、法、

　　日、美及蘇聯等國的教育經驗，可謂集合東西教育的精華。

3. 隨著華人的大規模全球遷徙與移民，在歷經各種不同社會情境的影響
　　下，衍生出符合不同社會需求的樣態。

　　本書英文版出版後，隨即獲得國際各界好評與讀者回響，希望中文版本能
夠早日問世。經過眾人一年餘的協調與努力，本書中文版終於得以問世。

　　本書中文版，要感謝每一位作者與翻譯者所付出的辛勞，加上臺灣心理出
版社洪有義董事長、林敬堯總編輯的慨允出版，編輯林汝穎女士的細心校對。
衷心盼望本書能對關心全球華人教育發展的讀者，有所助益和啟發。

周祝瑛、錫東岳、魯嬪文

謹誌於臺灣・木柵　指南山城

|第一篇|

當過去遇到未來

第 *1* 章
嵌入式發展：
中國大陸的教育變化

Julia Kwong

摘要

　　本章分析從 1949 到 2000 年在經濟影響下的中國教育發展，說明社會環境在教育模式的形成和實施過程中的重要性。在第一個時期（1949-1976），中國政府提出了一個有針對性的教育計劃，以迎合社會主義計劃經濟的需求；在第二個時期（1976-2000），政府為了適應自由市場經濟的需求，對原有教育政策進行修改。在這兩個時期，由於經濟需求的不同，教育管理、課程、教學方法和獎勵制度的重點及組織形式也截然不同。本章回溯兩種中國教育模式，闡述社會觀念和社會結構的演變在教育模式的形成和實施過程中所產生的重要作用，說明借用中國教育模式或任何一個外來輸入模式可能面臨的挑戰。

關鍵詞：中國教育發展、社會變革、教育模式、社會觀念、社會結構

一、前言

在這個全球化時代，通信技術高速發展，國與國之間交流日益增多，一個國家的成就很快就為外界所知，追求相同目標的其他國家往往見賢思齊，有意仿效（Hayhoe & Bastid, 1987; Stevenson & Stigler, 1992）。到了上世紀六十年代，中國自力更生發展全民普及教育獲得了很大成就，贏得不少第三世界學者和許多政治家的讚賞，被譽為中國發展模式。在 2009 年及 2012 年，上海學生參加國際學生能力評量計劃（Programme for International Student Assessment, PISA），取得了優異成績，名列前茅，受到外界關注。已發展國家也派遣代表團到中國訪問，以了解中國學生的成功祕訣。

然而，中國在這兩個時期的教育模式和實踐有很大的差異，甚至有點逆道而行，但都贏得了外界的讚譽。每個時期被稱讚的原因當然不同。在第一個時期，中國在非常短的時間內以有限的資源提高了全國人民的教育水準，這是數量上的成就；第二個時期，中國以學生的優異成績贏得了外界欽佩，這是質量上的成就。追求數量目標與追求質量目標不一定互相排斥，可以並行不悖。但是，當社會資源有限的時候，要實現一個目標往往要輕視或甚至犧牲另一個目標。因此，政府的教育目標有主次之分，政策也有優先扶持領域。本質上，中國這兩個時期的教育政策是根據不同導向的教育模式制定的。在第一個時期，教育模式是社會主義計劃經濟導向；在第二個時期，教育模式是自由市場經濟導向。

從 1949 年到 2000 年的五十年間，中國經歷了兩個導向截然不同或甚至有些相反的教育發展模式，這個轉變過程提供了一個難得的研究機會，藉以了解中國教育進程。分析在一個社會教育模式急劇轉變的原因，能讓我們認識到社會環境對教育計劃的重要影響，能闡明中國教育模式是嵌入社會發展的。從另一個角度來看，如果一個國家大環境的變化能使得教育政策發生如此大的轉變，我們可以領會到，在全球化的今天，當一個政府要借鑑另一個國家的教育政策時，就更需要了解本國大環境的特殊性，仔細考慮輸入模式的適當性，謹慎推行。

二、經濟發展模式與教育模式

　　模式（model），是現實中大結構的一個縮影，突出結構基本特徵，化繁雜為簡單。模式，可以作為一個很抽象的分析工具，總結並代表複雜現實；也可以具有啟發性，成為工業具體產品的樣板或勾畫項目的藍圖。同樣道理，社會發展模式不僅可以對已經發生的社會現象進行描述，也可以指導一個國家未來的發展。

　　世界上有很多種社會發展模式理論。在西方，Walt Rostow（1962）的理論和 Karl Marx（1975）的理論是主要代表，兩者都對社會發展進行了縱向分析。Rostow 將社會發展分為五個階段：傳統社會階段，準備起飛階段，起飛階段，趨於成熟階段，以及大眾高額消費階段。Marx 則認為社會發展是從古代社會，發展到封建社會，再發展到現代資本主義社會，並將最終實現共產主義社會。這兩種理論對經濟發展的描述有相同之處，但側重點完全不同。Rostow 強調為新興市場準備基礎設施，並把成熟的消費市場作為最終發展的階段；Marx 則重視生產資料和財富的所有權及分配。Rostow 沒有預見到經濟結構在未來將發生重大變化；Marx 則主張私有制的消失，並預言共產主義是社會發展的最終階段（Baran & Hobsbawn, 1962; Cohen, 2001）。由此可見，這兩個社會發展理論提出了不同的經濟發展模式。在這兩種模式的啟發下，各國施行了不同方案以達到「最終」階段。追隨 Rostow 模式的政府努力增加生產，建立有規範的自由市場經濟體制；採用 Marx 模式的政府則努力實現更公平的財富分配，為了達到這個目標，有時候不得不減慢生產力發展速度。

　　經濟對社會的影響不僅限於經濟領域，它也是塑造教育最強有力的社會力量，能決定教育的發展模式。因此，本文將對照兩種不同的經濟模式，對中國教育發展進行分析。迎合經濟需求是教育的主要功能之一，學校是培養擁有適當技能且符合經濟意識形態導向的勞動力，來支持經濟增長。因此，每個社會的教育系統因經濟結構的不同、對勞動力需求的不同而有所不同。教育體制與學校所授予學生的知識很大程度上取決於不同社會時期的技術需要；教育系統

所傳授的意識形態也反映了支撐經濟和社會的價值觀。中國教育模式所發生的根本變化緊隨著經濟模式的變化，用簡單的說法，第一個時期的教育是滿足馬克思主義經濟模式的需要，第二個時期的教育是為了符合 Rostow 經濟模式的需要。

　　西方教育界學者多關注多元化的細分研究領域，我們稱之為微觀教育研究，他們的研究項目眾多，包括教育擴張、教育財政與管理、各學科課程設計、各種教學方法，以及其他教育方面的問題。西方國家的教育結構，如在學術界一樣，也是劃界而治。各教育部門有其管轄的特定領域，它們的目標與政策都侷限於所管轄的領域之內。在這個領域內，它們有權力決定教育政策，創造不同的模式以符合特定的教育方向。中國教育體制與西方的分散管理不同，是由中央政府協調統一控制，對各個微觀教育領域進行宏觀管理，比如，教育財政、課程、管理和教學方法，都是在中央的部署下，基層部門跟隨中央指示。與西方相比，中國的教育政策和措施很容易協調一致，成為整體。因此，我們研究中國教育可以在宏觀層面上檢視，在整體上分析教育發展，體會中國微觀教育領域間的鏈接，以及它們與經濟環境的連繫。

三、第一個時期：馬克思主義模式下的教育發展（1949-1976）

　　經歷了一個多世紀的外國侵略與佔領、中外戰爭與內戰之後，中華人民共和國於 1949 年 10 月誕生。按照中國共產黨的說法，黨把人民從外國佔領與階級剝削中「解放」出來；黨的目標是建立一個強大的經濟體系，使人民享有公平分配財富的機會。為實現這個目標，這一個時期的教育是培養「又紅又專」的人，他們有淵博的知識及熟練的技能，認同馬克思主義理想，服從黨的領導，願意全心全意為人民服務（Pepper, 1996）。

　　從 1949 年以來，中國政府一切措施都是在困難中前行，教育系統也是如此。當時，在這個 5.4 億人口的國家（Statistical Yearbook of China 1981, 1982, p. 89），只有 346,769 所小學，5,216 所中學和 205 所大學（Achievement of Education in China, 1985, p. 20）。這劃分為三個階段的教育體制是在二十世紀初從西

方國家引進，此系統仿效了西方國家的教育模型。然而在這期間，西方國家為了追求自己的利益，把中國劃分為自己的勢力範圍。所以，新成立的中國政府不信任從西方引進的教育體制。中國政府收回全部學校所有權及管理權，學校財政、教師聘任、課程設計、學生錄取等，都歸於政府管轄之下。政府也負起為畢業生分配工作的責任，安排就業。當時蘇聯是社會主義國家，中國也追隨社會主義，因此成為了中國發展戰略中的主要政治盟友。中國政府以蘇聯為榜樣進行多項教育改革，其中改變最明顯的是大學重組。蘇聯式的文理理工科專業性高等學院分家，取代以前的西方式綜合大學。

在課程設置方面，更發生了一個不太明顯但影響尤深的變化。為了培養「又紅又專為人民服務」的人才，政府編寫了一整套教科書，供全國各級學校使用。由於理科內容的本質以科學為基礎，不太受到社會變化的影響，理科教材沒有很大變化，只是在課程上更強調實際應用。文科的本質不一樣，社會改變和文化變革對文科有敏銳影響，因此，藝術文化和社會科學等學科受到徹底的改變。例如，在大學課程中，蘇聯文學取代西方文學，歷史教材讚揚社會主義、譴責帝國主義和封建主義，被視為資本主義學科的社會學和心理學被取消。在學校的每一個級別，政治課和勞動課都成為必修課。政治課的教學目標是為了讓學生理解並接受國家主張的意識形態；勞動課是給學生提供機會，把課堂知識應用於實踐，並與工人階級培養感情。這兩個課程一直是必修課，一向受到重視，但放在這些科目的時間，往往取決於當時的政治氣候。在政治運動高峰期間，花在學術課程上的時間往往被大幅縮減，以便留給政治課活動更多的時間。

這兩門課程的教學方法與傳統教學不同。當時政權交替，社會上沒有足夠了解和認同共產主義的員工，解放前在職教師得以保存職位。這些教師未必擁護新政府的政策，也未必了解或贊同共產主義，但他們通常遵循中央的指令，因為更多時候他們是深受傳統儒家文化影響，習慣性地服從權威。在這種情況之下，課堂內，他們往往保持自己習慣的教學方法，用死記硬背來教授馬克思主義。此外，教師繼續扮演傳統教育中老師的角色，在課堂上顯得一副高高在上的樣子；學生在課堂上只能聆聽教誨，保持沉默，順從老師（Kwong,

1979）。在1966年5月，北京大學學生指責學校管理人員像傲慢的資產階級官員，這個指責並非空穴來風；這個事件也成為毛澤東發動文化大革命（1966-1976）的導火線（Kwong, 1988）。

公平是馬克思主義追求的主要目標之一，因此新政府努力實現教育平等。1949 年之前，教育機會是很難得的，只有富人才有機會受教育。新政府擴大教育規模並降低學費，以容納更多人得到教育機會。與教學改革相比，中國在普及教育方面取得了更大的成功；這是因為教學改革實施，需要依靠教師的合作，而普及教育只需要透過行政命令來完成。到了 1976 年，中國已經有超過100萬所小學和194,595 所中學。和解放初期相比，中小學數量增加了3倍，大學數量增加了近 1 倍；小學在校生增加了近 7 倍，中學在校生增加了 4.6 倍，大學在校生增加了 5 倍（Achievement of Education in China, 1985, p. 22）。

這個時期中國所取得的驚人教育成就也受益於因時制宜的政策創新。自1960 年開始，中國與蘇聯在政治上分裂，蘇聯撤回援助。人口多，基礎薄，資源少，又失去了外界幫助，中國政府不得不修改經濟計劃，教育支出也隨之變化。為了保持受教育機會的繼續增長，中國採用了自力更生和「兩條腿走路」的新策略，即，經濟上同時發展工業和農業，教育上同時發展正規和非正規學校。除了建立正規學校，政府利用地方資源設立工農學校、農業學校、業餘學校（比如，夜校和週末學校）、半工半讀學校，並進行掃盲運動減低教育支出。在這些學校裡，學習工農業生產技能是最重要的，而學習學術知識是次要的。雖然這些學校的學術水準比傳統正規學校低，但是為未開發地區的弱勢群體提供了許多教育機會。外界將這種普及教育的方式稱為獨特的中國教育發展模式（表1.1）。

▶▶▶ 表 1.1　中國教育發展

	1949	1976	2000
小學數量	346,769	1,044,274	553,622
學生數量	24,400,000	150,000,000	130,000,000
中學數量	5,216	194,595	93,935
學生數量	12,000,000	59,000,000	85,200,000
大學數量	205	392	1,042
學生數量	120,000	560,000	5,500,000

資料來源：Achievement of Education in China 1949-1983, pp. 20-23; China Statistical Yearbook 2001, pp. 650-651.

四、第二個時期：羅斯托市場經濟模式下的教育（1976-2000）

　　既然教育改革取得成功，中國後來為何又放棄這些改革？這取決於人們如何看待中國教育的成功。隨著全球化的到來，中國政府不再以解放前的標準來衡量國家成就，而是與其他國家做橫向比較，並發現自己在技術、工業產值和國民收入上落後。於是，中國有些領導層尋找時機，意欲改變。毛澤東是最主張純粹馬克思主義道路的領導人。1976 年，毛澤東去世，中國得到離開純粹馬克思主義道路的機會。鄧小平是這次改革的引導者，他用「摸著石頭過河」來形容這次改革，因為這次改革充滿了未知與探索，不如 1949 年建國時的改革那樣明確迅速。鄧小平可能沒有聽過羅斯托（Rostow）的理論，也無意遵循 Rostow 的模式，但他的改革目標與 Rostow 的最終階段相似——建立自由市場，提高技術水準，增加國家生產總值。為實現這些目標，中國教育方向應聲改變，致力於培養有知識、有創造力、有競爭力、有動力的人才。鑑於西方經濟的優異表現，中國把西方已發展國家的發展方向定為自己的方向（Pepper, 1990）。

　　中國仍然是一黨治國，所以政府公布的改革措施可以保持連貫一致，只是這次改革目標變了。政府逐步放棄計劃經濟，建設市場經濟，放鬆了對生產和分配的控制，啟動個體在市場經濟內的主動性。政府對教育的控制也相應放

鬆，把高校財政與擴建的權力下放給各省，把中小學財政與擴建的權力下放給各縣市，擴大高校和各級學校的自主財權、人員編制權、學生錄取權和課程設置權。1997 年，政府批准民資建立私立學校，後來也批准中外合作辦學。政府也不再給畢業生分配工作，讓他們自謀職業。如同上次仿效蘇聯的改革，此次仿效西方的改革中，高等教育的變化最明顯：科學技術學院增加人文社會學科，擴展為綜合大學；人文與自然科學學院開始探索職業培訓；中國大學再次成為西方式的綜合大學。

　　這個時期的教育重點也改變了，教育數量讓位於教育質量，大量不合格學校被關閉。1976 年，政府關閉了約 5 萬所小學，第二年又關閉了 6 萬所小學。學校數量短期內急劇減少不是因為學齡人口不足，而是因為政府下決心轉變教育方向。在接下來的二十年裡，中國持續合併小學與中學，但速度放慢了很多。獨生子女政策自 1979 年開始施行，導致小學適齡人口逐步緊縮，學校數量持續減少也許和此有關。1976 到 2000 年間，小學和中學數量減少了一半，小學一年級在校生較1976年減少了13%，中學在校生增加了44%。中學在校生增加是因為入學率有所提高；相較於過去，更多學生選擇在小學畢業後繼續升入中學。在同一時期，中國高校數量穩步增長，從 392 所增加到 1,041 所，高校在校生迅速增長了 10 倍（Achievement of Education in China, 1985, pp. 20-24; China Statistical Yearbook 2001, 2001, pp. 650-651）。

　　很明顯，這個時期的教育重點是提高教育質量，發展高等教育。「素質教育」的目標是培養一支高技術的人才隊伍，推動科學進步，支持經濟發展，而不是單純地為工廠或農村提供勞動力。政府鼓勵年輕人精於學業，提高科學技術水準，增加國家工業產值。早期頗受重視的政治思想課和勞動教育課褪去光環，逐漸被「德育」課程取代。政府在 1977 年決定恢復因文化大革命而中斷的全國高考制度，次年恢復了高中招生考試制度（張箭，2010）。這些都是選拔性考試，學生必須成績優異並超過錄取線，否則不能進入更高階段的教育。此外，政府實行獎勵制度，成績優異的學校可以得到更多財政撥款、更好的硬體設施，以及經驗更豐富的教師。為了鼓勵科學技術研究，中央政府於 1993 年推出「211 工程」，為 100 所重點大學提供專項資金，助其發展成為世界一

流大學。中央政府於 1998 年又推出「985 工程」，為 40 所大學提供額外資源以推動知識的前沿研究。

　　與此同時，政府鼓勵中西方學術交流，邀請西方學者到中國講課，並派遣中國學者去西方鑽研學習。為了方便向西方取經，英語先成為中學必修課，後來又成為小學必修課。社會學、心理學和商科這些一度被譴責為資產階級學科的科目被重新引入大學。大量西文書籍被翻譯成中文，中國出版商甚至與西方課程專家合作編寫教材。政府重新修訂了中小學課程，提高了學術標準，並開始引進西方的教學方法。

　　如同五十年代的馬克思主義教學，西方式創新和自主學習是新鮮事物，由於受到教師自身水準的限制，將其注入中國教育並非一件易事。中國課堂一向以教師為中心，西方課堂更傾向於以學生為中心。根據西方教育學的觀點，教師應該將有趣而靈活的學習方法引入課堂，激發學生的學習興趣，鼓勵學生獨立思考、創新和探索。但是中國傳統文化對教師的影響根深蒂固，教師傾向於保留教師權威，強調學生服從。許多教師覺得西方教學哲學與中國現實教育環境格格不入，有些教師則直接拒絕採用新式教學法。總之，教師們沒有準備好。即使是那些喜歡新教學法的教師，他們在實際運用的時候也感到困難重重。在中國，考場上的競爭非常激烈，教師由於應試教育的壓力不得不採用題海練習和死記硬背的教學法，導致西式教學法曲高和寡，教室裡的教學實踐變化並不大。耐人尋味的是，這些傳統教學方式並沒有妨礙中國學生在 PISA 中取得優異成績，或許正是它們幫助學生獲得了成功（表 1.2）。

▶▶ 表 1.2　中國的教育模式

社會主義模式（1949-1975）	自由市場模式（1976-2000）
培養「又紅又專」的人民	培養擁有先進知識的企業家
強調擴大受教育機會	提高教育質量
發展正規教育和非正規教育（半工半讀學校等）	發展正規教育
重視小學擴張	重視大學擴張
蘇聯模式	西方國家模式
與外界相對孤立	關注西方國家大學擴張模式，與西方學術交流與合作
所有學校國家控制	公立學校、私立學校并行不悖
中央集中教育管理	權力下放，省縣學校管理有一定的自主權
政府控制教育財政、教師聘任、課程設置、招生、畢業生就業分配	學校在財政、教師聘任、招生等方面有一定自主權；畢業生自謀職業
課程注重實踐知識	課程集中於學術和先進科學知識
政治課與勞動教育課是課程的重要組成部分	較少重視政治課和勞動教育課
政治課教馬克思列寧主義和毛澤東思想	除了馬克思主義，愛國主義、公民和道德教育也被加入政治課
課堂教學注重理論與實踐的結合	課堂教學注重培養創造性思維和自主學習

五、教育模式的嵌入

　　縱觀五十年來的中國教育，不可否認，教育發展深深嵌入社會變革，尤其是經濟變革之中。政治家選擇教育模式時可能有主觀傾向性，但他們的決策是基於對國家實際情況的深思熟慮。最初，中國共產黨把馬克思主義發展模式視為擺脫外國控制，消除階級剝削的不二選擇。因此，在 1949 年，中國拋棄西方模式轉向社會主義發展模式。為了實現社會主義，政府推行教育公平，擴大教育規模，增加教育機會，建立新的學校體系，培養有技能且擁護馬克思主義的勞動者，滿足社會主義初級階段經濟發展的需要。在上世紀七十年代末，中國領導人放棄了這種發展模式，因為他們意識到簡單粗放地追求公平和滿足現

有經濟需求使中國在科學、技術與國家生產總值方面落後於其他國家。中國決定奮起直追，實行改革開放，向西方發達國家取經，重新制定經濟政策。

　　宏觀經濟決策對確定教育發展方向有決定性作用。第一個時期的教育改革是為了實現馬克思主義烏托邦。學校系統的目標是培養「又紅又專」的社會主義接班人。每個接班人不僅要具備社會主義經濟發展所需要的技能，而且要真心實意接受共產黨的領導。第二個時期的教育則改變目標，培養知識人才、創業人才，提高科學技術水準，增加國家生產總值。宏觀經濟決策也制約教育體制。中國改革開放後，為了滿足經濟發展的需要，教育管理、教育課程、教學方法、教育設施的擴建，及獎勵制度等各個微觀教育領域都隨之調整。

　　以教育管理為例，在計劃經濟體制下，政府對教育管理的各方面都進行嚴格控制。改革開放後，與西方相比，中國政府仍然是中央集權，但她已經以更加開放的姿態接受自由市場經濟，尊重並鼓勵個體的主觀能動性。教育管理也應聲而變：學校管理層逐步擁有了教師聘任權、財政自主權及自主招生權。到二十世紀九十年代中期，政府開始允許民資建立私立學校，又名民辦學校。一言以蔽之，在宏觀經濟決策影響下，教育管理發生了重大改革。

　　然而，與教育管理相比，教育課程的變化更加深刻也更加富有戲劇性。在第一個時期，教育數量是重要的，教育質量是次要的。政府努力增加學校數量，普及教育；政治教育優先於學術工作；工農實踐優先於學術知識。在第二個時期，情況發生了翻轉，教育質量變成重要的，而教育數量變成次要的。政府持續減少中小學數量，僅穩步擴大高等教育規模；重視學術工作，提高學術標準，向西方看齊；而馬克思主義教育讓位給公民教育和愛國主義教育。所有這些改變都是為了滿足經濟變革的需要。

　　國家經濟對教育的影響是多層次的。除了教育發展方向和教育政策，教育措施也受到經濟的制約，更確切的說，是受到國家物質經濟條件的限制。經濟模式確定教育政策，但經濟物質條件決定這些政策是否具有可行性。如果條件不足導致教育措施無法執行，就必須調整教育政策。正如條條大路通羅馬，實現目標也不只一種途徑。在第一個時期，中國的目標是追求馬克思主義烏托邦，並且從未動搖。起初，政府擴大正規教育規模，普及教育。俄羅斯撤離援

助後，中國只能靠自己的資源和設備了，不得不中止擴張正規教育，改變策略，實行「兩條腿走路」，同時發展正規和非正規教育，力求最大限度利用國家資源，讓更多的人得到教育機會。在第二個時期，中國將提高大學教育質量作為重點目標，很少眷顧其他教育領域，很可能也是因為資源有限。

　　儘管本文重點分析經濟對教育的影響，其他社會力量對教育的影響也是顯而易見的。以政治為例，在第一個時期，政治教育和勞動參與自始至終都是重要教學內容；然而，在文化大革命期間，受政治影響，這些教學內容幾乎變成了唯一的學校活動，所花時間遠遠超過了學術訓練。在第二個時期，政治熱潮慢慢降溫，花在這些活動的時間便逐漸減少，甚至政治教育的內容也改變了。起初，政治課只有馬克思列寧主義和毛澤東思想；後來，政治課加入新內容，強調對年輕一代公民、道德和愛國主義的培養。傳統文化對教育影響也很大。在每個時期，傳統文化都起了兩方面作用：正面，推進政策執行；反面，破壞政策執行。受傳統儒家文化影響，教師們順從並遵守中央指示；但是，儒家文化提倡死記硬背，教師繼續使用傳統教學方法，既破壞了政府在第一個時期希望學生理解並繼承馬克思主義的計劃，又違背了政府在第二個時期希望培養學生創造性和獨立學習能力的意圖。

　　短短的一章，不可能詳盡論述教育與經濟之間錯綜複雜的關係。然而，由兩個不同的教育模式，我們可以清楚看到經濟變化如何極大地影響教育方向、教育政策、教育管理和教育體制。此外，雖然我們重點分析經濟與教育的關係，政治和文化對教育的影響也是顯而易見的。有時為了更方便了解一個模式，有些學者尤其是發明家把模式製作成為一個模型。我們也可以把中國教育發展模式抽象為一個三維立體的模型，這三維分別是：教育、經濟及其他社會領域。每個維度自身都是一個網，每個網都有一套節點，每個節點代表每個領域內的組件（例如，在教育領域中有財政、課程、教學法、教學培訓等節點），每個節點與其他節點相連接，同時，這三個領域之間透過不同的節點建立直接或間接的鏈接。教育是如此緊密地嵌入社會環境，一個教育模式的成功（無論是微觀還是宏觀），不能只歸因於在特定時間內所採取的獨創性措施；我們必須認識到此教育模式對具體情況的適合性，以及其他社會領域對教育模

式所提供的支援。如果上述分析有道理，那麼，我們採用某個教育措施或教育模式時，必須考慮到使它們符合社會觀念和社會結構。然而沒有兩個國家擁有完全等同的社會基礎，即使他們有相似的目標和發展方向；我們借用其他國家的模式或政策時，必須謹慎小心。橘生南國為橘，生北國則為枳；在一個國家有效的措施，在另一個國家未必有效。即使在最理想的情況下，兩國擁有相似的背景，一國也必須先仔細學習，調整和修改另一國的教育模式，使之適應並滿足自身條件，然後再施行。更有可能的情況是，其他國家的成功模式只能作為有價值的參考，一個國家想找到適合自己社會環境的解決方案，就必須仔細分析國家特定時間內的實際情況。

參考文獻

張箭（2010）。漫談高考狀元的分量差別。**教書育人，13**，19-20。

Achievement of education in China: Statistics 1949-1983. (1985). Beijing: People's Education Press.

Baran, P., & Hobsbawn, E. J. (1962). The stages of economic growth. *Kyklos, 14*(2), 234-242.

China Statistical Yearbook 2001. (2001). Beijing: China Statistics Press.

Cohen, G. A. (2001). *Karl Marx's theory of history*. Princeton: Princeton University Press.

Hayhoe, R., & Bastid, M. (Eds.). (1987). *Chinese education and the industrialized world: Studies in cultural transfer*. Armonk: M.E. Sharpe.

Kwong, J. (1979). *Chinese education in transition: Prelude to the cultural revolution*. Montreal: McGill Queens University Press.

Kwong, J. (1988). *Cultural revolution in China's schools May 1966-April 1969*. Stanford: Hoover Institution Press/Stanford University.

Marx, K. (1975). *Early writings*. London: Penguin.

Pepper, S. (1990). *China's education reform in the 1980s: Policies, issues, and historical perspectives*. Berkeley: University of California.

Pepper, S. (1996). *Radicalism and education reform in 20th-century China: The search for an ideal developmental model*. Cambridge: Cambridge University Press.

Rostow, W. W. (1962). *The stages of economic growth: A non-communist manifesto*. London: Cambridge University Press.

Statistical Yearbook of China 1981. (1982). Hong Kong: Economic Information and Agency.

Stevenson, H. W., & Stigler, J. W. (1992). *The learning gap: Why our schools are failing and what we can learn from Japanese and Chinese education*. New York: Summit Books.

第 2 章
中國大學 3.0 模式：
傳統、現代與前瞻[1]

李軍

摘要

　　許多學者認為所有的現代大學都遵循西方大學的模式，亞洲的大學亦是基於歐洲學術模式和傳統。然而，中國大學 3.0 模式或許是個例外。儘管自二十世紀以來中國的大學受到各種西方模式的巨大影響，但它依舊展現出中國學術的傳統特徵。本文從歷史文化視角出發來構建中國大學 3.0 的概念，考察了其核心價值和特徵，並探究它在全球化時代可能做出的貢獻。首先，本文劃分了中國歷史上高等教育發展的三個階段，並對其制度發展和特點進行了探討。其次，本文重點探討了中國大學 3.0 模式的四大核心價值和特徵：院校自主、思想自由、知行合一的人文使命，以及和而不同的多元性。正是它們使中國大學獲得世界一流的全球地位。同時，本文還進一步展示了中國大學與主導世界的英美模式的不同之處，以及其與歐洲大陸和日本大學模式的共同之處。最後，本文反思了中國大學 3.0 模式的政策蘊義、改革與實踐的經驗，以及在促進文明、民主和全球對話等方面的未來作用。

關鍵詞：大學模式、中國大學 3.0 模式、世界一流大學、大學國際化、院校自主、
　　　　　思想自由、大學使命、多元性

一、前言

近幾十年來，提高高等教育質量和建設世界一流大學的政策議程在全球廣為實施，但是似乎沒有哪個國家比中國在這方面的努力更加明顯。隨著中國經濟的飛速發展和地緣政治影響力不斷加強，正嶄露頭角的中國大學 3.0 模式將會有巨大的國際影響力。大多數東亞社會在專注打造世界一流大學之前已經擁有完善的大眾化高等教育系統。而中國在上世紀九十年代末期，同時在這兩方面以及國際化運動上均做出努力。

本文首先檢視中國的大學傳統，並將其歷史發展劃分為三大階段：中國大學 1.0 模式、2.0 模式和 3.0 模式。然後反思中國大學 3.0 模式的核心價值和特徵——院校自主、思想自由、知行合一的人文使命，以及和而不同的多元性，探究中國大學與主導世界各國大學的英美模式在文化上的本質差異，以及與歐洲大陸和日本模式的一些共性。最後提出中國大學 3.0 模式的政策建議，包括對高等教育改革和發展的政策影響，以及它在促進新生代民主國家與全球文明對話中的潛在作用。

中國大學 3.0 模式是一個概括性的術語，指的是自九十年代末期以來中國大學發展的最新階段，具有新興的特點。與之相應，在它之前的分別為古典的

1　本章節中文版原由《清華大學教育研究》2016 年第 37 卷第 4 期首次發表，由尹月翻譯自作者所著 The Chinese University 3.0 in a Global Age: History, Modernity and Future, in C. P. Chou & J. Spangler (Eds.), *Chinese Education Models in a Global Age: Transforming Practice into Theory* (pp. 15-35, Singapore: Springer)；World-class Higher Education and the Emerging Chinese Model of the University, *Prospects: Quarterly Review of Comparative Education*, 2012, *42*(3), 319-339。值得說明的是，本文係筆者對儒學和中國大學研究的長期興趣和反思，如筆者早期著作《玄儒佛道教育理論比較研究》（文津出版社，1994）、《中華文化通志·教育學志》（上海人民出版社，1998）及新著 *Quest for World-Class Teacher Education? A Multiperspectival Study on the Chinese Model of Policy Implementation* (Springer, 2016)。筆者謹向《清華大學教育研究》期刊及譯者授予版權許可表示感謝。同時，筆者特別感謝孫培青教授和許美德教授，並以此文紀念柳之榘教授。

中國大學模式 1.0 模式和現代的中國大學 2.0 模式。對中國大學發展階段進行劃分並非本文首創，但是這些新的劃分概念可以更好地從宏觀、歷史和文化的視角，捕捉和關注中國大學隨著時空的推移在三個階段所呈現出的不同特徵。

二、中國大學 1.0 模式

中國大學 1.0 模式可以追溯到西元前十二世紀至西元前八世紀，當時這樣的高等教育機構（高等學校）如辟雍和泮宮不斷建立起來（孫培青，2009）。西元前 124 年創建於漢朝的太學，是第一個以政治為目的的國家大學機構。它的出現比埃及在西元 970 年開設的艾資哈爾大學（Al-Azhar University）和義大利於西元 1088 年建立的波隆那大學（University of Bologna）都要早一千年左右（這兩所以宗教為目的而創建的大學──尤其是波隆那大學──被公認為西方大學的起源）。

太學的傳統被中國兩千年多年的歷朝歷代所繼承，直到清王朝的瓦解，並在歷史上衍生出各種各樣的形式。比如西晉的國子學（265-313）、北齊的國子寺（550-577），以及宋代的國子監（960-1056）。除了制度化的封建帝國大學系統，還有其他專業性的學院，比如書學（書法學院）、算學（數學學院）、武學（武術學院）、醫學（醫學院）、律學（法學院），以及與之相應的公務員考試制度（科舉）。封建帝國大學不僅僅是魏晉南北朝時期的高等教育機構，其中的一些比如太學和國子監，還成為國家教育行政部門，類似現在的教育部。太學系統的雙重角色將封建大學機構和國家教育管理體系整合在一起。這種傳統以其他形式甚至延續到現代中國，比如《高等教育法》規定的黨委領導下的校長責任制。

與此同時，民辦高等教育機構在中世紀與太學及國子監系統也並存。但早在西元前三世紀的春秋戰國時期，齊國的齊桓公就設立了「稷下學宮」（李軍，1988）。稷下學宮完全滿足西方傳統對中世紀泛邦大學（Studium Generale）三大特徵的描述：地域開放、學問高級，以及多領域的教育（Rashdall, 1895, vol 1, p. 9）。稷下學宮的師生總數一度超過萬人之多。儘管它是由齊國

朝廷資助的國家高等教育機構，但它擁有高度自治權，並為諸多私校提供辯論和相互學習的共同場所，這些行為不會受到政府干預。它是自治的機構，老師和學生可以尊崇儒家、道家、黃老學派、陰陽學派等等。他們自願地加入或離開，而教學向所有人開放，無關學術背景。稷下學宮定期舉辦各種討論會，各家各派的老師學生暢所欲言、相互辯論（Li, 1988; Needham, 1954, pp. 95-96; Twitchett & Faribank, 1986, p. 73）。

　　後來到了八世紀的唐朝末年，以書院為主的自治機構成為中國歷史上獨特的私立高等教育機構類型（Li, Wang, Li, 1994, pp. 9-17）。書院被廣泛視為稷下學宮的精神繼承者，有的書院仿效佛寺和道觀的教育理念或方式，透過獨特形式的會議和程序學習各類經典，某種程度上類似中世紀在西方大學正式出現之前的教會學校（Jaeger, 2000）。書院由一些學者自行建立，目的在於提供一個自治的學習環境，讓學生在沒有政府或其他干擾的前提下從事學習或研究。在其一千兩百年的漫長歷史中，書院積累了組織管理的豐富經驗、課程設計的多種方法，將知識與實踐相統一，並擁有獨特的師生關係。與國家大學制度並存的書院使中國大學 1.0 模式具有活力與多元性，同時有公立與私立的系統，還有綜合性與專業性等不同的形式。一個鮮明的共同特徵是，這些教育機構的核心課程以政治倫理為核心，同時包含了其他學習內容（Lenzen, 2015）。

三、中國大學 2.0 模式

　　中國大學 2.0 模式開始於十九世紀末，同樣為政治原因所主導。搖搖欲墜的清朝政府試圖透過一系列改革挽回其政權統治，如洋務運動（1861-1895）、百日維新（1898）以及清末政治體制改革（清末十年新政改革）（1901-1911）。這些政治改革一直在努力培養新型實用人才，為傳統儒家知識分子群體注入新的活力。隨後，改造舊的教育體系、建立現代大學成為重要而緊迫的任務。伴隨著半殖民地 [2] 政治環境下奮起直追的心態，許多政治家和教育家認

2　儘管在十九至二十世紀中國從來沒有被完全殖民化，但部分地區如香港、澳門、臺灣、東北三省、山東乃至上海等地，曾被日本、法國、德國、葡萄牙或英國佔為殖民地。

為，現代大學應該學習西方模式，這對於保證民族獨立、實現民族自強具有十分重要的意義。由於這些政治上的努力，1895 年盛宣懷在天津開辦了中國第一所現代大學中西學堂（中學與西學研究學校），中國大學 2.0 版自此逐步建立。

直到上個世紀九十年代末，中國大學 2.0 模式在過去一個世紀現代化的過程中經歷了各種階段。例如，許美德（Hayhoe, 1996）將其發展過程劃分為三個階段：民族主義時期（1911-1949）、社會主義時期（1949-1978），以及改革開放時期（1978-1990），每個時期都伴隨著社會的巨變。但如果把中國大學 2.0 模式最開始的時期也算在內，應該有這樣三個階段：建立（1895-1911）、試驗（1911-1949）和制度化（1949-1998）。

在最初的建立時期，晚清王朝為了爭取生存，以及對抗西方帝國主義和殖民主義，幾乎所有大學都是為政治目的而開設的，並且透過學習受西方影響較深的日本模式間接學習西方經驗。在試驗階段，可以觀察到來自德國和美國的院校自主及學術自由等西方價值觀，在中國高等教育系統及其與國家之間的諸多矛盾（Hayhoe, 1996）。一些私人機構或全國性機構嘗試了各種西方模式，如美國、英國、德國、法國和日本模式。同時高等教育在機構治理方面的獨立性是這一階段的強烈訴求，國家最大程度減少不必要的干預（李軍，1998，頁286-299）。1949 到 1998 年，制度化時期在社會主義的主導下經歷了恢復、挫折和發展等階段，蘇聯模式在這一現代化過程中發揮著重要作用。此外，無產階級專政控制了文化大革命時期（1966-1976）大陸的大學。在鄧小平等思想開放的領導人重新回到中國的政治舞臺之後，政府為實現國家的現代化，於1978 年採取了改革開放政策，中國的大學也逐漸得到恢復，並持續走向現代化階段。1998 年，時任國家主席江澤民宣布了建設一流大學的宏偉計劃（Jiang, 1998）。儘管中國大學 2.0 模式依舊以西方大學模式所主導，但可以明確地看到在其發展的各個階段，它在國家發展中所扮演的角色、它的社會政治使命，以及其制度多樣性。然而，中國大學 2.0 模式受到了全球化加速的挑戰，在全球化主導的世界一流大學建設活動中，民族自覺、象徵意義和文化價值都成為了人們普遍關注的核心問題（Elman, 2000）。

四、全球化時代的中國大學 3.0 模式

中國大學 3.0 模式從 1990 年代末大致開始逐漸顯現，是中國對建設世界一流大學前所未有的追求和高等教育大眾化的直接結果。它的與眾不同之處在於，自 1990 年代末以來的十多年裡，建設世界一流大學、高等教育大眾化和大學國際化三大高等教育運動同時進行。對這三大運動的過程、象徵以及文化影響的近距離觀察，使我們對這一現象及其政策涵義有更全面的理解。

（一）理論依據

國家意志是中國高等教育不斷變化和中國大學 3.0 模式出現的政治驅動力。首先，在中國傳統文化上，高等教育作為個人和國家發展的重要工具受到充分的重視，並且最先被原始儒家思想家所闡述（李軍，1998；Li & Hayhoe, 2012）。在全球化的新語境中，這樣的儒家價值觀對於中國而言顯得尤為重要。

其次，中國一向對自身悠久的文明和偉大的民族成就感到驕傲，但從十九世紀到二十世紀，中國一直落後於西方列強，香港、澳門、臺灣、東北三省的一部分領土，以及上海、天津、山東等地都曾被殖民統治。為了爭取民族復興，特別是抵抗日本二十世紀三十至四十年代的侵略，中國發展出一種強大的追趕意識和國際競爭意識，在殖民主義和全球化的不斷壓力下，這些意識成為民族救亡和現代化進程中的一個以國家為主導的集體主義意識形態。

此外，在現代化理論和人力資本理論的支持下，中國建設世界一流大學和高等教育大眾化的追求成為方便的政策工具。這些都是中國大學 3.0 模式在國家層面的理論依據。

（二）世界一流大學運動

建設世界一流大學的舉措包括 211 工程和 985 工程。1993 年，211 工程作為中國教育改革與發展的重要議題，被列入國家宏觀政策規劃（中國人民政治

協商會議、國務院，1993）。這項從 1995 年開始正式啟動的全國性舉措旨在提高高校的教學、科研和管理質量，並將其中的一部分建設成為世界一流水準的大學。這項工程主要在三個領域提供發展支持：被選入機構的基礎設施和學科隊伍建設，硬體和軟體均衡發展的資金；在更大範圍內能夠響應社會經濟發展需求的重點學科領域；公共服務系統，如教育與研究的國家數據庫建設。為完成該項目，國家設立了專項資金，並鼓勵大學積極參與 211 工程的申請計劃，而這些申請會得到嚴格的評估。截至 2011 年，這個項目已經完成了三期建設（1996-2000，2001-2006，2007-2011），共選拔了 112 所大學和 821 個重點學科，構建了三個國家高等教育公共服務體系。第四期建設（2012 年開始）至今仍在進行中。

1998 年 5 月，時值北京大學百年校慶，中國政府啟動了以校慶年月為名的 985 項目。《面向 21 世紀教育振興行動計劃》（中國教育部，1998）規劃了一條在 2010 年之前建設世界一流大學和世界一流學術項目（重點學科）的發展路徑。其第一階段為 1999 到 2004 年，985 工程由最初的 9 所大學最後增加到 34 所。北京大學和清華大學累計獲得 2.8 億美元的資金支持。其他幾所大學得到相對較少的國家資金，但受益於省市級地方政府的財政支持。第二階段開始於 2004 年，5 所大學以其自己的方式進入這一大學精英俱樂部。985 工程戰略是憑借中央和地方龐大數量的公共投資，促進建設有限數量的世界一流大學方面的巨大飛躍。

近幾年 211 工程和 985 工程精簡為新一輪統籌推進世界一流大學的國家總體方案。國務院 2015 年公布《統籌推進世界一流大學和一流學科建設總體方案》，計劃到二十世紀中葉建設成一大批世界頂尖大學和學科，將中國打造成高等教育強國。更重要的是，中國在這些國家日程中不斷致力於完善自己的高等教育文化遺產，正如我們在 2015 年《統籌推進世界一流大學和一流學科建設總體方案》中所看到的。

上海交通大學 2015 年世界大學學術排名顯示，有 7 所中國高校進入世界大學 200 強，而十年前沒有任何一所中國大學入圍。此外，在 201 位以後的榜單中，近四年內地高校在大中華地區（香港、澳門、大陸和臺灣）的排名不斷上

升。更重要的是，中國高校的科研能力水準增長顯著。例如，中國 SSCI 論文發表數量在世界所佔比率從 1978 年的 0.01%上升至 2007 年的 0.67%，其中超過一半是在過去十年發表的（Liu & Liu, 2009），這歸功於中國大學快速增長的資金投入和人員數量。

（三）大眾化運動

伴隨著 211 工程和 985 工程，中國自上個世紀九十年代起還開始了高歌猛進的高等教育大眾化運動。這使得中國自 2003 年起成為世界上最大的國家高等教育系統（The UNESCO, 2003, p. 8）。高等教育機構的在學生總數從 1991 年的 360 萬上升至 2013 年的 3,460 萬，總入學率從 1991 年的 3.5%上升至 2013 年的 34.5%（中國教育部，1992，2014）。中國的高等教育大眾化加速於 1999 年，實現了中國大學歷史上史無前例的現代化轉型。

1991 年中國 18 到 22 歲相關年齡群體中，只有 3.5%的人從各種形式的高等教育中獲益。這個比例在 1995 年達到了 7.2%、1999 年達到 10.5%，而到了 2014 年，共計有 3,560 萬左右約 37.5%的學生入學。普通高等院校的平均規模由 1993 年的 2,381 人上升至 2014 年的 9,995 人，幾乎多了四倍。在中國這樣一個世界上人口最多的國家，這些成就幾乎令人難以置信。此外，停辦幾十年的私立高等教育於八十年代重返高等教育版圖，並在九十年代末開始迅速發展。2004 年教育部開始公布全國私立高等教育機構數據。根據 2003 到 2014 年教育部年度統計報告，民辦學院和大學由 2003 年的 173 所增長至 2014 年的 728 所，招生人數約為 590 萬人。

（四）國際化運動

除了建設世界一流大學和高等教育大眾化，中國的大學各展個性地致力於國際化進程。到 2012 年，有來自 200 個國家和地區近 33 萬名國際生在中國的大學讀書（The Editorial Board of the People's Republic of China Yearbook, 1999, p. 640），比 1998 年來自 164 個國家和地區約 4 萬名國際生增加了 662%（The Editorial Board of the People's Republic of China Yearbook, 1999, p. 1085）。

迅速遍布全球的孔子學院和孔子課堂是中國大學國際化的一個很好佐證。以需求為導向的策略，使包括 211 和 985 高校在內的不少中國大學與他們的全球夥伴建立孔子學院和孔子課堂。這是人類歷史上最大規模的國際語言文化交流合作項目。短短十多年間，全球 125 個國家有 500 所孔子學院相繼誕生，其中非洲 46 所、亞洲 110 所、歐洲 169 所、大洋洲 18 所、美洲 157 所。到 2015 年底，共有超過 190 萬當地學生註冊入學（國家漢辦，無日期）。對中國大學而言，以孔子學院的新方式與海外夥伴合作是里程碑式的一步，標誌著它們走向真正意義上的國際化（李軍、田小紅，2015）。

五、中國大學 3.0 模式的核心價值和特徵

這些國家努力的初步結果顯然是積極的。這些結果提高了大學整體質量的同時，也擴大了其規模和範圍，這一點在近期有關中國邁向高等教育大眾化（Hayhoe et al., 2011b）和中國日益崛起的研究型大學（Rhoads et al., 2014）的大規模研究中都得到了證明。他們已經為中國大學 3.0 模式預示了各種特點。正如接下來所要討論的，如果從一個宏觀的、歷史的和文化的視角來反思中國大學的發展軌跡，那麼在這一階段至少有四個核心的價值和特徵是顯而易見的：院校自主、思想自由、知行合一的人文使命，以及和而不同的多元性。由此，我將使用韋伯（Weber, 1948）的理想類型方法，去界定這些與傳統西方大學不同的核心價值和特徵。

（一）院校自主和思想自由

英國歷史學家 Hastings Rashdall（1895）指出，機構自治和學術自由的雙重特徵是歐洲中世紀大學的關鍵。一種被廣為引用的觀點認為，這兩個特徵並不符合中國大學的情形，因此「在中國傳統裡，沒有機構可以準確地被稱為大學」（Hayhoe, 1996, p. 10）。中國古典高等教育機構從來沒有擁有過一個法律章程來保護它們的權益，但它們是封建國家官僚體制的左膀右臂——它們打理公務員考試並選取擁有最豐富的知識和才華的學者作為官員。相反的，在偏遠

的農村地區私學享有相當大的自主權，但不受法律保護，有時也被收編為封建政府服務。許美德提出，在中國的環境下，「院校自主」和「思想自由」可以被看作是與西方傳統中的大學自治和學術自由相平行的概念（Hayhoe, 1996, 2001）。

西方與中國大學的根本區別在於平行的兩對概念——院校自治和院校自主、學術自由和思想自由。這兩對概念分別來自東西方大學不同的文化和認識論（epistemology）傳統。簡言之，西方大學起源於中世紀時期的教會，教學和學習的主要活動最初均關注宗教目的。完全不同的是，中國大學從創建一開始就是為政治目的而建立的，主要服務於國家利益。這兩種性質不同的類型塑造了不同的發展軌跡，無論是院校使命、教育和學習的過程、課程設置和標準，還是師生關係等方面均是不同的。它使得中國從來沒有一個真正西方意義上的「大學」，雖然時下西方的大學概念已被廣泛接受並用來指中國的大學。

和西方大學自治的傳統相比，中國大學 3.0 模式與政府的關係更緊密。它在一切可能的方式下為國家的利益提供支持，包括培養學者官員和展開國家項目等。就西方的傳統而言，這些顯得過於容易接受且響應政府的倡議和干預，並缺乏自治。同時，在其內部管理方面，它要為自己的生存和發展高度負責。因此，「院校自主」傳達了中國政治或法律上的獨立涵義，這一概念比「自治」更能體現這些機構的內在精神（Hayhoe, 2001; Hayhoe & Zhong, 2001）。可以證明自主的是，一些學者和大學因此而提出了世界一流大學建設的動議（Li, 2012）。在另一個層面上，中國大學 3.0 模式的自主可能與中國獨立自主、自力更生的立場一脈相通。這也是 Ramo（2004）在北京共識中提出的中國發展模式的三大定理（原則）之一。

另一方面，中國傳統的士大夫可能比在歐洲的公務員有更高的學術權威，其中包括諫誡皇帝和規範社會的重要責任。同時，從政府退出並創辦私學的學者踐行了思想自由，這種思想自由超越了十九世紀歐洲的學術自由。他們有很高的道德和社會責任感，並認為最有價值的知識只能透過個人及社會的應用以追求最高的公眾利益，並以此得到充分證明。與此迥異的是，Newman 卻主張「知識本身即目的」作為大學的首要原則（Newman, 1859, pp. 99-123）。

如今的大學直接或間接地被國家（政府）或市場抑或兩者共同控制，例如美國綜合大學（Kerr, 1963）、日本公立大學（Kaneko, 2009）和中國大學 3.0 模式。也許在這裡最令人感興趣的問題是，哪種模式更有利於建設世界一流大學，並能更好地面對來自全球化的、無謂的不利壓力（Ritzer, 2003）。有學者主張，幾乎所有的大學都遵循了西方模式（Altbach, 1992），而亞洲的大學更是繼承了歐洲學術界的模式和傳統（Altbach & Selvaratnam, 1989）。這與否認中國大學傳統的一些中國學者的觀點遙相呼應（丁學良，2001，2004）。然而，中國大學 3.0 模式可能是個例外。它反映了綿延未絕的中國學術傳統，即便在二十世紀中國大學已經飽受西方大學模式的浸淫。

（二）人文（知行）使命

中國大學 3.0 模式是對此前中國大學 1.0 經典模式和 2.0 現代模式的延續、弘揚和發展，是以儒家人文主義知識觀——知行合一為使命的。這也是中國大學 3.0 模式的第三個核心價值和特徵。從歷史的宏觀角度，中國的高等教育深受儒家的知行觀或人文主義使命的影響：「夫然後足以化民易俗，近者說服，而遠者懷之，此大學之道也。」（《禮記·學記》）[3]

明代心學宗師王陽明（1472-1529）在著名的貴陽書院執教期間，明確地提出了「知行合一」的人文主義認識論（王陽明，無日期，頁 3）。就字面上理解，知是指（道德）認識或學習，行指（道德）踐履或行動，合一指兩者的統一性，也就是他說的「知者行之始，行者知之成：聖學只一個功夫，知行不可分作兩事」（王陽明，無日期，頁 9）。

其實，知和行是古典儒家學者所一直重視的兩個知識概念。孔子就說：「學而時習之，不亦說乎？」（《論語·學而》）儒學的原始經典《大學》還

3　請參見高時良（2005），《學記研究》。北京：人民教育出版社；高時良（1982），《學記評注》。北京：人民教育出版社；Wong, W. S. (1976). The *Hsüeh Chi*, an old Chinese document on education. *History of Education Quarterly, 16*(2), 187-193；Xu, D., & McEwan, H. (2016). *Universal principles for teaching and learning: Xue Ji in the 21st century.* Albany, NY: SUNY Press.

曾作如下的闡述：「大學之道，在明明德，在親民，在止於至善。」透過相互交織的八個學習步驟（《禮記·大學》），知行以格物致知為出發點，經過修身齊家，最終達到治國平天下。整個過程集中於培育社會發展所需要的個人道德（Li & Hayhoe, 2012）。這八個步驟並不排斥格物，實際上高等教育的互動性和漸進性以探索自然及自我為基礎，再拓展到人格成長、社會責任及道義智慧的德行完善（Li, 2015）。

　　曾經預期新型中國式大學的儒學大師錢穆（1895-1990），在近代進一步闡揚了儒家大學教育的人文主義使命。在〈理想的大學〉（錢穆，1943）一文中，他批判了資本主義和殖民主義推動下中國大學教育所流行的商業和西化取向，並透過儒家倫理的高等教育來倡導人文思想解放。他的弟子（余英時，1974）將他追求的道德修養延續了下來，而中國大學3.0模式則恰恰繼續奉行這一人文價值——在世界各地雨後春筍般湧現的孔子學院就是一個明證。兩千年前提出的這種儒家價值和特徵，從根本上塑造了中國大學 3.0 模式。這一模式甚至被一些西方學者簡單地概括為儒家式，或後儒家式大學模式（Marginson, 2011, 2013）。[4]

　　就歐洲的傳統而言，學術自由一般與知識的理論和專業相關，為人們尋求理解自然和社會提供了絕對的自由空間，但在政治或社會變革方面卻並非那麼自由。相比之下，中國大學 3.0 模式的思想自由深深植根於中國的認識論傳統。這些傳統致力於保持求知的整體性，並堅持透過社會、政治行動而非邏輯論證或實驗來證明真理。孔子認為，知識應該為倫理、道德和政治的目的所用，如透過個人修養，到家庭和社會關係，再到社會政治行動，而不是用來純粹地探索科學事實或宗教信仰（Chen, 1990; Li, 1998, 2009; Li & Hayhoe, 2012）。自中國大學 1.0 模式開始，這種以倫理為核心的、知行合一的傳統就成為大學的人文主義使命。從課堂學習到社會應用，四書五經構成了科舉考試

4　儒家或後儒家模式能夠很好地捕捉中國大學的一些特徵，但似乎不能全面體現在全球化時代更具包容性的中國大學3.0模式，同時還與後者的第四大價值和特徵和而不同的多元性相抵觸。

的主要內容（Hayhoe & Li, 2010）。雖然算術、幾何、邏輯、工程、農業、法律等在中國古代已經很發達且被應用在國家建設，但並未像中世紀歐洲大學的三科四藝那樣成為課程的核心。

中世紀的歐洲人將神學視為「科學的皇后」，並以此指導所有其他領域的知識探索。但是，中國的知識傳統並沒有西學那樣清晰的層次結構。相反的，中國人認為所有的知識都是務實的、非宗教的，都專注於政治倫理及其應用。歐洲的康德哲學分離了事實和價值，這將自然科學和社會科學從神學的限制中解放出來，促成了現代西方大學的學術自由。但中國的發展路徑截然不同。儒家的認識論培育學者根據其官員角色選擇思想（知識）權威，或透過「歸隱」到家庭或地方的個人世界選擇思想（知識）自由。儒家所倡揚的、必須始終有利於公眾利益的學以致用，往往導致學者在藐視權貴，尤其在國家衰退或社會衝突時面臨的種種危險。

值得一提的是，Voltaire 和 Leibniz 等歐洲耶穌會士和哲學家都非常推崇透過公務員筆試選擇統治精英的中國傳統，以及將高等教育機構融入封建政治系統的想法。這些價值對 Clark（1983）所謂的「歐洲大陸式」大學以及 Neave（2001）所謂的十八世紀歐洲的「羅馬式」大學影響有多大呢？目前尚未有學者能夠回答這些問題。儘管如此，歐洲大陸式大學或者羅馬式大學——以德國、法國、義大利等為代表——與中國大學 3.0 模式有著明顯的相似之處：大學是現代國家政治系統的一部分，其教授為國家級的公職或事業人員，其自主權受到法律框架下的共同保護而非法人化的、基於大學財產所有權理念的個別保護。相比之下，歐洲範圍內的學術自由一直依賴於理性主義的認識論傳統，而美國的實用主義催生了一個較為廣泛的概念，與中國大學 3.0 模式的思想（知識）自由概念聯繫更加緊密（Hayhoe, 2001, pp. 331-336）。

（三）和而不同的多元性

中國大學 3.0 模式延續一直以來的儒家傳統，積極參與政府主導的國家建設項目。此外，中國的大學等級分明，實行精英式管理，頂層只有幾所突出的公立大學，正如同古代的中國大學 1.0 模式那樣。在其他具有儒家傳統的社

會，如日本、韓國、臺灣和新加坡，高等教育分層也是普遍現象，這些國家的頂級研究型大學也大多是公立大學，在世界上也佔有一席之地。

儘管實行等級制和精英制，中國大學 3.0 模式從其前身繼承並發展出開放與多樣化系統，且混雜式地融合了中國大學 1.0 模式和 2.0 模式及各種西方的模式（包括蘇聯模式）。前面已經提到，中國大學 1.0 模式是一種包容各種類型高等教育制度的系統，既有私立也有公立的，既有綜合性也有專門性的大學。在課程設計方面，儒家經典從來不是唯一的知識來源。藝術、佛教、道教、數學、武術、醫學、法律甚至自然科學都是其中的來源（孫培青，2009）。

相比之下，中國大學 2.0 模式新增以上海震旦大學（1903）為代表的基督教大學和北京天主教的輔仁大學（1925），體現其制度更加多元，這些大學都是由神父約瑟夫‧馬相伯（Hayhoe, 1996）設立的，此外還有北京的燕京大學（1919）和位於上海的聖約翰大學（1879）（Li, 2014; Lutz, 1971）。在制度自治和治理、課程、標準和評估、融資（財政）、教育方法和校園生活方式方面，基督教大學為大中華區引入了西方高等教育模式。它們還促進了包含宗教、人文社會科學及自然科學的多元化學術文化發展（Li, 2014）。

制度多元化是儒家高等教育的價值觀，因為孔子一直透過倡導「和而不同」（《論語‧子路》）重視多元之間的和諧和包容。孔子創辦私學並自創多領域的課程，可謂親身實踐大學多元化的先鋒和榜樣。儒家經典《中庸》進一步把原始的多元觀發展為「萬物並育而不相害」和「道並行而不相悖」（第三十章）。在這個意義上，和而不同的多元化充分體現了尊重、包容、鼓勵，並有利於促進全球化時代跨文化和跨國理解的教育、精神信仰和傳統、制度形式、政策努力以及生源等方面的多元化。這樣的多元傳統已經由中國大學 2.0 模式持續地傳遞了下來。

近年來，中國政府已經調整了其高等教育發展戰略，為所有的大學更加平衡地分配經費投入。儘管在 1990 年代很多大學進行了合併，但是中國大學的系統仍然保持了多樣性，理工類、師範、農業、職業及宗教院校仍然保持著它們獨特的身分和貢獻，許多省級和地方職業院校及日益增多的私立大學直接滿足社會對高等教育的多元需求。此外，以師生國內外雙向交流為代表的中國大

學國際化，以及與已經快速遍及世界的孔子學院進行的國際合作等，都生動地體現了在全球化時代由多元化所帶來的廣泛國際影響。

六、政策啟示

　　總而言之，新興的中國大學 3.0 模式體現與政治系統的緊密結合，幾乎是作為國家制度或政府組織的有機部分而存在。這樣的體制發展既有優勢也有劣勢。比如，有賴於這一共同體的優勢，中國才能在短期內迅速創建世界一流大學——近年來各項全球大學的排名上，中國大學已經很快顯現了中國國家政策的可喜成就。這些來自中國的經驗，可以對其他國家在建設世界一流大學的運動中帶來很多的政策啟示。

　　有趣的是，中國文化的基本原則「萬物並育而不相害，道並行而不相悖」（《中庸》，第三十章），在中國大學 3.0 模式「和而不同」的價值和特徵中完美地得到了體現。因此，這一新興模式並未被主導全球的英美研究性大學模式所同質化。在高等教育大眾化、構建世界一流大學和大學國際化三大運動的十年後，中國的大學系統更加開放、多元，出現了各種類型和層次的院校，並繼續學習其他大學模式（Hayhoe & Li, 2012）。中國大學 2.0 模式的演變橫跨整個二十世紀，受到了 1890 年代的日本模式、1910 年代的歐洲模式、1920 年代的美國模式，以及 1950 年代的蘇聯模式的影響（Hayhoe, 1996）。1980 年代初開始，中國大學面臨新自由主義下的市場化和私有化浪潮，而從 1990 年代末開始，中國大學開始重視國際地位的建設。從那時起，依據國家重點鼓勵措施和可供選擇的全球資源，中國大學 3.0 模式正經歷整個中國現代化發展過程中最好的時期。具備來自儒家認識論和實用主義的開放性，中國的大學透過嘗試錯誤去學習其他國家的各種模式。中國大學中的佼佼者在教學、研究和治理資源方面擁有構建世界一流的標準，並以此進一步支撐中國在二十一世紀的崛起。

　　另一方面，儘管 1998 年的《高等教育法》保證了中國大學的法人地位，中國大學 3.0 模式在制度上仍然是國家制度的重要組成部分。大學的獨立性，

體現在這些大學的領導和學者在選擇研究方向、課程重點以及合作夥伴方面有著極大的院校自主權。但他們並不認為這是與政府相分離，而是將此視為超越政治侷限的、為國家服務的一種方式。因此，用「院校自主」來概括中國大學3.0模式的精神比「自治」來得更好。

　　至於學術自由，大學的學者們在多大程度上可以批評政府是有明確限制的。但是，中國學者們絕不滿足於西方所謂的純理論或專業知識之內的絕對自由。更甚者，中國的學者和大學領導者往往有很強的知行使命和必須將知識運用到社會實踐中的信念，即使在特定的時間、地點，這些行為不被政府所認可。出於同樣的原因，這種行為可以支持國家重大建設項目為導向，例如武漢的光電實驗室及其附近的光谷（Hayhoe et al., 2011a, pp. 307-343）。

　　在黨委領導下的校長負責制中，中國共產黨密切關注著大學教師和學生活動。然而超過一半的大學收入來自學生學費、科研經費和諮詢顧問費用，這一事實顯示了大學對學生、學院和更大團體責任的更強烈需求。這些巨大的社會需求構成了公民社會，在目前有近38%的年輕人入學，因此可以觀察中國大學3.0模式將會如何影響到國家的政治系統及政治生活。與此同時，中國大學3.0模式仍擁有比日本大學更低水準的思想自由和自主權，即使日本的大學直到2004年才獲得法定的法人資格。

　　其次，中國政府作為建設世界一流大學的主導者，有效地利用和分配了公共資源。一方面，精英大學能夠積極參與到國際競爭；另一方面，大眾化運動滿足了更多學生對高等教育的需求，使大學自身更能適應本土勞動力市場。對於一個資源有限卻封建傳統濃厚的發展中國家來說，這可能是最好的發展策略。中國政權高度集中的特性與精英管理的傳統相得益彰，使得政府能夠選擇到傑出人才在各級政府的高級管理崗位上任職。中國新權威主義的做法已經證明，透過集權是可以實現現代化的（Petracca & Xiong, 1990）。但正如近期中國學者們的一部著作中所質疑的，這種形式是否能持續支持中國崛起，是一個懸而未決的問題（Pan, 2009）。儘管中國的發展模式不可複製（Ramo, 2004），但是中國建設世界一流大學的經驗仍可以作為發展中國家尋求更高國際地位的參考。

　　第三，不可忘記的是，除了努力構建世界一流大學，中國也有高等教育大眾化的政策動議。這項政策自上世紀九十年代末以來從根本上擴大了高等教育的供應。中國的大眾化過程與南韓、日本、臺灣等大眾化出現較早的國家不同，這些國家只是最近才擬定具體的項目，如「韓國智力」（Brain Korea）和日本公立大學的法人化。中國採取了二元化的發展模式，一方面是新權威主義的政治控制（Huntington, 1991），另一方面則是新自由主義下的分權和市場化。雖然這兩種論述的融合產生了一些衝突和矛盾，但從快速的高等教育大眾化進程中，中國也確實得到了經濟回報，比如從職業教育和私立項目中收取昂貴的費用。這也意味著建設一流大學的目標可以依靠若干頂尖高校。同時，擴展的高等教育系統實現了「和而不同」的目標，孕育出不同層次、不同類型的院校，比如師範類、農業類、理工類，以及愈加接近國際研究型大學模式的綜合類大學。

　　最後，中國大學 3.0 模式正處在機遇與挑戰並存的複雜環境之中。不容忽視的首要問題是，大眾化進程在多大程度上犧牲了教育質量，甚至是一些名牌大學的教育質量。另一個具有社會負面影響的問題是學術腐敗。學術腐敗破壞了專業領域正當競爭的活力，使經濟和道德水準下滑，加劇社會不公平（Weidman & Enkhjargal, 2008）。自 1990 年代以來，各色各樣的不端行為日漸猖狂，例如履歷造假、研究數據操縱和學術剽竊。中國曾經採取了比其他地區更為嚴格的方法來評估個人或機構的教育和研究水準。在此過程中，211 或 985 大學面對著最大的壓力——管理層和公眾期待更快的學術成果或產出（Li, 2016）。於是一些研究人員開始妥協，以期找到生存和發展的捷徑。令人關注的是，中國的大學如何學習香港、新加坡和美國等高等教育系統的經驗，這些系統都建立了有效的反腐機制。

　　第三個威脅來自所謂官僚主義的管理方式。這種大學官本位優先考慮在任官員的利益——一種典型的官僚系統。因此，個人和機構中的政治遊戲屢見不鮮。鑑於這種官本位傳統，領導及管理者在大學校園內有著更高的政治、經濟地位，並往往能享受各種的經濟或政治特權。而教授和學生常常處於此等的地位，必須跟擁有官職者爭取其應有的地位與尊重。另一方面，學校領導和學科

帶頭人也必須服從於他們在教育部或省教育廳的高層領導和管理人員。《科學》（*Science*）上發表的一篇文章揭露了一些高層官員和研究人員暗箱操作、錢權交易的陋習（Shi & Rao, 2010）。官僚主義成為中國大學 3.0 模式的嚴峻挑戰，因為它很容易落入腐敗、裙帶關係、任人唯親和貪圖權力的陷阱。在最近的教育改革發展綱要中，國務院（2010）在政府議程中正式加入去官僚化、去行政化和放鬆管制等要求，並以此作為正確的方向來解決這個歷史沉痾。

七、結論

透過建設世界一流大學、高等教育的大眾化和國際化運動，中國已經展現出勇於學習西方大學模式諸多長處的開放態度。與此同時，在學術及教學制度上，中國的大學依然保持強烈的本土風。中國政府一直積極探索發展高等教育系統的新路徑——它們可以被中國大學 3.0 模式所概括。中國的發展經驗表明，擁有發展計劃的大國完全可以利用大學提高其在全球舞臺中的地位，而不必將一個全國或全球的模式強加於它們之上。隨著中國崛起為一個全球超級大國，中國大學 3.0 模式日漸崛起，在知識生產和應用中追求卓越，表現出開放、多元與充滿活力，能夠服務於國家和全球，並立志於實現其自身更高和更長遠的使命（李軍、許美德，2013）。

人們已經表現出這樣的擔憂：在追求實現世界一流大學的進程中，不同地方特色鮮明的文化框架不應該屈從於國際標準的同質化（Niland, 2000）。在這個意義上，中國大學 3.0 模式的成功崛起，將依賴於其對文化遺產與尋求滿足局部、地區和全球需求過程中提高質量和更新制度的平衡。更重要的是，中國大學 3.0 模式應該永遠不要忘記植根於儒家的自身傳統——一個為了個人和公共最高利益服務的、可以被稱為是民主使命的靈魂。一位西方學者曾經異曲同工地提出：「教育永遠不應成為裝配線。一旦這樣做，你可以有一定的產量，但是你永遠不會獲得足夠使民主社會得以運行的創新型思想者。」（Simmons, 2003, p. x）

《國家中長期教育改革和發展規劃綱要（2010-2020 年）》（國務院，

2010）及其新公布的《統籌推進世界一流大學和一流學科建設總體方案》（國務院，2015）都提出了建設世界一流大學的雄心，並且這些雄心已經在中國催生出了一批世界一流大學。2015 年中國大陸學者開始獲得諾貝爾獎（Youyou Tu—Facts, 2015）。可以預見在將來的幾十年內，中國將成為科學研究的超級大國，並且引以為豪地擁有在教學、知識探索、社會政治行動和治理等方面都得到世界認可的一流大學。在 2015 年 12 月 7 日諾貝爾獎頒獎典禮的演講中，屠呦呦表示中醫是給予世界的禮物（Youyou Tu—Nobel Lecture, 2015）。同樣地，當這個已經證明自己不僅在經濟的多個領域中是成功模範時，中國大學 3.0 模式也可以作為中國給予世界的禮物，一種能夠作為適合二十一世紀後半期需要的全球性高等教育榜樣的面貌出現。儘管有人仍然對亞洲大學是立基於自身的傳統表示懷疑（Altbach, 1992），中國大學 3.0 模式已經證明自己是個例外，真切地反映了中國本土學術傳統的核心特色。

　　一個公認的觀點是，歐洲的大學及其活動催生了中世紀偉大的思想成就（Rashdall, 1895）。即使新興的中國大學 3.0 模式仍然遠未獲得世界級的地位，它的崛起很可能會與在西方世界及世界上其他社會發展起來的各種模式一起，形成人類歷史上的另一項偉大成就。除人文主義使命和多元化之外，其院校自主和思想自由的核心特點將如何培育充滿生機、可供替代的社會發展模式，以及如何為全球文明對話做出貢獻，迄今為止尚未明朗。然而，如英國著名科技史家 Joseph Needham（1954）所言，回顧中國在十六世紀開始的歐洲科學革命之前，漫長的歷史時期內對人類發展所做出的巨大貢獻，為我們提供了可觀的希望和預示。

參 考 文 獻

丁學良（2001）。什麼是世界一流大學。高等教育研究，**22**（3），4-9。

丁學良（2004）。**什麼是世界一流大學？**。北京：北京大學出版社。

王陽明（無日期）。**王陽明全集**（第一卷）。上海：世界書局。

中國教育部（1992）。**1991 年全國教育事業發展統計公報**。2015 年 2 月 26 日，取自 http://www.edu.cn/20010823/207278.shtml

中國教育部（1998）。**面向 21 世紀教育振興行動計劃**。2016 年 1 月 7 日，取自 http://www.moe.gov.cn/jyb_sjzl/moe_177/tnull_2487.html

中國教育部（2014）。**2013 年全國教育事業發展統計公報**。2015 年 2 月 26 日，取自 http://www.moe.gov.cn/publicfiles/business/htmlfiles/moe/moe_335/index.html

中國人民政治協商會議、國務院（1993）。**中國教育改革和發展綱要**。2015 年 2 月 26 日，取自 www.moe.edu.cn/publicfiles/business/htmlfiles/moe/moe_177/200407/2484.html

余英時（1974）。為「新亞精神」進一新解。新亞生活月刊，**1**（11）。2014 年 12 月 12 日，取自 http://history. na.cuhk.edu.hk/Portals/2/Images/content/5-1_7.pdf

李軍（1988）。稷下學宮的辦學特點及其現實啟示。高等教育研究，**34**，100-105。

李軍（1994）。**玄儒佛道教育理論比教研究**。臺北：文津出版社。

李軍（1998）。**教育學志**。上海：上海人民出版社。

李軍、許美德（2013）。構建大學的中國模式 3.0。社會科學報，1358 期，第 5 版。2015 年 2 月 26 日，取自 http://www.shekebao.com.cn/shekebao/2012skb/xs/userobject1ai5707.html

孫培青（2009）。**中國教育史**（第三版）。上海：華東師範大學出版社。

高時良（1982）。**學記評注**。北京：人民教育出版社。

高時良（2005）。**學記研究**。北京：人民教育出版社。

李軍、田小紅（2015）。中國大學國際化的一個全球試驗——孔子學院十年之路的模式、經驗與政策前瞻。中國高教研究，**260**，37-43。

國家漢辦（無日期）。**關於孔子學院/課堂**。2015 年 2 月 26 日，取自 http://www.hanban.edu.cn/confuciousinstitutes/node_10961.htm

國務院（2010 年 5 月 5 日）。**國家中長期教育改革和發展規劃綱要（2010-2020 年）**。
2015 年 2 月 26 日，取自 http://www.gov.cn/jrzg/2010-07/29/content_1667143.htm

國務院（2015 年 10 月 24 日）。**統籌推進世界一流大學和一流學科建設總體方案**。2015
年 12 月 4 日，取自 http://www.gov.cn/zhengce/content/2015-11/05/content_10269.htm

錢穆（1943）。理想的大學。載於**錢賓四先生全集**，第 41 冊。臺北：聯經出版社。

Altbach, P. G. (1992). Patterns in higher education development: Toward the year 2000. In R. F.
Arnove, P. G. Altbach, & G. P. Kelly (Eds.), *Emergent issues in education: Comparative
per- spectives* (pp. 39-55). Albany: SUNY Press.

Altbach, P. G., & Selvaratnam, V. (1989). *From dependence to autonomy: The development of
Asian universities*. Dordrecht: Kluwer.

Chai, C., & Chai, W (Trans. & Eds.). (1965). *The humanist way in ancient China: Essential works
of Confucianism*. New York: Bantam Books.

Chen, J. P. (1990). *Confucius as teacher: Philosophy of Confucius with special reference to its
educational implications*. Beijing: Foreign Languages Press.

Clark, B. (1983). *The higher education system: Academic organization in cross-national per-
spective*. Berkeley: University of California Press.

Elman, B. (2000). *A cultural history of civil examinations in late imperial China*. Berkeley: Uni-
versity of California Press.

Hayhoe, R. (許美德) (1996). *China's universities 1895-1995: A century of cultural conflict*. New
York: Garland Press.

Hayhoe, R. (許美德) (2001). Lessons from the Chinese academy. In R. Hayhoe & J. Pan (Eds.),
Knowledge across cultures: A contribution to the dialogue among civilizations (pp.
323-347). Hong Kong: CERC.

Hayhoe, R. (許美德), & Li, J. (李軍) (2010). The idea of a normal university in the 21st century.
Frontiers of Education in China, 5(1), 74-103.

Hayhoe, R. (許美德), & Li, J. (李軍) (2012). Institutional diversity in Chinese higher education.
International Higher Education, 66, 22-24.

Hayhoe, R. (許美德), & Zhong, N. (2001). University autonomy and civil society in modern
China. In G. Peterson, R. Hayhoe, & Y. Lu (Eds.), *Education, culture and identity in 20th
century China* (pp. 265-296). Ann Arbor: University of Michigan Press.

Hayhoe, R. (許美德), Li, J. (李軍), Chen, M., & Zhou, G. L. (2011a). Huazhong University of science and technology—A microcosm of new China's higher education. In R. Hayhoe, J. Li, J. Lin, & Q. Zha (Eds.), *Portraits of 21st century Chinese universities: In the move to mass higher education* (pp. 307-343). Dordrecht/Hong Kong: Springer/CERC.

Hayhoe, R. (許美德), Li, J. (李軍), Lin, J., & Zha, Q. (2011b). *Portraits of 21st century Chinese universities: In the move to mass higher education*. Dordrecht/Hong Kong: Springer/CERC.

Huntington, S. (1991). Democracy's third wave. *Journal of Democracy, 2*(2), 12-34.

Jaeger, C. S. (2000). *The envy of angels: Cathedral Schools and social ideals in medieval Europe, 950-1200*. Philadelphia, PA: University of Pennsylvania Press.

Jiang, Z. M. (江澤民) (1998). Zai qingzhu Beijing daxue jianxiao yibai zhounian dahui shang de jianghua [Keynote speech at the centennial ceremony of Peking University]. *Zhongguo Gaojiao Yanjiu [China Higher Education Research], 3*, 3-5.

Kaneko, M. (2009). Incorporation of national universities in Japan: Design, implementation and consequences. *Asia-Pacific Education Review, 10*, 59-67.

Kerr, C. (1963). *The uses of the university*. Cambridge, MA: Harvard University Press.

Lenzen, D. (2015). *University of the world: A case for a world university system*. Cham: Springer International Publishing.

Li, J. (李軍)(2009). Confucianism. In D. Fong (Ed.), *Encyclopedia of modern China* (Vol. 1, pp. 347-351). New York: Scribner's.

Li, J. (李軍)(2012). World-class higher education and the emerging Chinese model of the university. *Prospects: Quarterly Review of Comparative Education, 42*(3), 319-339.

Li, J. (李軍) (2014). Christianity and education in Asia. In F. Wilfred (Ed.), *The Oxford Handbook of Christianity in Asia* (pp. 315-326). Oxford: Oxford University Press.

Li, J. (李軍)(2015). When Confucianism meets Ubuntu: Rediscovering justice, morality and practicality for education and development. *International Journal of Comparative Education and Development, 17*(1), 38-45.

Li, J. (李軍) (2016). Universities in the global research assessment movement: Comparative case studies in China, Hong Kong and Japan. In M. Ishikawa (Ed.), *The world university rankings and international indicators of excellence reexamined*. Kyoto: Kyoto University Press.

Li, J. (李軍), & Hayhoe, R.(許美德) (2012). Confucianism and higher education. In J. A. Banks (Ed.), *Encyclopedia of diversity in education* (Vol. 1, pp. 443-446). Thousand Oaks, CA: Sage.

Li, G. J., Wang, B. Z., & Li, C. D. (1994). *Zhongguo Shuyuan shi* [*A history of Chinese Shuyuan*]. Changsha: Hunan Education Press.

Liu, L., & Liu, N. C. (2009). Bibliometric analysis of SSCI publications of China from 1978-2007. *Information Science, 27*(10), 1590-1594.

Lutz, J. (1971). *China and the Christian colleges, 1850-1950*. Ithaca: Cornell University Press.

Marginson, S. (2011). Higher education in East Asia and Singapore: Rise of the Confucian model. *Higher Education, 61*(5), 587-611.

Marginson, S. (2013). Emerging higher education in the post-Confucian heritage zone. In D. Araya & P. Marber (Eds.), *Higher education in the global age: Education policy, practice and promise in emerging societies* (pp. 89-112). New York: Routledge.

Neave, G. (2001). The European dimension in higher education: An excursion into the modern use of historical analogues. In J. Huisman, P. Maassen, & G. Neave (Eds.), *Higher education and the nation state: The international dimension of higher education* (pp. 13-72). Oxford: Pergamon.

Needham, J. (1954). *Science and civilisation in China* (Vol. 1). Cambridge: Cambridge University Press.

Newman, J. H. (1859). *The idea of a university*. London: Longmans, Green, & Co. (1907, originally published in 1852).

Niland, J. (2000, February 3). The challenge of building world class universities in the Asian region. *ON LINE Opinion*. http://www.onlineopinion.com.au/view.asp? article=997

Pan, W. (Ed.). (2009). *Zhongguo muoshi: Jiedu zhonghua renmin gongheguo de liushi nian* [China model: A new developmental model from the sixty years of the People's Republic] (Vol. 1). Beijing: Central Compilation & Translation Press.

Petracca, M. P., & Xiong, M. (1990). The concept of Chinese neo-authoritarianism: An exploration and democratic critique. *Asian Survey, 30*(11), 1099-1117.

Ramo, J. C. (2004). *The Beijing consensus*. London: The Foreign Policy Centre.

Rashdall, H. (1895). *The universities of Europe in the middle ages* (Vols. 1-3). Oxford: Oxford University Press.

Rhoads, R. A., Wang, X. Y., Shi, X. G., & Chang, Y. C. (2014). *China's rising research universities: A new era of global ambition.* Baltimore: Johns Hopkins University Press.

Ritzer, G. (2003). The globalization of nothing. *SAIS Review, 23*(2), 189-200.

Shi, Y. G. (施一公), & Rao, Y. (饒毅) (2010). China's research culture. *Science, 329*(5996), 1128.

Simmons, R. (2003, January 18). Striving for excellence: How to make a world-class university. *South China Morning Post*, p. 15.

The Editorial Board of the People's Republic of China Yearbook. (1999). *1999 Zhonghua renmin gongheguo nianjian* [*People's Republic of China Yearbook 1999*]. Beijing: People's Republic of China Yearbook Press.

The UNESCO. (2003, June 23-25). *Synthesis report on trends and developments in higher education since the world conference on higher education (1998-2003).* Retrieved January 7, 2016, from the UNESCO Web Site: http://unesdoc.unesco.org/images/0014/001455/145529E.pdf

Twitchett, D., & Faribank, J. K. (1986). *The Cambridge history of China* (Vol. 1). New York: Cambridge University Press.

Weber, M. (1948). *The methodology of the social sciences* (trans. & eds. by E. A. Shils, & H. A. Finch). New York: The Free Press.

Weidman, J. C., & Enkhjargal, A. (2008). Corruption in higher education. In D. P. Baker & A. W. Wiseman (Eds.), *International perspectives on education and society: The worldwide transformation of higher education* (pp. 63-88). Bingley: JAI Press.

Wong, W. S. (1976). The Hsüeh Chi, an old Chinese document on education. *History of Education Quarterly, 16*(2), 187-193.

Xu, D., & McEwan, H. (2016). *Universal principles for teaching and learning: XuejJi in the 21st century*. Albany: SUNY Press.

Youyou Tu (屠呦呦)—Facts. (2015). *Lists of Nobel Prizes and Laureates.* Retrieved December 4, 2015, from http://www.nobelprize.org/nobel_prizes/medicine/laureates/2015/tu-facts.html

Youyou Tu (屠呦呦)—Nobel Lecture. (2015). *Discovery of Artemisinin—A gift from traditional Chinese medicine to the world.* Retrieved December 7, 2015, from http://www.nobelprize.org/nobel_ prizes/medicine/laureates/2015/tu-lecture.html

第 3 章
拓展課程智慧和視野：
對教師在新課程改革經歷的闡釋

郭琳媛

摘要

　　中國過去二十年在全國中小學範圍內開展的基礎教育課程改革，為改進中國的教育體系提供了前所未有的機遇和挑戰，中國的新課程改革所提倡的理念和教學實踐方法在很多方面源於西方的教育理論，也就是課程概念及以學生為中心的教學方法。新的理念和課程概念為教師提供了新的職業發展機遇，但同時也為很多教師，尤其是中國西部農村學校教師，帶來前所未有的挑戰和衝擊。因此深入了解教師在這次課程改革中的經歷與需求是為他們提供有效職業發展及培訓的前提。透過調查西部農村教師在這次課程改革中的經歷，以及新課程改革對農村教師帶來的機遇、困惑和困難，本文從闡釋學的角度探討課程改革及教師轉變教學的複雜性。透過分析闡釋教師在實施新課程過程中所經歷的心理、文化及社會衝擊，以及東西方課程傳統與智慧的異同對教學帶來的困惑，本文創新使用課程智慧來研討教育工作者如何在尊重認同傳統教育價值觀和實踐經驗的前提下改變課程觀，擴展教育視野，提高課程智慧，最終有效地實施以學生為中心的教學和跨文化課程對話。

關鍵詞：課程改革、闡釋學、中國西部農村教師、課程智慧、文化對比

一、前言

　　大規模的教育及課程改革已成為全球現象。擁有世界上最大和最古老的公共教育體系的中國，自二十世紀初始已經經歷了多次大規模教育和課程改革（Guo, 2012）。二十一世紀初，中國教育部又一次在全國中小學方位內計劃實施基礎教育的全方位變革。雖然全球範圍內針對教育體系和課程改革的研究，為教育改革的政策制定和實踐經驗提供了大量寶貴的文獻，但是目前現有的文獻及對教育變革的認識，不足以充分解釋中國教師在實施新課程中所經歷的發展機遇、文化衝突和實踐困難（鍾啟泉，2005；Aoki, 2005; Carson, 2009; Fullan, 2010; Guo, 2010, 2012; Hargreaves et al., 2010）。中國的哲學和教育傳統以及長期以來形成的教學模式和方法，與新課程的理念在很多方面產生背離，但是這種中西理論背離現象以及教師實施新課程所產生的影響，在現有的課程改革文獻中很少涉及。因此現有針對課改開展的職業培訓不能充分幫助教師認識實施新課程所面臨的困難的本質，也不能真正有效地幫助教師在課改中採取有效的對應策略和教學行為。

　　雖然現代教育改革研究一再提醒我們，在課程改革中期望教師根據規定的課程實施方案和策略來改變他們的教學實踐是天真而且不切實際的期望，但是現有的教育改革政策和實施措施明確顯示，這次的課程改革同以往的改革一樣，在很大程度上是採取自上而下的推廣模式，在很多學校課程改革的實施效果不明顯，教育研究和政策制定者對教師在課改中的主觀認知過程和職業學習需求，缺乏深層次的理解和有針對性的職業培訓。為此，作者對六位中國西部農村學校教師在新課程實施過程中的經歷，進行了深入的調查研究。透過了解描述教師在課改中的經歷，本章闡述了這次大規模的課程改革對中國教師意味著什麼，並從文化對比和對話的角度分析教師在課程改革中的難題和困惑。

二、教育傳統和新課程改革

　　中國悠久的教育史和體系可以追溯到西元前十六世紀。在其漫長的歷史發展中，中國的教育大部分時間採用高度集中的體制，教育思想曾出現「百家爭鳴」的時代，但總的來說體現儒家思想和傳統的內容和模式，「學而優則仕」的教育模式使考試文化滲透到所有中國家庭的日常生活和社會結構（Guo, 2010; Li, 2005）。長期形成的教學實踐，以幫助學生在各級標準化考試中獲得優秀成績為核心和特色。以考試為中心的教學模式，使教師對課程的理解在很大的程度上侷限於學科教材和教學大綱，教師、學生和因地制宜的教學資源的開發，沒有被看作課程內容的組成因素。

　　自二十世紀八十年代初，結束「文化大革命」的中國開始經歷快速的社會、經濟和政治的變革，這些變革也促使教育體制進行變革，目的是提升公民在日益全球化的社會中生存和取得成功所需要的知識、技能和責任感（Guo, 2012; Pepper, 1996）。中國教育部（2001）頒布的《基礎教育課程改革綱要（試行）》掀開了中國現代教育史上史無前例的基礎教育課程改革。這次課程改革的核心思想是「為了每一個學生的發展」（鍾啟泉、崔允漷、張華主編，2001），並從以下六個方面全方位調整和改革中國的基礎教育體系：

（一）改變課程過於注重知識傳授的傾向，強調形成積極主動的學習態度，使獲得基礎知識與基本技能的過程同時成為學會學習和形成正確價值觀的過程。

（二）改變課程結構過於強調學科本位、科目過多和缺乏整合的現狀，整體設置九年一貫的課程門類和課時比例，並設置綜合課程，以適應不同地區和學生發展的需求，體現課程結構的均衡性、綜合性和選擇性。

（三）改變課程內容「難、繁、偏、舊」和過於注重書本知識的現狀，加強課程內容與學生生活以及現代社會和科技發展的聯繫，關注學生

的學習興趣和經驗，精選終身學習必備的基礎知識和技能。

（四）改變課程實施過於強調接受學習、死記硬背、機械訓練的現狀，倡導學生主動參與、樂於探究、勤於動手，培養學生蒐集和處理訊息的能力、獲取新知識的能力、分析和解決問題的能力，以及交流與合作的能力。

（五）改變課程評量過分強調甄別與選拔的功能，發揮評量促進學生發展、教師提高和改進教學實踐的功能。

（六）改變課程管理過於集中的狀況，實行國家、地方、學校三級課程管理，增強課程對地方、學校及學生的適應性。

　　以上六個改變課程體系、結構、內容，以及實踐、評量和管理基礎教育改革目標，充分顯示了這次課程改革從本質上看是對教育體系的一次全方位改革，顯示了這個過程的複雜性和目標的高難度。美國芝加哥大學的教育學教授Schwab（1969）曾提出所有課程都包含四個共同因素：學生、教師、學科內容和社會文化環境。對這四個因素的關注在課改中同等重要，因為其中任何一個因素的改變會影響到其他課程因素，所以他強調任何課程的改革必須由代表所有四個因素的人員共同合作，才能確保這些課程因素間的協調發展和共進關係。中國目前新的基礎教育課程目標和實施綱要，要求現有課程的所有四個因素同時改變，因此也意味著這次新課改不僅涉及到學科內容的更新改進，同時涉及到教師群體、學生群體、行政管理和評估體系，以及教育環境和文化的全方位改革，是從傳統教育理念和實踐的急劇轉變和脫離。

　　課程改革的成效，很大的程度上取決於教師群體是否支持和有能力對教學進行變革。傳統的課程理念和長期形成的以考試和教材為中心的教學模式，為教師實施新課程以及達成所要求的目標形成了極大的挑戰，同時也給他們增加了職業學習的壓力和很多不確定因素。例如，過去學生考試的內容是根據教學大綱和規定使用的教材來確定，教師只需要按照教學大綱的要求備課教學即可達到職業要求和測評。教學活動很大程度上依據行政部門選定的教學大綱、課本，和制定的考試體系、教育政策和法規開展。這種有著很長歷史的教學傳

統，極大地影響教師對教學理念、教學目的、課程、教學方法和師生關係的定義。雖然這種教學過程就像戴著鐐銬跳舞，很難使教師和學生發揮創造性，但是已經成為許多教師所認定的正確教學模式和方法。新課程對教師群體的要求在一定程度上是讓教師剔除已有的教學和課程理念，形成新的課程觀和教育觀，並將其體現在教育教學活動中。

三、新課程對教師的要求

新基礎教育課程標準無論就理論還是方法而言，在很大程度上體現了西方的教育觀念、理論框架和課程模式。新課程的核心宗旨「為了每一位學生的發展」類似於西方的以學生為中心，關注學生個體需求的教學理念。新課程所倡導的探究能力、合作學習能力、審慎思辨能力，以及對學習過程的形成性評量，雖然對許多中國師生來說是新的教學理念，但這些理念在西方的教學理論和實踐中，是半個世紀以來非常普遍的觀念和做法。對長期沿襲以教材／考試為中心的師生，意味著在教育過程中需要做出從觀念到實踐的巨大改變。中國傳統教育的一些核心觀念，如教書育人、傳道授業解惑、和諧、團結、中庸等，雖然在很大程度上仍然指導約束教育工作者的職業行為，但這些概念在新課程標準裡並沒有得到認同和體現。

在經歷教育變革的過程中，教師一方面需要重新構建教和學的概念，另一方面需要努力探索把這些新理念落實到教學中的有效策略，改變自身在應試教育和精英教育體系中形成的職業身分，成為思慮周全、教學理念先進、教育教學方法高超的教育工作者。這些要求意味著教師需要在切實認識和接受新課程改革的複雜性基礎上，大幅度提高自身的專業知識和職業能力。這次史無前例的全國性課程變革，一方面體現了中國的政治、經濟和科技的急速發展給教育改革帶來的機遇和緊迫性，另一方面也顯示了全面深刻認識教師在課改中的參與經歷和存在的阻力與困難。只有對教師在課改中的經歷和體驗有了準確全面的認知，了解這次系統性的課程改革對教師的意義，教育工作者、政策制定者和領導者才能有效協作實施新課程，並實現從舊到新的認同與轉變。

雖然過去二十年來，新課程改革已成為中外教育研究者關注的重要話題和領域，但是深層次探究教師在教改中實際經歷的教育研究很少，關注農村西部教師在課改中經歷的研究和文獻更是鳳毛麟角。這次課改對大多數中國教育工作者是一次極大的職業挑戰，對中國西部農村學校的教師來說更是有過之而無不及。因為中國西部農村地區的教育資源非常有限，許多學校的教育資源短缺，教育重點還處於普及保障義務教育的階段，許多學校的基礎設施不到位、不安全，教師群體的職業資質還在逐步提升的過程中，教師很少有機會接受高質量針對新課程的職業培訓。因此如何整合教育資源，提供有針對性的優質師資培訓和發展，是保障西部教師有效實施新課程的關鍵。本章作者透過參與中國、加拿大兩國合作的「加強中國西部基礎教育能力項目」（2003-2009），有機會對四川、寧夏、新疆的 360 所項目學校的新課程實施情況和教師培訓項目，進行廣泛深入的觀察與了解。在對項目學校提供教學支持和新課程培訓的過程中，作者有幸觀察聆聽一線教師們分享他們在課程改革過程中經歷的挑戰、矛盾和成果。因為目前已有的研究文獻多數關注需要改革的內容，但很少有關注教師對課改的話語權和經歷，作者希望透過分享農村教師在課改中的聲音和經歷，來和中外教育界同仁對話如何從跨文化及中西對比的角度，理解闡釋教師在新課程改革的經歷、衝突和成果。這個研究課題重點探究以下三個研究問題：

（一）新課程改革對中國教師的意義是什麼？
（二）教師如何理解和接受新課程所提倡的課程理論和實踐方法？
（三）中國的智慧傳統如何影響教師實施新課程的過程？

四、闡釋學研究策略與方法

研究者採用何種研究策略和方法受到多方面因素的影響，包括研究者本身的哲學觀和知識觀、學科背景、生活和研究經歷，以及所在學科領域常用的研究策略。教師在課改中的經歷很少被關注，而且大部分有關新課程的培訓側重

於需要變革的內容，而很少具體指導教師分析解決所遇到的困惑及挑戰，因此本研究的目的定位於了解農村教師在這次大規模新課程改革中的經歷，以及理解這次課改對教師的意義。

根據既定的研究目標和問題，本課題採用了闡釋學（hermeneutics）的研究策略方法。闡釋學是關於理解和解釋的藝術、理論和哲學。它起源於古希臘羅馬時期不同語言對基督教聖經文本的翻譯與解釋。闡釋學是一個理解存在和經歷的意義的過程，這個理解過程需要研究者透過解釋話語和文本來實現。這裡的「文本」是個廣泛的詞語，可以包括口頭談話、文字描述、視聽素材、圖表繪畫、經歷等。十九世紀闡釋學形成一門獨特的哲學理論和研究策略，它突破了建立在現代科學基礎上的實證研究方法的侷限性，允許研究者將人的存在、經歷和體驗作為探究的重點，同時在探究過程中關注人的主觀認知過程（Gadamer, 1989; Smith, 2006）。闡釋循環（hermeneutic circle）是闡釋學的核心概念，其意義是我們對任何東西的理解，都不是用空白的頭腦去被動地接受，而是以已有的思想和認知為基礎積極參預闡釋的結果。認識過程本身就是螺旋上升式的循環，人可以透過循環連續的對話來加深並達到對具體問題和生活經歷的理解。闡釋研究方法強調在探究過程中，研究者和被研究者雙方有機會同時加深對所研究話題的理解，並拓展各自對所關注的經歷的角度和視野。研究者和參與者一般透過開放式談話及問答的方式，分享與研究課題相關的見解和經歷，從而達到一個新的理解深度。在形成理解的過程中，研究者和被研究者對理解的話題的不同視界逐漸交融為一，達到「視界融合」（fusion of horizon）。闡釋學的任務不是解決具體情境中的實踐性問題，而是透過分析存在和經歷的歷史、環境、語言、文化，對話題已有的概念來理解被研究對象的經歷和這些經歷對他們存在的意義。對生活經歷的深層次理解和認知往往能夠使研究者透過現象看到本質，從而確定真正需要解決的問題和困境。

中國不同地區的社會、文化、經濟、教育資源的多元性和差異，決定了不同地域的教師對新課程的理解和經歷會有很大的差別。即使同一地域或學校的教師，也會因為他們不同的教育背景、年齡、學科等因素，而對實施新課程有不同的見解和經歷。因此，本研究的目的不是用少數教師的描述代表大多數教

師在課程改革中的經歷。中國中小學共有 1,078.5 萬名專職教師（中國教育部，2015），無論採用何種研究方法，邀請多少名教師參與，都不可能透過一個研究項目體現所有教師經歷的多元性、個體性和複雜性。由於職業原因，作者曾走訪過西部地區的許多農村學校，有機會在課堂內外與很多教師交流如何理解和實施新課程。這些經歷使作者有機會觀察到農村教師在課改中的複雜經歷和疑惑，而且這些經歷體現出中國教育環境和改革中特有的歷史及文化特徵。但是這些特徵目前還沒有在中外課程改革的文獻中得到足夠的關注和研討，因此本文的目的是透過描述理解西部農村教師在新課程改革中的經歷，來解釋教師在新課程改革中所面臨的衝突本質以及課改過程的複雜性。

　　作者邀請了六位農村教師參與這項研究。這六位教師包括三位女教師、三位男教師，他們分別承擔從小學到高中不同學科的教學工作。其中一名還擔任校長的角色。為體現對參與教師隱私的尊重和中國的傳統禮節，本文中使用的姓氏不反映任何參與教師的真實姓名。表 3.1 顯示了他們的具體背景訊息：

▶▶ 表 3.1　六位農村教師基本資料

參與教師	性別	年齡段	民族	學校性質	教學科目	任教年級
張老師	男	30～40 歲	漢族	農村	語文	11
孫老師	女	50～60 歲	漢族	農村	科學	6
石老師	男	30～40 歲	漢族	農村	英語（兼校長）	4、5、6
萬老師	男	30～40 歲	回族	城鎮	數學	7
趙老師	女	20～30 歲	漢族	農村	數學	3
傅老師	男	30～40 歲	漢族	城鎮	語文	8

　　探究過程中，作者與每一位參與教師進行了三次開放式談話，每次談話持續一到兩個小時。研究訪談圍繞研究者和教師對新課程的理解，以及教師們在課改中的經歷開展。與每一位教師的談話都是一個對新課程的理解循環加深的過程。在這個過程中，研究者與教師交替分享對課程改革的認識以及相關經歷，同時著重邀請每位教師分享個人對新課程的看法、觀點，以及實施新課程中的成就、困惑和困難。透過開放式交談，研究者和參與者同時加深了各自對

課程改革及其意義的看法，並能從前所未有的角度解釋新課程為目前的教學所帶來的機遇和衝擊。除談話錄音外，研究者還採用了研究日誌和文獻作為數據採集方法。數據分析、闡釋和數據採集在這項研究中是同步進行的。透過反覆聽錄音，閱讀錄音文本和研究日誌，作者用編碼的方式識別歸納數據中的主題，並對每項主題進行描述、分析和闡釋。以下的研究結果採用了主題描述的方式，呈現每位教師參與者在課程改革中的經歷以及這些經歷的意義。

五、研究結果

　　30 個小時的研究談話和作者的研究日誌所涉及的主題與內容是非常多且廣泛的，因為篇幅的限制，本文無法呈現所有的重要話題和內容。透過篩選彙報以下幾個與本章相關的主題，本文的目的是用具體的案例說明如何透過闡釋學方法理解經歷和存在的意義。課改所涉及的所有人員，包括教師、教師培訓者、行政領導人員、課程專家、政策制定者，都可以借助對教師經歷的解釋，換一種角度認識和反思自己在課程改革中可能存在的職業發展機會，以及需要開展的行動。

（一）課程改革對教師的意義

　　理解課程改革對教師意味著什麼是本研究的重點問題。在了解和描述課程經歷的研究談話中，研究者和參與教師就如何理解新課程的要求、對哪些教育理論和新課程提倡的教學方法存在困惑、實施新課程中師生雙方產生了哪些改變等話題進行了交流。以下是對大多數教師涉及的重點談話內容進行歸類後的主題描述和闡釋。

1. 迷失與困惑

　　所有參與研究的教師都談到了他們對這次基礎教育課程改革感到迷失與困惑。提到如何開始接觸新課程時，張老師說：

新教材的內容和結構與原有教材有很大的不同。上邊把有關課改的參考資料發到學校裡。學校要求老師每年參加兩次針對這些參考書內容的考試。我也參加了學校舉辦的有關課改的培訓。

張老師對如何開始課改的表述，顯示了為什麼許多老師會在課改中感到迷失和困惑的原因。中部、西部農村學校的大部分教師沒有機會接受有關新課程的培訓，因此他們對於課改的認識起始於準備及參加有關新課程實施資料的校本考試。張老師所用的「上邊」一詞對於熟悉中國政治文化環境的人士並不陌生。這個詞可以泛指教育部、省教育廳，或地區／市／縣教育局等行政管理單位。他在談話中使用這一個詞，也就意味著這次課程改革的推進是採用自上而下、由外到內的改革模式。但具體是哪個層面的行政單位發起，教師們不明確，也沒有足夠的準備和參與。

在談到如何理解新課程的要求時，萬老師這樣說到：

究竟新課程要求我改什麼？好像它要求教師從「牧羊人」轉換到「領頭羊」的角色。如果教師是一名「牧羊人」，就意味著他控制學生，師生之間是控制和被控制的關係，也就是說學生像動物一樣受到老師的控制。如果教師是「領頭羊」，他就會指導學生的學習，並給學生自主學習的空間，師生之間是平等的關係。

萬老師的比喻表述意味著，他理解課程改革的重點在於改變教師的身分以及教學關係。萬老師在我與他的第二次談話中，有一次從不同的角度表達了類似的看法：

過去作為一名教師，我在教學中有絕對的權利，而且我在學生面前高高在上。我總是嚴格要求學生遵循我指定的教學目標和內容。自從我們採用了新課程後，我就被洗腦要除掉這些根深蒂固的思想。我參加

了培訓班，自學了有關新課程的培訓教材。我在努力和學生建立平等
的關係，希望他們能夠更容易地接受我的教學。

萬老師的表達雖然從話語表面顯示他在課改中做出了努力，但實質上他並
沒有認同和接受新課程要求的改變，他已有的教學方法、對自己身分的認知，
以及對教和學的認識與理解被新課程否認。可以看出他在接受新課程培訓的過
程中受到了挑戰，即他所說的「被洗腦」。其他受訪的一些老師也從不同側面
表達了自己對新課程的抵制態度及原因。張老師這樣說道：

接受新課程和新的教學理念對一個像我這樣有多年教學經歷的教師是
非常困難的。這種改變非常難，原因是我從來沒有很好地理解新課
程。我在努力改變，但不管是學生還是我本人都覺得改變是表面性
的。我們不知道怎麼才能從根本上改變。這也是為什麼我不想改。

許多農村教師像張老師和萬老師一樣，他們的教學理念和方法的根基在
於，自己的學生生涯是長期在以老師為中心和基於考試的教學氛圍中形成的。
無論是教育行政體系、學校、學生還是家長，都支持認可這種長期形成的傳統
教學模式，並當作優秀的教學經驗來推廣。在大的教學環境和組織架構還沒有
改變的情況下，教師們一般會很自然地選擇熟悉的教學模式和方法。如何幫助
教師從歷史和文化的角度了解自己教學觀念和身分認同的根源，具體分析新課
程的要求教師該做什麼，如何結合已有的積極經驗針對新課程的目標做出改
變，哪些經驗可以保留、哪些做法需要改變，為什麼？這些問題需要在實施課
改的過程中給予教師分享和研討的空間。針對西部農村學校教學教師的職業培
訓，尤其需要引導教師認識並理解傳統經驗和歷史對教師專業身分的影響，以
及如何面對這方面的衝突。

2. 從老師到學生的心理掙扎

新課程所提出的變化要求所有的教育工作者履行終身學習者的角色。所有

參與研究的教師都表示有興趣根據課改的要求學習新的理論、新的教材內容和教學方法。在了解新課程目標和理論，以及探索新教學方法的過程中，教師需要改變自己是「知識的權威」的傳統觀念，成為一名虛心的學習者，重新學習反思新課程所倡導的以學生為中心的「教」與「學」的定義。一般來說，教師對「好教師」及「好學生」已經有了多年形成的概念，他們一般會很自然地把這種概念體現在日常教學中。新課程要求教師和學生一樣成為一名在學習過程中擔任主動求知的角色。這種行為和角色的轉變不僅僅是教學方式上的改變，也是要求教師從心理上認同並接受這種行為和角色的改變，並有針對性地探索合適的方法實現積極的變化。但是對他們來說，從教師變成學生並不是一個容易的過程。許多老師在這個轉變的過程中有幾種共同的顧慮。第一，學習者的身分說明自己的職業能力不足，即承認自己不具備新課程所要求的知識和能力。第二，對一些教師來說，維護自己的尊嚴和權威是非常重要的，因此他們不想被同事認為自己對新課程的教學有不適應，或自己的職業能力不能滿足新課程教學的要求。如果向同事請教，有的擔心會被同事看不起。

多數教師直言新課程所要求的學習內容廣而深，很多新教材的內容和結構超出他們目前能夠駕馭的能力。自從鼓勵學生在課堂中採取積極主動的學習方式後，一些教師反映自己現有的學科背景，無法解答學生在課堂中就新的教材內容提出的問題。這種教學情境的出現對一些教師來說，是實施新課程過程中最為掙扎的現象。在傳統的教學中，大部分課堂教學是教師講授準備好的內容，學生很少在課堂上有積極提問的機會，因此教師很少體驗到被學生挑戰或回答不出問題的經歷。擔任高中年級教學的很多教師認為新課程加深了自己在教學中的不安全感，突出了個人在課堂管理方法、構建互動的師生關係及學科知識等方面的欠缺。萬老師這樣描述他的心理掙扎過程：

> 課堂中經常出現學生就教材內容提出問題，但我卻給不出答案的情景。頭一兩次出現這樣的情景時，我告訴學生我會課後對這個問題做些研究，下節課給出回答。但後來經常出現這種情況後，我覺得比較丟人。這種情況在我們剛剛實施課改時出現得比較頻繁。

　　萬老師的這番話一方面顯示他認為教師有責任回答學生的所有問題，另一方面也顯示新課程對教師職業能力要求的提高。新課程需要他在承擔教師角色的同時，擔任一名學習者的角色。他既要學習新的教材內容，又要改變以教師和教材為中心的教學方法，給學生更多探究和互動的機會。新課程為大多數教師帶來了這種多層次的學習任務和要求。在任教的同時進行職業學習，意味著教師在這種雙重身分和任務中會存在保持平衡的困難。教學體制和評量方式還沒有按新課程的要求做出改變的情況下，教師不僅缺乏改變的動力和評量機制，同時還必須獨自面對這種困惑和兩難的境地。

3. 構建新的課程觀

　　新課程改革所提倡的課程反映了現代課程理論的發展及功能。課程的狹隘含義包括學科教學目標、教學計劃、作業、教學資源、評量方法，以及具體學科內容等。課程的廣泛定義包括學生、教師、學科、社會文化環境等四個共同因素。西方課程理論和實踐強調課程標準是教學的基本目標，大多數教師可以自主選擇教材，自主安排不同內容的教學順序，選擇適合學生及當地內容的教學材料來實現所要求的教學目標。中國的新課程改革和目標從某種程度上鼓勵教師重新認識和定義，以國家的課程標準為依據，靈活有創造性地組織教學。

　　但長期以來，中國學校的教學是嚴格遵循教育行政部門制定的教材和教學大綱，教學和對學生的評量考核嚴格按照教學大綱的進度、要求和指定教材的內容來開展。因此多數教師對課程的理解是非常狹隘的概念，課程等同於教材及教學大綱。同時教師很少有自主決定教學內容和資源的機會及能力。

　　那些透過培訓和學習對新課程的概念有所更新的教師，在教學中獲得非常積極的教學效果。萬老師這樣談到：

> 我過去習慣將概念和課本知識灌輸給學生，但現在我用生活實例將數學概念和學生的生活聯繫起來。這是我教學中的一大轉變。此外，新的教材還包含了其他學科的內容，比如物理，當我不是很明白這些跨學科的概念時，我會請教同事。以前教學中從來沒有出現這樣的情況。我想合作教學也可能是新課程的一個目標。

　　其他參與研究的教師在回顧實施新課程的經歷時，也談到了他們在使用教材、建立新的師生關係，以及合作教學體驗等方面的變化和新方法。雖然新課程標準是實施課改的重要依據和政策，但值得一提的是，沒有一位教師在交流的過程中談到如何在教學中使用課程標準。這種現象顯示出教師還沒有把課程標準作為指導教學的終極標準。他們反覆提及教材和內容的改變，實際上體現了大部分教師的課程觀念還沒有得到改變，因為他們仍然認為教材即課程。這也意味著要真正實施新課程，教師首先需要改變對課程的理解和定義，確立新的課程觀。

（二）教師身分轉變中的心理及教學衝突

　　教師的職業身分包括幾個方面：我是誰？怎麼做才像老師？我的教學能力如何？如何理解「教」與「學」？應該建立什麼樣的師生關係？學校和家長對我有什麼期望等問題。中國長期的教學是以教師、教材和考試為中心，教師在課堂內外不僅有傳遞知識，也有長輩的權威角色。好學生的標準是尊重教師，聽教師的話，能在考試中取得好的成績。「教」的定義是教師把教材和課綱中的知識內容傳授給學生；「學」的定義是學生掌握指定的教材內容並透過良好的考試成績體現學的效果。學校及家長對教師的期望一般用成績作為主要的衡量標準和要求。

　　但是新課程要求教師轉變對已有職業身分的認同，它要求教學以學生為中心，教學過程中注重學生的個體需求，培養學生解決問題、自主學習的能力和批判式思維。新課程倡導民主互動的師生關係，教學的評量需要從關注考試成績轉變到促進學習過程。這種新的要求實質上是要求教師對已有的職業身分及教學實踐同時做出改變。但是這種改變在中國的教學環境中，尤其是在西部農村地區，存在著很大的難度。比如，民主教學關係的建立需要師生雙方的改變，但許多學生長期以來已經養成了聽老師講課的被動學習方式。要求學生改變這種學習方式，學會提出問題，並與其他學生開展合作學習，不僅需要學習方式的轉變，更需要教師有目的地引導和組織學習活動，把授課的重點從考試轉移到培養學生的能力上。在現實教學中，鼓勵學生在課堂上挑戰教師，勇於

提出問題，無論在心理上、方法上還是文化上，需要師生雙方同時的認可與改變。

　　除了轉變職業身分所面臨的心理掙扎外，教師在嘗試新課程提倡的教學方法時也經歷教學過程的困惑。許多教師在實踐中，面臨新課程所提倡的理念與傳統的教學方法存在著衝突和矛盾。傅老師這樣分享他在教學中遇到的難題：

> 教學從某種程度上反映文化和教育觀。在語文教學中，課文背誦長期以來被認為是一種有效的學習模式，尤其是在學習古詩文時。我們當學生時，能夠背誦古詩詞及精選文章對學生來說是值得驕傲的事。在以新課程標準為準的新教材裡，需要學生熟讀或背誦的課文也列了出來。在語文教學中背誦不僅是學習方法，還是發揚文化傳統和價值觀的手段。但另一方面，新課程理念否定死記硬背的學習方式。我在教學中經常遇到類似這樣的矛盾。但無論新課程標準還是輔導材料，都沒有提及新舊教學方式轉變的過程中有可能產生的矛盾。當面臨這種矛盾和疑惑時，很多老師和我一樣，都需要幫助及引導。但我們很少有機會探討這些實踐中的困境。

（三）哲學教育傳統與教師的身分認同

　　中國的文化傳統對教師的身分認同及教學實踐有極深的影響（顧明遠，2006；Guo & O'Sullivan, 2012; Hui, 2005）。理解實施新課程的過程對許多教師來說，就是一個比較、分析現代教育理論與中國傳統教育思想異同的過程。石老師在表達他的看法時這樣提到：

> 中國的傳統哲學思想，如儒家學說、道教、佛教、易經等，從根本上講是關注人的發展。這和新課程的終極目標相似，因為關注學生的發展就是關注人的發展的問題。我認為新課程和中國的傳統哲學最終回答的是同樣的哲學問題。因此了解中國的哲學思想和智慧有助於教師

理解新課程的大方向。但是目前課程改革和培訓的缺陷在於政策及培訓資料都沒有體現和討論現在的教育理論，以及實踐從哪些方面收到傳統教育理論的影響，哪些是新的，是傳統哲學裡面沒有涉及到的思想。我們絕大部分老師只了解具體學科的教學目標，但是對課改的大方向和終極目標並沒有很好地了解。這就像閉著眼睛打獵，擊中目標的成功率是很低的。

許多像石老師這樣的一線教師對中國的哲學傳統有較深的了解和思考，因此他們能夠透過改革的現象看到課程的本質，並從歷史和文化的根源分析自身的能力、背景、優勢和需要做出的改變，最終對新課程所提倡的教學變化有一個比較全面的認識。這些教師認為中國的哲學思想和傳統能夠幫助自己理解新課程中的現代教育理論，同時又能在比較學習中外教育理論異同的同時擴展視野，摸索出一條適合本身的教學之道，因此他們對中國新課程裡缺乏對中國傳統教育思想和文化的體現與融合表示擔憂和顧慮。

一些教師提到新課程所提倡的合作教學、民主師生關係、以學生為中心的教學思想是「好而空洞」的理論。但那些對儒家教育思想，尤其是對孔子的因材施教和啟發式教學比較了解及認同的教師，更容易體會到中西優秀教育理論的相似之處，因此能夠從歷史、傳統和哲學的角度反思自己的教育觀念和教學實踐的利弊，分析現實與目標之間差距的根源，提高對自身身分轉變過程中的難度的認識，從而增強了自己實施新課程的主動性，能夠客觀積極地對待實施新課程中的困難。這樣的行為一方面肯定了教師透過長期教學已經積累的成功經驗，同時又能從哲學和課程目標的角度對自己的教學思想和行為進行反思改進，從而達到在循序漸進的探索過程中逐漸建立實施新課程的信心、方法和環境。

在課程改革國際化的過程中，教育工作者和課程理論學者既需要了解本國的教育傳統，又需要和自身的教育傳統拉開距離，才能形成對課程的國際視野，深刻領會東西方教育思想的利弊和異同，充分認識新課程為中國的教育變革帶來的機遇和挑戰。以孔子為代表的儒家學說和教育哲學，是中國傳統文化

的核心內容，也對中國的教育理念、文化素養與民族性格有著決定性的影響
（顧明遠，2006；Zhang, 2008）。和諧作為儒家學說的核心思想，既強調人與
人建立在仁與愛基礎上的關係，又體現中國的哲學傳統容納外來觀念智慧。和
諧的概念提醒我們，中國的傳統教育理念和西方的教育理念在課程改革中不應
該是各自獨立、相互排斥的關係，而是可以開闊教育者課程視野並開展跨國課
程對話的必要因素。同樣的，儒家學說的另一個核心概念——中庸之道，提醒
我們認知不同教育體系和課程結構的優勢，並結合本土的社會文化環境在教育
教學過程中整合利用這些優勢。中國西部農村地區的教育工作者受傳統文化和
觀念的影響較深，這些因素決定了他們在實施課程改革中面臨更多與傳統、文
化和歷史相關的困惑與挑戰。因此課程改革有必要從不同國家課程智慧和教育
傳統的角度分析理解新課程，激勵教師有創造性地開展比較性探索和研究，幫
助教師從文化和歷史的角度批判性地反思自己的教學觀念和方法，最終形成對
課程、教學、目標和方法等課程改革重點理念的再理解和認知。

六、透過新課程拓展課程智慧

　　課程的國際化已成為很多國家教育領域所關注的現象和議題，因此如何處
理本土文化傳統與外來教育理念，成為實施課程改革不可避免的一個國際話
題。不同國家的課程模式和結構受其歷史、哲學傳統和教育文化的影響，對教
學活動有著不同的引領作用。針對課程國際化來進行跨國對話不僅是必要的，
而且能夠為世界上不同的知識體系和課程傳統之間的交流與借鑑提供寶貴的機
會。中國的新課程改革，為中外教育工作者和課程理論學者開展國際交流及對
話，提供了一個前所未有的機會和平臺。

　　但是目前國際課程研究和對話存在文化排斥的現象，大多數的課程研究和
理論文獻沿襲體現的是歐美學術傳統。因為課程理論的話語權和交流範圍還侷
限在少數學者，尤其是西方學者的研究和著作中，對課程國際化和本土化的理
解及研究還處於理論階段，沒有深入到師資培訓和教學的實踐中（顧明遠，
2006；Gough, 2007; Guo, 2012）。課程國際對話的過程是一個透過表達不同看

法，重新確定課程理論和文化的創造過程。但是當前國際課程研究和語言表達還沒有包容並體現世界各國不同的教育、文化和語言傳統，因此跨國課程對話的開展缺乏可以共享的話語。另一方面，即使全球的教育工作者和學者都願意積極參與這個國際對話研討的過程，語言和體系的不同仍是開展國際課程對話的障礙和挑戰。作者在描述及闡釋不同文化和課程傳統的過程中深感合適詞彙的缺乏，認為有必要豐富課程理論詞典，提議一個各方都能理解的術語作為國際課程對話的媒介。

　　中國的哲學傳統能夠對跨國課程對話提供建設性的見解，課程理論學者既需要了解本土的教育傳統，又需要與自身的教育傳統和背景拉開距離，才能形成對課程的國際視野，深刻領會東西方教育異同，充分認識新課程為中國的教育變革帶來的機遇和挑戰。已有豐富的文獻顯明中國的教育傳統對課程、教師和學生有深遠的影響。本文所試圖闡釋的中國教育和哲學智慧，不僅反映在教師的教育觀、態度和職業行為中，同時也為經歷課改的教師提供了一個闡釋理解身分轉變的空間和機會。對這些智慧傳統的理解，使教師能夠根據自身的情況選擇接受或拒絕新課程中的「外來」理論。在本研究的基礎上，作者建議將「課程智慧」一詞納入課程理論和研究的詞典。課程智慧透過「智慧」這個傳統的角度，提供一個跨學科、跨文化空間來理解、審視課程。課程智慧是指能夠從理解哲學傳統、教育歷史、實踐經驗和本土文化的層面辯析、判斷、解決課程發展和改革中的問題，從而創造性地改善課程的能力。傳統針對教育改革的實證研究通常側重於變革的外部因素或策略；對課程智慧的側重，使我們對影響課改外界因素的關注轉變到對教師在課改中經歷的關注，從而能夠從跨文化的角度更深層次地理解教師在課改中的困難、挑戰、成就和困惑，以及如何協助教師提高在職業發展過程中，透過展開課程對話來提升對新課程理念的認知，並且創造性地實施新課程。

七、結論：跨國課程對話

在全球化的影響下，基礎教育課程改革的目標和方向是順應人文、社會、文化和經濟發展要求的。中國的教育集權體系使自上而下的改革決策和實施模式得以開展，但這並不等於實施大規模課程改革的過程總是平順、有成效的。從全球教育視野審視中國的課程改革，作者深感透過教育革新培養高素質、大視野，以及能夠宏觀思考並解決複雜問題公民的緊迫性。二十一世紀的中國公民不僅需要適應中國社會經濟快速發展的能力，同時也具備審視複雜問題的國際視角，爭取全球經濟和政治的參與能力及話語權，學會和他人協作解決疑難的全球問題，共同推進社會公平公益與人類的發展。這也是課程改革的終極目標。這個目標的實現需要社會及教育各個層面達成共識，需要所有教育決策者和工作者的主動參與，需要所有課改涉及的人員都能夠有管道表達意見和聲音，也需要切實理解和尊重教師作為實施新課程的主體之體驗和困難，並透過資源配置及有效培訓對經歷的困難給予重視和答覆。

本章從社會、文化、心理、政治、歷史等方面審視了中國的課程傳統對教師實施課改的影響。透過分析中國新基礎教育課程改革的歷史和文化背景，探討和分享西部農村教師在課改中的體驗、取得的成績和經歷的困難，本文的意圖是邀請國內外學者從理解和闡釋教師經歷的角度，加深對課程改革所帶來的機遇和挑戰的認識，以及實事求是地看待並回應全球化影響下的教育改革為西部農村教師和學校所帶來的壓抑與挑戰。同時，作者也呼籲中國的新課程改革能夠成為一個課程理論界和教育界的同行，就如何認識課程智慧在教育改革中的作用和影響來開展跨國家、跨文化對話。這樣的跨國、跨文化、跨學科的複雜對話有助於豐富教改文獻和研究的多樣性，促進實施課改中的自主創新能力，關注西部農村地區的教育質量和需求，促進提高教育公平和社會公正。

參考文獻

中國教育部（2001）。基礎教育課程改革綱要（試行）。

中國教育部（2015）。**2015 年全國教育事業發展統計公報**。

鍾啟泉（2005）。中國課程改革：挑戰與反思。比較教育研究，**187**（12），18-23。

鍾啟泉、崔允漷、張華（主編）（2001）。**為了中華民族的復興為了每位學生的發展**。
　　上海：華東師範大學出版社。

顧明遠（2006）。**中國教育的文化基礎**。太原：山西教育出版社。

Aoki, T. T. (2005). Teaching as indwelling between two curriculum worlds. In W. F. Pinar & R. L. Irwin (Eds.), *Curriculum in a new key* (pp. 159-165). Mahwah, NJ: Lawerence Erlbraum Associates.

Carson, T. (2009). Re-thinking curriculum change from the place of the teacher: Teacher identity and the implementation of curriculum reform in China. In T. Autio & E. Ropo (Eds.), *Reframing curriculum discourses: Subject, society and curriculum*. Rotterdam, Netherlands: Sense Publishers.

Fullan, M. (2010). *All systems go: The change imperative for whole system reform*. Thousand Oaks, CA: Corwin Press. doi:http://dx.doi.org/10.4135/9781452219554

Gadamer, H. G. (1989). *Truth and method*. New York: Crossroad Publishing Company.

Gough, N. (2007). Changing planes: Rhizosemiotic play in transnational curriculum inquiry. *Studies in Philosophy and Education*, *26*(3), 279-294.

Guo, L. (2010). *The meaning of curriculum reform for Chinese teachers*. Saarbrücken, Germany: LAP Publishing.

Guo, L. (2012). The impact of new national curricular reform on teachers. *Canadian and International Education*, *41*(2), 87-105.

Guo, L., & O'Sullivan, M. (2012). From Laoshi to partners in learning: Pedagogic conversations across cultures in a global classroom. *Canadian Journal of Education*, *35*(3), 164-179.

Hargreaves, A., Lieberman, A., Fullan, M., & Hopkins, D. (Eds.). (2010). *Second international handbook of educational change*. Dordrecht: Springer.

Hui, L. (2005). Chinese cultural schema of education: Implications for communication between Chinese students and Australian educators. *Issues in Educational Research*, *15*(1), 17-36.

Li, S. (2005). *Pedagogy of exams: A phenomenology inquiry*. Unpublished doctoral thesis, University of Alberta, Edmonton, Canada.

Pepper, S. (1996). *Radicalism and education reform in 20th-century China*. Cambridge, England: Cambridge University Press.

Schwab, J. J. (1969). The practical: A language for curriculum. *School Review, 2*(1), 1-23.

Smith, D. G. (2006). *Trying to teach in a season of great untruth: Globalization, empire and the crisis of pedagogy*. Rotterdam, Netherlands: Sense Publishers.

Zhang, H. (2008). Toward a Confucian vision of curriculum. In C. Eppert & H. Wang (Eds.), *Cross-cultural studies in curriculum: Eastern thought educational insights*. Mahwah, NJ: Lawrence Erlbaum.

第4章
臺灣課後補救教學政策與社會公平之研究

鄭勝耀、W. James Jacob

摘要

　　弱勢教育政策自 1960 年代以來早已成為世界各國政府主要施政重點之一，如 1965 年的美國《初等與中等教育法案》（ESEA）第一章（Title I）和「啟蒙方案」（Head Start Program），以及英國 1967 年的《普勞頓報告書》（*Plowden Report*）等影響重大的弱勢教育政策便是以思索如何協助弱勢學生擁有正向的學校學習經驗，也促成教育研究與教育政策規劃以教育公平與弱勢教育的互動關係為討論的重要核心與熱門主軸。臺灣自 1995 年起所推動的「教育優先區計劃」、1999 年的「健全國民教育方案」、2003 年的「全國教育發展方案」、2006 年的「攜手計劃——課後扶助」方案與「大學師資生實踐史懷哲精神教育服務計劃」、2008 年的「夜光天使點燈專案計劃」、2010 年的「數位學伴線上課業輔導計劃」及 2013 和 2014 年為因應十二年國民基本教育所提出之「國民小學及國民中學補救教學實施方案」等相關弱勢教育政策，也正呼應了國際教育改革趨勢。為進一步深入分析臺灣歷年弱勢學生教育政策的利弊得失，本研究團隊首先根據 John Rawls、James Coleman、Iris Young 與 Amartya Sen 等學者對社會正義的相關理論進行歸納與整理，再透過永齡希望小學中正教學研發中心的數學補救教學實驗過程與成效評估，希望可以提供未來進行弱勢學生與補救教學之可行建議與政策參考。

關鍵詞：弱勢學生、補救教學、教育政策、教育公平

一、問題意識

「如何確保每一位學生都有向上社會流動的可能」是教育機會均等與社會公平正義的深層意涵所在，然而隨著 M 型社會情況的日益加劇，優勢族群與弱勢族群之間所能擁有教育、社會與文化資源的落差亦日益擴大，學校教育反而淪為社會階級再製與文化再製的代言人（鄭勝耀，2011；譚光鼎，2008；Cheng & Jacob, 2008）。

為解決上述因教育資源分配不均所產生教育機會不均等議題，美國方面早在 1965 年，詹森（Lyndon B. Johnson）總統便大聲疾呼「向貧窮宣戰」（War on Poverty），1965 年隨之而起的《初等與中等教育法案》（*Elementary and Secondary Education Act, ESEA*）的第一章（Title I）亦揭櫫以「提供學區經濟方面協助來幫助來自低社經家庭學童的教育需要」為重點，再加上同樣在 1965 年所推動針對低社經學童與家庭服務的「啟蒙方案」（Head Start Program），一直延續到 2001 年由布希（George W. Bush）總統所公布《沒有孩子落後法案》（*No Child Left Behind Act, NCLB*）更以「一個弭平與績效責任、彈性、選擇與學習成就落差相關的法案，所以沒有學童落後！」（An act to close the achievement gap with accountability, flexibility, and choice, so that no child is left behind）為口號，希望可以針對弱勢學生與學校教育之間緊張的互動關係提供應有的協助。

在英國，亦早至 1967 年的《普勞頓報告書》（*Plowden Report*）中便開始主張推動強調「積極性差別待遇」（positive discrimination）的「教育優先區」（Educational Priority Area, EPA），到了 1998 年，雖逐步修正為「教育行動區」（Education Action Zone, EAZ）（Ofsted, 2001），但都是聚焦在如何協助教育資源較為匱乏地區弱勢學生的學習適應與學習成效（鄭勝耀，2013）。

臺灣雖然起步較晚，但自 1977 到 1992 年陸續推動「發展與改進國民教育五年計劃」、「發展與改進國民教育六年計劃」、「發展與改進國民教育第二期計劃」，並在 1994 年開始試辦「教育優先區計劃」，針對符合「地震震源

區或地層滑動區」、「地層下陷地區」、「山地及離島地區」、「試辦國中技藝教育中心」及「降低班級人數急需增建教室」等五項指標的特殊需求學校提供總經費 8 億元的專款補助（教育部，2011）；而在 1998 年所公布《教育改革行動方案》（教育部，1998），其第一章「健全國民教育」揭櫫之「辦理補救教學」不但回應了 1996 年的《教育改革總諮議報告書》中的相關建議，也順勢成為之後政府部門進行弱勢教育政策主軸所在；2003 年，「全國教育發展會議」更將「增進弱勢族群機會、確保社會公平正義」列為三大中心議題之一（教育部，2003）。到了 2006 年，教育部整合性質相近的課後輔導計劃為「攜手計劃——課後扶助」方案（教育部，2011），並推動「大學師資生實踐史懷哲精神教育服務計劃」，結合退休教師、大學師資生、經濟弱勢大學生、儲備教師與現職教師等師資來源，提供弱勢低成就學生在義務教育階段基本學習能力的補救教學。2008 年，教育部為強化弱勢家庭兒童之教育輔導創辦了「夜光天使點燈計劃」，結合在地民間資源，藉由延續性輔導方案加強扶助弱勢家庭功能的缺口與學校課業之不足；而到了 2010 年，教育部更擴大原本自 2006 年即開始推動以「縮減城鄉落差」為目標之「偏遠地區中小學網路課業輔導服務計劃」為「數位學伴線上課業輔導計劃」，發揮大學偏鄉教育關懷，以高等教育資源關懷偏鄉教育生態，並推動大學生弱勢關懷、社會議題參與，進而啟發對社會議題之參與及關懷（教育部，2011；鄭勝耀，2016）。

　　除了上述政府部門相關弱勢教育政策與資源的介入，私部門如永齡希望小學與博幼教育基金會等民間企業與基金會亦紛紛加入國民中小學的課後學習輔導之行列，提出「窮不能窮教育」與「讓學生帶希望回家」等訴求，期許經由課後學習輔導的正向學習經驗，讓弱勢學生轉「弱」為「強」。不過，更值得注意的是由於「典型」的弱勢學生與「典型」的課後學習輔導一直反覆在「主流族群善意」與「政府德政」（government patronage）下的持續運作（Ogbu, 1983），弱勢學生的真實需求並未真正被重視，也往往造成課後學習輔導成效不彰的批判（鄭勝耀，2011；鄭勝耀、侯雅雯，2016；鄭勝耀、黃瀞瑩，2014）。

　　職是之故，本研究首先釐清弱勢學生與教育之間的關係，接著爬梳國內外

課後學習輔導之相關研究與實證結果，再透過永齡希望小學中正教學研發中心的數學補救教學實驗過程與成效評估，希望可以提供國內未來進行弱勢學生與補救教學之可行建議及政策參考。

二、弱勢族群／弱勢學生與學校教育

　　美國著名的人類學家 John Ogbu（1983）提出，教育最可貴的意義在於發現「某種類型」的學生在學校教育的過程中有「不成比例的失敗情形」；他進一步指出由於社會結構的不平等會產生不對等的權力關係，而這樣不對等的權力關係，一方面會形成「工作的天花板現象」（job ceiling），另一方面則會分別對「優勢階級」（dominant group）與「弱勢階級」（minority group）形成理論（theories）與信念（beliefs），並各自產生在學校／教室內的互動關係（school/classroom dynamics），最後才以「產出」（outcomes）的形式呈現（詳見圖 4.1）。這種「產出」的結果，我們常會發現是某「類」學生有「不成比例的失敗情形」，John Ogbu 將其稱為「少數／弱勢族群」。由於少數／弱勢族群的英文可以為 minorities 或是 disadvantaged group，本研究認為少數不一定代表弱勢，因此，將研究重點聚焦在弱勢族群與弱勢學生身上。

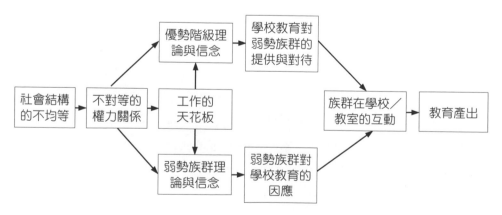

▶▶▶　圖 4.1　優勢族群、弱勢族群與學校教育之互動與對話（Ogbu, 1983, p. 174）

　　Ogbu（1983, pp. 168-170）並將美國少數／弱勢族群分為三種：自主性（autonomous）、移民（immigrant）與階層化（caste-like）。所謂「自主性」的少數／弱勢族群指的是純粹因為人口數量較少的緣故而形成的少數／弱勢族群，在美國的脈絡中，阿米希人（Amish）、猶太人與摩門教徒都可以是其中的代表；而因為「移民」所造成的少數／弱勢族群，則是由於懷抱美國夢，尋求更好的機會而「自願地」（voluntarily）來到新大陸，如中國移民、古巴移民、菲律賓移民、日本移民與韓國移民等；至於「階層化」少數／弱勢族群則是相對於「自主性」少數／弱勢族群而言，無法獨立自主地在美國生活，或是「非自願地」（involuntarily）來到美國，屬於社會階層較低的一群，如美國印第安人、墨西哥裔美人、波多黎各移民等。

　　來自上述少數／弱勢族群家庭的學童在求學的過程中，常會出現「不成比例失敗的情形」，John Ogbu 指出造成學生在學校適應上的差異情形的原因在於學童的「文化背景」與「學校文化」之間的「不連續性」（discontinuities），他並指出「不連續性」存在於文化價值、認知、動機、溝通與互動等層面。Ogbu（1982, p. 291）進一步將此「不連續性」分為「普遍性」（universal）、「初級」（primary）與「第二級」（secondary）等三種：所謂「普遍性」的文化不連續性是指所有學童都會面對從家庭生活到學校生活的落差；而「初級」的文化不連續性則是指來自「移民」與「非西方國家」家庭學童在面對美國學校教育文化時的衝擊；至於「第二級」的文化不連續性則是指來自「階層化」弱勢族群的家庭的學童，由於家長非自願來到美國，因此，不願或無力協助學童適應主流社會的學校文化，也造成學童在學校教育的過程中容易「不成比例失敗的情形」。

　　除了 Ogbu 所揭櫫之學校文化與家庭文化的不連續性問題外，Bronfenbrenner（1979）亦提出「弱勢學生」應歸類為受家庭、學校、社區、經濟、社會、文化、族群影響等因素。職是之故，美國政府在其《初等與中等教育法案》（ESEA）第一章便指出，應針對極高度貧困學校中、低成就學童、英文能力有限、移民學童、特殊需求學童、美國印第安學童、受忽略或者非行少年，以及需要閱讀協助之年幼學童進行協助；而美國教育統計中心（National

Center for Education Statistics, NCES）2012 年將弱勢學生定義為以場所（地緣）與人種／族群為基準的公立學校貧窮集中區域，以及依學區貧窮程度劃分的公立學校，並將其歸納為「社會不利」（非裔美人、美國印第安人、墨裔美人與西裔美人）、「經濟不利」（貧困學區、偏遠市郊區）與「文化不利」（古巴移民、非裔美人、阿米希人與特殊學習需求學生）。

　　而在臺灣，針對弱勢學生之相關教育政策主要有「免學費教育計劃」、「教育優先區計劃」、「攜手計劃」、「國民小學兒童課後照顧服務」與「國民中小學學生無力繳交代收代辦費計劃」等五種，每種弱勢教育政策所規範的弱勢學生定義都不盡相同。如根據 2009 年所公布《教育部補助國民中小學及幼稚園弱勢學生實施要點》規定（教育部攜手計劃課後扶助網站，2009），「教育優先區計劃」主要協助對象為原住民學生比率偏高，低收入戶、隔代教養、單（寄）親家庭、親子年齡差距過大，及新移民子女之學生比率偏高、國中小學生學習弱勢學生比率偏高、中途輟學率偏高、離島或偏遠交通不便與教師流動率及代理教師比率偏高等情況之「學校」；而「國民小學兒童課後照顧服務」則聚焦在低收入戶學生、身心障礙學生、原住民學生與其他情況特殊經學校評估須扶助之學生；在「國民中小學學生無力繳交代收代辦費計劃」服務對象則為直轄市、縣（市）政府所屬國民中小學學生，因家庭經濟突發困境或社會福利機制無法照顧，無力繳交代收代辦費者。

　　至於「攜手計劃」部分，原先設計為「雙低」學生（「低」社經與「低」學習成就），並針對原住民學生、身心障礙人士子女，外籍、大陸及港澳配偶子女，低收入、中低收入家庭學生，及免納所得稅之農工漁民子弟、隔代教養及家庭失功能子女（包括單親），與身心障礙學生（包括經鑑輔會鑑定為疑似身心障礙，且經學校特殊教育推行委員會認定受輔可提升該生學業成就且不影響其他受輔學生之學習者；但為因應十二年國民基本教育政策的推動，增加以下三項規定：（1）參加「攜手計劃」課後扶助學生篩選追蹤輔導轉銜試辦學校，其學生經標準化測驗結果，百分等級未達 35%；（2）都會地區以單一學科班級成績後 25%，非都會地區以單一學科班級成績後 35%為指標；其所稱都會地區，指直轄市、省轄市及縣轄市；（3）國中基測提升方案受輔對象為前

年度國中基測成績 PR 值低於 10 之人數達到全校應考學生數之 25%以上之國中
校內之學習成就低落學生（教育部，2011）。

　　綜上所述，研究者並在接受國家教育研究院委託計劃「弱勢教育政策與教
育公平之研究：以課後學習輔導為例」時，先後花費兩年時間蒐集與分析國內
外弱勢學童相關政策與研究後（鄭勝耀，2011），將弱勢學生歸納為經濟弱
勢、文化弱勢、學校教育弱勢、家庭弱勢與個別弱勢等五類，一方面發現不管
是在學校現場與教育行政機關，都知覺到不應該把「原住民」與「新住民」等
「典型」弱勢族群視為「最重要」與「最可行」的弱勢教育公平指標，反而將
「經濟不安全感」（如家長失業、長期沒工作者、工作不穩定者、薪資不穩定
者、躲債／到處躲藏、家長職業未受到輔導與支持者）列為相當關鍵的質化
指標；另一方面也再分析各國政府弱勢教育政策時發現，忽略各類弱勢學生所
「共同」或「相異」的困難與問題點，並對應在學習、生活和行為上的適應困
難，進而導致在認知、情意、技能教育學習成就及表現上，較一般學生處於相
對弱勢（譚以敬、吳清山，2009；Lee, 1999）。

三、弱勢學生與補救教學

　　洪儷瑜（2001）針對「國中小義務教育階段弱勢學生補救教育」的調查研
究指出，家庭不利背景的學生大都以生活方面的適應困難為主，且也發現原住
民學生最大的適應問題在於學習適應，其次是生活適應；陳淑麗（2008）的研
究則指出課輔教師在執行弱勢學生課業輔導上，最感到困擾的是「學生學習動
機低弱」以及「家長不關心學童的學習」；陳玉娟（2005）的研究也同樣發
現，新移民子女面臨的教育問題以學業表現、學習態度、語言溝通、本身自
信、文化適應及解決問題能力等問題較為嚴重。由上述可發現，弱勢學生不管
在學習表現上、生活和自我適應上往往因本身處於不利地位而產生適應困難。

　　弱勢學生在學習表現上，大多呈現許多問題，其學習特徵包括學業成績表
現較差、閱讀或數學的程度比一般學生來得低、有學業方面的挫折、經常不交
作業或遲交，或向同學照抄作業；在日常行為表現方面，依賴性較重，需要家

長或師長的更多關心；對於有興趣的科目或課程，有優異的理解力和記憶力，並有固著的傾向；容易分心、學習態度不佳、缺乏學習動機與恆心；在自我或社會性的控制適應部分有困難；在學習部分比其他同學需要更多時間、不喜歡學校及家庭作業、家庭提供較少的支持（張新仁，2001；Crosnoe, 2005）。

　　若聚焦在學科上，由於數學科目是有其特殊知識，而弱勢學生更在數學科的學習上，往往造成他們較多的無助感與焦慮感，進而放棄學習數學的機會。黃志賢（2003）指出數學低成就學生學習行為的特徵有：記憶力困難，時常忘記某些數學概念及演算的步驟；語言能力的理解和閱讀能力較為困難，因而導致運用數學符號語言的缺陷；注意力無法集中，無法從事多步驟的計算、缺乏耐心；缺乏學習動機，因而缺乏積極的學習態度；較差的自我概念、負向的內在語言、較多的無助感及對數學產生焦慮。

　　黃志賢（2003）進而提出影響低成就學生的數學學習因素，主要由社會因素、學校因素、家庭因素來探討。第一，在社會因素方面：主要由社會意識形態、價值體系、教育政策或種族優越感等影響學生數學學習的成就，如文化殊異或環境不利等因素；第二，在學校因素方面：包括教育行政、教學設備、教育目標、教學活動、師資質量、師生關係及學生同儕互動等都是影響學生數學學習的因素，如「考試引導教學」降低學生學習的意願，教師教學時的技巧、能力與態度，或是教材選擇與課程安排未能符合低成就學生的學習內容；第三，在家庭因素方面：可能因家庭社經地位懸殊，造成社經地位較低的學生，學習資源較為不足。因此，對於排斥數學學習的弱勢學生，需事先了解影響其學習的因素，從中研擬一套適合他們的補救教學策略。

　　鄭勝耀（2008）嘗試由 Otto、McMenemy 與 Smith（1973）的研究切入成功補救教學原則，透過永齡希望小學中正分校的實地訪談與觀察後，發現以下幾點要素：需獲得學習者的合作；根據學生的學習程度教學；循序漸進，小步驟進行；提供回饋和安排增強；使學習和教材有意義；協助記憶；鼓勵同儕間建立良好的友誼關係；維持強烈的學習動機；充分的練習機會；建立成功的經驗。其中「獲得學習者的合作」為成功補救教學的首要條件，且必須同時依賴來自家庭、學校教師與學童本身的支持；而「根據學生的學習程度教學」、

「循序漸進，小步驟進行」、「提供回饋和安排增強」、「協助記憶」、「鼓勵同儕間建立良好的友誼關係」、「提供充分的練習機會」與「建立成功的經驗」都是成功補救教學的重要關鍵。「使學習和教材有意義」、「維持強烈的學習動機」與「建構適宜的鷹架幫助學生成功適應原班的學習」仍待修正。

　　綜上所述，關於弱勢學生的學習，源自於本身不利的背景與外在因素的影響下，產生學習、生活和行為適應的困難。若以研究者所負責之數學補救教材開發而言，數學學習的成敗又與個人在中小學階段的數學基礎奠定、潛能發揮、職業選擇與日常生活適應之密切關聯，因此如何有效使用補救教學策略，提升其學習成效，使其再次充滿學習的動機與自信，是輔導弱勢學生學習的關鍵。

四、弱勢學生與補救教材

　　目前各國關注於弱勢學生的學習且提出相關因應的教育政策，以落實積極性的差異原則且有效解決弱勢學生的學習問題，其中西方國家在弱勢學生的教育策略取向上，從重視弱勢學生的補救教育及就學扶助措施，到補救教材的編製、教育人員的培訓、父母教育參與的提升等都有多方面的重視（譚以敬、吳清山，2009）。

　　反觀國內補救教學課程內容，大多以學科的補救或學習技巧與策略的充實為主（林建呈，2006），且大多採「精熟練習」的方式來進行補救教學。陳淑麗（2008）在「國小弱勢學生課業輔導現況調查之研究」發現大多數教師仍採用學校的教科書進行補救教學，僅有少數教師會補充外加式的教材。而老師最常使用的教學策略則是「讓學生多練習幾次」為主。黃佳凌（2005）也指出多數在進行課後輔導的學校，大多以家庭作業的指導方式為主要補救教學實施內容，僅有少數學校會額外準備課外補充教學資料，作為實施補救教學之用，其補救教學範圍以國語及數學領域為主。換言之，國內進行補救教學的方式，大多以家庭作業指導為主，並輔以學校原有的教科書和重複練習的方式作為主要補救教學的實施內容。但這樣的結果，可能忽略弱勢學生真正的學習需求，若

仍採用學校的教材再重複教導，可能成效有限，且也可能無法找出弱勢學生真正問題的癥結，反而影響弱勢學生繼續學習的意願。

　　探究國內補救教學的執行與實施，缺乏一套有利於弱勢學生的課程、教學方法等相關的補救教材為主要原因之一。因為進行弱勢學生的課業輔導，教師要兼顧原先課程的進度和學生過去進度的補救教學，因此課程設計與教學者需有教學能力與經驗俱優的教師承擔才能勝任（陳麗珠，2008）。加上目前國內教科書一綱多本的政策下，造成教育市場自由化，許多教科書市場強調競爭、效率、排斥公平，因而使得弱勢族群不管在教科書的選購或教材使用上均無法負荷，因此弱勢學生在教育市場化的影響下，可能流於畫餅充饑，其學習成效有限（張建成，2002；劉世閔，2008）。目前國內在數學教材編撰上，從現有數學知識系統地選擇適合兒童學習的內容，編撰成教材且有計劃地教給兒童，一般人以為這就是數學課程，但往往卻忽略兒童真正的學習成就因素（劉秋木，2002），尤其是在弱勢學生的數學學習上更是需要較多的關注。

　　國內補救教材缺乏統整性的補救教學模式，也缺乏相關的補救相關資源教材。陳淑麗（2008）指出國內在執行課輔實施的內容上，大多以家庭作業指導和原教材重複多次練習為主的模式，且在研究中，明確指出學校行政人員及課輔教師皆希望相關單位提供相關教材以符合弱勢學生的學習需要；黃佳凌（2005）在研究中也指出為落實照顧國小階段弱勢學生，提升其學業成就是最根本也是最重要的工作，而提升學生的學業成就表現，教材的補助是其中的管道之一。

　　由此可見，提供弱勢學生相關補救教材是有其需求性與必要性，尤其是在數學學習上，其數學概念是持續建構，一個概念和另一個概念之間前後連結也環環相扣（李美穗，2009），且數學具有特殊的知識，若學童在起點的數學概念未被建立，其後學習到的數學概念反而不易連結，甚至造成他們在學習數學上的恐懼感與焦慮感。因此在數學補救教材研發上，更需要投入相當的心力與資源，以實踐「把每位學生帶上來」的理念。

　　關於弱勢學生的補救教材相關資源，則可研發一套有利於弱勢學生學習的課程、教學方法，讓學習可以變得更輕鬆、有趣（楊振昇、林坤燦，2008）。

這也意味需將數學補救教材朝向弱勢學生的需求，積極協助找出孩子學習上的困境與迷思的問題點，再針對其困難點進行補救，有系統建立專業的補救教學模式，才能提升弱勢學生整體的數學學習成效。

五、弱勢學生與數學補救教學的新取向與新思維：以永齡希望小學中正教學研發中心為例

　　基於關懷弱勢學生的學習與生活適應，由鴻海企業董事長郭台銘所創立之「永齡慈善教育基金會」首先自 2005 年 12 月開始與臺北縣教師會（現改為新北市教師會）合作推動「北縣課輔試辦計劃」，之後再於 2007 年 5 月開始與海洋大學、輔仁大學、雲林科技大學、中正大學、屏東教育大學、臺東大學、東華大學、花蓮教育大學等 8 所大專院校與臺北縣教師會及世界展望會合作成立「永齡希望小學」；發展至 2012 年，永齡希望小學共有 20 所分校，每年服務超過 6,000 名學童（永齡教育基金會，2012）。

　　永齡希望小學（永齡教育基金會，2008）秉持著「不能讓窮孩子落入永遠的貧困」的理念、深信「窮困孩子的唯一希望來自教育」的想法、致力「讓知識帶希望回家」的願景，其主要目的在於關懷弱勢學生，讓窮孩子能及早補足課業上的弱勢，透過課業輔導的協助降低學習落差，並提升其學習能力，從中也建立自我的學習態度，且能持續鼓勵其學習之動力，甚至在學習過程中能透過教育擺脫貧窮，以發揮向上躍升的潛在能力。

　　為針對國小數學科課輔教學教材教法進行研發與實驗，「永齡希望小學中正教學研發中心」研究統整國內外從課輔教學實踐經驗上出發，有系統地解決弱勢學生的數學學習問題。該中心任務有三個大方向，第一是針對弱勢學生數學補救教學的研究，分析弱勢學生數學學習的迷思與建構有效數學學習的鷹架；第二是發展數學補救教學相關的專業資源與系統，包括兩方面：數學補救教材的研發（包含學生數學補救教材、課輔教師手冊、數學學習補助教具與數學學習評量等）與數學補救教學資源網的建立；第三是弱勢學生數學補救師資培訓、認證與輔導，包括三部分：支援永齡希望小學數學領域的補救師資培

訓、發展數學補救師資認證系統與數學補救教學的輔導支援系統。

（一）弱勢學生數學補救教學的研究

此部分由分析弱勢學生數學學習的迷思開始，進而針對學生可能的迷思概念建構有效數學學習的鷹架。針對弱勢學生數學補救教學的研究，如下說明：

1. 針對弱勢學生數學學習可能的迷思概念與學習瓶頸進行深度分析與研究。首先進行學生數學學習歷程分析與鷹架建構，目的在透過課程實驗發展出最佳的弱勢學生數學補救教學系統，包括釐清弱勢學生數學學習的重要迷思觀念、發展數學課輔教材、發展不同師資系統的課輔模式與電子書包等。

2. 發展一套符合弱勢學生數學補救教學的教材與教法。透過探究弱勢學生數學的迷思現象來確認因應數學領域各項能力的發展指標，且經由架構數學補救教學資源網、蒐集數學領域的評估工具與數學領域補救教材、設計補救教學診斷分析程式與數學補救教學實驗成效分析，進一步研發出具診斷、教材建議及評估成效的數學領域教學網路系統，最終目的是發展一套數學補救教學執行模式，包含篩選低成就、診斷、選擇教材、執行補救教學及評估成效等歷程。

（二）發展數學補救教學的專業資源與系統

數學補救教材的研發，包含學生數學補救教材、課輔教師手冊、數學學習補助教具與數學學習評量等，此外透過教材等相關資源的建立，進而再建置數學補救教學資源網，供相關單位使用。針對數學補救教學的專業資源與系統，如下說明：

1. 發展數學補救教材。國內目前可使用的數學領域補救教材相當有限，該中心針對數學領域，有系統地整理與發展適當的補救教材。數學能力依據 Niss（2003）的說法，可以分為數學思維、擬題與解題、數學建模、數學推理、數學表徵、符號化與形式化、數學溝通，以及工具的使用等八個部分，該中心將依弱勢學生的學習特徵與學習迷思概念

為基礎，發展數學能力序階設計的補充教材。因為既有的教材並未能真正檢測出學生的「錯誤概念」，雖通過永齡教育基金會所訂定 80 分的門檻，但可能某一重要概念仍未能學會。該中心計劃建立一套垂直分齡指標，將國小數學教學內容分為「數」、「量」、「形」三類，「數」則包含數與四則運算，「量」則包含時間、單位量及解題與數感，「形」則包含各類圖形的辨識為主。

2. 建立學校本位的數學補救教學的指南與套裝資源。建立以數學領域為主的教材資料庫，並提供各種數學補救教學的模式檔案、各種數學教學成分的教學示範正例、反例與教學策略庫、線上能力測驗以及線上能力診斷功能的線上評估區；此外，亦提供課輔學生進行課後數學練習、課輔師資培訓及教材，並提供相關參與老師或大學生們的書面分享及課輔老師彼此分享，以及和老師互動的區域。

3. 數學補救教學資源數位化。根據補救教學資源網的功能需求，建構一個具有彈性的網路系統，如電子書包、線上題庫與教學平臺等，並繼續充實補救教學資源網系統的實體內容，根據使用的經驗修正資源網系統。

（三）弱勢學生數學補救師資培訓、認證與輔導

該中心針對永齡希望小學課後輔導計劃中數學領域的補救師資培訓開始，從中發展數學補救師資認證系統，並建立數學補救教學的輔導支援系統，達到培訓、認證與輔導持續循環的補救教學機制。其運作方式，先培養各分校數學指導員，一方面支援各分校之數學補救教學教師的培訓課程，另一方面繼續發展各式閱讀理解教學策略的教學示範影片。關於弱勢學生數學補救師資培訓、認證與輔導的相關機制，能夠有效建立系統的補救教學資源。

（四）弱勢學生數學補救教學成效分析

永齡希望小學中正教學研發中心為進一步確認數學補救教學的成效，在 2009 年起結合國家教育研究院測驗與評量組（TASA）合作進行成就評量測驗

分析，主要以四年級為檢測範圍[1]，診斷永齡學童在全國數學的學習能力概況，提供各分校進行補救教學的方向與教學建議，作為補救教學效益的評估。本測驗經試卷編撰、預試、前測與後側等四階段共計花費兩年完成（2009 年 9月到 2011 年 6 月），並透過定錨題與全國常模進行等化處理[2]。從前後測皆有施測的比較，可以真實了解學童的變化情形（請見表 4.1）。整體而言，皆有參與施測的五、六年級永齡學童，在四年級的數學能力平均表現上，皆低於平均數 250 分的水準。但從 PR 值來看，前測時，平均數為 224.88 分，對應之 PR值為 31，亦即學童能贏過全國 31% 的人；後測時，平均數為 240.31 分，對應之PR 值為 42，亦即學童能贏過全國 42% 的人。從表 4.1，可以看出學童在後測的平均表現有所提升。

▶▶ 表 4.1　1,396 位前後測皆參與施測的比較

年級	人數	前測			後測		
		平均值	PR 值	標準差	平均值	PR 值	標準差
五	773	217.07	26	44.85	234.63	38	47.96
六	623	234.56	38	47.02	247.35	48	49.44
五、六	1,396	224.88	31	46.63	240.31	42	49.02

從表 4.2，更可得知不管原校為五年級或六年級，在四年級數學科能力檢測部分，皆有達到顯著考驗，表示此群體學生是有明顯的進步。就從前後測平均數差異來看，五年級進步的幅度較六年級高，這也顯示學童及早補救，其成效愈高。

1　以四年級為檢測範圍，所以學童必須修畢四年級課程，因此，受測學童當時為原校五、六年級學生。
2　平均數為 250，標準差為 50。

▶▶ 表 4.2　前後測相依樣本 T 檢定

年級	前測平均數	後測平均數	前後測平均數差異	顯著考驗
五	217.07	234.63	17.56	V
六	234.56	247.35	12.79	V
五、六	224.88	240.31	15.43	V

六、結論與建議

　　讓每一個學生都可以有機會透過學校教育的管道取得向上社會流動是學校教育最初的堅持，也是最後的期待；可惜的是，M 型化社會的日趨嚴重，優勢階級與弱勢階級之間教育資源的鴻溝日益擴大，弱勢學生與學校教育之間的對話也日益重要。研究者在分析國內外弱勢教育政策與弱勢學生相關研究文獻後發現，弱勢學生應依其「文化不連續性」分為經濟不利、文化不利、學校教育弱勢、家庭弱勢與個別弱勢等五類，也發現「典型」的弱勢學生依然穩佔「典型」弱勢教育資源分配的大宗，未能深刻討論弱勢學生、課後學習輔導與正向學習經驗的關係。

　　職是之故，再加上「數學學習」對弱勢族群的個人社會地位向上流動的關鍵地位，因此，永齡希望小學中正教學研發中心便以成為「專業補救教學研究」為發展願景，針對弱勢學生數學補救教學的研究，分析弱勢學生數學學習的迷思與建構有效數學學習的鷹架；發展數學補救教學相關的專業資源與系統，包括兩方面：數學補救教材的研發與數學補救教學資源網的建立；弱勢學生數學補救師資培訓、認證與輔導。為達成上述目的，該中心一方面透過文獻分析蒐集弱勢學生學習相關研究發現，另一方面組織雲嘉南國小數學輔導團教師、大專院校數學教育專家學者與中心團隊進行教材研發，再輔以課輔教師教學現場回饋與教學輔導團課輔教學資料蒐集提供教材修正之依據與建議，從學生的數學迷思概念、學生的評量篩選、數學補救教材的研發、教師的培訓與輔

導、補救教學執行及學生學業進展的評量等多種面向，系統地建立數學領域補救教學的教育專業工作。

　　根據 2011 年永齡希望小學中正研發中心與國家教育研究院合作的四年級數學成就測驗結果分析，對 1,396 位參與永齡希望小學課後輔導計劃的弱勢低成就兒童而言，不管學童所處的實際年級為五年級或是六年級都有顯著的助益，且五年級的學童獲益更多，可見補救教學應及早開始，且應聚焦在學童真正需要「補救」的地方。數學常常是弱勢學生害怕的主要科目，然而他們並非真的「學不來」或「不會學」，倘若我們在教育中能適當的給予補救教學資源，提供其完整而一貫的補救教學系統，相信不僅能提升補救教師的教學品質，最重要在於提供符合弱勢學生需求的數學補救教學資源，讓每一位弱勢學生找回學習的動機與自信，喚起他們對於數學的興趣，使其更樂於學習，轉弱為強的結果絕對是可以期待的！

參 考 文 獻

永齡教育基金會（2008）。**永齡希望小學專刊（第二期）**。臺北：永齡教育基金會。

永齡教育基金會（2012）。**永齡希望小學 101 學年度執行報告**。臺北：永齡教育基金會。

李美穗（2009）。你就是孩子生命中的貴人──談補救教學的重要性。**北縣教育，67**，
　　73-79。

林建呈（2006）。**宜蘭縣辦理國小弱勢學生學習輔導現況**。國立花蓮教育大學學校行政
　　研究所，未出版，花蓮市。

洪儷瑜（2001）。義務教育階段之弱勢學生的補救教學之調查研究。**師大學報，46**
　　（1），45-65。

張建成（2002）。**批判的教育社會學**。臺北：學富文化。

張新仁（2001）。實施補救教學之課程與教學設計。**教育學刊，17**，85-106。

教育部（1998）。**教育改革行動方案**。臺北：教育部。

教育部（2003）。**2003 年全國教育發展會議實錄**。臺北：教育部。

教育部（2011）。**教育部 100 年度推動教育優先區計畫**。臺北：教育部。

教育部攜手計劃課後扶助網站（2009）。**教育部補助國民中小學及幼稚園弱勢學生實施
　　要點**。2010 年 4 月 22 日，取自 http://asap.moe.gov.tw/modules/tinyd0/index.php? id=10

陳玉娟（2005）。**臺灣地區外籍配偶子女教育政策及其執行之研究──以國民教育為例**。
　　國立臺灣師範大學教育學系博士論文，未出版，臺北市。

陳淑麗（2008）。國小弱勢學生課業輔導現況調查之研究。**臺東大學教育學報，19**
　　（1），1-32。

陳麗珠（2008）。弱勢學生照顧政策之檢討與改進。**教育研究月刊，172**，5-16。

黃志賢（2003）。數學低成就學生的補救教學。載於教育部（主編），**九年一貫數學學習
　　領域綱要諮詢意見──理念篇**（51-59）。臺北：教育部。

黃佳凌（2005）。**教育優先區計畫國民小學學習弱勢學生學習輔導之研究**。國立高雄師
　　範大學教育學研究所，未出版，高雄市。

楊振昇、林坤燦（2008）。臺灣地區弱勢族群學生教育輔助計畫之現況與展望。**教育研
　　究月刊，172**，17-27。

劉世閔（2008）。弱勢者教育與政策因應。**教育研究月刊，172**，29-52。

劉秋木（2002）。**國小數學科教學研究**。臺北：五南圖書。

鄭勝耀（2008）。**永齡希望小學中正分校弱勢學童學習成效之研究**。永齡教育基金會委託專案報告。嘉義：永齡希望小學中正分校。

鄭勝耀（2011）。弱勢教育公平指標之研究。**教育政策論壇**，**14**（4），63-88。

鄭勝耀（2013）。弱勢學生與補救教學之研究。**教育人力與專業發展**，**30**（1），13-26。

鄭勝耀（2016）。補救教學的美麗與哀愁。**竹縣文教**，**46**，19-24。

鄭勝耀、侯雅雯（2016）。美國補救教學政策之研究：以《每位學生都成功法案》為例。**教育研究月刊**，**267**，16-29。

鄭勝耀、黃淯瑩（2014）。我國弱勢教育政策與社會公平之研究。**教育研究月刊**，**242**，5-16。

譚光鼎（2008）。被扭曲的他者：教科書中原住民偏見的檢討。**課程與教學**，**11**（4），27-50。

譚以敬、吳清山（2009）。臺北市弱勢學生教育政策的現況及其未來因應措施之研究。**教育行政與評鑑學刊**，**8**，77-97。

Bronfenbrener, U. (1979). *The ecology of human development*. Cambridge: Harvard University Press.

Cheng, S. Y. (鄭勝耀), & Jacob, W. J. (2008). American Indian and Taiwan aboriginal education: Indigenous identity and career aspirations. *Asian Pacific Education Review*, 9(3), 233-247.

Crosnoe, R. (2005). Double disadvantage or signs of resilience? The elementary school contexts of children from Mexican immigrants families. *American Educational Research Journal*, 42(2), 269-303.

Lee , J. (1999). The positive effects of mentoring economically disadvantaged students. *Professional School Counseling*, 2(3), 172-179.

Niss, M. (2003). Mathematical competencies and the learning of mathematics: The Danish KOM Project. In A. Gagatsis & S. Papastavridis (Eds.), *Proceedings of the 3rd Mediterranean Conference on Mathematics Education* (pp. 115-124). Athens, Greece: The Hellenic Mathematical Society and Cyprus Mathematical Society.

Ofsted (2001). *Inspecting post-16: Government and politics*. London: Office for Standards in Education.

Ogbu, J. (1982). Cultural discontinuities and schooling. *Anthropology and Education Quarterly*, *13*(4), 290-307.

Ogbu, J. U. (1983). Minority status and schooling in plural societies. *Comparative Education Review*, *27*(2), 168-190.

Otto, W., McMenemy, R. A., & Smith, R. J. (1973). *Corrective and remedial teaching*. Boston, MA: Houghton Mifflin.

第5章
學術自我殖民與高等教育危機：
臺灣與中國大陸的對比

黃光國

摘要

　　五四時期中國知識界普遍盛行著三種意識形態：社會達爾文主義、科學主義、反傳統主義。1949 年中共獲取政權後，推動的「文化大革命」，以及 1994 年李登輝在國民黨內掌握實權後推動的「410 教改」，都是源自同樣的意識形態。對五四意識形態缺乏深刻的反省，盲目移植西方倫理及研究典範，在臺灣造成了高等教育品質低落的危機。在少子化的衝擊之下，更可能使臺灣的高等教育體制一塊塊地崩解。在改革開放之後的大陸，則造成了高教界普遍存在的「本體論的焦慮」和「知識論的困惑」。

關鍵詞：社會達爾文主義、反傳統主義、五四意識形態、本體論的焦慮、知識論的困惑

　　當前臺灣及中國學術界普遍存在的「學術自我殖民」現象，其共同的文化及歷史根源，可以追溯到五四時期的「新文化運動」。在《儒家的修養與理論》一書中（黃光國，付梓中），我曾經指出：辛亥革命後的中國，由於軍閥割據，政治混亂，在救亡圖存的時代要求下，知識界普遍盛行著三種意識形態：社會達爾文主義、科學主義和反傳統主義。當時中國許多知識分子普遍認為：要救中國，必須從西方請來兩尊「洋菩薩」：「德先生」和「賽先生」，「要擁護那德先生，便不得不反對孔教、孔法、貞節、舊政治；要擁護那賽先生，便不得不反對舊藝術和舊宗教；要擁護那德先生，要擁護那賽先生，便不得不反對國粹和舊文學」（陳獨秀，1919），結果所謂的「西化」便形成了「全盤反傳統主義」（林毓生，1983）[1]。由於「歐洲輸入之文化與吾華固有之文化，其根本性質極端相反」，「吾人倘以新輸入之歐化為是，則不得不以舊有之孔教為非」，「新舊之間絕無調和兩存之餘地」（陳獨秀，1918）。

一、科學主義的意識形態

　　從社會學的角度來看，所謂「意識形態」是指：對於人、社會及其與宇宙之關係的整體認知與信念，它對與之有關的各種事物都有高度明確的「系統性」意見，要求將系統中的其他成分整合在一個或幾個顯著的價值之下，可是，此種系統性並不蘊含「正確性」，也未必要經過任何客觀的檢驗。這樣的思想系統往往是封閉的，傾向於對系統外的意見採取排斥的態度（Shils, 1981）。

　　五四時期盛行於中國知識界的意識形態之一，是所謂的「科學主義」（scientism），它可以說是一種信仰，這種信仰認為，只有自然科學家所使用的科學方法，才是獲得可靠知識的唯一手段；極端的「科學主義」者甚至將科

1　參見林毓生（1983），頁139-196，尤其是頁150。並參見 Lin, Y. S. (1979), *The crisis of Chinese consciousness: Radical antitraditionalism in the May Fourth Era.* Madison: University of Wisconsin Press。此書有中譯本，為林毓生著、穆善培譯（1988），中國意識的危機——五四時期激烈的反傳統主義。貴陽：貴州人民出版社。

學當作是全知全能的人類救世主，而盲目地加以崇拜（Wellmuth, 1944）。

　　胡適（1923）曾經描述當時中國社會對於科學的崇拜：「這三十年來，有一個名詞在國內幾乎做到了無上尊嚴的地位；無論懂與不懂的，無論守舊和維新的人，都不敢公然對它表示輕視或戲侮的態度。那個名詞就是『科學』。這樣幾乎舉國一致的崇信，究竟有無價值，那是另一個問題。我們至少可以說，自從中國講變法維新以來，沒有一個自命為新人物的人敢公開毀謗『科學』的。」

　　胡適的這一席話顯示：對於當時絕大多數的中國人而言，「科學」兩個字已經變成了一種神祕的象徵。人們對「科學」這兩個字的崇拜，跟對其他宗教符碼的崇拜其實並沒有兩樣（Kwok, 1965/1987）。

二、臺灣自由主義派的學術傳統

　　1945 年，第二次世界大戰結束，在臺灣各級學校任教的日籍教師都被遣返回國。1949 年，追隨國民政府撤守臺灣的外省籍精英，迅速填補了日籍教師所留下的真空。他們也同時帶來了五四時期新文化運動所帶來的意識形態。在國共隔海對峙的冷戰時期，國民黨在臺灣「一黨獨大」的政治結構，成為支撐此種意識形態的社會條件。當中共在中國大陸推行「三反」、「五反」及「文化大革命」等一系列社會改造運動時，國民黨則在臺灣推動「中華文化復興運動」，當時所謂「自由主義派」的知識分子，大多擁有「後五四時期」的意識形態，他們普遍相信：國家要進步，一定要提倡科學，提倡現代化，反對古老傳統，走美國式民主的道路。

　　在那個時代，「自由主義派」的重要領袖人物之一，是殷海光教授。他在臺大哲學系教邏輯，介紹邏輯實證論，以之作為批判國民黨的武器，藉以提倡民主政治，並出版《中國文化的展望》（殷海光，1966），從他所謂「社會科學」的角度，深入批判中華文化。

　　殷海光教授的努力，為臺灣「自由主義派」的思想路線定了調。殷教授在臺大教邏輯，並介紹西方的科學哲學。然而，囿於時代的限制，他對西方的科

學哲學並沒有相應的理解。他擅長於用西方的科學哲學作為政治批判的工具，卻不懂得如何用它來作學術研究。西方科學哲學是由本體論、知識論和方法論所構成的，先討論如何針對研究對象的本體論做出不同的預設，以之作為基礎，建構理論性的知識，再用經驗性的方法來檢驗知識的正確與否。然而，「自由主義派」在臺灣所建立的學術傳統，卻是只談「方法論」，不談「本體論」和「知識論」：臺灣各大學都開設許多研究方法的課程，卻很少有人有系統地介紹西方科學哲學中的本體論和知識論。結果臺灣訓練出來的研究生，大多只會在西方理論下從事「實徵研究」，他們不懂得如何建構理論，更不敢挑戰由西方移植進來的理論。

這種研究方式，我稱之為「素樸實證主義」（naïve positivism）的研究取向，它可以說是五四時期「科學主義」的現代版，也是當前華人社會「學術自我殖民」的心理基礎。1994 年臺灣的教育改革運動之所以會造成許多難以解決的後遺症，便是出自於當時「自由主義派」知識分子普遍存在的這種心態。

三、410 教改運動

1987 年 7 月 15 日，在臺灣的國民政府宣布解除長達三十八年的戒嚴。長久受到壓抑的社會力獲得解放，一時之間，各種類型的社會運動如雨後春筍般地紛紛湧現。出身自臺灣大學的李登輝也開始在國民黨內部掌握實權。到了 1994 年，李登輝在國民黨內的權力已經十分穩固，以臺大自由主義派作為核心的知識分子也適時發起了「410 教改大遊行」。「410 教改」雖然名為「教育改革」，其政治動機卻十分明顯：推動「410 教改」的知識分子認為：師範體系是國民黨維護政權的主要力量，也是「教育改革」的主要對象，因此他們在推動教改的過程中，刻意將出身自師範體系的教育專業人士排除在外，而從海外找諾貝爾獎得主李遠哲回來當領頭羊，喊出了許多美麗的惑人口號，包括「廣設高中大學」、「落實小班小校」、「消滅明星高中」、「打倒升學主義」，並推出了一系列的教育措施。

410 教改對臺灣社會所造成的影響是全面性的，既深且遠，絕非一篇文章

所能言盡（周祝瑛，2003；黃光國，2003）。由於本文的主題所限，本章論述的焦點將集中於兩點：（1）在廣設高中大學之後，因為少子化所引起的大學倒閉危機；（2）大學教育品質低落的危機。

四、少子化與大學倒閉危機

在 1994 年推動教改的世代，是在「戰後嬰兒潮」中出生，並在貧困的環境中掙扎成長的一代。如果大學入學平均年齡是 20 歲，1994 年入學的大學新生，在 1974 年便已經出生。那一年，臺灣人口的出生數是 42 萬。由於社會環境的變化，以後臺灣人口的出生率即逐年降低，到了 1994 年的新生嬰兒人數，僅剩下 32 萬。換言之，今年要進入大學的青年，二十年前便已經出生，他們並不是一夕之間突然冒出來的。了解這個簡單的道理，我們不難推估：要容納這些年輕人受大學教育，一個社會需要多少大學。

就歐、美國家的標準而言，大約是 100 萬人口設置一所可容納 1 萬人規模的大學，大學與技職體系的學生人數大約是三與七之比。然而，410 教改啟動之後，在「廣設高中大學」的口號指導之下，臺灣卻將許多專科學校改制成為科技大學，結果在短短十餘年之間，臺灣的大學數目由23所猛增至160餘所！

在教改派的脅迫之下，教育當局不顧臺灣人口出生率連年下降的事實，硬是依出生率最高年份的標準，將高等教育的硬體設施擴充到「人人可進大學」的程度，及至出生於出生率較低之年份的兒童成長到可以進入大學的階段，高等教育數量過剩的問題便會逐漸浮現。在臺灣大學講授人口社會學的薛承泰教授曾經用一張圖來說明，目前臺灣高等教育所面臨的危機：在 1990 年之前，臺灣施行「精英式」的高教政策，當年約有 58 萬大專學生。教改啟動到 2000 年之前，實施的是「大眾式」的高教政策，當年有 109 萬大專學生。此後臺灣即走入「普及式」高教的階段，目前大專及以上學生主要為民國 78 年至 83 年出生者，人數共 135 萬，為出生時總人口數 194 萬之七成，這已經達到歷史上限。從民國 83 年（1994）之後，臺灣出生人口即逐年減少；到了十年之後的 115 學年，大專學生為民國 92 年至 97 年出生者，共約 125 萬人，以七成進入

大專計，總學生數不過 88 萬，約當前的 65%。薛教授因此警告：「到了 2025年，臺灣將會有三分之一的大學倒閉！」

五、臺灣高等教育的品質

緩解這種危機的唯一辦法，就是開放大學，到大陸及東南亞地區招收大學生。有人估計：假如臺灣每年能夠從大陸或東南亞地區招收到 10 萬名大學生，或許可以緩解「大學崩盤」的危機。然則，臺灣的大學要憑什麼來吸引大陸及東南亞地區的「留學生」呢？

要回答這個問題，我們必須進一步思考：臺灣高等教育的品質。前文提到，由於對科學哲學的輕忽，目前臺灣地區絕大多數學術研究者仍然懷有「素樸實證主義」或「科學主義」的心態。臺灣的研究所教育，大多不談本體論和知識論，而只講「方法論」。教授教導研究生的方式，通常不會要求學生去追問：「知識」是如何形成的，而是要求學生：在國際學術期刊上找「熱門」的學術議題，再用各種不同的研究方法，來從事研究。

從二次大戰結束以來，臺灣一直是美國的「學術殖民地」。許多「留美學人」帶回臺灣的學術風氣就是「唯美是尚」。教改啟動之後，所謂「自由派學者」又搞出 SCI 和 SSCI 的論文評鑑制度，鼓勵大家用「加工出口」的方式，套用西方流行的研究模式。教授們不思考如何解決學術上的難題，反倒鼓勵研究生們絞盡腦汁發表「輕、薄、短、小」的論文，只要論文能夠在國際學術期刊上刊登，就覺得自己的一切作為都有合法性與正當性。

六、形式主義的學術評鑑

西方科技先進國家評估學術論文影響力的大小，主要是看該篇論文被引用次數的多寡。學術期刊的衝擊指數（impact factor）則是取決於期刊所有刊登論文被引用的總次數。然而，橘逾淮為枳，這套制度移植到臺灣之後，變成只看刊登期刊的衝擊指數，而不管自身論文的被引用次數。至於國內學術期刊的

TSCI 和 TSSCI 排名更是完全變質：它是由教育部或國科會（科技部）邀請各學門的一些學者，針對出刊期數、有無脫期、退稿率、內外稿比例等等的形式指標，主觀決定某一期刊是否可以列名「金榜」，學術影響反倒成為次要的考量。

在這套制度的約制之下，國內學者為了求職、升等或應付機構的評鑑，莫不千方百計設法提高自己發表 SCI 和 SSCI 論文的數量，而很少有人會去深入探究發表論文的內容。

西方先進國家的科技研究經費，大多是來自私人基金費，臺灣的科研經費大多是來自教育部和國科會。為了要爭取更多的研究經費，臺灣學術界開始流行「輕、薄、短、小」的論文，有些長袖善舞的「學官」，更是拉幫結派，組成「研究團隊」，爭取國家經費，購買貴重儀器，再用輪流掛名的辦法，衝高論文發表數量。一旦有論文登上高衝擊指數的期刊，便召開記者會大肆吹噓，大家在意的是「印論文換獎金」，全然不管該篇論文成效如何，是否禁得起學術社群的考驗。

七、同儕審查圈的醜聞

時至今日，發表SCI和SSCI論文已成為臺灣學術界的「新八股」。大家一窩蜂地盲目套用西方既有的研究典範，拚命做「加工出口」式的「學術研究」，整個學術社群也喪失對學術研究成果做「實質評鑑」的能力。

2014 年 7 月爆發的陳震遠論文「自審造假」案，暴露出這種評鑑制度的不合理。陳震遠原本是屏東教育大學副教授，他在過去四年中，在《震動與控制》（*Journal of Vibration and Control*）國際期刊上發表了 60 篇論文，後來該刊發現：他在該刊的投稿系統中開了 130 個虛擬的人頭帳號，製造出一個「同儕審查圈」（peer review ring），其實這個圈內的審查人就是他自己，因而一次撤銷他 60 篇文章，其中有 5 篇竟然有教育部長蔣偉寧共同掛名，蔣偉寧先是宣稱「不認識」陳震遠，後來又一再改變說法，最後終於擋不住輿論壓力而辭職下臺。

　　蔣偉寧下臺後，科技部更發現：陳震遠不只論文自審造假，而且還在論文中大量引用自己發表過的論文，以「引用圈」（citation ring）的方式，將自己的論文製造成「高引用率」的論文，八年內向科技部申請了新臺幣 1,200 萬的研究經費！

　　從本文的論述脈絡來看，陳震遠案反映出臺灣在經過長期「學術自我殖民」之後，學術社群已經喪失做學術「實質評鑑」的能力，而必須仰賴發展 SCI 或 SSCI 論文的數目來做「形式評鑑」，不料陳震遠竟然如此神通廣大，連「引用率」都可以作假，來詐取國家的研究經費！然而，「學術自我殖民」究竟是臺灣獨有的現象，抑或是非西方國家的共業？

八、本體論的焦慮

　　我們可以中國大陸為例，從文化變遷的角度來思考這個問題。

　　1976 年毛澤東過世後，新領導人鄧小平廢除了人民公社，恢復家庭制度，推動「四個現代化」，並在 1979 年宣布「改革開放」政策，以「社會主義法則」為基礎，推動了一系列的改革計劃。文革期間許多被打為「反動學術權威」的學者恢復了地位；高等院校的大多數科系恢復了教學，成千上萬的研究生被送往國外「取經」，文革期間受到嚴厲抨擊的儒家思想再度受到重視。

　　然而，諸如此類的改革措施，並不能減緩中國文化「氣若游絲」的危機。大家都知道：學術研究是學者長期累積的志業。文革期間大陸學術思想界所造成的真空狀態，正好由「海外歸國學人」來填補，他們所帶回來的西方理論，以及蘊含在其中的個人主義文化價值，也迅速佔領了年輕一代的思想領域。在改革開放初期，主張「全盤西化」而喧騰一時的「河殤派」，以及 1989 年的「天安門事件」，都是這種價值觀的具體展現。

　　自從鄧小平在 1979 年推動改革開放政策之後，經過三十年市場導向的經濟改革，中國的社會型態已經發生了重大的變化。在文革時期被消滅的資本家和地主階級重新崛起，當時被打成「臭老九」的知識分子，再度成為新的社會精英。過去一度被吹捧為已經「當家做主」的工人階級和農民群眾，仍舊沉浮

於社會底層。在「思想解放運動」和西方觀念的持續衝擊之下，中國卻面臨了「價值真空」的危機。目前的中國社會，不僅貧富懸殊、兩極分化的現象日趨嚴重，社會上也瀰漫著「一切向錢看」的功利主義之風，人們不再相信共產主義，學校體制也不知如何進行道德教育，人們精神世界空虛，不知人生的意義何在。

時至今日，中國已經有能力出手援救陷入財政和經濟危機的歐洲資本主義國家，知識分子卻面臨了嚴重的文化認同危機：作為一個正在崛起的世界大國，中國似乎已經有能力在國際舞臺上和列強並駕齊驅，可是，經過歷史的幾番折騰，中國不僅自身的文化面貌模糊，而且保留了許多社會主義和資本主義的「糟粕」。如此缺乏文化魅力的「大國」，不僅不知道：自己的「崛起」究竟是憑藉什麼樣的文化力量？而且也不了解：什麼樣的文化力道可以支撐自己未來的持續繁榮？諸如此類的問題，源自復旦大學社會科學院的研究員林曦（2011）所謂的「本體論的焦慮」（ontological anxiety）。

九、知識論的困惑

時至今日，中國大陸的有識之士雖然已經清楚察覺到：自身文化真空而盲目移植西方資本主義文化，必然造成更嚴重的文化危機。可是，文化大革命對傳統中華文化所造成的禍害，卻很難立即恢復過來。在改革開放之初，鄧小平曾經說過一句名言：「實踐是檢驗真理的唯一標準。」又說：「不管白貓、黑貓，能夠捉住耗子，就是好貓。」這是他在否定「文革」路線之後，為了走出一條自己的道路，不得不提出的「實用主義」判準。當時大多數的中共幹部都不知道未來該怎麼走。因此，中共改革開放初期社會上還流行另一個口號是：「摸著石頭過河」，言下之意為：既然我們無法提出穩妥的社會科學理論，作為改革開放的指引，而「改革開放」又是勢在必行，那就只好一面摸索一面前進，「走著瞧」。當時還有一個流行的說法，很具象地描述了這種社會心理：「群眾跟著幹部走，幹部跟著領導走，領導跟著小平走，小平跟著感覺走。」

我向大陸學術界的朋友談到社會科學本土化的問題，許多人也都承認：當

前中國的發展確實是「實踐很偉大，理論很蒼白」。目前大陸的學術界面臨了三個明顯的「斷裂」，1949 年之前的三十年，是一面倒式地「全盤俄化」；1979 年之後的三十年，則是一窩蜂地前往歐美國家「取經」，飢不擇食地「全盤西化」。學術界連消化西方理論都力有未逮，更不用談什麼學術創新來跟西方「對話」或向西方理論挑戰。今天中國各級學校不僅找不到合格的師資來傳授中華文化，有些學校想開設相關課程，也可能遭到「左派」地方官員的反對。更嚴重的是：在高等院校的社會科學研究領域，中國大陸也採用了 SCI 及 SSCI 的評鑑制度，許多「海歸派」的社會科學工作者在從事研究工作的時候，也是盲目移植並套用西方個人主義式的研究典範，成為西方學術殖民主義的幫凶而不自知。他們的研究成果或者和母社會脫節，或者根本解決不了母社會面臨的問題，甚至還可能造成更嚴重的社會問題。用林曦（2011）所提出的概念來說，諸如此類的現象，可以說是當代中國「知識論的困惑」（epistemological confusion）。

　　從以上的對比中，我們可以看出：海峽兩岸雖然因為歷史條件的不同，而展現出不同型態的高教危機；然而，其高教危機的文化根源卻都是源自於對西方文明欠缺相應理解所導致的科學主義。然則，我們該如何化解此種危機呢？這是我在下一章所要討論的主題。

參考文獻

林毓生（1983）。五四時代的激烈反傳統思想與中國自由主義的前途。載於林毓生
　　（著），**思想與人物**（頁 139-196）。臺北：聯經出版公司。

林曦（2011）。「主體性」之於建構基於中國經驗的啟蒙理論。**中國社會科學論叢，37**，
　　41-46。

周祝瑛（2003）。**誰捉弄了台灣教改？**。臺北：心理出版社。

胡適（1923）。**科學與人生觀**。上海：亞東圖書館。

殷海光（1966）。**中國文化的展望**。臺北：文星書店。

黃光國（2003）。**教改錯在哪裡？——我的陽謀**。臺北：印刻文化。

黃光國（付梓中）。**儒家的修養與理論**。新北：心理出版社。

陳獨秀（1918）。答配劍青年。**新青年，3**（1），11。

陳獨秀（1919）。本誌罪案之答辯書。**新青年，6**（1），15-16。

Kwok, D. W. Y. (郭穎頤) (1965/1987). *Scientism in Chinese thought*, 1900-1950. New Haven,
　　CN: Yale University Press.〔本書中文版為雷頤（譯）（1990）。**中國現代思想中的
　　唯科學主義（1900-1950）**。南京：江蘇人民出版社。〕

Shils, E. (1981). *Tradition*. Chicago: University of Chicago Press.

Wellmuth, J. (1944). *The nature and origins of scientism*. Milwaukee: Marquette University Press.

第6章
本土社會科學的視域：
由文化「復健」到文化「復興」

黃光國

摘要

　　臺灣推動社會科學本土化三十年的經驗顯示：華人自主社會科學的建立，基本上是一項「中、西會通」的過程。要落實社會科學本土化運動，必須教育下一代的研究生及年輕學者，如何對西方的科學哲學有「相應的理解」，並以之作為基礎，來分析自己的文化傳統，以建構「含攝文化的理論」。建立華人自主社會科學的學術傳統是一個漫長的文化「復健」工程。本文延續前一章中對於學術自我殖民對臺灣及中國大陸之高等教育所造成危機的探討，繼續在本章中分析以下議題，即在未來可預見的二十年中，致力於本土社會科學的發展，將有助於解決臺灣因為少子化所引起的高等教育危機，並可幫助大陸學術界化解「本體論的焦慮」和「知識論的困惑」。本文進一步總結：在「文化大革命」之後，唯有進行「文化復健」工作，才能達成真正的「文化復興」。

關鍵詞：含攝文化的理論、中西會通、文化復健、科學哲學、自主社會科學

在上一章中，我提到：學術自我殖民對臺灣及中國大陸之高等教育所造成的危機，雖然有所不同，其文化根源都可以追溯至五四時期遺留下來的科學主義意識形態。在本章中，我要析論的是：在未來可預見的二十年中，為什麼本土社會科學的發展一方面可以解決臺灣因為少子化所引起的高等教育危機，另一方面可以幫助大陸學術界化解「本體論的焦慮」和「知識論的困惑」。

一、盲目的科學發展

從 1980 年代初期，我在楊國樞教授的號召下，積極參與「社會心理學本土化運動」後不久，便已經察覺到：國內社會科學研究長期處於低度發展的狀態，主要原因在於研究者對於西方科學哲學的發展缺乏相應的理解。

西方自啟蒙運動發生之後，各門學科的發展和科學哲學的發展之間，便存有一種「互為體用」的關係：隨著各種不同科學的發展，總有一些哲學家不斷地在思考：到底什麼是科學？而成為所謂的「科學哲學」。科學哲學的發展又可以回過頭來，引導科學研究的方向。Lakatos（1978/1990）因此在他所著的〈科學史及其合理重建〉一文的開頭，寫下了一句不朽名言：「沒有科學史的科學哲學是空洞的，沒有科學哲學的科學史是盲目的。」

然而，十九世紀以來，華人留學生在吸收西方文化的過程中，大多只專注於學習各種不同的「科學」，而很少注意科學哲學的演變；更少有人嚴肅思考科學哲學的發展和科學研究之間的關聯。長期盲目移植西方學術研究典範的結果，便使得國內各門科學研究的發展顯得既空洞，又盲目。

看出了問題的癥結，我開始提倡：本土心理學運動必須以科學哲學作為基礎。然而，由於臺灣心理學界一向流行「素樸實證主義」的研究，在累積下許多「不具認知意義」的量化研究資料之後，對這種研究取向感到不滿的一些人改而追隨西方「後現代主義」的後塵，主張以「建構主義」作為基礎，從事質化研究。「滔滔者，天下皆是也」，在這種情況下，我的主張當然顯得孤掌難鳴。

二、心理學本土化運動的路線之爭

　　到了 1990 年代初期，臺灣本土心理學運動終於發生了路線之爭。由於我的研究取向和臺灣心理學界重視實徵研究的傳統大異其趣，1992 年，楊國樞教授正在規劃出版《本土心理學研究》期刊，邀我寫一篇「靶子論文」，和學術界同仁一起討論本土心理學的發展方向。當時我正年輕氣盛，立刻毫不猶豫地一口答應，很快地寫了一篇論文，題為〈互動論與社會交易：社會心理學本土化的方法論問題〉，由楊教授邀請社會科學界的幾位資深同仁，針對我的主張提出批判。他們所提出的批判和質問，使我十分難以招架。尤其是在北京大學社會學系講授科學哲學多年的蘇國勛教授，他單刀直入地指出：「『科學研究綱領』主要是適用於近代自然科學，而不是用於社會科學，尤其不是用於社會心理學和社會學。」它「是科學史家 Lakatos 作為科學史家以事後回顧的方式，對科學史上出現的和發生影響的各種學說和理論做出評價時所用的（不是科學工作者自身所用的），因此，『社會科學中國化』不應以『科學研究綱領』為謀。」完全否定了我的主張。

　　蘇教授的說法基本上是正確的。作為科學發展前鋒的西方核心國家，科學哲學確實是思想史家或哲學家針對「科學史上出現的和發生影響的各種學說和理論」做出反思與評價所得的結果，並不是「科學工作者自身所用的」。然而，對於像臺灣或中國這樣非西方社會的邊陲國家，難道我們不能借重西方國家的發展經驗，利用科學哲學來幫助我們發展「本土心理學」或「本土社會科學」嗎？

（一）《社會科學的理路》

　　哲學並非我的專業，在那個時代，我對科學哲學的理解，其實並不深入，也不透澈。蘇教授是在北京大學社會學系講授科學哲學的權威學者，我要反駁他的論點，唯一的方法就是用我的主張，做出具體的研究成果，「拿證據來」。當時我的研究成績乏善可陳，根本做不到這一點，困窘之餘，只好寫一

篇〈審慎的回應與暫時的沉默〉，虛晃一招，落荒而逃。

學然後知不足。從此之後，「做出具體研究成果以說明自己的主張」，便成為我持之以恆的學術志業。為了達成這樣的目標，我一方面持續研讀科學哲學的經典著作，另一方面在臺灣大學心理學研究所講授科學哲學。

在臺灣大學講授科學哲學的經驗使我深深體會到：經典翻譯和詮釋的重要性。如果我們沒有把一些科學哲學的經典名著譯成中文，它們就無法進入中文世界，如果我們不了解各種不同科學哲學典範之間的辯證性關係，我們便很難用它們作為論辯的材料。要使「科學」在華人的文化中生根，不僅要有人像唐代高僧翻譯佛經那樣，將西方科學哲學的經典名著逐一譯成中文，而且要有人能夠撰寫專著，析論各家科學哲學之間的關聯，讓科學研究工作者，能夠相對容易地理解各種科學哲學之間的辯證性發展。因此我不揣淺陋，以將近十年的工夫，撰成《社會科學的理路》（黃光國，2001）一書，介紹二十世紀中 18 位最重要的哲學家對於本體論、知識論和方法論的主張。

《社會科學的理路》分為兩大部分，前半部所討論的「科學哲學」，主要是側重於「自然科學的哲學」，尤其強調由「實證主義」到「後實證主義」的轉變；後半部則在論述「社會科學的哲學」，包括結構主義、詮釋學和批判理論。由於包括心理學在內的許多門社會學科，都同時兼具「自然科學」和「社會科學」的雙重性格，今天要想解決本土心理學發展上的難題，必須採取「多重哲學典範」（multiple philosophical paradigms）的研究取向，針對不同性質的問題，採用最適切的科學哲學來尋求其解決之道。

這裡必須強調的是：我撰寫《社會科學的理路》一書，目的是要解決非西方國家發展本土社會科學可能遭遇到的難題，而不是為了要「如實地」反映西方科學哲學的「全貌」。更清楚地說，要以「多重哲學典範」建構「含攝文化的理論」，我們所使用的哲學典範，其共同特色必然是主張「實在論」（realism），而反對「實證主義」（positivism）。

（二）《儒家關係主義》

從 2000 年 1 月起，我開始擔任教育部「華人本土心理學研究追求卓越計

劃」主持人。在執行卓越計劃的八年期間，一面思考如何用不同的科學哲學典範解決心理學本土化有關的各項問題，一面撰寫論文，在國內、外學術期刊上發表。該項計劃於 2008 年初結束之後，又整合相關的研究成果，撰成《儒家關係主義：哲學反思、理論建構與實徵研究》一書（黃光國，2009）。

　　這本書的第一章開宗明義地指出：在全球化時代，發展本土心理學的目的，是要依照文化心理學「一種心智，多種心態」的原則（Shweder et al., 1998），建構既能反映人類共同心智（universal mind），又能說明特定文化中人們心態（mentalities in particular cultures）的「含攝文化的理論」（culture-in-clusive theories），克服現代心理學之父 Wilhelm Wundt（1832-1920）未能以科學方法研究文化的難題，並整合 Vygotsky（1896-1934）所主張的「意圖心理學」（intentional psychology）和「科學心理學」（causal psychology）。

　　基於這樣的前提，一面說明如何以後實證主義的科學哲學作為基礎建構「人情與面子」的理論模型，並以之作為基礎，用詮釋學的方法，分析儒家思想的內在結構，再對以往有關華人道德思維的研究做後設理論分析，然後從倫理學的觀點，判定儒家倫理的屬性，接著以「關係主義」的預設為前提，建構出一系列微型理論，說明儒家社會中的社會交換、臉面概念、成就動機、組織行為、衝突策略，並用以整合相關的實徵研究。三年之後，該書之英譯本改以 *Foundations of Chinese Psychology* 之名出版（Hwang, 2012）。

（三）自我的曼陀羅模型

　　2010 年 7 月 24 至 27 日，亞洲本土與文化心理學會在印尼日惹市的日惹大學（Gadjah Mada University）舉辦第一屆國際會議，我被推選為第一屆的會長。在開幕典禮的大會致詞上，我批判建立在個人主義預設之上的西方社會心理學理論，不適用於非西方國家。亞洲本土心理學與文化心理學協會的使命，是要啟動一場心理學的科學革命，建造一系列以關係主義作為預設的理論，來取代西方怪異的心理學理論，以幫助非西方國家的人們解決他們日常生活中所遭遇到的各種問題。

　　會議結束後，我在參觀「婆羅浮屠」（Borobador Temple）的過程中，對

於人類「自我」的深層結構突然得到靈感，回國後，因而綜合我在撰寫《知識與行動：中華文化傳統的社會心理詮釋》，以及參與「人觀與我觀研究計劃」時的主要思考方向，建構出一個「自我的曼陀羅模型」（Mandala Model of Self）。並據此而撰成《心理學的科學革命方案》一書，內分 11 章，仔細析論非西方國家的本土心理學者應如何用西方科學哲學五大典範，致力於建構既能反映人類普世性心智，又能說明特定文化中人們之特殊心態的理論，以啟動心理學之科學革命。

（四）心理學的科學革命

瑞典戈登堡大學（University of Gothenburg）的教授 Allwood 和加拿大著名本土心理學家 Berry 曾經做過一項大規模的國際性調查，研究世界各地本土心理學運動的源起、發展及其遭遇的困難。隨後 Allwood（2011）寫了一篇論文，題為〈論本土心理學的基礎〉，刊登在一本名為《社會知識學》（*Social Epistemology*）的國際學術期刊之上。

我看到這篇論文後，寫了一篇回應文章，題為〈本土心理學中的文化物化：成就或錯誤？〉（Hwang, 2011），文中很直率地指出：Allwood 的說法，代表了西方主流心理學界「文化虛無主義者」的標準論點。他不知道本土心理學者所要解決的問題，也不了解他們解決這些問題的「理論素養」。本土心理學者建構「含攝文化的理論」，誠然可能把文化物化。Allwood 自己承認：西方主流的心理學也是一種本土心理學。西方主流心理學的理論，大多是建立在個人主義的預設之上，這難道不也是一種「物化」嗎？為什麼把個人主義的文化「物化」，是心理學史上的重大成就；把關係主義的文化「物化」成心理學理論，就是一種錯誤？

《社會知識學》的執行編輯 James Collier 對我主張的「後實證主義」研究取向大感興趣，因此請他的兩位博士後研究生，提出了 15 項與本土心理學發展有關的關鍵問題，對我進行訪談，由我逐一作答，並以〈呼喚心理學的科學革命〉為題，在該刊登出（Martin & Gregory, 2011）。

這次訪談使我和 Allwood 展開為期三年有餘的學術辯論，雙方在《社會知

識學》上發表的論文多達 12 篇；同時也使我開始注意到「批判實在論」
（critical realism）的科學哲學。「批判實在論」是印度裔哲學家 Roy Bhaskar
（1944-2014）所提出來的。Bhaskar 的父親是印度人，母親是英國人，原本修
習經濟，在準備博士論文階段，發現西方的經濟學理論並不足以解釋非西方國
家的經濟發展，而深刻感受到：這根本不是經濟學的問題，而是理論建構的哲
學問題。因此改行攻讀哲學，並提出「批判實在論」的科學哲學。這種哲學對
於詮釋我如何以「多重哲學典範」解決心理學本土化所遭遇到的難題有相當大
的助益，因此我特地修改《社會科學的理路》，並在其第三版中增加兩章，分
別討論「批判實在論」以及如何以「多重哲學典範」建構「含攝文化的心理學
理論」（黃光國，2013）。

（五）《中國心理學全集》

　　Foundations of Chinese Psychology 出版之後（Hwang, 2012），2012 年 6 月
1 至 2 日，在臺灣大學人文社會科學高等研究院的支持之下，本土心理學推動
委員會邀請了 10 位國際知名的文化及心理學者，以「建構含攝文化的心理學
理論」作為主題，請他們各自從不同的角度，針對此一議題，發表 10 篇精彩
的論文。

　　Michael Bond 是以「中國人的心理學」（Chinese psychology）聞名於世的
心理學家。幾年前，他出版了一本 *The Oxford Handbook of Chinese Psychology*
（Bond, 2010）。這是他以此一主題為名所編的第三本書，第一本書的書名叫
做《中國人的心理學》（Bond, 1986）；第二本書是這本 Handbook 的第一卷
（Bond, 1996）。這本 *Oxford Handbook* 包含 41 章，動員了 83 位中、外學者，
涵蓋領域包羅萬象，幾乎把過去數十年內有關中國人所做的心理學研究都網羅
在內。

　　一位任教於西班牙巴塞隆納的華裔學者 Lee（2011）深入回顧這本書之
後，一針見血地指出：「這本書沒有清楚的結構，除非仔細閱讀整本書的目
錄，否則讀者很難看出這本書包含哪些內容，並辨認出針對某一特定議題的章
節。」（p. 271）不僅如此，「整本書大多缺少理論，這些以議題取向的章

節，對於關於華人所做的經驗研究發現，做了相當詳盡的回顧與報告，然而，只有極少數的幾章提出華人心理學的本土理論」，「儘管他們公開宣稱要推動本土研究，他們的水準大都停留在支持／不支持西方的發現，並且用諸如集體主義、權力差距之類的文化向度來解釋他們的發現」。尤有甚者，這本書中所引的研究大多以「中國和西方」二元對立的方式，來處理他們的研究發現，無法掌握現實世界中更為精緻的複雜性（pp. 271-272）。

三、兩種研究取向的對決

　　Bond（2010）主編的一書中，其中少數幾章曾提出華人本土心理學理論的作者之一，就是我。我和 Bond 是多年舊識，他每次編纂有關「華人心理學」的書籍，都會向我邀稿。他所編的這幾本書籍，我都是其中一章的作者或共同作者。在研討會之前，我們特地把 Lee（2011）對他的批評以及這次研討會的緣起寄給論文撰寫者，邀請他在開幕式上致詞回顧他的學術生涯並做主題演講，說明他如何研究中國人的心理學結果，因此，這次研討會幾乎變成「文化系統」（cultural system）和「泛文化向度」（pan-cultural dimensions）兩種研究取向的針鋒相對。

　　Bond（2014）承認：他所編的幾本書所收錄的研究，絕大多數都是採取「泛文化向度」的研究取向。他認為：在建立人際行為的模式時，「我們必須發展工具，來測量跨越許多文化群體而在量度上有相等的心理構念」，他並且舉出一系列著名的心理構念之例，包括：價值的向度或範疇（如：Bond, 1988; Schwartz, 1992）；自我構念的類型（如：Gudykunst et al., 1996）；關於世界的社會信念（Leung & Bond, 2004）；追求「突出」的動機（Becker et al., 2012）；以及刻板印象的向度等等（Cuddy et al., 2009）。

　　這是主流西方心理學者常用的「共有式客位」化約主義式研究取向。Bond（2014）指出：如此製作出的建構，包含主流之外的文化來源，是「非怪異」的產品。它們源自於本土，但卻可做泛文化的使用。這種跨文化心理學的宏觀研究取向試圖將世界上的不同群體，安置在一個或數個「普世性」的向

度之上，藉以建構心理學家的「科學微世界」式心理空間。

四、心理學的「東方主義」

　　諸如此類的泛文化向度當然也可以說是一種「含攝文化的心理學」。但是，這種研究取向並未將任何文化視為一種「文化系統」。因此，這次研討會幾乎變成「文化系統」和「泛文化向度」兩種研究取向的對決。在 Sundararajan（2015）的論文〈本土心理學：為何及如何將科學植根於文化之上？〉中，她強烈反對這種研究文化的「向度取向」。她指出：諸如「集體主義／個人主義」或「獨立我／相依我」之類二元對立的概念，反映出心理學中長久以來「東方主義」的陰影，「以某種向度測得的差異，在當地人民的心理上可能毫無差異」。因此，她引用 Fiske（2002）的說法：「我們（西方心理學）必須超出我們種族中心的架構，不止研究其他文化跟美國有何不同，而要從其內部探討他們是什麼。」並主張用文化系統取向或複雜模式來取代向度取向。

　　Bond（2014）也認識到：在主流「怪異」國家之外的心理學發展對於擴展西方心理學學科領域的重要性。他 2010 年版《中國心理學全集》的「結論」一章，題目為：〈中國心理學科學研究邁向二十一世紀的若干前景〉，其中引述 Arnett（2008）所說的一段話：

> 因此，本土理論的角色是要擴大我們以科學之最佳實踐描述並解釋人類情境時所用的建構和理論。其最終功能則是要解釋如何做到「四海之內，皆兄弟也」。像中國這樣的非西方群體能擴大我們的概念領域，並將心理學建立在人類整體的實在之上，而不只是其西方，或通常只是美國的版本。

　　他也覺得「套用西方研究典範」的做法並不妥當，因此，在他最近出版的第四本書《中國人的組織與管理行為》（Huang & Bond, 2012），封面上特別引述孔老夫子的名言：「學而不思則罔，思而不學則殆。」其「結論」一章

的題目是：〈沒有比中國人組織行為的研究更美國化的東西了〉（There is nothing more American than research on Chinese organizational behavior），他也希望中國學者將來「更有文化敏感度一點」（be more culturally sensitive）。

五、多重哲學典範

事後，我從研討會上所發表的十篇論文中，選出與此一爭議有直接關係的四篇論文，投稿給 *Journal for the Theory of Social Behaviour*。該刊主編看了後，認為此一議題非常重要，因此希望我擔任客座主編（guest editor），再邀更多重量級學者來參與此一國際辯論。目前已刊出的八篇論文，包括我所寫的兩篇：

1. "Cultural System vs. Pan-cultural Dimensions: Philosophical Reflection on Approaches for Indigenous Psychology" (2014)
2. "Culture-inclusive Theories of Self and Social Interaction: The Approach of Multiple Philosophical Paradigms" (2014)

這兩篇論文的第一篇，說明本土心理學中「文化系統」研究取向的哲學基礎；第二篇則以我在「自我」及「社會互動」兩方面所建構的理論為例，說明如何用我所主張的「多重哲學典範」，建構「含攝文化」的理論。

由於 JTSB 在國際心理學社群中享有極高聲望，這本專刊出版後，我所主張的研究取向應當會對此一專業社群造成更大的影響。

六、社會心理學的「三大斷裂」

2012 年 3 月 16、17 日，世新大學社會心理學系舉辦第五屆「社會學與心理學的對話」國際學術研討會，南京大學社會學院心理學系的翟學偉教授（2012）發表的一篇論文〈從本土視角看社會學與心理學的融合〉，將中國社會心理學的發展分成三個不同的三十年。第一個三十年是少數學成歸來的中國心理學家將西方心理學帶入中國學界，並從事實證研究的過程。第二個三十年

大約從 1949 年至 1978 年，社會心理學在中國大陸相對處於停滯狀態。從 1978 至今的第三個三十年，則呈現出三大斷裂的格局：

首先，「今天發展起來的社會心理學同初創時期的三十年幾乎沒有關係。」「一些當年留美的學者已經故去或進入耄耋之年，他們經歷了從西方引進知識，重學蘇聯與再回到自我否定的起點」，「這點很容易導致中國社會心理學沒有傳統，沒有發展線索，沒有傳幫帶[1]，甚至沒有帶頭人。而從頭起步的研究者缺少積累，往往是個人只顧做個人的研究，外加個人興趣也在不停地轉移，持續性的研究則更少。」

「研究興趣乃至專業的不停變動，帶來的最大問題就是研究上的泛泛而談，或東一榔頭西一棒，照搬西方概念與方法與不斷跟隨社會特點，是中國內地社會心理學的基本特徵。」「三十年的斷裂期導致了一種研究學統的喪失，如果不重建良好的學統，這樣的情況還會繼續下去。」

「第二種斷裂來自於社會心理學中產生的兩種研究方向。無論在西方，還是在中國，無論是過去，還是現在，社會心理學的歸屬一直是一個問題。有的認為它屬於心理學的一個分支，有的認為它屬於社會學的一個分支。這個問題在中國社會心理學的恢復期顯得更加嚴重。」

「正因為這種認同一下子找不到，自然造成的局面就是各自為政，乃至老死不相往來。所以且不說社會心理學本身就研究『社會認同』，其自身發展也一直存在著一種認同的問題。」

第三種斷裂發生在臺港社會心理學家與國內社會心理學的研究興趣上。中國大陸社會心理學復甦於中國改革開放年代，由於太長時間沒有和西方接觸，有志於社會心理學研究的學者開始大規模地編寫和翻譯教材。或許是因為處在恢復期，由中國學者自己編寫的上乘教材也不多見，大多數教材也是抄來抄去，其實質就是大量照搬和移植西方的概念和理論。過多的學習與模仿導致許多國內學者傾向認為，社會心理學的理論、概念與方法只有一個體系，它就在西方，尤其在美國。中國學者能做的工作，是用它的理論與方法來研究中國實

1　意指前輩對晚輩在工作或學習中對文化知識、技術技能、經驗經歷等親自傳授。

際，至於其中不可否認的文化差異，則可以透過修訂量表來解決。

七、臺灣學術界的利基

大陸學者因為有「三個斷裂」的限制，縱然有人想努力「補課」，一時之間，恐怕也還找不到頭緒。相反的，目前臺灣有自由開放的研究環境，沒有經過文化大革命的折騰，過去三十年間，政府更投入了大筆研究經費，資助學者從事本土社會科學研究。臺灣地區的本土心理學者經過三十年的反思、批判、沉潛與積澱，對於這些問題的解決，已經摸索出獨特的門道。

任何一個學術運動，一旦找到了自己的哲學基礎，便是找到了自己的「道」，這個學術運動便已邁向成熟階段，而逐漸脫離其「運動」的性格，除非有人能找出更強而有力的哲學來取代它。

華人心理學本土化運動邁向成熟之後，下一個目標就是總結其成功經驗，繼續推展社會科學本土化運動，其最終目標則是以儒家文化作為基底，吸納西方近代文明的精華，「中學為體，西學為用」，擺脫西方學術的宰制，建立「儒家人文主義」的自主學術傳統。

在未來十年內，臺灣的學術界正可以這種反差作為利基，訓練出一批人才，一面傳授西方的科學哲學，一面學習如何運用「多重哲學典範」，建構「含攝文化的社會科學理論」，這些人將來可以在臺灣各大學講授相關知識，吸引大陸研究生前來學習，有機會臺灣學者也可以到大陸去講授本土社會科學的研究取向。

八、「儒家人文主義」的學統

「儒家人文主義」是牟宗三提出的概念。牟氏認為：儒家文化的發展，經歷過三個階段：

1.　先秦儒學：以孔、孟、荀為代表。

2. 宋明理學：以周、張、程、朱、陸、王為代表。
3. 當代新儒家：由熊十力先生開出，以唐（君毅）、牟（宗三）、徐（復觀）為代表。

　　牟宗三畢生研究中國文化，其目的在於重建中國文化，開出中國文化的新型態。他認為：唯有道統、學統、政統三統並建，儒家式人文主義徹底透出，才能開出中國文化的新型態。他說：

> 道統之肯定，此即肯定道德宗教之價值，護住孔子所開闢之人生宇宙之本源。學統之開出，此即轉出「知性主體」以融納希臘傳統，開出學術之獨立性。政統之繼續，此即由認識主體之發展而肯定民主政治為必然。

　　道德是道德宗教，學統核心是科學，政統就是民主政治。牟宗三認為：道統是一種比科學知識更具綱維性的聖賢之學，是立國之本、是文化創造的源泉，是正統和學統的生命和價值之源，政統和學統是道德的客觀實現，失去了道統，正統和學統就會步步下降，日趨墮落，而失去正統與學統，道統也會日益枯萎和退縮。他以為，三統之建立，就是「儒家式人文主義」的真正完成，也就是儒家真正轉進第三期之發展。

九、走向文化復興之路

　　就中西文化的關係而言，「三統並建」之說可以說是孔孟陸王心性之學同西方的民主與科學相融合的產物。在他看來，儒家道德宗教的「道統」是中國文化之所長，而民主與科學是西方文化之所長，為中國文化之所短。中西文化自然融合，長短互補，才能解決彼此的困難；中國文化只有融納了西方的民主與科學，才能開出新的型態，實現其理想。但在這種融合中，中國文化是根本與核心，西方文化是末、是用。

　　牟宗三認為：他在學術研究上畢生所作的努力，就是要梳理「儒家人文主義」的頭緒，肯定孔子所開創的儒家文化的「道統」。至於「轉出『知性主體』融納希臘傳統」，以開出「自主的學術傳統」則必須等待社會科學本土化運動開花結果，才可能有具體的成就。

　　儒家文化傳統在經過「文化大革命」的破壞之後，華人社會科學家必須要有高度的文化自覺，願意投身社會科學本土化運動，致力於從事「文化復健」（cultural rehabilitation）的工作，中華文化才可能真正走向「文化復興」（cultural renaissance）之路。

　　唯有發展本土社會科學，開出華人「自主的社會科學傳統」，華人學術社群才有可能逐步擺脫「學術自我殖民」的心態，抒解大陸學術界普遍存在的「本體論的焦慮」和「知識論的困惑」。

參考文獻

黃光國（2001）。社會科學的理路。臺北：心理出版社。

黃光國（2009）。**儒家關係主義：哲學反思、理論建構與實徵研究**。臺北：心理出版社。

黃光國（2013）：社會科學的理路（第三版）。臺北：心理出版社。

翟學偉（2012）：從本土視角看社會學與心理學的融合。論文發表於第五屆「社會學與心理學的對話」國際學術研討會。臺北：世新大學社會心理學系主辦。

Allwood, C. M. (2011). On the foundation of the indigenous psychologies. *Social Epistemology, 25*(1), 3-14.

Becker, M., Vignoles, V. L., Owe, E., Brown, R., Smith, P. B., Easterbrook, M., et al. (2012). Culture and the distinctiveness motive: Constructing identity in individualistic and collectivistic contexts. *Journal of Personality and Social Psychology, 102*(4), 833-855.

Bond, M. H. (1986). *The psychology of the Chinese people*. New York: Oxford University Press.

Bond, M. H. (1988). Finding universal dimensions of individual variation in multi-cultural studies of values: The Rokeach and Chinese value surveys, *Journal of Personality and Social Psychology, 55*, 1009-1015.

Bond, M. H. (1996). *The handbook of Chinese psychology*. Hong Kong: Oxford University Press.

Bond, M. H. (2010). *The Oxford handbook of Chinese psychology*. New York: Oxford University Press.

Bond, M. H. (2014). How I am constructing culture-inclusive theories of social-psychological process in our age of globalization. *Journal for the Theory of Social Behavior, 45*, 26-39.

Cuddy, A. J. C., Fiske, S. T., Kwan, V. S. Y., Glick, P., Demoulin, S., Leyens, J. P., et al. (2009). Stereotype content model across cultures: Towards universal similarities and some differences. *British Journal of Social Psychology, 48*, 1-33.

Fiske, A. P. (2002). Using individualism and collectivism to compare cultures-A critique of the validity and measurement of the constructs: Comment on Oyserman et al. *Psychological Bulletin, 128*(1), 78-88.

Gudykunst, W. B., Matsumoto, Y., Ting-Toomey, S., Nishida, T., Kim, K. S., & Heyman, S. (1996). The influence of cultural individualism-collectivism, self-construals and individual values on communication styles across cultures. *Human Communication Research, 22*, 510-543.

Huang, X., & Bond, M. H. (Eds.). (2012). *Handbook of Chinese organizational behavior: Integrating theory, research and practice.* Cheltenham: Edward Elgar Publishing.

Hwang, K. K. (2011). Reification of culture in indigenous psychologies: Merit or Mistake? *Social Epistemology, 25*(2), 125-131.

Hwang, K. K. (2012). *Foundations of Chinese psychology: Confucian social relations.* New York: Springer.

Lakatos, I. (1978/1990). History of science and its rational reconstructions. *The Methodology of Scientific Research Programmes.* Cambridge: Cambridge University Press.〔本文中文版為于秀英（譯）（1990）。科學史及其合理重建。載於科學研究綱領方法論（頁157-217）。臺北市：結構群文化。〕

Lee, Y. T. (2011). Book review [Review of the book *the Oxford handbook of Chinese psychology]. International Journal of Cross Cultural Management, 11*(2), 269-272.

Leung, K., & Bond, M. H. (2004). Social axioms: A model for social beliefs in multicultural perspective. *Advances in Experimental Social Psychology, 36*, 119-197. San Diego, CA: Elsevier Academic Press.

Martin, E., & Gregory, S. (2011). Calling for scientific revolution in psychology: K. K. Hwang on indigenous psychologies. *Social Epistemology, 25*(2), 153-166.

Schwartz, S. H. (1992). Universals in the content and structure of values: Theoretical advances and empirical tests in 20 countries. In M. P. Zanna (Ed.), *Advances in experimental social psychology* (Vol. 25, pp. 1-65). Orlando, FL: Academic Press.

Shweder, R. A., Goodnow, J., Hatano, G., Le Vine, R., Markus, H., & Miller, P. (1998). The cultural psychology of development: One mind, many mentalities. In W. Damon (Ed.), *Handbook of child psychology (Vol. 1): Theoretical models of human development.* New York: John Wiley & Sons.

Sundararajan, L. (2015). Indigenous psychology: Grounding science in culture, why and how?. *Journal for the Theory of Social Behaviour, 45*(1), 64-81.

當東方遇到西方

第 **7** 章
從 PISA 2012 比較兩岸四地
中學生的學習方法

周憶粟、王丹、李枝秀

摘要

在儒家思想的影響下，華人社會傾向於把學業成功或失敗歸因於努力，而不是與生俱來的能力。由於學習時間的長短是衡量努力程度的指標，人們普遍認為華人學生比其他教育體系裡的同齡人花費了更多的時間學習，因此時間使用模式有可能是區分華人教育與其他文化教育傳統的一種重要方式。在本研究中，基於 PISA 2012 中 18 個表現優異的教育體系的測試數據，我們分析了 15 歲中學生的時間使用模式。數據顯示，四個中華地區——香港、臺灣、澳門以及上海的學生在時間使用模式上有共同之處，這將它們與許多經濟合作暨發展組織（OECD）國家／地區區分開來。這些學生的在校學習時間很長，並且注重閱讀、數學和科學課程的學習。我們的分析還反映了同一文化背景內部的差異。除了在學校的正常上課時間學習，來自上海和臺灣的學生還花費相當多的時間學習課後課程。課後額外學習時間的分配在幾個華人地區中存在差異，上海的學生花費更多的時間在無指導的家庭作業上，而在香港、澳門和臺灣，有人指導的家庭作業和輔導更加受到重視。總體來說，我們發現傳統華人注重努力的學習方式在當代得到了延續，並且同時體現在學校內部和外部。然而，在校外的額外學習是一個新的趨勢，預示著家長指導重要性的下降。

關鍵詞：PISA、時間使用、香港、澳門、臺灣、上海、中學生

一、前言及文獻綜述

　　2009 年，上海學生代表中國大陸第一次參加「國際學生能力評量計劃」（PISA），他們以極大的優勢超越了來自其他國家的學生，在三個測試科目上均取得了驚人成就，令世界驚嘆不已。懷著對中國學校的刻板印象，如機械學習或考試至上，一些評論家開始質疑評估項目的效度，比如在測試領域內能否測量到學生的真實能力，因此他們對測試結果表示懷疑。三年後，上海學生回應了此前外界的疑慮，他們以優異的表現蟬聯了 PISA 2012 的冠軍。這兩輪的 PISA 結果引起了政策制定者和教育研究人員的關注，並激發起另一輪對中國教育實踐的強烈興趣（Tan, 2013; Tucker, 2011）。

　　事實上，長期以來，為了更好地解釋中美兩國間學生的學習差距，美國研究者一直對華人教育模式感興趣。Stevenson 和 Stigler（1994）率先比較了美國、日本以及華人的教育體系。他們認為華人的學校（在他們的研究中選取了臺灣）更為高效，因為學生可以在班級規模較為龐大的情況下獲得更好的成績。在臺灣的學校，他們發現通常是 38 到 60 人為一個班，而西方學校通常是 20 人或更少為一班。他們把學習成效上的差別歸因於信念和文化因素，認為不同的文化究竟是強調先天能力還是後天努力可以解釋學習的有效性。在美國，人們傾向將學習成果歸因於兒童與生俱來的能力，然而在亞洲文化中，無論是家長、教師以及兒童都相信不同程度的努力將導致學生學習成績的差別。作者認為，這種從儒家哲學衍生出來對努力的強調，關注每一個個體的道德完美，而不是根據天生的好或壞本性對人進行分類。這一論斷得到了後續研究的支持，即在儒家思想影響下的教育體系有一個共性：強調個人努力而不是與生俱來的能力（Biggs, 1998; Tweed & Lehman, 2002）。最近，類似的模式在美國的亞裔美國人中也被發現。Hsin 和 Xie（2014）認為，亞裔美國學生所展現出的學業努力，很好地解釋了亞裔美國人對白種美國人的學習優勢，而且這種學業努力的差異恰恰是植根於這兩個族群對努力與成就相關性的文化信念上。

　　「努力學習」這種信念可能透過管控學習時間的方式，從而影響學生的在

校成績。早在二十世紀六十年代的卡羅爾模型（Carroll model）中，時間就被確定為影響學生學習成就的關鍵因素（Carroll, 1963, 1989）。除了學生個人能力、學校的教學質量和學生理解教學的能力，學生的學習還會受學習機會以及毅力的影響。學習機會是指用於學習的時間量，比如在校學習時間。毅力是指學生主動願意花費在學習上的時間量，這可以透過學生課後的學習時長來表示，例如做家庭作業和參加課外補習的時間。實際上，實證數據表明，學習時間是一個結合了「任務時間」、「學習機會」和「家庭作業」三個因素的變量，並且這一變量對學業成績的影響最為顯著（Seidel & Shavelson, 2007）。與之相反，美國某些城市學區卻進行了削減學校教學時間的改革，這一舉措對那裡的學生極為不利（Smith, 2000）。進一步來說，減少在校期間的教學時間，無形中就是減少了學生掌握複雜知識概念的機會（Clark & Linn, 2003）。因此，卡羅爾模型將時間作為一個有價值的參數，這將有助於了解中國學生的學業成就優勢。由於投入到學習的時間量被視作是努力程度的直接表現，不管是出於學校要求還是學生自我激勵，學者預期中國的學生同時在校內和校外花了更長的時間在學習上。

而這一主張也已經被一些實證證據證實。因為儒家文化強調努力，華人教育體系設計並推行了更長學習時間的在校時間表。在二十世紀九十年代，中國的小學生每年在校時間估計有 240 天，約為 1,400 到 1,700 小時，而美國同齡人每年在校時間僅為 180 天，約為 1,100 小時（Stevenson & Stigler, 1992, p. 142）。所以，中國小學生的在校總學習時間比在美國學校就讀的同齡人長了一到兩個學年。

此外，學習時間以家庭作業的形式，延伸到了課後時段。研究表明，中國學生每週花費在家庭作業的時間約為 13 小時，而與此同時美國學生每週約花費 4 小時做作業（Stevenson & Stigler, 1992, p. 142）。通常來說，中國教師會給學生安排作業，即使是寒暑假，學生也必須完成（Chou & Ching, 2012），而這對美國學生來說，簡直是一項「不可思議」的任務（Stevenson & Stigler, 1992, p. 55）。

除了要遵循學校的強制性學習時間及活動安排，中國學生還積極參加補習

班或課外補習。在中華地區，例如香港、臺灣和中國大陸，教育輔導行業的發展尤為迅猛。一項針對中國大陸 4,472 個城市家庭的調查發現，73.8%的小學生、65.5%的初中生以及 53.5%的高中生接受過課外補習（薛海平、丁延慶，2009）。同樣，在 2001 年一項針對臺灣 2 萬名中學生的調查顯示，72.9%的七年級學生平均每週接受時長為 6.5 小時的課外輔導（Liu, 2012）。參加課外補習的這一行為，在某種意義上可以被視作學生本人對學習的承諾，顯示出他們願意為了學業成績付出努力的決心。

　　總之，由於儒家思想對努力有著較強的信念，中式教育體系中的一個顯著特徵就是強調學習時間。儘管國際上對學生在學習活動中的時間使用策略已經有了廣泛的研究（Dettmers, Trautwein, & Lüdtke, 2009; Trautwein, 2007; Trautwein & Köller, 2003; Trautwein & Lüdtke, 2007），但是這些研究關注的重點不足以理解學習時間在中國教育方式中所發揮的獨特作用。上述引文顯示，關於學習時間的具體統計數據在二十世紀九十年代才有，並且在 Stevenson 和 Stigler 的研究中，他們僅僅選取了臺灣為華人教育的代表。如今，Stevenson 和 Stigler 所發現的學習時間使用模式在大中華地區仍然適用嗎？在全球化和教育政策趨同的新背景下，華人學生與其他不受儒家思想文化遺產影響的同齡人是變得更加相似，還是更加不同？為了探討以上問題的答案，本章將進行兩個層次的比較研究：一是對華人內部的幾個地區進行比較；二是比較華人地區和其他的亞洲、西方國家。

二、數據

　　本研究的數據是從 2012 年的「國際學生能力評量計劃」（PISA 2012）蒐集而來。PISA 是由經濟合作暨發展組織（OECD）發起的學生能力國際比較項目，評估 15 歲學生的能力，聚焦在學生的數學、閱讀和科學素養上。華人地區參與了 PISA 2012，包括香港、澳門、臺灣和上海。PISA 採用二階段分層抽樣方法，抽樣對象是 15 歲在學中學生（OECD, 2014）。在第一階段，根據概率與規模成比例，有系統地從學校組別中隨機抽樣樣本學校。第二階段，則在

每所參與學校中隨機抽樣選取至少 35 名中學生（OECD, 2014）。

（一）用於比較研究的國家／地區

除了選取四個華人地區，我們還將另外的幾個國家納入了本研究中。選擇這些國家的標準是，所有這些國家在 PISA 2012 中都取得了好成績[1]。使用成績表現較好國家的數據作為本研究的比較基線，有利於我們更好地理解時間使用策略，尤其是其在塑造華人學生學習過程中所起的作用。基於前述選擇標準，本研究選取了四個亞洲國家以及十個經濟合作暨發展組織的國家（參見附錄表 7.A1）。

（二）變量

在本研究中，我們主要關注兩組時間使用的變量。第一組時間使用變量被 OECD 國家稱為「刻意學習活動」（OECD, 2011, p. 20），這組變量包括測試科目的常規課程時間，例如閱讀、數學和科學，以及其他科目的相關課程。第二組時間使用變量被稱為「課後學習活動」，測量的是教室外學習活動的時間使用情況，例如校外課程以及我們稱之為「課後學習活動」的變量。刻意學習活動通常是受結構性因素影響，例如在校時間長短的設定，這類學習活動被視作反映教育平等問題的指標（OECD, 2011）。然而，本研究中的第二套變量（課後學習活動）也同樣重要，在我們的分析框架裡，課後學習活動深受社會文化的影響。比如說，競爭性的畢業考試可能影響對於補習課的需求；來自不同社會階層的學生可能選擇參加強化班或者補救班。實際上，這些學習活動所發揮的作用以及其與中國學生學習成果的關係，並不是特別明確。

兩組時間使用的變量均取自學生問卷。第一組變量是問卷中的 st69 和 st70[2]，這兩個項目要求學生回憶一節課的時長，以及每週他們要上多少堂課。本研究採用這些訊息，來計算不同科目的每週教學時間。第二組變量是問卷中

1　被選擇作為研究對象的國家，所有三個測試的科目成績都比 OECD 國家的平均分高。

2　問題的序號取自國際版的 PISA 2012 學生問卷。

的 st55 和 st57。在 st55 中，有四個子問題，這些問題要求學生估算他們在校外課程上花費的時間。這些題目原為類別變量，在本研究中，它們被轉換成連續變量，轉換方法在 Zhou 和 Wang（2015）文中有詳盡描述。在 st57 中，有六個子問題，這些問題要求學生估算他們每週花費在課後額外的學習任務上的時間。我們將這些學習活動分為四大類：無人指導的家庭作業、有人指導的家庭作業、父母陪同的學習活動和課外輔導活動。這些變量測量有部分重疊，但仍然屬於不同類型的活動：校外課程的問題是以「課程」作為主要的活動性質，而這些課程的性質不受限制；課後學習活動的問題涵蓋了更為廣泛的活動或任務，並且這些活動都具有特定的性質。

每個變量的定義詳見附錄（表 7.A2）。

三、分析

（一）在校學習時間

我們先分析了在校期間學生的時間使用（即刻意學習活動），這些時間可以被區分為兩種類型：一是花在測試科目（閱讀、數學和科學）的時間；二是花在其他科目的時間。我們對那些被選為比較研究對象的國家進行分類，形成四個類別：

1. 花費更多的絕對學習時間和更多的相對學習時間在測試科目上。
2. 花費更多的絕對學習時間和更少的相對學習時間在測試科目上。
3. 花費更少的絕對學習時間和更多的相對學習時間在測試科目上。
4. 花費更少的絕對學習時間和更少的相對學習時間在測試科目上。

首先，港、澳、臺、滬都可以被歸類為「更多的絕對學習時間」。圖 7.1 的垂直虛線是在 PISA 2012 中取得好成績的國家為基準的國際平均線，港、澳、臺、滬的在校刻意學習時間都超過了國際平均線（四個地區都位於垂直參考線的右側）。而在四個地區裡，臺灣的時間最長（31.8）。但是，較長的刻

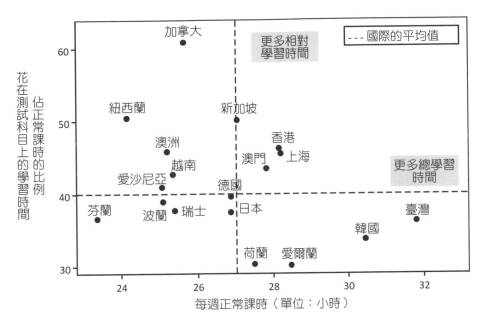

▶▶▶　圖 7.1　花在測試科目上的相對學習時間與正常課時的絕對學習時間

意學習時間不是華人特有的，它也反映在其他亞洲國家體系裡，如韓國、新加坡和日本。

　　其次，儘管在校時間長，但除了臺灣（類別 2）之外，華人教育體系對測試科目的關注是非常明確的（類別 1）。應該注意的是，PISA 對測試科目的定義與大多數華人地區的實際測試科目並不一致，例如，英語是最有可能與閱讀、數學和科學一樣被視為核心的學術科目。因此，若根據 PISA 對測試科目的定義，我們實際上是低估了投放到學術科目的刻意學習時間的比例。人們往往會認為，強調學術學習這種現象在華人地區十分盛行。然而，與三個華人地區相比，新加坡在刻意學習時間分配上與之也相當類似。另外，與其他三個華人地區相比，臺灣在刻意學習時間分配上與韓國更加相似。

　　華人教育體系的這一特徵與同樣在 PISA 2012 取得好成績的 OECD 國家形成鮮明對比。許多 OECD 國家的學生刻意學習時間更短，有些甚至不強調測試科目的學習（類別 4 中的芬蘭、瑞士和波蘭）。當然，也有例外，加拿大、紐

西蘭和澳洲的學時安排顯然就是在「較短在校課時但強調學術學習」（類別3）的框架下運行。這樣一來，其實這些學生在課堂上花在學術科目上的時間比例更高。

（二）學校日程以外的學習時間

　　下一個我們要分析的是學生花費在課後學習活動的時間。我們發現，華人學生更有可能會在常規的在校時間之外，為學習付出相當多的努力，這在圖7.2 中有清楚的展示。我們將關注度聚焦在三個測試的科目上，然後比較每個教育體系中的學生在校內及校外這些科目上花費的時間量。與前文類似，我們將這些時間使用體系分成了四個類別：

1. 在校內及校外都花費更多的時間在測試科目上。
2. 在校內花費更多的時間但在校外花費更少的時間在測試科目上。
3. 在校內花費更少的時間但在校外花費更多的時間在測試科目上。
4. 在校內和校外都花費更少的時間在測試科目上。

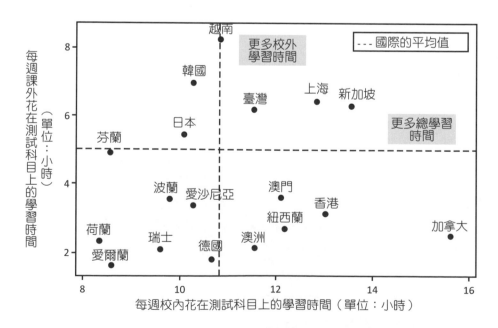

▶▶▶ 圖 7.2　在校外和校內花費在測試科目的學習時間

　　與前述的研究結果一致，港、澳、臺、滬地區都花費了大量的刻意學習時間在測試科目上，但在內部還是有差別。區別在於，臺灣和上海的學生比澳門和香港的同齡學生參加了更多的校外課程，但即使是澳門和香港的學生，他們花在額外課程上的時間要多於大多數 OECD 國家。此外，只有新加坡學生在課外學習上付出的時間與臺灣和上海的學生有可比性。因此，不難發現，所有在這一類別（即位於第一和第四象限，處於水平虛線上的時間使用體系）中花費了長時間在測試科目的國家，均屬亞洲。

　　根據圖 7.1 和圖 7.2，我們可以得出結論，華人教育體系的共同特徵是學生的在校時間較長，但同時還有一些重要的內部區別。上海不僅在校內對測試科目有明顯的重心傾斜，而且還在校外傾注了極大的努力。香港和澳門在校內都特別重視測試科目，但學生課後參與的課程時間較少。臺灣則是相反：雖然學校不強調測試科目，但是學生會在校外彌補少花在測試科目上的時間。使用校外學習時間作為分析指標有一個限制，它沒有充分展現出額外學習努力的本質，所以接下來我們需要分析一下學生是如何在校外學習活動上分配時間的（參見表7.1）。一般情況下，這些學習活動的形式多樣，並多在正式的上課時間結束以後才開始。我們先了解學生在每項活動花費的平均時間，而後再考量這些時間使用在整個課後學習活動中所佔的比例。

　　在本研究中，上海是一個獨特的案例。我們發現，上海的學生每週投入長達 18.15 小時在課後學習上，這是在所有被列入本比較研究的地區中最多的。這一現象的發生，主要是由於上海學生花費在無人指導家庭作業的時間較長。平均來說，上海學生每週花費 11.66 個小時獨立完成家庭作業，也就是說，學生每天有超過兩小時的無人指導家庭作業的時間，這佔課後學習總時間的64%。然而，這種相對時間的分配方式並非獨一無二，芬蘭、德國、愛爾蘭和荷蘭等幾個教育體系內的學生也有類似的時間分配方式；真正將上海學生與其他優秀教育體系內學生區分出來的是，花費在學習活動上的絕對時間。另一方面，其他三個華人地區沒有發現特別明顯的差異。

　　此外，上海的學生還會在做家庭作業時尋求指導，而這每週需要他們花費額外 2.5 小時，此一發現再次彰顯上海與其他教育體制的顯著差異，甚至將之

▶▶ 表 7.1　課後學習活動時間、絕對學習時間和相對時間分布

分類	國家／地區	無人指導的家庭作業	有人指導的家庭作業	父母陪同的學習活動	課外輔導活動	總計
華人地區	香港	4.98 59%	1.23 15%	0.50 6%	1.70 20%	8.41 100%
	澳門	4.30 51%	1.96 23%	0.56 7%	1.67 20%	8.49 100%
	上海	11.66 64%	2.49 14%	0.76 4%	3.23 18%	18.15 100%
	臺灣	4.34 50%	1.27 15%	0.90 10%	2.18 25%	8.68 100%
亞洲國家	日本	3.15 65%	0.78 16%	0.28 6%	0.67 14%	4.87 100%
	韓國	2.11 25%	0.85 10%	0.41 5%	4.96 60%	8.34 100%
	新加坡	7.57 55%	2.41 17%	0.87 6%	3.03 22%	13.89 100%
	越南	3.78 25%	2.89 19%	1.75 12%	6.46 43%	14.88 100%
OECD 國家	澳洲	4.98 62%	1.27 16%	1.03 13%	0.78 10%	8.06 100%
	加拿大	4.45 61%	1.24 17%	0.87 12%	0.72 10%	7.27 100%
	愛沙尼亞	5.45 58%	1.54 17%	0.92 10%	1.42 15%	9.32 100%
	芬蘭	2.31 68%	0.47 14%	0.44 13%	0.19 5%	3.41 100%
	德國	4.48 66%	0.20 3%	1.02 15%	1.05 16%	6.75 100%
	愛爾蘭	5.69 66%	1.64 19%	0.67 8%	0.63 7%	8.63 100%
	荷蘭	5.00 65%	0.99 13%	1.01 13%	0.73 9%	7.73 100%
	紐西蘭	3.37 58%	0.96 17%	0.82 14%	0.63 11%	5.78 100%
	波蘭	4.65 48%	1.95 20%	1.24 13%	1.75 18%	9.59 100%
	瑞士	3.15 55%	0.92 16%	0.98 17%	0.63 11%	5.67 100%

與其他華人地區或亞洲國家比較都是別具一格。例如，越南的學生在課後也要花費很長的時間學習，但是他們主要把時間花在課外輔導活動（私教或輔導機構）上，這多於其他任何學習活動。與上海學生不同的是，在越南，很少學生會獨立完成無人指導的家庭作業。新加坡學生和上海學生的額外學習活動的時間分配模式呼應，在新加坡與上海這兩個教育體系中，學生額外學習活動的時間使用比率比較類似，但是比起在新加坡就讀的同齡人，上海的學生每週在非指導性類別的學習活動上多花了 4 個小時。

　　與其他在 PISA 2012 表現優秀的教育體系相比，香港、澳門和臺灣的學生在絕對時間使用或相對時間分布上沒有太大區別，唯一的差別是花在輔導／補習上的時間。和 OECD 國家相比，這三個華人地區的學生課後花在輔導／補習上的時間通常較長，但又低於大多數亞洲鄰國。

　　若要了解學生在校外組織學習與生活的方式，從他們用於各種課後學習活動的時間分配就可一窺究竟。如圖 7.3 所示，我們考察了相對於正常在校課

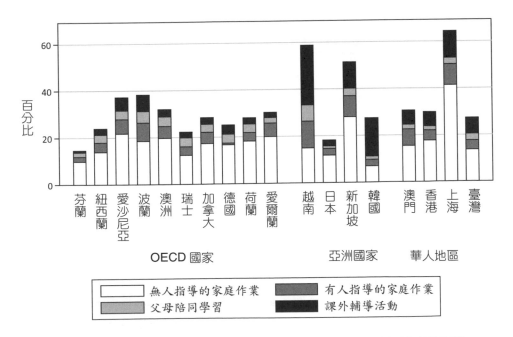

▶▶▶ 圖 7.3　相對於在校課時，學生在課後學習活動上的相對時間分配

時，每個地區的學生在每個學習類別上花費的時間量（以百分比的形式表示）。我們強調了刻意學習時間和課後學習時間之間的聯繫，因為額外學習這個概念總是一種相對的存在。在許多教育體系中，課後學習活動直接反映了學生們在課堂上學習到的學習內容，他們也許要會對他們在教室裡被傳授的學習內容進行答疑，又或者不得不重新複習校內課程和完成家庭作業。我們展示的數據，其實是在常規在校學術課程之外，學生付出額外努力的反映。在上海、新加坡和越南這三個教育體系中，學生除了要接受正常的在校課時之外，至少還要多花 50%的時間學習，但是這其中有兩個明顯的區別。

首先，越南學生的總學習時間低於新加坡和上海（圖 7.1）。這顯示，越南學生很可能是透過參加課後學習活動的方式，來彌補那些他們本應該有時間在校學習到的內容。而新加坡跟上海學生所參加的課外學習活動，則建立在現有的長時間在校學習基礎之上。將越南的這種情況放在中文語境中來理解，就是「錦上添花」。其次，這三個國家學生的時間分配模式不同。在上海，學生大多數的額外學習活動是完成學校老師安排的家庭作業，這種模式在新加坡也同樣適用，只是程度較輕，學生的學習任務稍微減輕。但是在越南，額外的學習活動可能反映出來的是其補充性，學生的額外學習任務集中於私人或商業的輔導補習活動。

港、澳、臺、滬四個地區的教育體系有一個共同點，與 OECD 國家相比，父母在學生學習中的作用減少了，從圖 7.3 可以發現，父母陪同學習這一類別的時間分配比例較低。比較有可能的原因是，隨著校外私人輔導、學習輔導中心和其他補充性質的教育服務產業的繁榮，華人的父母愈來愈少主動承擔起屬於他們的傳統責任──作為兒女學習合作夥伴的角色。

四、討論

在本章的討論中，我們已經考察了港、澳、臺、滬地區裡學生的學習時間使用模式，並將其與其他在 PISA 2012 中表現優異的亞洲和 OECD 國家的模式進行比較。我們的分析發現在華人教育體系中，學生參加學習活動時，時間使

用模式的一些獨特特點，但我們同時也發現，在同樣文化背景下的中國，不同的區域間也有差異。在某種程度上，港、澳、臺、滬四個地區的時間使用模式是相似的。例如，學生花在學習活動上的絕對時間非常多；香港、澳門和上海這三個教育體系特別關注 PISA 的測試科目，就算是相對來說比較不關注測試科目的臺灣，學生花在這些科目上的時間也超過了國際平均水準。這兩個特點的結合，將華人教育體系與其他在 PISA 2012 表現優異的國家明顯地區分開來。

　　數據顯示，臺灣和上海的學生除了都在學校進行了長時間的刻意學習活動外，還在校外課程上付出了額外的努力，有學者將海外華人學生的學術成功歸因於這些學習活動（Hsin & Xie, 2014）。但是，如果我們深入研究不同類型的課後學習活動，並分析這些活動的相對時間分配，就會發現華人內部的地區差異。

　　上海的學生將時間主要投入到無人指導的家庭作業中，而香港、澳門和臺灣的學生則花了更多的時間在有人指導的家庭作業和課外輔導中。總體來說，課外輔導在華人地區的重要性逐日遞增，因為學生都希望可以尋求第二個權威的知識來源。在這方面，華人地區其他亞洲國家十分類似，因為數據顯示，輔導在課後學習時間所佔的比例在這兩個組別中相當，並且高於 OECD 國家。很遺憾的是，PISA 數據沒有闡明這些輔導課程的本質。除此之外，學生似乎也正在為他們的家庭作業尋求指導，但他們並不是停留在傳統的「家長－學生」學習夥伴關係，而是在這以外尋找課業輔導，例如，他們可能在同學間互相學習、請教高年級的學生，甚至是直接由教師輔導。這種替代性學習途徑的盛行，充分解釋了為什麼對於中國學生來說，有家長陪同的學習遠遠不如對在 OECD 國家的學生重要。

　　時間使用模式與學生學習的兩個維度相關聯。一方面，刻意學習時間直接反映的是傳統教育內正規學校對教學制度設計的偏好；而另一方面，課後學習時間代表的是個人願意在教育上的投入，且採用的是替代性的學習途徑。因此，華人教育模式不僅僅體現出整個社會對教育的重視，而且反映了個人對教育的卓越追求。然而，從時間使用的角度來看，這種教育模式縱然在華人教育體系裡有一些獨特的表現，但是在其他亞洲國家的教育體系中也可找到這種模式的蹤跡。

　　在我們的研究中，我們單列了上海的情況。上海學生在 PISA 2012 中排名最為優異，他們也在所有參與評量學生中，花費了最多的時間在額外學習任務上。除了正常的在校課堂學習，上海的學生每週還要額外學習 18 個小時，這就相當於將學校的課時再延長了 60%，這種學習模式也將上海和我們樣本中的所有其他教育體系明顯地區分開來。平均來說，上海 15 歲的中學生每週要花費超過 13 個小時在家庭作業上，也就是說，他們要在常規上學的日子裡，每天要花費超過兩個小時做作業。根據 PISA 的調查問卷，家庭作業的定義是由學校老師安排的作業，這意味著，學校對學生的影響超過了正常課時範圍。因此，上海學生的受教育經歷（在其他中國地區也許以較輕程度在進行）必須被理解為一個連續過程，並且這一過程在不同場所接連展開。這是一個獨特的模式，我們認為值得在未來對它進行更進一步的調查。一些研究人員認為，多種學習服務的出現將促使學習的主要場地從學校轉移到其他場所（Bray, 1999; Bray & Lykins, 2012）。但是我們發現的現實顯示，由學校主導的學習活動在中國教育體系中仍然佔據主導地位。從某種意義上說，這種趨勢代表了舊教育模式正在被強化，而不是被新的教育模式所取代。

五、研究限制

　　雖然 PISA 提供了每個參與評量國家／地區 15 歲中學生的代表性樣本，但是在此有必要提醒讀者，這其中存在由數據質量引起的潛在問題，這種擔心主要來自於測量方法。時間使用訊息的數據是學生自己提供的，但是當學生在回憶過去在大量學習活動上投入的時間時，誤差就有可能在那時出現。此外，Bray 和 Kobakhidze（2014）指出，PISA 調查問卷未能捕獲到一些特定學習活動參與模式的季節性變化。因此，在我們報告的統計數據中，存在測量誤差。

　　其他問題源於 PISA 調查問卷的跨文化翻譯，我們在先前的研究中也提到了這樣的問題（Zhou & Wang, 2015），這個問題在這裡值得做進一步的討論。雖然在英語中，「家庭作業」（homework）和「學習」（studying）這兩個術語並不會引起歧義，它們指的是不同的學習活動，但是在跨文化翻譯中，很難

保證這種詞義區別可以繼續保持。據我們所知，將調查問卷從英語翻譯成不同
形式的漢語，是由四個獨立的 PISA 研究中心負責，因此，使用的語言文字可
能不同。但是，由於我們是對數據進行二次分析，並且無法自行驗證數據，因
此我們採用這些數據的表面價值，並按照我們認為恰當和有意義的方式對它們
進行分類，同時，我們也相信 OECD 的品質保證程序，這些類別可能不是互斥
的，也許互相涵蓋其中。

附 錄

▶▶ 表 7.A1　選作比較樣本的國家／地區

分類	國家／地區	PISA 成績		
		閱讀	數學	科學
華人地區	香港	545	561	555
	澳門	509	538	521
	上海	570	613	580
	臺灣	523	560	523
亞洲國家	日本	538	536	547
	韓國	536	554	538
	新加坡	542	573	551
	越南	508	511	528
OECD 國家	澳洲	512	504	521
	加拿大	523	518	525
	愛沙尼亞	516	521	541
	芬蘭	524	519	545
	德國	508	514	524
	愛爾蘭	523	501	522
	荷蘭	511	523	522
	紐西蘭	512	500	516
	波蘭	518	518	526
	瑞士	509	531	515

▶▶ 表 7.A2 時間使用變量的定義

名稱	定義	計算方式
總在校課時	每週在校內課堂上花費的總時數（每節課的分鐘數×課堂數）	st69q01*st71/60
評量科目	閱讀、數學和科學課程的總時數	(st69q01*st70q01 + st69q02*st70q02 + st69q03*st70q03)/60
非評量科目	除了閱讀、數學和科學以外的課程上花費的總時數	(st69q01*st71−st69q01*st70q01−st69q02*st70q02st69q03*st70q03)/60
校外課程	在校外課時花費的總時數[a]	st55q01 + st55q02 + st55q03 + st55q04
無人指導的家庭作業	家庭作業或其他由老師安排的學習任務，在校內或校外均無人監管或提供幫助，獨立完成	st57q01−st57q02
有人指導的家庭作業	家庭作業或其他由老師安排的學習任務，在校內或校外有人監管或提供幫助，不是獨立完成	st57q02
父母陪同的學習活動	父母或其他家庭成員陪同的學習活動	st57q05
課外輔導活動	與私人家教（無論是否支付費用）一起學習或參加由輔導機構組織的付費課外學習課程	st57q03 + st57q04

[a] 經過變換以後，我們把類別變量近似為連續型。

參考文獻

薛海平、丁延慶（2009）。中國城鎮學生教育補習的實證分析。**青年研究學報，12**（1），115-128。

Biggs, J. (1998). Learning from the Confucian heritage: So size doesn't matter? *International Journal of Educational Research, 29*(8), 723-738.

Bray, M. (1999). *The shadow education system: Private tutoring and its implications for planners.* Paris: UNESCO International Institute for Educational Planning (IIEP).

Bray, M., & Kobakhidze, M. N. (2014). Measurement issues in research on shadow education: Challenges and pitfalls encountered in TIMSS and PISA. *Comparative Education Review, 58*(4), 590-620.

Bray, M., & Lykins, C. (2012). *Shadow education: Private supplementary tutoring and its implications for policy makers in Asia* (No. 9). Manila: Asian Development Bank.

Carroll, J. B. (1963). A model of school learning. *Teachers College Record, 64*, 723-733.

Carroll, J. B. (1989). The Carroll model: A 25-year retrospective and prospective view. *Educational Researcher, 18*(1), 26-31.

Chou, C. P., & Ching, G. (2012). *Taiwan education at the crossroad: When globalization meets localization.* New York: Springer.

Clark, D., & Linn, M. C. (2003). Designing for knowledge integration: The impact of instructional time. *The Journal of the Learning Sciences, 12*(4), 451-493.

Dettmers, S., Trautwein, U., & Lüdtke, O. (2009). The relationship between homework time and achievement is not universal: Evidence from multilevel analyses in 40 countries. *School Effectiveness and School Improvement, 20*(4), 375-405.

Hsin, A., & Xie, Y. (2014). Explaining Asian Americans' academic advantage over whites. *Proceedings of the National Academy of Sciences, 111*(23), 8416-8421.

Liu, J. (2012). Does cram schooling matter? Who goes to cram schools? Evidence from Taiwan. *International Journal of Educational Development, 32*(1), 46-52.

OECD. (2011). *Quality time for students: Learning in and out of school.* Paris: OECD Publishing.

OECD. (2014). *PISA 2012 results: What students know and can do: Student performance in mathematics, reading and science* (Rev. ed., Vol. 1). Paris: OECD Publishing.

Seidel, T., & Shavelson, R. J. (2007). Teaching effectiveness research in the past decade: The role of theory and research design in disentangling meta-analysis results. *Review of Educational Research, 77*(4), 454-499.

Smith, B. (2000). Quantity matters: Annual instructional time in an urban school system. *Educational Administration Quarterly, 36*(5), 652-682.

Stevenson, H. W., & Stigler, J. W. (1992). *The learning gap: Why our schools are failing and what we can learn from Japanese and Chinese education.* New York: Simon & Schuster.

Tan, C. (2013). *Learning from Shanghai: Lessons on achieving educational success.* Singapore: Springer.

Trautwein, U. (2007). The homework-achievement relation reconsidered: Differentiating homework time, homework frequency, and homework effort. *Learning and Instruction, 17*(3), 372-388.

Trautwein, U., & Köller, O. (2003). The relationship between homework and achievement—Still much of a mystery. *Educational Psychology Review, 15*(2), 115-145.

Trautwein, U., & Lüdtke, O. (2007). Students' self-reported effort and time on homework in six school subjects: Between-students differences and within-student variation. *Journal of Educational Psychology, 99*(2), 432-444.

Tucker, M. S. (Ed.) (2011). *Surpassing Shanghai: An agenda for American education built on the world's leading systems* Carnbridge, MA: Harvard Education Press.

Tweed, R. G., & Lehman, D. R. (2002). Learning considered within a cultural context: Confucian and Socratic approaches. *American Psychologist, 57*(2), 89-99.

Zhou, Y., & Wang, D. (2015). The family socioeconomic effect on extra lessons in Greater China: A comparison between Shanghai, Taiwan, Hong Kong, and Macao. *Asia-Pacific Education Researcher, 24*(2), 363-377.

第8章
變化中的中國高等教育：
較量西方

鄧蔚玲

摘要

　　儘管許多學者認為，現代中國高等教育是傳統儒家價值觀與西方大學建設範式相融合的結果，筆者在這一章裡想強調的是，中國的黨派特色始終充斥其中。此前學者們多注意到的是外力對中國高等教育的成形和改革的塑造，卻忽略了中國一種非比尋常的、對外部世界的集體回應，而高等教育恰恰於此扮演了重要角色。本章的寫作目的便是透過高等教育內部變換的哲理、集權的意識形態和經濟動力，來解析現代中國高等教育模式與西方模式之差異。差異的基礎並不在於高等教育本身，而是二十世紀複雜的中國大陸與全球範圍內的社會歷史環境。這個模式之所以帶有中國性質，是因為它始於二十世紀之初的社會動員，隨後，一直透過最佳化和集中所有形式的資源來建設國家，並為這種急切的、終極的目標而服務。中國高等教育的結構性改變伴隨著翻江倒海的政治和經濟震蕩而發生，這就與西方不同了。在吸收、改良、拒絕和再入西方遊戲規則的進程中，中國高等教育的發展線路既被國家與西方的較量所左右，又為此做著貢獻。

關鍵詞：中國高等教育、現代化、教育改革、社會動員、西方模式

一、前言

　　關於現代中國高等教育的研究在數量和種類上都已經相當龐大。當中國愈來愈積極地融入全球勞動力和腦力市場時，談論到底是什麼推動高等教育發展至此、向何方而去，也變得益發有意思。中國高等教育是在響應評估風潮中更加西化呢，還是轉向人們所悉知的中國特色？如許美德（Hayhoe, 1996）在她的專著《中國大學 1895-1995：一個文化衝突的世紀》開篇中所述，西方對於中國近代史的研究過於頻繁地「落入現代化論述，小心翼翼地保持客觀性」，從而忽略了「中國未來發展中更受青睞的方向」（p. xii）。然而中國內地的研究則很難脫離「敷衍的，甚至是歌頌的」中國特色馬克思主義的意識形態框架（p. xii）。如果我對她的研究理解無誤的話，做一個關於中國高等教育發展的綜合性研究需要一個局內人的視角，而且這個視角不能不加批判地依賴於對摻雜黨派傾向的馬克思主義。

　　我基本同意許美德的觀點。她在該書中很好地用比較研究呈現了與廣為人知的歐洲模式不同的中國大學。在許美德的論述裡可以清晰地看到，1895 到 1995 年這一個世紀大致按執政黨的首要任務分為三個階段。國民黨時期（1911-1949）內，國民黨試圖帶領中國走上一條民主道路，通向資本主義的未來。這個時期出現了教育發展方面最活躍的知識大討論，以及相對後兩個時期最大程度的學術自主。社會主義時期（1949-1978）由中國共產黨領導，拒絕所有西方資本主義價值觀。高等教育中的人文部分幾乎停止了三十年，但受蘇聯模式影響，具有高度專業劃分的科學學科則為了從技術上支持國家工業化而被保留下來。這第二個時期隨文化大革命的結束而終止，而文革對中國知識分子的迫害是中國近代史中最嚴重的。隨著改革開放拉開序幕，中國進入了第三個階段，即改革時期（1978 年至今），期間中國的經濟和高等教育都進入了快速發展的軌道。

　　當我們站在 2015 年，回顧從該書發表以來的二十年，中國政府已加強了對中國高等教育學校的思想控制，一方面急於向世界展示中國高等教育的成

就，謹慎地加入全球範圍的競爭話語，另一方面始終對歷史鬥爭保持著政治警覺。在中國高校的跌宕起伏中，透露著高等教育緊隨政治領導的特色。這一點指明了中國高等教育不同於西方模式的樣貌，即便它在現代化道路上受後者影響頗深。這便要求我們重新檢視上述年代劃分方式，尋找某種超越斷代、在包括高等教育在內的現代化過程中一以貫之的機制。這種機制強調教育變革的因果聯繫，以及政治統治和高等教育之間的平行關係。

近年的中國教育文獻涵蓋了廣泛的話題，從歷史回顧[1]到政策話語分析[2]，從高校經營與管理[3]到「培養」學生競爭力[4]，從公平問題[5]到關於技術與市場化的爭論[6]。只有一小部分研究跳出了許美德所描述的「馬克思主義」話語限制，而更罕見的是探索高等教育社會學，既做到悉數和講述歷史中的人物與事件，也能夠把高等教育放入更大的社會歷史運動的背景中，看它如何被中國人的集體行為和集體態度所塑造。筆者正是從這樣一個視高等教育為廣泛社會動員中一個變化單元的角度，把關於此進程中領導者與被領導者的歷史素材編織起來，勾勒出現代中國高等教育模式的輪廓。

二、歷史背景

高等教育的存在倚仗於為其設立目標的人、參與其中的人（或許也包括未能參與的人），以及這兩種（或者三種）群體的本質與功能。這就為徹底分析高等教育的研究者提出了要求，需要考慮到國民是如何被動員的[7]。中國人被

1　見楊東平（2003），《艱難的日出——中國現代教育的 20 世紀》。
2　見文雯（2013），《中國教育政策的形成與變遷：1978-2007 的教育政策話語分析》。
3　見朱秀英等（2013），《高等學校管理創新研究》。
4　見潘懋元（2011），《應用型人才培養的理論與實踐》。
5　見楊東平（2002），《傾斜的金字塔》。
6　見程平源（2013），《中國教育問題調查》。
7　值得注意的是，當我們把高等教育當作一個分析單元來看，經濟、政治、人口學、工業、法律和其他宏觀社會領域都應視為同等的分析單元，以便看到整個社會是如何運轉的。但在這裡，我用廣泛社會動員作為切入點，來檢視人民作為高等教育參與者的力量，是如何應用到國際壓力下的國家現代化進程中。

動員的方式突出了中國有別於他國的特點，也因此在中國高等教育與其他國家的模式之間劃出了邊界。即便在最近幾十年，市場競爭在中國滲透進高等教育和日常生活的其他層面，這種新趨勢也沒有和中國人對生活與競爭的物質主義態度相左。於此，我在後文中會加以討論。目前我需要先簡單介紹一下始於清末的廣泛社會動員的歷史背景，如何引導出當代中國高等教育的原則、態度和角色。

當帝國主義和殖民主義打開了中國市場、侵犯了中國領土時，滿清政府既沒有能力也沒有意願去動員包括漢民族在內的整個國家，去抵抗歐洲和日本的侵略者。滿人對漢人長達 267 年的壓制使滿清政府自己變成一個難以禦敵的積弱權威，同時也削弱了漢族的古老戰鬥力和公共責任感（蠻族勇士 [8]，2014）。末代王朝湮沒了，沒有組織起來一場舉國應對殖民侵略的抗爭。當時許多知識分子不允許自己面對國族走向滅亡的趨勢還袖手旁觀。遠赴海外的學習經歷讓他們大開眼界，找到兩種看似可行的辦法把資源盡可能地組織起來，以救亡圖存。其一，仿效歐洲和美國，讓受過良好教育、擁有豐厚資產的共和派來主導精英主義。其二，仿效蘇聯，發動社會主義革命去動員最廣泛的底層階級——無產階級農民（蠻族勇士，2014；Hayhoe, 1996）。國民黨既沒有觸及人數最多的農民群體的根本利益——擁有土地，也沒能避免貪汙腐敗。這兩條致命的缺點給了他們的反對派奪取政權的機會。再者，二十世紀初期亟待全國範圍的運動，而不是僅僅在相對封閉的社群行動，無論這個社群希望自己擁有多高的財富和素質。

反對殖民主義和本國帝制傳統的強烈情緒，催化了中國大學的成立，在海外歸國學者的帶領下逐漸擴大了規模。近半個世紀的時間裡，由於缺少一個全面有效的中央集權政府來制約知識性的活動，新生的大專院校得以在相對自主的環境裡發展。而意識形態制約在 1949 年以後就形成了。再者，1905 年科舉

8　「蠻族勇士」是一個未公開姓名的作家的筆名，他（她）於2014年底在博客上發表的《最後的印錢》系列文章頗具穿透力地分析了世界宏觀經濟學，廣為傳播。「蠻族勇士」的筆名此後用 BW 縮寫代替。

被廢除，意味著以士大夫為中心的社會結構被拋棄，瓦解了透過學校教育攀登仕途的核心價值觀（許紀霖，2005）。這件事作為一個分水嶺，催生出一個新社會，知識人可以在更多樣的職業中發揮他們的影響，而非依賴於政府公職。不同的思想流派在 1919 年的五四新文化運動後蓬勃發展，積極並帶有批判性地接納西方和日本的學術與教育哲學。這個時期內指標性的主要成就是從資本主義西方引進來的博雅教育（唐德剛，1991；Hayhoe, 1996）。儘管高等教育取得了一些劃時代的成果，備受推崇的科學與民主的信條卻未能在中國廣袤的、沒有文化的農村地區實現體制化，而農村恰恰佔據了全國人口的絕大多數。農村裡存在著最根本的中國習俗和習慣，也孕育著即將被載入史冊的無產階級革命。

　　毛澤東對廣大中國人民的集中與組織是史無前例的，這些人大多是貧苦農民。但是這麼大規模的運動也是一把雙刃劍，集中了絕大多數個體的勞動力和生產力，給他們勾勒一個「國家社會主義」的「夢想」（蠻族勇士，2014）。一方面，農民運動成功地武裝了全國，一致對抗國際戰爭；另一方面，動員起來的能量無法被控制，只能自我消耗，在一系列內鬥中慢慢削弱，既革了假想敵的命，也讓異議知識分子被不幸殺害。文革成了一場不可避免的浩劫，使毛澤東的階級鬥爭達到登峰造極的地步，「將中國積蓄了三十年的群眾力量，消耗得乾乾淨淨」（蠻族勇士，2014）。自 1978 年起，政府開始倡導科技與教育的重要性，以打開群眾運動的新篇章，這次是為了經濟目的。之前，個體被新政府從拜祖、尚祖的習俗中拖拽出來，現在發現自己夾在自由的私人生活與受限的公共生活之間，由此產生了追求個人利益最大化、卻缺乏責任意識的「無公德的個人」（Yan, 2003）。這種社會基礎便影響到了大專院校能夠培養出來的「人才」。資本化的社會消解了群眾動員的可能性，可能只有在學院和高校裡某些一年一度為歷史贏家歌功頌德的紀念盛會上才能看到舊面貌。當下在高等教育裡的爭論就不再由一小批知識精英的專業來主導了。目前的高等教育圖景比之前更加扁平，儘管大專院校校園裡都具備了奢侈的硬體，蓋起了大樓。今日代表中國高等教育特色的是市場主導的官僚精神，即農民動員的文化遺產被裝點上了民族中心，尤其是反西方的政治話語。

三、高等教育原理：隨時代變遷

如前所述，針對高等教育內外參與者的研究可以在中國模式與其他模式之間劃出一道邊界。根據高等教育領導者和關鍵因素的主要特徵，我把 1911 年之後的時間也劃分為三個階段，大致與許美德的劃分相重合，但是是基於貫穿資源與權力遊戲的大規模社會動員的機制來劃分。第一個階段呈現了蓬勃多樣的教育哲學，海外歸國和本土知識分子對西方模式的高等教育學校發展之合理性，和高等教育當如何引導國家走出致命危機而展開爭論。第二個階段以毛氏意識形態為主導，期間高等教育為社會主義建設和革命讓路。第三個階段以經濟發展為動力，高等教育走上一條去規範化和參與跨國合作的道路，以圖得到更豐厚的資本主義利潤，同時也愈加受到共產主義官僚機制的干涉。高等教育和物質財產的普及，經濟牽引的個人化社會，使得在最後這個階段裡不再有偉大的人物形象可供深入探討。因此我將把目光從關鍵個體轉向關鍵影響因素——後動員文化與資本主義全球化的結合。

四、教育界的哲學多樣性

在兩個威權政體夾縫中出現的聲音既嘈雜、又發人深省，許多人開始向外為國族尋找出路。由傳教士開辦、戰後條約資助的新興學院和大學，很快被歸國的中國學者和學生接手管理（Hayhoe, 1996）。儘管他們研習並帶回不同學科背景的知識，包括社會與自然科學，卻承擔著共同的使命，去「拯救」和「改革」國家，借助國外的先例尋找國家未來的出路（陳漢楚，1984，頁97）。這樣的時代使命，決定了五四運動前後、一直到 1930 年代後期的知識分子被定性為從古老農耕經濟到現代工業社會轉型的一代（唐德剛，1991）。具體而言，根據唐德剛（1991）的敘述，轉型期知識分子有如下三個總體特徵：（1）人數少，以稀為貴；（2）跨領域、越東西的大宗知識豐富；（3）因為知識面太寬闊導致專業性不強（頁 13）。但是他們的貢獻是去啟蒙被壓

迫和缺乏教育的中國人民。

親西方和反儒家的態度及出版物，鼓勵新思想在北京和上海的學者中間傳播，例如 1915 年從日本歸來的陳獨秀和 1917 年從美國歸來的胡適。但是這些出版物經常被北洋政府審查（Chow, 1960）。直到 1916 年蔡元培從法德留學回來，在北京大學校長的座位上（1916-1927）大刀闊斧地改革，新知識分子和他們的作品才得以在政治壓力下被更有效地保護起來（Chow, 1960）。學者們聚集在北京大學，影響了一批青年學生，也致力於將校園與政治戾氣分離。無獨有偶，清華大學在梅貽琦的領導下（1931-1948）也一躍成為學術貢獻的一大領域。並非貶抑自然科學發展的重要性，但是人文學科（例如哲學、文學和教育）的進步與影響實則突飛猛進，彼時多數知識分子發起了對轉型中國的大問題的思考：科學與民主的哲學、中國人的傳統與本質、東方與西方文明等等（唐德剛，1991）。

從海外大學歸國的知識分子們是第一批將公共媒體充分利用到文化與教育領域的人，他們借此傳播知識，號召全國團結（唐德剛，1991，頁 13）。二十世紀十到三十年代中國知識分子活動的狀況圍繞著一流大學展開，包容異己之見，甚至衝突的想法。在大學裡，未來的思想領袖享有空間和安全感，有機會鞏固他們的理論，吸引支持者，聚集力量。學問的活躍和學術的自由，讓北大和清華在往後數十年的時間裡，都首當其衝地成為政治監督的對象。

五、集權主義的意識形態凌駕教育之上

毋庸置疑，當集權主義的意識形態凌駕於高等教育之上時，後者便遭遇了寒冬。但是當國家陷入深不可測的經濟和國際關係危機時，反智主義遠比教育危機來得複雜。海外歸國或本土知識分子所領導的啟蒙運動不得已停滯下來，或者至少為統一勞動力、投入生產力讓路。本小節綜合「蠻族勇士」所著的《最後的印錢》和唐德剛所著的《中國之惑》兩部作品，來解釋中共領導人對知識分子和高等教育人文學科改造的動機、目的和策略。從宏觀經濟學和意識形態研究的角度來說，廣泛社會動員作為一種連貫的機制形成於社會之中，貫

穿了 1949 年前後的運動，也刻畫了高等教育的特點。下文的解析也為理解中國高等教育的近象做了鋪墊，對此我會在下節進行探討。

如上所論，毛澤東勝於蔣介石之處在於更擅革命。共產黨基於馬克思的階級鬥爭理論，刺激並統一了大多數人的神經，利用他們被煽動起來的激情去填充「國家社會主義」，創造出中國人有史以來最強大的製造業生產力。這極佳地說明了經濟基礎決定上層建築，將社會按照經濟亞文化——或者馬克思主義者們所稱的「階級意識」——來分層，同時要求其他類別的亞文化服從於「階級意識」（唐德剛，1991，頁 26）。共產黨領導人用這兩種手段建立起一個穩固的意識形態和經濟基礎，得以擊敗國內唯一的政敵，保護中國的貨幣——人民幣，以對付冷戰格局中以美國為首的西方勢力（蠻族勇士，2014）。走向光明的未來對眾多海外歸國和本土知識分子而言有巨大的吸引力，這群人既為此做出貢獻，也形成了對社會主義構架的挑戰，分散了原本集中在製造業建設上面的一些精力，導致他們成為新中國政權內部的麻煩。

但是既然共產黨反對傳統儒家的學校教育，也理應代表中國最先進的生產力與文化，知識分子和他們的聚集地——高等教育——究竟為何、如何變得對黨的威權如此協調和依賴？原因就在於知識本身的資本主義性質和共產黨的無產階級基礎之間的衝突（唐德剛，1991）。知識使人思考社會問題，譬如公平、自由和繁榮。這三個追求均是中產階級世界觀，亦即資產階級文化資本，而文化水準的提升源於經濟水準的提升，觸動了無產階級的思想基礎，而毛澤東和他的共產黨所倚賴的恰是此基礎。矛盾的是共產黨所倚賴的另一方面，即工業發展，只有透過知識來實現。換言之，大陸政治家們必須廣泛地普及教育，同時將之廢棄；更嚴格地說，是同時對資產階級進行創造和打擊（唐德剛，1991，頁 7）。再者，據唐德剛所言，毛澤東對知識分子的貶抑在劃時代的五四運動時期就已形成。戰時混亂和清廷滅亡決定並限制了這些知識分子的使命，其為啟蒙，而非構建經濟基礎。這個使命的首要任務顯然沒能對中國戰後的國情和共產黨的國家集權產生作用，而這個時期又相當關鍵。建國前風靡一時的杜威（John Dewey）和其他資本主義教育家的思想，通通被驅逐出境，取而代之的是對廣大無產階級農民的掃盲教育，以及在高等院校中實行的追隨

蘇聯模式的那種高度專業化職業培訓（唐德剛，1991，頁 7）。

　　儘管工業化進程高速進行，但是既沒有甩開中國根深蒂固的農業經濟基礎，也沒能吸收迅速壯大的知識分子隊伍——一個龐大的現存的和潛在的資本主義人群（唐德剛，1991；蠻族勇士，2014）。這樣的矛盾最終在 1966 到 1976 年的文化大革命中爆發，對知識分子的迫害之廣，前所未有。而高等教育也隨之停擺，育人者與育人之地均臣服於政治需要。儘管如此，知識分子被下放農村的文革還是讓中國擁有了更多識字的人，一旦市場的閥門打開，這些人就會為推動科技與經濟發展做出貢獻。但是在集體主義高壓之中暢行無阻的政治集權保障了當權者在經濟競爭中的優勢地位，也埋下了社會個體化的種子，只要國家對個人變得有利可圖，種子便得以傳遍全國。這種情況暗示了貧富差距將在不透明的資源競爭中愈來愈大。在高校中，對人文社科的壓制，對自然科學和職業訓練的認可，將延續至今。即將光臨中國的新自由主義共識和自由市場機制，並沒有為中國飽受壓制的知識界帶來學術自由，卻加深了高等教育公私領域的不平衡。

六、教育內部的經濟動力

　　三件分水嶺事件接連在三年內發生。1976 年毛澤東逝世，文革隨之結束；1977 年恢復高考；1978 年鄧小平為中國經濟鬆綁，從計劃經濟變軌到由「看不見的手」操控的市場經濟。毋庸置疑，中國高等教育的發展史也在七十年代末打開了新篇章，開啟結構性改革。智力成為大力發展市場經濟、提高國民生活水準的根本支柱之一。但如果因此拋開群眾運動的遺產不論，我們很可能掌握不到教育市場化和重新集中化這兩大現象並存的因果關係。同時也需時刻意識到共產黨存在的兩大基石——群眾的信任和參與製造業的積極性。二者在全球化時代都經歷著巨大轉變，將高等教育推向一個尚乏確知的未來。

　　蠻族勇士（2014）呈現並分析了中國高等教育所浸染的這個不太有利的財政環境。雖然黨繼續採用群眾動員作為主要的國家建設策略，但這一次是為了經濟目的，理論上走向「共同富裕」的夢想。可是國內新出現的一些經濟奇蹟

不斷地挑戰著黨領導人的道德和對共產主義的承諾。很遺憾，愈來愈多的領域被私有化，以保住人民幣的可信度，同時國家壟斷也愈演愈烈，使得共產主義目標藍圖越發顯得像一個烏托邦。經過多年教育，群眾也不再是最初的共產階級群眾了。知識階層，即整個受教育的人群，越發認可、青睞並且追隨他們曾經鄙夷的西式教育環境與哲學，而且這樣的人也不再是少數了。與過去如此強烈的反差伴隨著資源分配不均的出現，高稅收、不平等和高失業率加重了生活成本，降低了道德底線。此外，外國開始從中國領土撤回投資和跨國公司，加強其本土製造業生產，度過金融危機，這一系列動作明顯削弱了中國的生產力和人民幣的穩定性。面臨著兩大基石均被撼動，共產黨加強了自 1978 年以來的政治經濟戰略：政治左傾，經濟右傾（政左經右）（張倫，2013）。

　　高等教育市場化與重新集中化並存的現象就是「政左經右」最好的注腳之一。一方面，政府把高等教育引向全球競爭，比如世界大學排名，以培養和吸引自然科學內的一流專家為科技和經濟需求服務。但此過程不免為高校中的重要官員送來豐厚的利益。另一方面，政府收緊了學術自由和機構自主的空間，堅持維護黨在高學歷人群中的可信度，例如曾一度在高校教師內部傳播的「七不許」[9]和當下被拒之門外的「西方價值觀」，仿效了毛時代對言論的控制。近期有兩種話語值得探討：一謂人才培養，二謂中國學。這兩個詞在新自由主義教育體系裡沒有完全對應的詞彙，因為中國的舉國體制和受政治控制的文化發展決定了二者的特殊性。

　　對於「人才培養」的分析如果不能深入其內部的階層含義，便只能停留在表層。有趣的是，大多數（而不是所有）從國內角度著眼於「人才培養」和中美／中西教育模式比較研究的文獻，並沒有意識到這個四字詞裡面富含的中國特色，更遑論挑戰嵌入其中的官僚影響。「人才培養」流露出更複雜的官僚化、物欲化的儒家傳統，透過職業培訓師補充社會工程和國家生產力。這種培

9　大學課堂裡的「七不許」包括普世價值、新聞自由、公民社會、公民權利、黨的歷史錯誤、資產階級特權、司法獨立（BBC 中文網，2013）。（注：本章英文原稿提供的中國網 ChinaPress 連結已失效。）

訓思想並未經過咀嚼反思，仍然延續著生產知識和切除一部分知識之間的內在矛盾。自上而下的對「人才培養」的需求幾乎讓長輩資歷和官僚優先的評審標準原封不動，幾乎剝奪了大學生成為有誠信、有創意的學者和研究者的動力，幾乎很難在缺乏博雅教育的情況下吸引足夠數量和質量的學生源。

政左經右在高等教育全球化領域裡的另外一種體現便是中國學。中國學異於漢學和中國研究，它要向「國家戰略需要」和「國際化」效勞（錢理群，2014），抵制西方主導的關於中國的話語。中國學旨在培養領導力和精英主義，包含並交織了哲學與宗教、歷史與考古、語言文學與文化、經濟與管理、法律與政體，以及公共政策，所有這些課程均用英文教授，以保證有廣泛的聽眾和學生（甘陽、劉小楓，2014；高峰楓，2014）。但從專業角度說，一個政治先行的學問很難說是一個好學問；倒不如說是一個民族中心的政治宣傳，去提高政府對公眾的公信力，透過內化精英派系的自由主義話語來謀取利益。從教育角度而言，學問的道德普遍在下降（甘陽、劉小楓，2014；錢理群，2014）。

七、結論

是教育引導社會，還是社會主宰教育？沿著中國高等教育現代發展軌跡來看，教育引導社會的現象確實在 1911 年革命後的二十年存在過，歷史證明倡導「教育為教育之道」的知識分子曾經推動過教育的發展。需解釋的是，「教育之道」不是指教育不具備政治性，不用去考慮國家的未來；而是將一個更光明的未來貯藏在誠實的教育與學術工作裡，而只有宏觀層面的學術自由和微觀層面的獨立人格能實現這個理想。但是自主和獨立會阻礙資源的集中，而集中資源又是二十世紀初中國的必要趨勢。這個趨勢彰顯在各種各樣對權利、知識和愛國主義三者摩擦關係的利用中。

在這個過程中，中國共產黨成功地實現了教育理論的統一和體力腦力的動員。社會主義動員的少數人，能夠向被動員的多數人施加政治壓力。少數人壟斷了由他們形成的政治環境，也就是後來形成政左經右態勢的基礎。群眾動員工作讓權勢階層可以搶先獲得最好的以政治權力獨攬經濟利益的機會，只待國

家向自由市場和全球知識競賽開放之日；而多數人對高等教育的渴望也在讀書改變命運的官僚儒家旋律裡愈走愈遠。

　　目前，中國面臨經濟與文化的雙重困境，又到了尋找光明未來的關鍵時刻。當局對「中國夢」的宣傳實際上暗示了兌現任何改革目標都將是艱難的，如果不能兌現，國家很快將陷入真實而普遍的危機之中。儘管高等教育領域遠不能保障學術誠信，遠不能實現「教育為教育之道」的理想，它仍舊留有對中國小部分青年進行再啟蒙和賦權的可能性，這些青年人可以在權力、知識和理性愛國之間找到平衡，他們善納良言、有批判性，保持了理性的樂觀心態。他們於現在的社會，就像五四青年對於上世紀二十年代的社會一樣，思考的不僅是專業領域的業績，還有更宏大的公共責任。國家在等待人們的激情被再次挑動起來，去抗擊社會、政治、經濟、文化、環境和教育的問題；高等教育比其他任何領域都更可能完成這個啟迪的工作。

參考文獻

BBC中文網（2013 年 5 月 28 日）。習近平新政：七不講後又有十六條。取自 http://www.
　　bbc.com/zhongwen/simp/china/2013/05/130528_china_thought_control_youth

文雯（2013）。**中國教育政策的形成與變遷：1978-2007 的教育政策話語分析**。湖北：湖
　　北教育出版社。

甘陽、劉小楓（2014 年 7 月 25 日）。**甘陽、劉小楓：北大的文明定位與自我背叛──
　　「燕京項目」應該廢棄**。取自觀察者網，http://www.guancha.cn/gan-yang/2014_07_
　　25_250339_s.shtml

朱秀英等（2013）。**高等學校管理創新研究**。北京：中國社會科學出版社。

唐德剛（1991）。**中國之惑**。香港：百姓文化。

高峰楓（2014 年 5 月 26 日）。**誰的燕京學堂？**取自共識網，http://www.21ccom.net/artic-
　　les/zgyj/gmht/article_20140526106554.html

張倫（2013 年 9 月 9 日）。**點評中國：中共執政危險的政左經右**。取自 BBC 中文網，
　　http://www.bbc.co.uk/zhongwen/simp/focus_on_china/2013/09/130909_cr_ccpinpower

許紀霖（編）（2005）。**20 世紀中國知識分子史論**。北京：新星出版社。

陳漢楚（1984）。**社會主義在中國的傳播和實踐**。北京：中國青年出版社。

程平源（2013）。**中國教育問題調查**。北京：清華大學出版社。

楊東平（2002）。**傾斜的金字塔**。天津：天津人民出版社。

楊東平（2003）。**艱難的日出──中國現代教育的 20 世紀**。上海：文匯出版社。

潘懋元（2011）。**應用型人才培養的理論與實踐**。廈門：廈門大學出版社。

錢理群（2014 年 8 月 16 日）。**我的北大之憂，中國大學之憂**。取自新京報，http://epaper.
　　bjnews.com.cn/html/2014-08/16/content_529541.htm?div=-1

蠻族勇士（2014 年 12 月 16 日）。**最後的印錢：世界面臨重新洗牌**。取自 http://bbs.tianya.
　　cn/post-develop-1936514-1.shtml

Chow, T.（周策縱）(1960). *The May Fourth Movement: Intellectual revolution in modern China.*
　　Cambridge, MA: Harvard University Press.〔本書中文版為周子平等（譯）（1999）。
　　五四運動現代中國的思想革命。江蘇：江蘇人民出版社。〕

Hayhoe, R. (許美德) (1996). *China's universities 1895-1995: A century of cultural conflict.* New York/London: Garland Publishing.〔本書中文版為許潔美（主譯）（2000）。**中國大學 1895-1995：一個文化衝突的世紀**。北京：教育科學出版社。〕

Yan, Y. (閻雲翔) (2003). *Private life under socialism: Love, intimacy, and family change in a Chinese village, 1949-1999.* Stanford: Stanford University Press.〔本書中文版為龔小夏（譯）（2009）。**私人生活的變革：一個中國村莊裡的愛情、家庭與親密關係（1949-1999）**。上海：上海書店出版社。〕

第 9 章
中文母語和非中文母語的 教師教學差異之比較

宋可音、蔡筱梅

摘要

大多數在中國及在海外的漢語教師，皆是以中文為母語的教師（簡稱中師），這些教師的教育與文化背景，和非以中文為母語（簡稱非中師）的教師相比，是有所差異的。研究顯示，教師的教育和文化相關經驗對他們的教學決策（如：教學信念、教學模式以及教學方法）具有影響力。本章試圖辨認中師的教學模式，藉由學生的觀點，比較中師與非中師兩者之間的差異來記載中師教學模式的實踐。本章節使用的研究問卷調查包含 44 個題項以及兩個有關學生對中師和非中師觀點的開放式問題。問卷中對於大多數參與者「同意」和「不同意」的題項，會被提出討論。針對兩個開放式問題的回答，則將分門別類於不同主題，並用於進一步地闡述研究參與者的意見和想法。研究結果顯示，就參與研究者的觀點看來，漢語教學有一些獨特的面向，這些面向可歸因於傳統的中國教學概念，如：講述式的教學方法以及教師具權威性角色的信念。

關鍵詞：中師教學模式、漢語教學、中國教學概念

一、緒論

漢語是一個被廣泛使用，在全球擁有 11 億人口以其母語的語言，被人們視為最具影響力的語言之一。隨著近幾年中國政策的開放以及經濟的起飛，全球化和商機儼然成為人們選擇研讀中文為外語的主要因素。以美國為例，西元 2000 年僅有 3,000 位大學生到中國遊學。至 2012 年，到中國遊學的學生人數足足攀升了 5 倍，達到了 15,000 人之多（Open Door, 2014）。根據美國現代語言協會（Modern Language Association of America）的問卷調查顯示，漢語在美國大學教育中被學生選為第七個最常學習的語言。在 2009 年，多達 60,976 位大學生在研習中文，這數字顯示其研讀中文的人數從 2002 年以來增加了 44%（Furman, Goldberg, & Lusin, 2010）。

全球對漢語教學以及學習漢語的訴求正在迅速地增加。據《大河報》（2014）報導，全中國目前估計有一億人口正在研習漢語，並且全球對漢語教師的需求量高達 500 萬人。為達到對漢語教學以及漢語學習的高訴求，漢語國際推廣領導小組辦公室（簡稱國家漢辦）在 2004 年成立了非營利公立學院──孔子學院，主要宗旨為在海外傳揚漢語和中國文化。漢辦每年派遣數百位漢語教師到海外教導漢語以及宣揚中國文化。至 2010 年末，漢辦在 96 個國家設立了 322 所孔子學院以及 369 間孔子學院教室，向 26 萬名學生提供了 9,000 門中文課（Confucius Institutes, 2009）。至 2014 年，孔子學院已增至 443 所，分布於 120 個國家（吳競、孔祥武、尹世昌，2014）。

在中國以及海外的大部分漢語教師皆為中師。舉例來說，在澳洲的漢語教學師資中，中師就佔了 90%（Orton, 2008）。這些中師的教育和文化背景有別於非中師。研究（Roberts, 1998; Zhan, 2008）指出，教師的教育和文化相關經驗對他們的教學決策（如：教學信念、教學風格以及教學方法）具有影響力。本章將從學生的視角出發，藉由比較中師與非中師兩者教師之間的相異性以鑑識中師所使用的教學模式，並記錄其教學實際應用。此研究設計意圖比較中師與非中師的漢語教學模式。中師與非中師在許多方面是相類似的（如：學科、

地理位置等），其唯一關鍵性的差異即為教師背景。

理論架構

在本研究中，學生對教師的觀點被視為其對教師的態度並被定義為「一種評估某人或事物並對其有一定程度的好感或不滿的心理傾向」（Eagly & Chaiken 1993, p. 1）。Krosnick、Judd 和 Wittenbrink（2005）的態度處理理論架構中，當回答中師或非中師的問題時，學生會經歷三個階段。首先，當學生在閱讀與老師相關的問題時，他們會自動啟動評估系統。這初始的評估所需時間不到一秒，且不需從記憶庫裡搜尋與提取。接著，學生會移至確證的階段。此階段學生會從記憶裡尋找有關老師的相關訊息，這階段是學生需要努力搜尋的過程。最後，學生進入了反應的階段，也就是前兩階段評估的總結。這研究採用了學生透過前述的三階段之後對教師所做出的評估結果作為研究數據資料。

二、漢語教育的實踐

文獻探討

Chang（1983）的研究總結了早期中國傳統語言教學的特性。其中一項特性為強調漢字的學習，而另一項特性則是大量閱讀各種主題的文章。中國教師相信，唯有藉著閱讀和日益增進漢字的知識才能培養寫作技巧。第三項特性則是持續不斷的操練，特別是針對閱讀與寫作。漢語是源自於遠古時期的文字語言，稱作「文言文」（古文），在清朝和漢朝時奠定。然而，該語言隨著時間的演化，和現代人們所使用的漢語已有很大的轉變。中國人不再於日常生活中使用古文；因而中國教師認為，為能從古文中獲取知識，背誦是一種有效的學習方式（Chang, 1983）。因此，背誦文本在今日已成為一項普遍學習語言的方法。最後一項特性則是需有獨立思考的先決條件。獨立思考的概念起緣於一位最具影響力且受尊敬的中國教育家——孔子的一個警句。孔子曾說：「學而不思則罔，思而不學則殆。」（Legge, 2004, p. 8）這些早期對語言學習以及廣泛

學習的論點，為現代漢語教育奠定了基石。Chang 曾批評傳統的漢語教學方法忽略了口語技巧的訓練。他也批判，只學習「讀」與「寫」，並不能滿足現代漢語學習者的學習需求。除此之外，Chang 提到與其他國家相比，本土的漢語教育模式較缺乏系統化。

　　針對現代漢語教育，近幾年的文獻皆一致同意 Chang 對傳統教學的闡述。在 Haley 和 Ferro（2011）的研究中，十位中國職前和在職教師談到了中國的語言教學情況。此研究報告指出，以教師為中心的教學方法十分受歡迎。有幾位參與者提到，對中國學生或國際學生的普遍期待，不外乎做筆記、背誦資料和準備考試。而這些教師也專門注重文法和寫作的學習。Orton（2008）在澳洲對中師的教學研究也提到，相較於口語技巧而言，中師更重視漢字的學習、機械式的背誦技巧與反覆練習。在漢語教師的研究中，Scrimgeour（2011）的研究結果與 Haley 和 Ferro 以及 Orton 的研究結果一致，也就是中師們都鼓勵在中國學習的學生們使用機械式背誦和反覆不斷的練習。另外，在 Scrimgeour 研究裡的中師認為學生不應該挑戰教師權威。Haley 和 Ferro 則指出，中師的教學觀點和他們本身在中國境內的學習經驗存在相關性。Moloney（2013）進一步解釋，具中國教育背景的教師深受著孔子學說所傳遞的傳統教學觀念影響。傳統的信念（如：學生應該尊重並重視老師的知識與權威、應當努力用功並對學習抱持認真的態度以及在筆試中獲得良好成績）都深刻地鑲嵌在中師的教學實踐中，此實踐也可被視為中師教學模式。

　　前面所提到的研究皆透露出使用中國教育模式的語言教學，似乎較貼近傳統語言教學方法，即較重視讀寫技巧而忽視口語能力。然而，這些漢語教學模式的研究皆從中師的視角出發，欠缺了來自漢語為第二外語的學生之觀點。本章試著補足目前文獻在這方面的不足，並著重從學生觀點出發以鑑識漢語教學模式。更明確地說，此研究訪談了在中國境內研習中文的國際學生眼中的中師與非中師之差異。透過比較兩組之間的差異，中師所實踐的中國教學模式即從學生的視角揭示出來。

三、研究方法

（一）研究對象

　　此研究共有 41 位年齡為 14 歲到 35 歲的參與者。其中有 18 位在中國北方山西省的一所國立大學修讀密集的中文課程；有 10 位是在山西省政府授權下的大學內之孔子學院主辦的漢語課程就讀；而有 9 位是在北京的一所私立漢語學校學習；另外 4 位則參加了西安國立大學主辦的暑期海外遊學項目。所有的參與者包含了 8 位女性及 33 位男性。他們學習漢語的理由與目的各不相同，有的是為了能申請到中國政府的獎學金，有的期望能拿到學位，有的則為了能取得海外遊學的學分。另一些人則是希望在中國旅遊時，更加輕鬆容易些。有 3 位未滿 18 歲的青少年參與者因父母工作的緣故居住在中國。參與者中有 37 位擁有大學學歷，其中有 9 位主修商業，8 位主修中文，其他人的主修科目則散布於其他領域（參見表 9.1）。

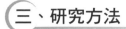 表 9.1　參與者的專業

專業	人數	專業	人數	專業	人數
商業	9	新聞學	1	政治科學	1
中文	8	心理學	1	媒體藝術	1
工程學	4	教學	1	刑事司法學	1
國際研究	4	網站設計	1	英語	1
亞洲研究	2	語言學	1	會計學	1

　　大部分的研究參與者以英語為母語（25 人），然而其他參與者的母語也相當具有多樣性（參見表 9.2）。

　　除了兩位參與者外，其他參與者在學中文前已至少學了另一外語。另外，全部的參與者都表示已至少接受過一位但不多於 20 位中師（平均數＝5.9，標準差＝3.5）的中文教導，而有 27 位參與者表示最少接受過一位但不多於 5 位

▶▶▶ 表 9.2　參與者的第一語言

語言類型	人數
英語	25
西班牙語	4
德語	2
亞美尼亞語	2
義大利語	2
法語	2
波斯語	2
烏茲別克語	1
普什圖語	1

非中師的中文教學（平均數＝1.1，標準差＝1.2）。

（二）問卷設計

　　本研究所使用的問卷包含三個部分。第一部分詢問參與者的基本背景資料，如年齡、性別、專業、母語、外語學習經驗以及跟中師和非中師學習的經驗。第二部分的問卷包括了 44 個題項以及兩個有關學生對中師和非中師觀點的開放式問題。這些觀點的測量主要是請學生比較中師與非中師不同的教學風格。這 44 個題項中的問題敘述，是參考Medgyes（1999）針對英語為母語與非以英語為母語教師兩者間不同特徵的研究結果而來。有些題項的敘述稍做了修改使其更貼近符合本研究景況。每一個題項有五個選項：強烈同意、同意、沒有意見、不同意和強烈不同意。根據 Medgyes 所說：「個人教學模式大大取決於該教師是母語或非母語教師。」（p. 55）Medgyes 的研究結果支持了他原先的理論聲明，而本研究參考並採用 Medgyes 的研究結果作為問卷題項是適當的，因為它們有助於鑑識中師與非中師間的不同特性。另外，列於 44 個題項後的兩個開放式問題則是為了引出參與者對中師與非中師更為詳細的解釋和想法。這兩個問題為：（1）你認為向中師學習漢語的優缺點各為何？（2）你認為向非中師學習漢語的優缺點各為何？

（三）資料蒐集與分析

　　參與者對 44 個問卷題項所做的回答被計算並簡化成三類：（1）強烈同意或同意；（2）沒有意見；（3）不同意或強烈不同意。其中超過半數參與者同意或是不同意的題項將會下節研究結果的部分中呈現與討論；其他未達半數參與者回答的題項將不被提出討論。反之，它們被視為個人偏好，而非普遍大多數漢語學生的觀點。至於那兩題開放式問題，首先，研究者打字記錄了全部參與者的答案，並分開校閱。每一位研究者都從答案中找出可遵循的定律，並將其分類於不同的主題面向。接著，這兩位研究者互相交換數據資料，並進行交叉校閱。對於不同意對方所歸類的主題面向，研究者會進行進一步的討論，並且以團隊為單位做出結論。本研究的內在評分者間信度在討論前為 95%，由於此研究對於中師與非中師之優缺點所歸類出的面向相當大量，因此研究者只呈現並討論其中超過四分之一參與者都提到的部分。其他未達四分之一參與者提到的類別被視其為個別的偏好而不予以提出討論。

（四）研究資料的侷限性

　　本研究有一些侷限性，首先這個研究只包含了 41 位參與者，這數據對於要代表學漢語為第二語言的學生來說，為數不大且具侷限性。再者，因為參與者的人數有限，此研究只能夠使用簡易的統計方式來計算研究資料與呈現量化數據結果，而無法進行更具可信度的統計測試。此外，研究資料的蒐集以只能引出參與者在某時間點對某人事物觀點的問卷調查為主。未來的研究需要有更大量的參與者，並擴及到不同地理位置和區域，以提高研究結果的信度和效度。除了以上所提及的，未來的研究需要不同的資料蒐集方法（如：課堂觀察、訪談和較長期的研究時間），以更能檢測出學生隨著時間變化而產生的觀點改變，以及改變的原因。

四、結果與討論

（一）量化結果

從問卷上的畫記結果可以發現，44 個問卷題項中，大部分的參與者同意的題項有 11 個，不同意的題項只有一個。這 12 個多數人同意和不同意的題項列於表 9.3。

▶▶ 表 9.3　大多數參與者同意與不同意的題項

問卷題項	完全同意或同意的人數	沒有意見的人數	完全不同意或不同意的人數
1. 中師的漢語口語能力較佳。	40	1	0
5. 中師更有自信地使用漢語。	35	3	3
3. 中師使用符合實際情況的中文。	28	10	3
25. 中師從文意中教導單詞。	26	9	6
37. 中師未使用或很少使用英語或學生的母語教學。	26	10	5
38. 非中師使用較多的英語或學生的母語教學。	26	8	7
10. 非中師比較謹慎。	25	15	1
43. 中師提供較多的文化訊息。	25	7	9
23. 中師較著重流暢性、語意、語用、口語技巧和口語語域。	24	6	11
34. 非中師會糾正錯誤。	24	12	5
40. 非中師較傾向翻譯。	24	10	7
27. 中師較偏好自由活動。	7	12	22

表 9.3 顯示中師與非中師之間存在著一些差異。從參與者的觀點，中師較精通實際生活中的用語，因此他們可以更有自信地使用漢語，並能教導文意中的語詞。中師也具備和漢語領域相關的語言知識，如：語意、語用、口語技巧

和口語語域，因此中師能使教學專注在流暢性而非精確性。此外，參與者也認為中師能提供較多的文化知識。這些發現其實並不令人驚訝，且和 Medgyes（1999）針對英語母語與非母語老師的研究結果相符。母語教師自身便代表著該語言與其文化的呈現，所以他們有教導該語言與文化的自動合理性。另一方面，參與者認為非中師在教學上較為謹慎，且比較注重改正錯誤。Medgyes（1999）解釋母語教師與非母語教師在更正錯誤方面的不同，在於母語教師將語言視為溝通的工具，除非造成語意傳達的錯誤，否則不會特別去糾正錯誤。相反的，非母語教師把目的語言視為一門學科來教導，因此他們顯得較為謹慎以預防學生出現錯誤。對於使用英語或是學生的母語來輔助漢語教學，參與者認為中師使用的頻率較非中師低。因此參與者覺得非中師在教學中翻譯頻率高。使用學生的母語教學可視為一項有利的教學特性。Medgyes 提到：「非母語教師在語文和文化上與學生有相同體驗和經歷。」（p. 58）因此基本上比母語教師更能體會學生在學習時遇到的困難點為何。本問卷調查中大多數學生不同意的題項是中師偏好自由活動。這項發現是和 Medgyes 的研究結果相牴觸的。Medgyes 的研究顯示英語母語教師對教導其母語感到有信心，且並不害怕進行課堂自由活動，例如：小組或雙人一組的學習等語言使用較不可預測的活動。反之，非母語教師被學生認為具備較有限的目的語言知識，因而他們的教學風格偏向於「掌控」與「小心謹慎」為多（p. 57），如：使用標準教材。本研究中不同的發現可歸因於中師受到中國傳統教學模式的影響。在文獻探討部分提到的一些研究（Chang, 1983; Haley & Ferro, 2011; Orton, 2008），談論了中國的語言教學是以教師為中心並大多著重於讀寫技巧。如此可以解釋為何中師即使有信心也有能力，卻不偏好在課堂進行以學生為中心且比較著重口語技巧及需更多語言知識的自由活動。

（二）質化結果

在質化結果部分，此研究藉由比較接受中師與非中師的教導之優缺點，來顯示出這兩個教師群的教學特性。參與者被問及兩道開放性問題，第一道問題詢問參與者對於接受中師教導的優缺點；而第二個問題則是有關接受非中師教

導的優缺點。

1. 接受中師教導的優點

（1）發音：大多數的參與者指出，中師教導的益處在於能夠接收較高品質的發音指導，參與者使用了以下用語來形容中師的發音，「好」、「清楚」、「較佳」、「正確」以及「標準」。這些參與者也提到中師「較注意發音」，有「標準發音」和「正確聲調」，因此學生可以學到正規的漢語發音。

（2）文化：中師被參與者視為中國文化的專家。幾乎有一半的人相信，中師對中國文化有「較佳的認知與理解」，且具備「較多和中國人相處的經驗」。有幾位特別提到某幾類中師所具備的文化認知，他們提到，中師對「中國的文化規範」、「漢字的歷史」、「漢語的俗語和俚語」以及「中國人的說話方式和習慣」有相當程度的了解。這項對文化認知較深的優勢提升了中師的教學品質。有一位參與者闡述，在中國學習時，中師能夠清楚地解釋參與者每天生活中發生的文化事件。其他使中師讓參與者視為文化專家的面向包括他們向學生述說「他們在中國童年時期的故事」，提出他們對「美國學生和中國學生獨特的觀感」以及教導「成語」。有位參與者總結：「向中師學習漢語，不只讓學生更能準確地掌握該語言，更重要的是，能夠更理解中國式不同的思考模式和解決問題的方式。」

（3）口語漢語：大約有三分之一的人認為，中師比較能夠教導他們正確的口語漢語。更明確地說，參與者提到中師能教導「日常生活用語」，「符合文意的口語對話」以及「新漢語短語」，有位參與者更提到中師讓學生：

> 能聆聽到活的語言（亦即不只是學習新詞，還能學習俚語的意思或涵意），也能聆聽到更適合在每日生活中運用的語言（而不是非中師從教科書中擷取出，在課堂上教導的一些重複用語）。

（4）全漢語教學：大約有四分之一的人提到，中師很少使用英語或是用全漢語教學，對他們的學習有益處。一位參與者闡明：「這樣的方式能強迫學

生學習中文，而非只是仰賴英文來交流。這方式對聽力理解的進步相當有利，
且也促使學生學習他們的習得模式。」

2. 接受中師教導的缺點

（1）**教學方法**：四分之一的人不喜歡中師的教學方法，認為他們講述式
的上課模式無聊、保守且不具互動性。有些人稱這樣的教學法為「中國式教
學」，並認為中師想要「以自身被教導中文或英文的方式」來讓學生學習漢
語。幾位參與者說明他們接受到的「中國式」教學，他們說中國式教學方法
「比較注重記憶背誦而非應用」、「比較不採用現代教學法」、「缺乏創造性
的教學以及多樣化的活動」，以及「執著於教科書」。學生對於不喜歡被中師
教導的其他面向還包括：認為中師不能了解漢語為第二外語的學生學習困難點
是什麼。因欠缺這樣的了解，學生覺得中師「經常無法意識到學生的主要困難
點」，因此，「無法準確地對學生解釋概念」也「無法解釋語言的文法和規
則」。本研究的量化結果發現，參與者認為中師對漢語的知識是充足的，但在
質化的研究結果顯示中師並不能清楚明白地解釋文法。這些發現說明即使中師
對漢語具備相當豐富的學識經驗，並不代表他們知道如何有效的教導該語言。
其可能由於中師無法使用學生的母語或國際語言（如英語），來解釋文法概
念，也可能因為中師自身母語為漢語，因而較不易了解學習者的學習困難處為
何。

（2）**教學模式**：大約有一半的人提到他們不喜歡中師教學風格裡的某些
面向，少數的人提到中師「通常較嚴格」，且對學生有「不切實際的期望」。
有些人觀察到中師「經常不太願意承認錯誤」，且他們解釋這樣的現象可能源
於中國文化概念「面子」的影響。有面子代表著一個人擁有名聲與聲望。在孔
子學說影響下，中國社會裡的教師們被視為一群擁有高權力和備受尊崇的群
體。因此，傳統價值觀期待學生能夠尊重教師並期望學生能毫無疑問地遵從教
師。若學生沒有遵循這樣的期待，教師可能會覺得不受學生尊重。在學生與教
師的互動上，有幾位學生說到，他們觀察到中師「與學生之間缺乏直接的互
動」、「比較機械化，較無情緒」且「也沒有給學生個別的注意力」。這些情

形，也許可歸因於中師對學生與教師在社會上擁有不同地位的傳統觀念影響，即教師即為師傅而學生則是學徒。

（3）**文化障礙**：四分之一的參與者覺得中師欠缺對西方文化以及學習漢語之國際學生的了解。這些參與者說明教師未意識到學習漢語為第二語言的困難，不了解學習漢語常見的錯誤，不明白西方學生的學習方式，也不清楚西方學生的文化規範。

3. 接受非中師教導的優點

（1）**對學生有同理心**：幾乎半數的學生都提到，非中師比較能理解學生的學習。非中師對學生有同理心包括「理解學習漢語有多麼不容易」、「知道學生經常會遇到的困難」、「對非母語的人所遇到的困境有較高敏感度」、「知道如何同情學習者」、「較了解學習的過程並注意到建立語言流利度過程裡會遇到的困難點」及「明白學習中文為第二語言的不易」。對參與者來說，因為非中師有個人學習漢語為第二外語的經驗，因此他們「有如何教育非母語學生的知識」。例如：參與者提到非中師「較能對如何學漢語提出建議」、「當學生有文化差異的問題時能理解並提出解釋」及「知道如何解釋語言讓學生理解，尤其是文法」。

（2）**多樣化的教學方式**：超過四分之一的人提到，非中師的教學方法有正面的特徵。其中有人點出非中師的教學法接近溝通式的教學。舉例來說：參與者提到非中師「做較多對話的練習以及小組活動」、「採用多元教學法，即是以學生為中心的教學」、「課堂教學以溝通教學模式為主」，且「教學方法也較為實用」。有些人則提及教師的教學彈性以及多樣性。例如有些學生覺得「非中師的教學風格較有彈性」、「使用多元的教材」、「較注重學生要學的是什麼，而非教師自認為該教學生什麼」以及「教導漢語相關知識」。這些發現和先前量化結果的發現，即「非中師比較傾向於翻譯」相牴觸。可能的解釋是比起中師，非中師確實使用較多的翻譯；然而，除了翻譯的方法外，對學生而言，因為非中師的教學模式較具彈性，所以他們也融入其他的教學方法。

（3）**第一語言的輔助**：四分之一的人評論非中師提供學生的第一語言來

輔助教學相當有效用。其中非中師如何用第一語言來輔助學生學習漢語的評論
包括：非中師「較能提供較佳的翻譯」、「能用學生的第一語言解釋文意」、
「能在學生有疑惑時提供即時翻譯」，且「兩種語言都精通，也比較能對不同
的文意給予較精確的翻譯」。有位參與者對非中師使用第一語言輔助學生學習
的能力表示讚賞。他說道：

> 我能夠提問也能夠完全了解單詞或是句子的意思，若我詢問中師，有
> 時候因為中師的英語（此參與者的母語）能力不夠好，所以通常不見
> 得能夠完全解釋一些漢語的概念。

4. 接受非中師教導的缺點

（1）發音上的問題：三分之一的人認為非中師並非完全精熟漢語發音，
所以無法如中師一樣地教導漢語發音。幾個評論提到非中師「無法說正確的漢
語」、「發音不佳或不正確」且「有外國口音」，評論中也以「不精確」、
「錯誤」或是「不佳」、「不正確」以及「不是最好」等的字眼來描述非中師
的漢語發音。這些針對發音的負面評論可能與漢語聲調上的特性有關係。漢語
不同的詞意取決於不同的聲調，不同的聲調代表著不同漢字與其意義。這項特
性尤其是對第一語言不是以聲調取決字義的人來說是相當難精通的。有幾位參
與者提到非中師發音上的問題，例如：「發音不標準」、「聲調走調」、「聲
調不如中師」及「他們發音錯誤但是不自知」。有位參與者提到他對非中師發
音的不信任和不願意向其學習發音。他說：「之前有中國交換學生告訴我，我
的非中師的發音並不正確，使我不信任她的發音，而依照我自己的方式來學
習，如和朋友交談或是看中文節目，或以猜測的方式學習。」

（2）欠缺中國文化知識：四分之一的人覺得非中師對中國文化的知識並
不充足。他們形容非中師「具備較少的文化背景」、「可能從未去過中國」、
「對中國了解不多」、「可能不明白所有的中文相關資料」、「對相關資訊可
能了解程度有落差，基本上比較沒有在中國生長的童年往事」、「對語言的使

用和其歷史背景有相當不對等的理解」、「不了解所有學生可能遇到的文化衝突（雖然他們試著描述自身的經歷來幫助學生）」。

五、結論

本研究計劃以教師的教育背景為關鍵差異，比較了中師與非中師的語言教學模式。本研究的量化結果顯示，學生認為中師教學重視學生的語言流暢度而非精確度，並視中師為漢語和中國文化方面的專家。而質化結果也更進一步驗證了中師在文化和語言的教學較為專精，尤其是在發音和漢語口語方面。不論是量化或質化的分析結果都指出，中師的教學缺乏互動且較注重中國傳統的語言教學方法，如不斷地練習與背誦。在質化資料裡找出的中師教學風格，如：中師與學生互動上較有距離感以及中師對學生有較高的期望等，都可能是受到中師從小受孔子學說理念為基礎的教育和文化背景的影響。和中師比起來，非中師被認為對中國語文和文化的知識有限，特別是在發音和聲調方面。然而，非中師卻被視為對學生較具同理心，因為他們也曾是漢語學習者。再者，非中師也比較能夠運用第一語言輔助教學並使用較多元的教學方法來教導漢語。

與其他漢語教學的研究文獻（Chang, 1983; Haley & Ferro, 2011; Moloney, 2013; Orton, 2008; Scrimgeour, 2011）相比，此研究結果似乎沒有不同之處。但若和母語與非母語教師的非漢語相關研究比較，例如 Medgyes（1999）的研究，本研究結論只有一些部分和其他文獻是相同的。例如，與其他語言的母語教師一樣，中師對語言和文化的知識較優；但是，中師比較不傾向於小組或是兩兩練習等語言使用較不可預料的活動。這些特色就不像其他語言的母語教師。這顯示了中國的語言教育模式有其獨特之處，而這些獨特之處可能源自於中國傳統的教學概念，如講述式的教導及教師具權威性的理念。

本研究支持了其他的研究發現，如：中師繼承了中國傳統語言教學的實踐，即較注重背誦與反覆練習、強調教師的權威性及以教師為中心的教學環境。本研究還發現參與者並不覺得自己從這樣的教學方式獲益。儘管學生認為中師有較佳的口語能力，中師卻沒有利用這項優勢使用以學生為中心的溝通式

教學教導聽力與口語。這項發現呼應了 Chang（1983）的批判，也就是中式語言教學忽略了口說技巧，僅教導閱讀技巧無法滿足現代學生的學習需求。這也意味著中國教育決策者與教育者需要調整現有的中式教學方式，以滿足學習者的需求。由於目前學習漢語的學生來自世界各地，也有著不同的文化背景以及學習需求，做適度的調整是相當必要的。這樣既保留傳統教學的價值，又能反映現今國際觀點的改良式教學方法將成為必要的趨勢。

參 考 文 獻

大河報（2014）。**對外漢語教師缺口 500 萬教老外學漢語正當時**。取自 http://newpaper. dahe.cn/dhb/html/2014-09/22/content_1150286.htm?div=-1

吳兢、孔祥武、尹世昌（2014）。「**漢語熱**」**全球持續不斷　國外學漢語人數超 1 億**。取自人民網，http://culture.people.com.cn/BIG5/n/2014/0311/c87423-24597098.html

Chang, Z. (1983). The strengths and weaknesses of traditional language teaching. *Language, Learning and Communication*, *2*(1), 1-9.

Confucius Institutes. (2009). *Introduction to the Confucius Institutes*. Retrieved from http://college.chinese.cn/en/article/2009-08/29/content_22308.htm

Eagly, A. H., & Chaiken, S. (1993). *The psychology of attitudes*. Orlando: Harcourt Brace Jovanovich.

Furman, N., Goldberg, D., & Lusin, N. (2010). Enrollments in languages other than English in United States institutions of higher education, Fall 2009. *Modern Language Association*. Retrieved from http://www.mla.org/pdf/2009_enrollment_survey.pdf

Haley, M. H., & Ferro, M. S. (2011). Understanding the perceptions of Arabic and Chinese teachers toward transitioning into U.S. school. *Foreign Language Annals*, *44*(2), 289-307.

Krosnick, J. A., Judd, C. M., & Wittenbrink, B. (2005). Attitude measurement. In D. Albarracin, B. T. Johnson, & M. P. Zanna (Eds.), *Handbook of attitudes and attitude change*. Mahwah: Erlbaum.

Legge, J. (2004). *The Chinese classics volume one: Confucian analects*. Retrieved from http://www.clsp.jhu.edu/~yisu/files/cnfnl10u.pdf

Medgyes, P. (1999). *The non-native teacher*. Ismaning: Hueber Verlag.

Moloney, R. A. (2013). Providing a bridge to intercultural pedagogy for native speaker teachers of Chinese in Australia. *Language, Culture and Curriculum*, *26*(3), 213-228.

Open Door. (2014). *U.S. study abroad: Leading destinations*. Retrieved from http://www.iie.org/Research-and-Publications/Open-Doors/Data/US-Study-Abroad/Leading-Destinations

Orton, J. (2008). *Chinese language education in Australian schools*. Melbourne: University of Melbourne.

Roberts, J. (1998). *Language teacher education*. London: Arnold.

Scrimgeour, A. (2011). Preparing the native speaker language teacher for the (Chinese) foreign language classroom in Australia. *Languages and Cultures Network for Australian Universities*. Lecture conducted from University of Melbourne, Melbourne.

Zhan, S. (2008). Changes to a Chinese pre-service language teacher education program: Analysis, results, and implications. *Asia-Pacific Journal of Teacher Education, 36*, 53-70.

第 *10* 章
擺盪在考試傳統文化與改革之間：
實習教師的現實震撼

王秀槐

摘要

　　近年來全世界對於考試導向教育的關注愈來愈熱烈，臺灣作為一個具有深遠考試導向文化的社會，對於了解考試導向文化對教育的影響，深有助益。本文的目的是要呈現一群臺灣實習教師的現實震撼經驗，在目前臺灣教育朝向改革傳統考試導向文化的趨勢中，他們感受到自身擺盪於傳統與改革的趨勢之間。本章第一部分呈現實習教師的現實震撼；接著在第二部分，會呈現研究設計；而後在第三部分，會較詳細的描述這些實習教師的現實震撼經驗。最後會對於現實震撼的根源做深度的探討，以及呈現考試導向文化對教育者的意涵。研究發現，除了西方實習教師會遭遇到的理想與現實的落差外，臺灣實習教師還多遭遇一種現實震撼，主要來自於兩種截然不同的教育理念與思維。臺灣的實習教師不只須面對如何將教育理念轉化到真實工作場域的問題，也面臨到要與另一種不同的教育思維對抗的問題，例如教師在課堂中所扮演的角色之困擾。研究認為，實習教師作為在教學現場最易受衝擊的群體，應該在師資培訓階段就予以恰當的引導，以更好地適應教學現場的現實衝擊，同時應該充分發揮實習教師的改革影響力。此外，從臺灣的經驗看來，高影響力測驗（high-staking test）對於教學目標、內容、方法，以及實習教師的任教意願，都帶來許多負面的影響。其他國家在推動相關教育政策改革時應予以深思。

關鍵詞：考試導向文化、實習教師、現實震撼

一、前言

　　美國在《沒有一個孩子落後》法案通過後，近年來的教育改革希望達到績效責任，提升學業水準與全球競爭力的目標，因此促使學校使用具有高影響力（high-staking）的測驗考試，以提升學生學業成績，強化其在國際化中的競爭力（Au, 2007; Smith, 1991）。這些做法引發了對考試導向教育的關注（Hargreaves, 1997），各界對於這種測驗考試造成的影響進行了熱烈的討論，例如：在教學內容方面，這些測驗如何影響教師的教學優先順序、教學方法以及師生在課堂上的互動。

　　在美國考試導向教育尚處於方興未艾的階段，若此時能檢視一個具有深遠考試導向文化的社會，對吾人了解考試導向文化對教育有何影響，將甚有助益（Gunzenhauser, 2003）。而位處東亞、深受儒家文化影響的臺灣社會，因考試制度的傳統存在久遠，可作為檢視考試文化的一個重要案例。同時，要了解某個教育體系的一個重要途徑，可聚焦於了解該體制中實習教師（student teacher）的經驗與看法。因為這群甫出校園的年輕教師通常深富教育改革理想，也較少受到校園積習文化的影響。當他們初置身於學校現場，接觸學校文化時，通常會感受到現實環境與所學理論有所差距的現實震撼（reality shock）。

　　「現實震撼」的定義為：實習教師原本在教師養成訓練中所培育出的熱忱與理想，在歷經惡劣的真實校園生活後，導致理想破滅（Veenman, 1984, p. 143）。經歷現實震撼對實習教師來說是一個受創的經驗。由於理論與實務間極大差距所導致的理想破滅令實習教師挫折，以致在英、美兩國，有高達 40% 的初任教師選擇放棄教職（Ingersoll, 2002, 2003; Sturman et al., 2005）。這些出走的教師反映了現實震撼的嚴重性，也促使研究者致力於研究現實震撼對初任教師負面影響的原因與解決之道（MacDonald, 1999）。

　　Veenman（1984）回顧了 83 份在七個國家（包括：美國、英國、澳洲、德國、荷蘭、瑞士與芬蘭）進行的研究，列舉出 24 項新任教師最常遇到的問題，例如：課堂管理問題、引發學生動機、面對學生個別差異、與家長之間的

關係、資源不足等等。Ganser（1999）進一步驗證 Veenman 研究的有效性，發現新任教師常遇到的問題還包括：缺乏空閒時間、辦公室工作的負擔、教學工作的負擔、課堂管理問題、班級人數過多，為新任教師最常感到挫折的前五大問題。Marso 和 Pigge（1992）訪查了一群新手教師，發現在七個類似的問題上，現實震撼經常發生。其他的研究也指出一些實習教師所經歷到的現實震撼（Merrett & Wheldall, 1993）。

　　在上述文獻中，關於現實震撼，有兩點似乎沒有被提到。其一是實習教師與其實習學校複雜的互動關係。關於此點，Veenman（1984）從所回顧的 83 份文獻結果中，發現過去這些研究中很少對實習教師做訪談，也沒有關注實習教師與實習學校間複雜的互動關係。但若要真正探討現實震撼的根本原因，由於實習學校是實習教師真正接觸真實教學環境的重要地點，實習教師與實習學校的關係是很值得研究的一環。另一方面，過去文獻也很少對實習教師在教育改革情境中，在信念及價值觀上所面臨的衝突進行探討。為彌補過去文獻之不足，本文藉由訪談一群在臺灣身處教育改革趨勢中的實習教師，在與其實習學校互動的過程中，了解他們面對傳統與改革之間的衝突，並探究現實震撼背後的文化根源。

二、研究設計

　　為了深入了解新任教師與學校環境的複雜互動，以及在現實震撼下其內所隱含的文化意義，本研究使用調查法與訪談法，以蒐集量化與質化的資料。

（一）問卷調查

　　本研究採用問卷調查法，總共有 159 位實習教師受訪（分布於國內 82 所實習學校），問卷回收率為 79%。受訪的實習教師具有不同領域專業（例如：中文、外文、科學和藝術），且實習教師分布在不同階段的實習學校，包含：國中、高中、高職，進行半年全職的實習。

　　在實習期間，他們需要學習學校行政、教學、班級經營等工作，並由一位

輔導教師指導。調查問卷（李克特氏六點量表）包含以下四部分：（1）對於教育的信念、教學內容、教學方法；（2）理想的師生關係；（3）對於學生學習能力及動機的意見；（4）對於實習學校的整體印象及滿意度。此外，也要求實習教師寫下在實習之初兩個月中所經歷到的現實震撼的例子。

（二）個別訪談

　　為了深入了解實習教師在實習期間所經歷到的現實震撼，本研究進一步針對 34 位實習教師（分布於 26 所不同學校）進行個別訪談。每位受訪者總共被訪談四次，時間分別是：在實習開始前、實習了一個月後、在實習中期以及接近實習結束時。在第一次訪談，受訪者須提供他們的背景資料，分享自己選擇從事教職的動機，以及分享他們理想中的教師圖像。在其餘的訪談中，訪問內容主要在四個方面：（1）對於校園實務的觀察；（2）身為一位新教師所遭遇到的困難與挑戰；（3）他們所經歷到的獎賞經驗；（4）在實習期間，所經歷到的現實震撼。最後，總共蒐集到 130 份錄音訪談資料用來做資料分析。訪談資料以紮根理論來做分析（Strauss & Corbin, 1990），透過此方法可由受訪者的經驗和潛在信念中發掘出重要的研究主題。

三、研究結果

　　透過分析問卷以及訪談資料，本研究發現實習教師在下列三個面向上遭遇現實震撼，包括：（1）教育目標；（2）教學方法；（3）師生互動。

（一）教育目標

　　本研究發現，大部分實習教師的教育理念為實行全人教育，然而他們所服務的實習學校往往抱持著提升學生學業競爭力的教育目標。在問卷中，有兩個題目詢問教師的教育信念。結果顯示，實習教師十分重視按照個體需求培育學生的全人教育。有高達 93% 的實習教師對於問卷中「教育的目標在於培育學生全方位的成長，而不只是專注在他們的學業成績發展」的題目，表示強烈的認

同。此外，有82%的實習教師認同「教育的目標在於協助學生發展多樣化的潛能，而不只是獲得好成績」的敘述。

　　上述對於教育目標的態度也可見於訪談的結果。在訪談結果資料中，88%的實習教師認為教育的目標應是協助學生全方位的發展，而不應是為追求好成績而只追求認知能力的提升。然而，另一方面，有96%的實習教師提到，在升高中或升大學有好的升學率，仍是他們所服務的實習學校的主要追求目標。受訪實習教師中，易老師任教於一所有優良學業表現傳統的高中；張老師任教於一所新設立的國中，都觀察到他們服務的學校忽視學生重要能力與品德的培育，包括認知能力、道德培育、社交技能，而只重視學生有好的學業成績表現，因為學生在升學考試上能有好的表現，可提升學校的名聲。在私立學校，提升學生學業競爭力有時移轉為教師績效的壓力來源。魏老師對於她的學校採取這樣的做法就深感挫折。在開始實習時，她原先期待自己成為一位能使學習變得有趣的熱情老師，然而，真正開始教學後，她立即體認到在她的理想與學校的現實之間，有著極大的落差。在私立學校中，因為教師的薪水與學生的學業表現有關，因此教師在這方面背負著極大的壓力。

　　另一方面，即使是職業高中，也有升大學的入學競爭壓力。在高職實習的于老師，觀察到這股趨勢。她認為職業學校的目標為培育學生良好的工作技能，以使學生在畢業後可以找到好工作。她沒有預期到在職校會出現逼學生努力，以進入好的科技大學的情形。

　　出乎這群實習教師意外的是，這種為成績或表現而努力的教育目標也內化於許多學生心中。孟老師，一位國中實習教師，看到他的學生只為了要考取理想的高中，即使在下課休息時間依然抱著課本不放，而深感震撼。他問那位學生，在考取了理想高中之後，想要做些什麼？那位學生回答，他不預期高中生活會有樂趣，因為緊接著他又必須為進入好的大學而努力，這個回答讓孟老師深感訝異。儘管大多數的實習老師受到這種極端重視考試導向教育目標的震撼，當被問到他們如何面對這種情形時，有70%的人回答說，他們對於這種已經根深柢固的教育文化無能為力。

（二）教學方法

　　除了在教育目標方面與實習學校持相反的理念之外，大部分受訪的實習教師也進一步發現在教學方法上（有關教學內容與如何教），他們也與服務的實習學校發生衝突。

　　問卷中有兩個題目旨在了解實習教師的教學信念。資料分析後的結果顯示，實習教師重視以生動的教學方法傳授生活化的學習內容。有92%的實習教師非常同意以下敘述：「學習內容應富知識性且可應用至生活情境中，而不只是教授與考試有關的內容」。此外，有72%的實習教師對於「教師應使用具互動性且創新的教學方法，而不是單調的單向講述及灌輸知識」深感認同。在訪談結果中，86%的實習教師表達他們想教「有用的」知識，是可連結學生生活經驗以及可提升能力的知識。此外，76%的實習教師贊成教學方法應該要透過許多活動，促使學生主動學習，例如：討論、角色扮演、遊戲、專題研究等等。鍾老師，一位生物科的實習教師，經常要求他的學生將新聞與所學的生物知識做連結。他在進行生物教學時，會使用新聞作為引起學生學習興趣的素材，也使用新聞幫助學生理解教科書中的知識。相同的，另一位教中文的實習教師江老師，在分析詩作時，也會使用風景圖片以及搭配音樂來鼓勵學生開放地獲得詩意的靈感。

　　儘管如此，有82%的實習教師發現在他們所服務的實習學校，一般教師在教學時，依然使用單向的講授灌輸法，教學內容也大多侷限於教科書以及考試範圍。學生大多時間被動地坐在課堂上聽講。英文實習老師林老師，為使學生能在日常生活中自然地使用英文，使用溝通教學法來教授英文。她的做法被同校其他英語教師批評為太理想化，她因此而深感挫折。這種以考試領導教學的方法對實習教師的負面影響是顯而易見的。首先，有些未來考試不考的科目，例如藝術與體育，不受校方重視，甚至將這些課堂時間拿來上數學與英文課。另一方面，對於教授所謂主科的教師們（例如：英文、數學教師），也不能免除於這種以考試領導教學的負面影響。他們經常因為需要在有限的時間內趕完教學進度，並確保學生能獲得好成績而備感壓力。向老師，一位教授未來升學

考試必考的生物科實習教師，被她的實習指導老師勸告：在教學時不需要補充
額外的課外資料以免浪費時間，只要多給學生小考，告訴學生考試重點即可。
令她更挫折的是，看見學生已將這種「只要教會考的材料」的態度內化於心
中。當她教一些額外的補充知識時，學生會有所抱怨（他們聽不懂？），並問
她何時能進行小考以測試他們對於會考的準備度。訪談的結果，更呈現出一個
令人吃驚的現象，學生們對於學習的東西不感興趣的一個主要原因竟是，「這
個科目不會考」或「這個科目不用小考」。實際上，有 69%的實習教師發現，
「考試不會考」竟是學生缺乏學習動機的主要原因。

　　如此以考試領導教學的現象，的確影響了一些實習教師繼續邁向教職之路
的意願。他們對於根深柢固的考試導向教育理念傾向抱持著較為被動的態度，
但對於明顯可見的教學方法所呈現的理想與現實間的鴻溝，卻有較激烈的反
應。有些實習教師深感挫折，甚至考慮放棄教職路。另一方面，有些實習教師
感到迷惘，在生活化的教學與考試導向的教學方法間擺盪。

（三）師生互動

　　受訪的實習教師與其實習學校間，除了在教育目標與教學方法上有差異
外，在師生互動與班級經營上，也感受到現實震撼。

　　問卷中有兩個關於師生互動關係的題項。結果顯示，大部分的實習教師贊
成平等的師生關係。83%的實習教師贊成「教師應給予學生充分的自由去從事
想做的活動」，此外，85%的實習教師支持「師生在溝通上應站在平等的地
位」。訪談的結果也強化上述結果。訪談結果中，三分之二的實習教師希望與
學生建立像朋友般的關係。他們認為應該以平等的態度對待學生，尊重學生的
意見，扮演值得學生信賴的陪伴者。然而，在現實中，大多數學校的教師扮演
的是一種權威的角色。只有 21%的實習教師認為在他們所處的學校中，教師與
學生建立如同朋友般的關係，其餘 79%的受訪者觀察他們學校的正式教師在學
生面前還是扮演著權威的角色。

　　這些實習教師也贊成使用正向的措施來引導學生的品行。83%的實習教師
傾向使用諸如：以愛心、耐心對待學生，使用鼓勵替代懲罰、以讚美和獎勵來

強化好表現等正向手段。在高職實習的賴老師，在面對學生上，與她的實習指導教師有很不一樣的做法。後者總是以權威、嚴格的態度對待學生，賴老師則傾向以較溫和的方法來建立師生關係。她鼓勵一位在其他教師眼中表現懶散的學生，用陪伴他打籃球的方式來引導他、鼓勵他。另一位實習教師柴老師，也以較平等溫和的態度與學生建立值得信任的師生關係。不再用傳統的權威形象以及嚴格的手段來維持班級秩序，他以愛心及耐心來對待他的學生。縱使此法要比傳統手法更花時間才能達到果效，但最終他贏得學生對他的信任與喜愛。

　　然而，許多學校依然採取嚴格的管教方式，例如：記過、責罵，甚至是體罰等做法。77%的實習教師發現，學校經常使用上述的嚴厲管教手段，甚至43%的實習教師說他們的學校至今依然採取已經被教育當局立法限制的體罰管教手段。許多實習教師在看到現任教師對待學生的方式後，感受到極大的現實震撼，甚至有人沮喪到想放棄教職之路。

　　本研究也發現，有些實習教師對於應該權威或平等對待學生，感到迷惘。實習教師瓊老師在一所公立高中實習，他觀察到學生在課堂上的真實情形後，也逐漸認為或許在學生面前扮演權威的角色也不是件壞事。因為學生比較不敢造次，也比較會尊敬老師。因此他認為，與學生維持一種適當的、被尊敬的距離很重要。

　　綜上所述，大部分的實習教師在實習時，因為教育現場的實務運作方式與自身原本懷抱的教育理想差距過大，都經歷了一場現實震撼。他們發現在真正進入教育現場後，他們原先的教育信念開始動搖，而擺盪於現實的考試導向的教學文化與他們原先所追求的革新的教育理念之間。首先，在教育目標方面，儘管大部分的實習教師都認為教育的目標應培養學生全方位的發展，但是他們的實習學校還是以培育學生獲取高分、有好的升學表現為目標。其次，在教學方法上，大部分的實習教師認為教學內容應生活化且可應用，然而，他們卻發現自己任教的學校往往將知識限制在課本內的教材裡。最後，在師生關係方面，雖然大部分的實習教師都認為教師應與學生建立像朋友般、可信任的關係，然而在目前的學校現場，大部分的教師還是以權威的形象、嚴厲的管教對待學生。

四、討論

　　總的來說，本研究的結果顯示，一群臺灣的實習教師原已建立了有關教育目標、教學內容、教學方法的教育信念，然而在進入真正的教學現場時，才發現現實與他們原有理想之間存在著極大的差異。因此，造成他們陷入持守理念或是屈服於現實的兩難，甚至使得有些人想放棄教職之路。

　　造成教育現實與理想兩相衝突的原因，主要來自於過去十多年間臺灣進行的教育改革。從 1996 年開始，臺灣引進了許多有關教育目標及教育新方法等的教改運動，但臺灣傳統教育的文化根源卻淵遠流長。

（一）臺灣傳統的考試文化

　　在近年臺灣教改運動開始前，臺灣的教育深受傳統儒家文化所影響。自從第四世紀科舉制度出現後，數千年來，教育被視為人才往社會上層流動的重要管道（Biggs & Watkins, 2001; Siu, 2004）。在科舉制度下，具知識水準的個人透過一連串的考試篩選，而表現傑出者得以進入政府機關服務，享受隨之而來的名聲與財富。這種出人頭地的美景驅動著世世代代的青年為了得到美好的前途，而努力讀書以通過考試，一朝揚眉吐氣，光宗耀祖（Ho, 1998）。

　　在仍然受傳統儒家文化影響的臺灣社會，現代版人才篩選的考試制度依然在上演。加上現代資本主義的推波助瀾，個體競爭更加激烈，每個人為了獲得成就，都背負著許多壓力。教育也被認為是人才向上流動的管道（Biggs & Watkins, 1996）。為了在激烈的競爭中維持考試公平性，並選出優秀人才，考試制度成為影響個人未來前途的高影響力測驗。因此，在考試上獲得好的表現，變成許多學生與家長的目標；許多學校與老師也將協助學生取得較佳成績視為重要任務（Levenson, 1958; Smith, 1991）。在這種以考高分為主要目標的情形下，學校經常只重視學生的認知能力，而忽略了品德、社交技能的培養。為達到這種以考試高分為主要目標的教育，對教師角色的期待隨之而來：教師要努力地教授課本知識，對學生施行許多小考，也會用嚴格的管教方式塑造學

生行為，使其有秩序地專注於課業。這種以考試高分為目標的教育在臺灣已行
之多年，且有深厚傳統，因此，本研究所訪問的實習教師才會在目前校園中，
繼續觀察到此現象。

（二）臺灣近年的教育改革

隨著臺灣社會日漸開放且多元，傳統教育只重視智育、教學內容與生活脫
節、太多的考試負荷等弊病，逐漸引發許多批評（黃武雄，1996；王震武、林
文瑛，1999）。許多留學西方或受西方教育思潮影響的學者，開始提倡教育上
的改革。首先，他們提出教育應重視啟發個體潛能與重視特殊能力。第二，他
們提倡西方文化所蘊含的，教師應扮演陪伴學生一起探索真理的引導者（如同
西方蘇格拉底），而不是如同東方儒家文化中教師扮演學問與德行上的權威
（Ho, 1994）。

隨著教育改革的聲浪愈來愈大，社會大眾開始重視並支持教育革新，且促
使政府開始採取行動，提出教育鬆綁。為達到上述的改革理念，政府在 1996
年開始執行一連串在課程、教學、學生管理、大學入學方式等方面的教育改革
措施。在過去數十年間，對於教改的適當性及有效性等問題，社會大眾及教育
界分成兩派不同的看法。支持者非常認同教改者所做的努力，並且宣稱教改糾
正了臺灣教育過去數十年來以考試領導教學的問題，並視教改為臺灣教育帶來
了新的希望。然而，反對者認為這種全面移植自國外教育思維的教改措施，會
破壞原有體制運作的和諧（Shan, 2000）。

這些對教改批評、反對、抗拒的聲浪，有一部分來自於基層學校及教師。
有些學校對於新的教育措施採取反應較慢，部分教師也抗拒採納新的課程及新
的教學方法，而部分家長對學校及老師施壓，希望老師多教一些可讓其子女考
高分、以考取好學校的內容（周祝瑛，2003；黃光國，2003）。相對於學校現
場對教改的抗拒，培育未來師資的大學師資培育中心大多支持教改的理念，也
認同教改的種種新措施。可能原因之一是由於培育未來師資的大學教師，大多
是有留學國外經驗的學者，且對教育抱持著改革進步的觀點（周祝瑛，2003；
黃武雄，1996）。

　　如同本章研究之前所述的結果，由於大學師資培育機構及實習學校對於教育改革所抱持的態度，存在著明顯的差距，也是造成實習教師會遇到現實震撼，而擺盪於教育改革的理想與傳統現實之間的原因。

（三）兩種截然不同思維間的現實震撼

　　先前許多研究指出，實習教師經歷的現實震撼最主要來自於沉重的工作量，與家長、學校行政單位間的衝突，引發學生動機的不易，處理個別差異以及班級經營上所遇的問題。上述這些現實震撼主要來自於實習教師所懷抱的「理想」（例如：教育工作應被所處的團體支持）以及「現實」（這些人其實一點也不關心教育！），或是來自於「理論」（例如：應想方法激發學生的學習動機）和實務（例如：不知道如何鼓舞學生學習）。這些來自學校現場所謂「真實世界」的負面因素，往往會減損實習教師繼續留任教職的意願（Dinham & Scott, 1998; Murnane, 1995）。

　　相較於西方國家實習教師所面對的現實震撼，除了上述所遭遇的這些問題之外，臺灣實習教師還多遭遇一種現實震撼，主要來自於兩種截然不同的教育理念與思維。臺灣的實習教師不只須面對如何將教育理念轉化到真實工作場域的問題，例如將教學生活化的理念真正落實到教學上，教授與生活經驗相關的內容；也面臨到要與另一種不同的教育思維對抗的問題，例如：該扮演學生的朋友，或是形塑教師權威的角色。

（四）對於師資培育及政策制定的啟發

　　本章的研究可對師資培育政策有兩點啟發。第一，由於在教學現場，面對傳統現象及教育改革這兩種理念的衝突時，實習教師是較易受到衝擊且受傷的一群，因此師資培育者在師資生開始實習之前，就應協助他們對於這兩種截然不同的教育思想、教學方法，在思想與文化上的根源有所認識，進行辨識與澄清。並協助他們建立一套可整合理想與現實的教育目標、教學內容以及教學方法，以及將理論轉化到實務的可行之道。透過事先的認識及準備，實習教師在面對真實的教學現場時，挫折感不會那麼高，而較能發揮他們具備的改革影響力。

　　第二，近年來，在美國與臺灣的教改中，似乎都遇到了一個重要的議題：
是否該接受一個以測驗為導向的教育文化。從臺灣的經驗看來，高影響力測驗
對於教學目標、內容、方法，以及實習教師的任教意願，都帶來許多負面的影
響。因此建議美國的政策制定者，可以東方國家的例子為鏡，特別是深受儒家
文化影響的國家，例如：臺灣、中國、日本、南韓，這些國家這幾年都對以考
試為導向的教育文化進行改革（Lin, 1998; Liu, 2006）。教育政策者宜針對考試
文化進行深入了解，對是否應以高影響力測驗提升學生學習質量做出智慧的選
擇。

參 考 文 獻

王震武、林文瑛（1999）。**另眼看教育改革**。臺北：桂冠圖書公司。

周祝瑛（2003）。**誰捉弄了台灣教改（1987-2003）？**。臺北：心理出版社。

黃武雄（1996）。**台灣教育的重建：面對當前教育的結構性問題**。臺北：遠流出版公司。

黃光國（2003）。**教改錯在哪裡？——我的陽謀**。臺北：印刻出版社。

Au, W. (2007). High-stakes testing and curricular control: A qualitative meta-synthesis. *Educational Researcher, 36*(5), 258-267.

Biggs, J. B., & Watkins, D. A. (1996). The Chinese learner in retrospect. In D. A. Watkins & J. B. Biggs (Eds.), *The Chinese learner: Cultural, psychological, and contextual influences* (pp. 269-285). Hong Kong/Camberwell: Centre for Comparative Research in Education/ Australian Council for Educational Research.

Biggs, J. B., & Watkins, D. A. (2001). Insights into teaching the Chinese learner. In D. A. Watkins & J. B. Biggs (Eds.), *Teaching the Chinese learner: Psychological and pedagogical perspectives* (pp. 277-300). Hong Kong: Centre for Comparative Research in Education.

Dinham, S. & Scott, C. (1998). *An international comparative study of teacher satisfaction, motivation and health: Australia, England, and New Zealand.* Paper presented at the annual meeting of the American Educational Research Association. San Diego. ERIC Document Reproduction Service No. ED 419782.

Ganser, T. (1999). *Reconsidering the relevance of Veenman's (1984) meta-analysis of the perceived problems of beginning teachers.* Paper presented at the Annual Meeting of the American Educational Research Association (Montreal, April 19-23, 1999, ERIC Document Reproduction Service No. ED429964).

Gunzenhauser, M. G. (2003). High-stakes testing and the default philosophy of education. *Theory into Practice, 42*(1), 51-58.

Hargreaves, M. (Ed.). (1997). *The role of assessment in learning.* Brisbane: Queensland University of Technology.

Ho, D. Y. F. (1994). Filial piety, authoritarian moralism, and cognitive conservatism in Chinese societies. *Genetic, Social and General Psychology Monographs, 120*, 347-365.

Ho, D. Y. F. (1998). Filial piety and filicide in Chinese family relationships: The legend of Shun and other stories. In M. P. Gielen & A. L. Communian (Eds.), *The family and family therapy in international perspective* (pp. 134-149). Trieste: Edizioni LINT.

Ingersoll, R. (2002). The teacher shortage: A case of wrong diagnosis and wrong prescription. *NASSP Bulletin, 86*(631), 16-31.

Ingersoll, R. (2003). The wrong solution to the teacher shortage. *Educational Leadership, 60*(8), 30-33.

Levenson, J. R. (1958). *Confucian China and its modern fate: The problem of intellectual continuity*. London: Routledge and Kegan Paul.

Lin, C. C. (1998). The current directions of the education reforms. *New Tides in Education, 3*(4), 2-8. (In Chinese)

Liu, S. C. (2006). Education reform in China from 1978 to 2006. *Bulletin of National Institute of Education Resources and Research, 32*, 61-88. (In Chinese)

MacDonald, D. (1999). Teacher attrition: A review of literature. *Teaching and Teacher Education, 15*, 835-848.

Marso, R. N., & Pigge, F. L. (1992). *Teachers' ratings of job entry expectations prior to and following first year of teaching: Evidence of idealistic expectations and transition shock*. Paper presented at the annual meeting of the Midwestern Educational Research Association. Chicago, October 14-17, 1992, ERIC Document Reproduction Service No. ED351322.

Merrett, F., & Wheldall, K. (1993). How do teachers learn to manage classroom behaviour? A study of teachers' opinions about their initial training with special reference to classroom behaviour management. *Educational Studies, 19*(1), 91-106.

Murnane, R. J. (1995). Supply of teachers. In L.W. Anderson (Ed.), *International encyclopedia of teaching and teacher education* (2nd ed., pp. 72-76). New York: Elsevier Science Inc.

Shan, W. J. (單文經) (2000). Reasons and coping strategy for the resistance of school education reform: A case study of 9-Year curriculum reform. *Proceedings of Education Administration Forum, 6*, 147-167. (In Chinese)

Siu, M. K. (2004). Official curriculum in ancient China: How did candidates study for the examination? In N. Y. Wong, L. Fan, J. Cai, & S. Li (Eds.), *How Chinese learn mathematics: Per-*

spectives from insiders (pp. 157-183). Singapore: World Scientific Publishing.

Smith, M. L. (1991). Put to the test: The effects of external testing on teachers. *Educational Researcher, 20*(5), 8-11.

Strauss. A. L., & Corbin, J. (1990). *Basics of qualitative research: Grounded theory procedures and techniques.* Newbury Park: Sage.

Sturman, L., Lewis, K., & Morrison, J. et al. (2005). *General teaching council survey of teachers.* National Foundation for Educational Research in England. Retrieved on April, 2, 2008, from http://www.gtce.org.uk

Veenman, S. (1984). Perceived problems of beginning teachers. *Review of Educational Research, 54*(2), 143-178.

第 *11* 章
全球化、本土化與兩岸化中的臺灣公民教育

周祝瑛、楊雁斐

摘要

儘管西方民主潮流和傳統儒家思想，對臺灣公民教育的發展產生了巨大的影響，作為第三勢力的兩岸關係，對臺灣公民教育政策的訂定，同樣至關重要。本章試圖從多元角度，如中國傳統文化、民主發展和兩岸關係等方面，來描繪華人教育模式下的臺灣公民教育。如同東亞區許多國家一樣，公民教育具備促進社會變遷、符合政府政策導向，以及滿足個人發展需求等功能。不過由於兩岸之間始終存在特殊的發展關係，國家認同等議題在臺灣公民教育中甚少被提及。相對的，臺灣意象卻在 1990 年代中期以後的課程和教學改革中，逐漸提升與備受關注。

關鍵詞：公民教育、全球化、本土化、儒家思想、兩岸化、臺灣意象

一、變動中的東亞和臺灣

　　近年來，東亞地區社會經濟快速發展，跨國交流合作促進了外資的大量流動，和學生的國際移動，加之學生素質教育的不斷提升，該地區已經成為世界關注的焦點之一（UIS, 2014）。在儒家傳統思想影響下，東亞地區的文化崇尚節儉、強調敬業態度和家庭觀念，也因此而聞名於世。值得一提的是，該地區正面臨人口組成改變的過程，因人民平均壽命的增長和出生率不斷下降，出現了少子化現象，造成了各階段學校生源不足的問題（Chen, 2001a）。儘管如此，在全球化的浪潮下，東亞地區因本身具備文化與地貌多樣性的特殊條件，該區域正經歷區域經濟整合與跨境合作的根本性變革。

　　1949 年之後，大陸內戰造成了中國一分為二：中華民國和中華人民共和國，各居臺灣海峽兩側。然而，由於受到中國傳統思想及日據時期的影響，讓臺灣持續致力於教育的發展。譬如，藉由傳統儒家教育哲學，重視家庭中的血緣關係，加上二戰後追求社會繁榮與現代化的強烈動機下，臺灣強調的人民工作努力、和諧的社會秩序、尊重老年人和權威等特質，儼然成為東亞地區經濟發展的有力見證（Chen, 2001b; Hwang, 2012）。

　　儘管臺灣面臨外交孤立的困境，但自 2002 年加入世界貿易組織（WTO），與 2010 年的兩岸經濟合作架構協議（ECFA）以來，臺灣一直致力於促進和加強區域經濟合作（Fan, 2014）。然而，區域經濟整合的過程，卻也削弱了東亞各國公民教育中原本致力於促進公共政策，尤其是滿足公民需求方面的國家凝聚力等功能（Kahler & Lake, 2003）。

（一）本土民主化潮流對公民教育的影響

　　在華人教育模式下的臺灣公民教育中，謹就以下三方面議題：民主化、儒家傳統和兩岸化，予以分述。

　　自 1987 年臺灣解嚴以來，臺灣的公民教育發展與本土民主運動的發展亦步亦趨，包括受到各級選舉中勢力逐漸壯大的反對黨，非政府組織（NGO）

和網路等社交媒體之影響。在過去的二十年中，中國經濟的快速發展和國際地位的提升，和臺灣的民主進展及各級教育的發展，加速了東亞地區對於人權保護、環境可持續發展等議題的關注（Chou & Ching, 2012）。

　　至於上述潮流對於公民教育的發展趨勢，一項調查 1978 到 1989 年與 1989 到 1995 年間出版的兩套國小四年級社會教科書研究，希望了解這些教材中對於中國傳統文化、性別、文化、族群等是否有所改變（Su, 2007）。同時，研究者希望透過深度分析，了解臺灣在經歷 1980 年代末臺灣民主化運動與經濟發展等多重壓力下，教科書中的意識形態有無出現變化。研究結果顯示，1995 年之前的這兩套社會科教科書，歷史部分都強調一個中國的民族認同意識，一致認為臺灣的祖先從中國大陸移民而來。當時的執政黨國民黨（KMT）以此作為其執政合法性的依據（Apple, 2004; Apple & Christian-Smith, 1991）。因此，1990 年代中期以前的教科書，一些涉及政治、文化層面的敏感性和爭議性議題，都從教科書中刪除（Su, 2007）。隨著愈來愈多呼籲尊重社會多元文化和各族群多樣性的社會呼聲，2001 年起實施的九年一貫課程改革，即納入更多的臺灣歷史、地理、文化和藝術。另外，在 1987 年之前，國語教學是學校課程的必修課，如今臺灣方言（包括外籍父母的母語）已經成為基礎教育中的必修課之一。在近期的教育改革過程中，臺灣各地本土的知識和價值，愈來愈獲得認可（Yang, 2001）。

（二）儒家文化對公民教育的影響

　　一個擁有深厚社會資本（如可持續性教育）的社會，通常會透過彼此的互信與關係網絡，來促進人與人之間的互利與合作關係（Coleman, 1990）。以中國文化為基礎，強調家庭價值和族群歸屬感的臺灣教育，即使是家庭利益可能在道德、法律和社會公共利益之間，會產生一定的衝突，但基於社會融合與共識考量下，家庭因素在教育下一代的決策過程，仍然具有舉足輕重的影響力。反觀西方教育決策過程，通常受到經濟與科技發展所影響，比較不會受家庭等因素所影響。

　　Murray（1992）比較中國、埃及、印尼、巴基斯坦、巴布亞紐幾內亞、蘇

聯、韓國和薩伊等幾個國家，分析在國家社會發展過程中有哪些必要因素，包括：道德和社會價值等。Murray 研究後總結：學生應該充分接受與國家發展和文化傳統相關的價值觀教育。此外，Giroux 也主張，在目前的科技教育中，應加入「公民勇氣」的相關技能融入培訓。如此一來，學校可以幫助學生培養激情、想像力和智慧，讓他們承受經濟、政治和社會壓力的挑戰（Giroux, 1985）。這一點將有助於在公民教育中進行價值澄清相關研究。尤其像目前為了追求社會現代化和國家發展，而將科技發展超越教育重要性的臺灣情況，頗具啟發性（Elwyn, 2000）。

臺灣社會深受儒家文化的影響，如政治威權主義、家族體系、儲蓄習慣、地方組織和家庭關係網絡（Tu, 1995）。教育一直被視為儒家文化的精髓，學習意味著要辛勤工作，有努力、堅持、耕耘和堅毅的精神，玩樂則被視為好逸惡勞的表現（Hwang, 2012; Yao, 2000; Zhou, 2000）。因此，臺灣社會一直重視教育文憑（如大學學位）和考試訓練。正如上文指出，自 1949 年國民政府從中國大陸撤退到臺灣後，當局首要任務就是加強中國的國族認同和宣示對臺灣的主權。特別是在 1947 年因當地人民和來臺部隊出現糾紛，爆發了 228 事件後，臺灣本地的文化和方言，在許多方面受到限制。

根據 Yang（2001）和 Chou（2008）的描述，在不同時期，臺灣的教育改革無一不反應了臺灣在民族和文化定位等意識形態方面的矛盾發展。政府在 1990 年代中期以來的課程改革中，對於臺灣地理和歷史的部分進行了較大比例的變動。1990 年代之前的課程內容，側重於對大陸的介紹，1990 年代中期之後的「教改」，則強調社會的多元文化和對臺灣少數族群的尊重。特別是 2000 年政黨輪替後，教育改革措施進一步促進教學內容的本土化，把確定臺灣定位、促進國家興盛，作為政策中的重要項目。在民進黨執政期間（2000-2008）傾向臺灣獨立，反對由中國大陸倡議的一個中國政策。因此，當時缺少通過鼓勵兩岸學術交流與合作的法案。甚而，採取一連串的去中國化政策。例如，在 2005 年的公務員考試，歷史、地理只考臺灣部分，而非與中國歷史、地理有關的內容。同時，在新的高中課程綱要中，將中國歷史變成世界歷史的一部分，而不再視傳統的中國歷史為本國歷史；中國經典文選佔文學課程的比

例下降等不一而足的政策。總之，扁政府時代以臺灣自決的形式，強力提高了在地文化、遺產和語言的意識，具有以臺灣本土的身分認同取代中華文化紐帶的強烈企圖。

隨著臺灣經濟與社會的朝向全球化發展，臺灣的經濟活動也愈來愈依賴中國大陸這個貿易合作夥伴，近年來臺灣的整體教育發展，也在全球化和本土化之間擺盪不已。當今世界隨時都在進行著廣泛的貿易和文化交流，面積狹小的臺灣無可避免地必須參與全球化的歷程中。教育的本土化發展，有助於臺灣在文化傳統上的自我定位，也讓年輕的一代可以自我探索，建構自己對「臺灣人」的定義。因此，臺灣當前的公民教育改革順應了全球化和本土化的潮流，可以更加清晰地對外了解世界和對內釐清臺灣的自我認同（Chou & Ching, 2012; Yang, 2001）。

（三）兩岸化對臺灣公民教育的影響

本文一開始即指出，儘管民主化和儒家價值觀對臺灣的公民教育影響深遠，但是兩岸化也在臺灣公民教育政策中扮演著重要的角色（Chou & Ching, 2012）。尤其 1987 年是兩岸關係改變的歷史轉捩點，臺灣解除解嚴的同時開放當時跟隨國民黨撤退到臺灣的退伍軍人回鄉探親，兩岸交流就此進入一個新的時代。

在兩岸學術交流方面，同年 11 月，臺灣放寬大陸海外傑出專業人士的來臺限制，間接促成日後大陸遊客訪臺的政策訂定。此外，及至 1990 年以後，臺灣開放了更多在學術、文化、體育、傳播通訊和藝術等領域斐然有成的中國大陸公民來臺。並且，在 1993 年更進一步開放中國大陸當地的專業人士和學生，以教育和文化的目的來臺訪問。據統計，自 2002 年 1 月 1 日起，至 2009 年 10 月 31 日止，共有 18,907 名中國大陸學生透過官方正式管道參訪臺灣（Kao, 2009）。此外，臺灣有關方面自 1994 年設置中華發展基金，規劃並推動兩岸民間學術與文化的各項交流活動，以增進兩岸之了解與良性發展。並自 1995 年起，辦理補助大陸研究生來臺進行研究的研究生補助，每年提供數十名大陸研究生到臺灣進行為期一個月到一年不等的蹲點研究。自 1996 年起，

大陸研究生更可以申請高達三個月的全額獎學金在臺灣各大學進行與論文主題相關的研究。據統計，在 1988 到 2009 年這二十一年間共有二十個類組 2,712,572 名中國大陸專業人士訪臺，其中在文化和教育部門的專業人員就有 235,591 名（Kao, 2009; Chang, 2010）。另外約 27 萬名大陸遊客以二十個類別申請赴臺旅遊（Kao, 2009）。

二、臺灣公民教育的發展沿革

Gilbert（1996）表示各國對於「公民」（citizenship）的定義存有一定的爭議。有些人把公民定義為國家的一部分，需要對國家效忠。同樣的，國家保障其公民法律和政治的基本權利；也有人把「主權在民」看作是國家賦予公民的個人權利，或者共享民族凝聚力（Howard, 2006）。公民參政同樣也是承擔其公民義務的表現。針對這些討論，Mutch（2004）採用 OECD 相關研究架構，調查亞太經合組織地區域內的教育政策制定者，如：紐西蘭、澳洲、香港和臺灣等，對於公民教育本質的理解。研究結果發現，在 1980 年代和 1990 年代，大多數臺灣教育政策決定者認為，學校會履行自己作為學習組織的使命，公民教育的課程關注公民知識、道德規範和公民價值以提升社會凝聚力、國族認同、道德修養和民主價值觀（Pederson & Cogan, 2002）。

然而在 2001 年實施的九年一貫課程改革中，引進從小學一年級到國中九年級的跨學科七大學習領域，包括：語文、數學、社會、自然與生活科技、藝術與人文、健康與體育，以及綜合活動。九年一貫課程更提出以十大基本能力為依據，取代過去實施已久的「德、智、體、群、美」五育均衡發展目標，並以人文情懷來取代「德育」。相較之下，舊制的公民教育課程更多的是強調知識傳播下學生的民主參與和批判性思維。而九年一貫課程旨在透過探討在地文化和社會問題的過程，利用價值澄清，來提高學生的公民素養，與面對諸如：臺灣的國家認同、中華民族主義、原住民文化覺醒等爭議性問題，具備良好的思辨能力。儘管如此，上述九年一貫課程的決策過程，被認為是有別於過去從下而上的草根模式，採取了自上而下推行的政策。總之，Mutch 這項研究強

調：在公民教育課程開發過程中，政策制定者必須全盤考量，任何涉及歷史、
政治和社會的情境脈絡，皆須納入其中（Liu & Doong, 2002; Mutch, 2004）。

　　值得注意的是，在 1994 年第七屆臺灣全國教育發展會議中，隨著政治和
經濟環境的自由化，臺灣的社會氣圍中瀰漫著一股改革的氛圍。當時整個社會
要求鬆綁放權，實行民主化、自由化、多樣化的教育革新。隨後的二十年間，
臺灣和國外的教育體系在很多方面都發生了變化。由於資訊科技的快速發展，
全球化比預期來得更早。在臺灣，除了全球化帶來的顯著特徵外，近十年中面
臨了更多的挑戰，如：人口組成變化（出生率驟降、新興的老齡化社會與國際
婚姻下多元人口的組成），產業外移（特別是遷往大陸地區），失業率上升
（特別是年輕人就業），大學院校數量過多有待整合或關閉，產業的升級轉型
迫切與需要海外人才，國家身分認同爭辯（臺灣人或中國人）和意識形態教
育，教育機會均等和社會弱勢群體，教育資源分配不均，以及合格的學校教師
供需失衡等問題（Chou & Ching, 2012）。

　　為了回應上述臺灣社會對教育改革殷切盼望，與實現新政府的創新教育政
策，教育部在2010年8月召開第八屆臺灣的全國教育會議（MOE, 2010a），建
構臺灣未來十年的教育藍圖。2011 年，臺灣迎來中華民國 100 年國慶紀念之
際，1968 年推行的九年國民教育已經實施了四十多年，適齡兒童入學率已高
達99.9%，中學階段受教育機會已經高達100%，高等教育規模也廣泛擴大，15
歲以上學生的文盲率已下降到 2.09%，教育編列預算比例在 2010 年高達 6.51%
（MOE, 2010a）。

　　臺灣的教育政策制定目標因此不再只是注重數量，更需重視品質的提升。
雖然自 2008 年以來，歐洲和美國遭受到了全球金融危機，但臺灣仍認為教育
是國家之根本大計，因而宣布大幅度增加教育預算，以展示國家基礎設施的
「黃金十年」新願景，並且制定將來發展的六個方向，提出「創新強國、文化
興國、環保救國、憲政固國、福利安國、和平護國」等六大國家未來發展方向
（Ma, 2011）。因此，第八屆全國教育會議討論議題包含：「新世紀、新教
育、新承諾」三大願景與「精緻、創新、公義及永續」四大主軸，選定「現代
公民素養培育」、「教育體制與教育資源」、「全民運動與健康促進」、「升

學制度與十二年國民基本教育」、「高等教育類型、功能與發展」、「多元文化、弱勢關懷與特殊教育」、「師資培育與專業發展」、「知識經濟人才培育與教育產業」、「兩岸與國際教育」及「終身學習與學習社會」等十大中心議題（Kuo, 2010）。另外，對一系列基礎設施進行改進，其中十二年國教強調適性揚才和因材施教、推廣民間資源等。因此，公民教育推進計劃將採取不同於一般課堂教學的方式，把校內和校外活動互相結合，運用到日常實踐中。例如：教會學生如何遵守交通規則、如何成為社區志工，與學習如何處理同儕關係等技能（Chou & Ching, 2012）。

三、臺灣公民教育面臨的挑戰

臺灣的公共議題很多與教育有關，中學升學和大學入學考試所帶來沉重的壓力依舊瀰漫於校園中，學生受到學習壓力和補習班經濟壓力兩面夾擊。社會黑幫勢力入侵校園，藥物濫用和違規事件發生得愈來愈頻繁。雖然臺灣國中和高中階段的學生在國際學術競賽中屢創佳績，包括國際學生能力評量（PISA）、第三次國際數學與科學教育成就趨勢調查（TIMSS）與國際數學奧林匹克競賽等。但是大多數學生好奇心不強，對學習不感興趣，較少涉獵課外讀物（Chou, 2008）。

因此，臺灣面臨重大的社會轉型與價值調整，新興年輕世代出現了迥然不同的價值觀，如何真正落實公民教育，將會是教育改革中的一大考驗（MOE, 2010b）。以下謹略述當前臺灣社會所面臨的社會變遷與挑戰。

（一）網路時代的來臨

隨著資訊科技與網際網路的快速發展，資訊的取得便利，開拓了人類的視野外也改變傳統的學校制度。網際網路的興起不但可以提供成人良好的終身學習機會，也成為各級學校輔助教學的利器，利用其無界線的特性，成為現今各國終身學習的最佳途徑。

在這樣網路便利的時代，傳統教學法也受到挑戰，學校系統因此產生了巨

大改變。教師角色從知識傳播者轉為知識管理者，而在這樣的環境下，不僅只有學生及老師需要學習，家長也成為學習的一環。

　　因此，未來臺灣學子競爭力的關鍵，不再是為了考上第一志願或是擁有高學歷，而是去培養如何利用網路並且培養相關網路知識素養。而在這樣的網路世代中，品德教育更顯其重要性，如何讓我們的下一代在複雜的環境中學會獨立思考解決問題的能力，同時兼具科學精神以及人文關懷，變成各國重要的教育改革趨向以及目標。

（二）低出生率和高齡化時代

　　近年來，因為低出生率和人口高齡化等因素，臺灣的人口結構出現嚴重不平衡，對國家的經濟、社會和經濟發展造成很大影響。臺灣的新生嬰兒數從 1981 年的 41 萬人下降到 1998 年的 27 萬人，到 2009 年新生人口僅 19 萬 1 千人，成為過去五十年的最低水準。因為少子化問題，許多學校特別是偏遠地區，面臨著生源不足，不得不精簡教師或者關閉學校的窘境。大學適學年齡的學生人數在 2016 年大幅度下降，一批大學或系所面臨刪減或整併（Hu, 2010; MOE, 2010a）。根據教育部統計，在年輕一代學生中，父母是外籍和大陸配偶的臺灣中學學生分別佔學生總人數的 10%和 3%（MOE, 2011）。

　　在 1993 年，臺灣的老年人口比例首次超過 7%，達到過去六十五年的最高點。從那時起，臺灣的高齡人口比例逐年增長，預計在 2026 年將高達 20%。很明顯，社會人口高齡化對社會將造成巨大負擔。在這種情況下，臺灣學校系統及教育資源需要進行相應的調整和重新配置，以便更符合社會發展的需求。

（三）教育 M 型化的衝擊

　　根據日本作家大前研一（Ōmae Ken'ichi, 1990）所言，一些受經濟因素影響的社會弱勢群體或失衡家庭（例如單親家庭、隔代教養等），形成了 M 型社會形態，成為影響教育的重要原因。在這樣環境中成長的孩子，因為缺少文化資源和學習榜樣，生活困苦，不少人因此走向犯罪（Katz, Corlyon, La Placa, & Hunter, 2007）。

　　隨著臺灣經濟結構與社會組成的改變，在教育上也出現地區資源分配不均、各校教學品質不一、城鄉學習效果兩極化與雙峰化現象。其中居於教育M型化中的「弱勢學生」，大多屬於學業低成就之學生。根據國立臺灣師範大學心理與教育測驗研究發展中心的分析顯示：歷年來初中基本學力測驗成績在好、壞兩端的學生人數比中等成績的人數多，且分數較低一端的學生多來自於偏遠、離島地區，凸顯教育資源及學習成就城鄉差距的問題。此外，因為經濟、家庭等因素所造成的弱勢族群（如：單親、隔代教養等），也是教育 M 型化的重要原因。這群長期生長在弱勢家庭、處於貧窮與犯罪邊緣，自小缺乏文化刺激與良好照顧的孩子，這些人一進小學可能就需面對教育 M 型化的嚴峻挑戰！其實，教育 M 型化的發展不僅會加速社會階級的複製現象，增加社會對立與衝突的可能，也會影響整體社會中教育人權的保障與正面發展。弱勢學生除了經濟與學習上的弱勢外，還處於文化差異的不利環境，容易形成功能性文盲與中途輟學等問題。

　　隨著國內家庭結構的變化與功能式微，學校、社福、醫療與警政單位往往必須加以介入與攜手合作，提供有效的另類教學與專門輔導人力，透過進行預防、輔導與診療工作，協助這些來自弱勢家庭的兒童與青少年脫離貧窮與犯罪邊緣，落實公民社會教育均等理想。至於在 M 型社會的另一端優勢家庭背景或資賦優異等學生，則盡量在不違反教育機會公平與公義的原則下，給予適性發展的機會。

（四）全球化時代的來臨

　　隨著全球網路科技的發展，新的學習形態不再侷限於傳統的教育機構內，終身學習的時代已經到來，教育創新成為產業發展的必要條件。對於地狹人稠的臺灣，幾乎處處需要仰賴出口貿易，如何加強國外市場的開拓、吸引尖端技術與外商投資，培養國民全球可移動能力，已經是國際競爭力的重要指標。臺灣教育除了重視因材施教的適性發展外，也應兼顧下一代人的核心能力與品德修養。在升學制度上能夠兼顧各類人才的培育工作，學術與職技人才同樣為社會所尊重。讓臺灣年輕人具備與同齡其他先進國家同樣高素質的謀生本領與視

野，在全球化競爭的世代中與他國並駕齊驅甚至超越。教育的對象不再是受地理疆域束縛的以國家為主的傳統社會公民，而是自由流動受全球開放性影響的世界公民，人才的自由流動已不再侷限於一國之內，而是全球資本世界中的企業主。教育的歷程不斷朝向開放系統，自主探索將逐漸取代被動式的學習方式。

　　為此，教育的目標需協助公民去理解身處全球社會中的意義，以積極因應而為己增能（empowerment）。同時，在面對市場經濟全球化、知識經濟為發展關鍵的趨勢中，如何在教育上重視外語人才的有效培養及運用，以掌握世界政經脈搏與趨勢；同時發展本身的在地化利基與華語文文化優勢，透過跨領域策略，甚至跨國培育人才，以因應快速變遷的全球環境。

（五）本土化意識的抬頭

　　在全球化的過程中，各國在不同文化衝擊下，開始意識到自身文化的獨特性，並進而開始維護該國的文化傳統。對比之下，臺灣受到中國傳統儒家以及西方文化價值的洗禮，產生了價值衝突的現象。而臺灣內部族群的多元性也讓下一代人在面臨外來文化以及經濟的衝突之下，面臨如何將其兼容並蓄，並內化成自我文化特色的新課題。在臺灣學術界，除了要能盡早拋開對西方學術的移植外，人文社會領域更應重視對本土有影響之研究，引進多元的教育評鑑標準，鼓勵學術多元發展，建立全球以及本土的學術典範和知識轉移；增加國際學術交流活動及層次，提升臺灣教育在國際上的競爭力。除此之外，加強品德教育以及關懷環境等人文素養層面；在教育上，要增加本土學習教材，建構教育本土化理論以及實務基礎，珍惜臺灣的多元文化資源，並使其發展成為獨一無二的臺灣文化成為教育界的重大使命。

（六）氣候變遷帶來的挑戰

　　在過去十年裡，臺灣遭受了一系列自然災害，如：2000 年的 921 大地震，2009 年的莫拉克颱風造成 88 水災，和 2015 年的嚴重乾旱，特別是弱勢地區的教育設施面臨前所未有的危機（MOE, 2009）。根據世界銀行全球自然災害高

風險地區分析（Arnold, Dilley, Deichmann, Chen, & Lerner-Lam, 2005），臺灣是世界範圍內自然災害發生最頻繁的地區之一，因此需要加強公民的防災意識，增進對全球氣候變化的了解，促進經濟發展和自然環境平衡共存。

此外值得一提的是，可持續性發展是聯合國 2005 到 2014 年教育發展計劃中的焦點（United Nations, 2011）。因此，臺灣各級各類學校也必須將「可持續性發展」的概念，融入學校課程和教學，提高學生的認知水準。

（七）學生間的國家認同衝突

臺灣（以中華臺北之名）與全球其他 37 個國家，在 2009 年參與 IEA 主辦的國際公民教育與素養調查（ICCS）。結果顯示，臺灣青少年（14 歲）的總成績在 37 個國家中排名第四。然而在關於諸如信任國家政府、政黨、媒體、學校和一般大眾的幾個問題，參與者的得分比平均低很多（Schulz, Ainley, Fraillon, Kerr, & Losito, 2010a）。尤其是幾乎四分之三的受測學生表示出對政黨（包含他們的發言與政黨運作系統）整體的不信任（Schulz et al., 2010b）。由此可見，在臺灣 14 歲的青少年明顯不信任臺灣的政治機構。這些相對低的分數，顯示臺灣的青少年隨著全球化和本土化的歷程，出現了國家身分界定的困擾，公民教育在臺灣青年之間還有很大的提升空間。

與此同時，自 2011 年 9 月以來，愈來愈多的中國大陸學生赴臺以學位生的身分求學。在整體發展過程中，中國傳統文化呈現多元的動態發展，對於加強兩岸民族認同起了若干作用，但也給臺灣帶來了更大的不確定性。

有研究顯示，人們對於兩岸的國家認同處於微妙的關係，這種現象仍然很明顯（Hao, 2010）。隨著兩岸高等教育和文化交流的深入發展，教育在塑造臺灣國家認同方面發揮了至關重要的作用。臺灣的高等教育機構在兩岸教師、學生的交流方面扮演著關鍵角色（Chou & Ching, 2015）。隨著中國大陸的迅速崛起，中國人展現出新的形象，對於臺灣人的定義也會得到重塑。這些新的變化將取決於兩岸的未來走向。

四、結論

　　在過去的二十年裡，臺灣的公民教育無可避免的成為一個重要話題。全球化和本土化趨勢在東亞地區的教育領域產生多方面的影響。臺灣正不斷努力以應對全球化和民主化進程，在國家身分和國際地位不明的情況下，仍致力於新式的公民教育革新，以保留中華文化與地區認同。最重要的是，近幾年來，兩岸在教育和文化方面的高度交流，開創了歷史新局面。儒家價值觀、民主化和兩岸化的大融合，塑造了既不同於香港、澳門，也不同於中國大陸的獨特的臺灣華人公民教育模式。幾個世紀以來，臺灣一直面臨著身分認同的危機，無論是日本殖民統治時期（1895-1945），二戰後期去中國化時期（1949-1987），李登輝、陳水扁和蔡英文主政的獨立時期（1988-2008，2016-），臺灣人民深受政治和社會文化複雜的交互作用（Wilde, 2005）。如今，儘管在過去二十年間兩岸保持著交流，臺灣欠缺明確的國家身分認同問題，依舊持續影響著各個世代的公民教育（Chou, 2014），臺灣民眾和大學生對兩岸認同依然抱持懷疑態度。

　　總之，儒家文化傳統、民主化和兩岸關係將如何影響和重塑臺灣的公民教育，值得各界的持續關注和探討。

參 考 文 獻

Apple, M. W. (2004). *Ideology and curriculum*. New York: Falmer Press.

Apple, M. W., & Christian-Smith, L. (1991). *The politics of the textbooks*. New York: Routledge/ Chapman and Hall.

Arnold, M., Dilley, M., Deichmann, U., Chen, R. S., & Lerner-Lam, A. L. (2005). *Natural disaster hotspots: A global risk analysis*. Washington, DC: World Bank.

Chang, D. F. (2010). *Opening the window of cross-strait exchange policy*. Paper presented at the 6th Cross-strait Forum on Economic and Cultural Exchange, Guangzhou. Retrieved from http://www.npf.org.tw./post/12/7980

Chen, J. C. (2001a). The moral education under the trend of biotech development. In *National Taiwan Normal University, international conference of the citizen quality and teachers training*, Taipei.

Chen, J. C. (2001b). Being a mentor—The self-identity of primary school teachers. *Primary Education Journal of NTNU, 52*(3), 25-28.

Chou, C. P. (2008). The impact of neo-liberalism on Taiwanese higher education. *International Perspectives on Education and Society, 9*, 297-311.

Chou, C. P. (2014). Education in Taiwan: Taiwan's colleges and universities. *Taiwan-U.S. Quarterly Analysis*, No. 16.

Chou, C. P., & Ching, G. (2012). *Taiwan education at the cross-road: When globalization meets localization*. New York: Palgrave Mcmillian.

Chou, C. P., & Ching, G. (2015). Cross-straitization of higher education: Voices of the Mainland Chinese students studying in Taiwan. *International Journal of Information and Education Technology, 5*(2), 89-94.

Coleman, J. S. (1990). *Equality and achievement in education* (Social inequality series). Boulder: Westview.

Elwyn, T. (2000). Researching values in cross-culture contexts. In R. Gardner, J. Cairns, & D. Lawton (Eds.), *Education for value: Morals, ethics and citizenship in contemporary teaching* (pp. 257-265). London: Kogan.

Fan, JoAnn. (2014). *Congressional testimony: Cross-strait economic and political issues*. Available online at: http://www.brookings.edu/research/testimony/2014/06/05-cross-strait-economic-issues-fan

Gilbert, R. (1996). *Studying society and environment: A handbook for teachers*. Melbourne: Macmillan Education.

Giroux, H. A. (1985). *Theory and resistance in education*. New York: Bergin & Garvey.

Hao, Z. (2010). *Whiter Taiwan and Mainland China: National identity, the state, and intellectuals*. Hong Kong: Hong Kong University Press.

Howard, M. M. (2006). Comparative citizenship: An agenda for cross-national research. *Perspectives on Politics*, *4*(3), 443-455. Available online at: http://www18.georgetown.edu/data/people/mmh/publication-12332.pdf

Hu, C.-H. (2010, December 12). Consolidation of Universities will reach a peak in 5 Years, *Liberty Times*, 12 December.

Hwang, K. K. (黃光國) (2012). *Foundations of Chinese psychology: Confucian social relations*, New York: Springer.

Kahler, M., & Lake, D. A. (2003). *Globalization and governance: Definition, variation, and explanation*. Available online at: www.unc.edu/depts/europe/conferences/.../kahler_lake.doc

Kao, K. L. (2009). Public forum on the past and prospective development of the cross-strait cultural and educational exchange: Higher education series, part 12. *The impact of Chinese student enrollment on Taiwan's education, culture, and economy*. Taipei: National Chengchi University Press.

Katz I., Corlyon, J., La Placa, V., & Hunter, S. (2007). *The relationship between parenting and poverty*. http://www.jrf.org.uk/sites/files/jrf/parenting-poverty.pdf

Kuo, W. F. (郭為藩) (2010, March 1). A century of educational reform. *Taiwan Review*. Retrieved 21 March, 2014, from http://taiwanreview.nat.gov.tw/ct.asp?xItem=146617&CtNode=1337

Lui, J. M., & Doong, S. (2002). Civic education reform in Taiwan: Directions, controversies and challenges. *Pacific-Asian Education*, *14*(1), 26-37.

Ma, Y.-j. (馬英九) (2011, January 1). *Building up Taiwan, Invigorating Chinese heritage*. Taipei:

Office of the President, Republic of China (Taiwan). Retrieved 21 Mar, 2014, from http://english.president.gov.tw/Default.aspx? tabid=491&itemid=23186&rmid=2355

MOE (Ministry of Education, Republic of China). (2009). *MOE to subsidize more than 5,000 NT dollars to students injured during Typhoon Morakot.* Taipei: MOE. Retrieved 21 Mar, 2014, from http://english.moe.gov.tw/ct.asp?xItem=11540&ctNode=517&mp=1

MOE (Ministry of Education, Republic of China). (2010a). 2010-2011 *Education in Taiwan.* Taipei: MOE. Retrieved 21 Mar, 2014, from https://stats.moe.gov.tw/files/ebook/Education_in_Taiwan/2010-2011_Education_in_Taiwan.pdf

MOE (Ministry of Education, Republic of China). (2010b). *Report addressed at the Legislation Yuan.* Taipei: MOE.

MOE (Ministry of Education, Republic of China). (2011). *Statistics of foreign spouses offspring in compulsory education.* Taipei: MOE.

Murray, T. (Ed.). (1992). *Education's role in national development plans: Ten country cases.* New York: Greenwood.

Mutch, C. (2004). Educational policy and notions of citizenship in four Asia-Pacific societies. *Asia Pacific Education Review, 5* (2), 178-187.

OECD/CERI. (2001). *What schools for the future?* Paris: OECD.

Ōmae, K.' i. (1990). *The borderless world: Power and strategy in the interlinked world economy.* New York: Harper Business.

Pederson, P., & Cogan, J. (2002). Civics education, pedagogy, and assessment in the Pacific Rim: Six cases. *The International Journal of Social Education, 17* (1), 16-30.

Schulz, W., Ainley, J., Fraillon, J., Kerr, D., & Losito, B. (2010a). *Initial findings from the IEA international civic and citizenship education study.* Amsterdam: International Association for the Evaluation of Educational Achievement. Retrieved 21 Mar, 2014, from http://iccs.acer.edu.au/uploads/File/Reports/ICCS_10_Initial_Findings.pdf

Schulz, W., Ainley, J., Fraillon, J., Kerr, D., & Losito, B. (2010b). *ICCS 2009 international report: Civic knowledge, attitudes and engagement among lower secondary school students in thirty-eight countries.* Amsterdam: International Association for the Evaluation of Educational Achievement (IEA).

Su, Y.-C. (2007). Ideological representations of Taiwan's history: An analysis of elementary so-
　　cial studies textbooks, 1978-1995. *Curriculum Inquiry, 37*(3), 205-237.

Tu, W.-M. (1995). The mirror of modernity and spiritual resources for the global community, *So-
　　phia, 34*(1), 79-91.

UNESCO-UIS. (2014). *Higher education in Asia: Expanding out, expanding up.* Available online
　　at http://www.uis.unesco.org/Library/Documents/higher-education-asia-graduate-university-re-
　　search-2014-en.pdf

United Nations. (2011). *Education for Sustainable Development (ESD).* New York: United Na-
　　tions.

Wilde, S. (2005). *Political and citizenship education.* Oxford: Symposium Books.

Yang, S.-K. (2001). *Dilemmas of education reform in Taiwan: Internationalization or localiza-
　　tion?* Annual meeting of the comparative and International Education Society, Washington,
　　DC, 14-17 March.

Yao, X.-Z. (2000). *An introduction to Confucianism.* Cambridge: Cambridge Press.

Zhou, Y.-W. (2000). Confucianism and competition of education. In S. W. Yang (Ed.), *Interna-
　　tional conference for a study on the competition of education in Confucian Asia for Center
　　for Educational Research* (pp. 204-21). Taipei: National Taiwan University.

第 *12* 章
臺灣線上教育之 影響評估

錫東岳、梁瀞文

摘要

　　近年來，線上教育的普及率已然蓬勃發展，然而其對現存之教育模式，及教師與學生之影響卻並未受到充分的探討。隨著線上教育在世界各國的顯著發展，東亞社會也開始積極發展線上教育之相關建樹。本章與臺灣選舉研究中心合作，進行全國性之實證問卷調查，旨在深入了解線上教育在臺有何顯著的發展趨勢，尤其針對其對於現存教育模式、教師及學生有何影響進行探討。研究結果指出線上教育對現存的教育模式有不容忽視的影響。相較於傳統的線下教育，線上教育的模式更符合西式教育的特質，也更為主動積極、由上而下，並更聚焦於習得知識。由此可見，線下教育與社會大眾所期待之教學與學習方法大相逕庭。線上教育對教師的影響包含了激勵教師教學品質之提升與總體負擔之減輕。學生對線上教育所產生的影響與感知多抱持正面積極的態度。受訪者認為線上教育能夠激發獨立學習，提供更多機會審視教師教學，並且不必然會阻礙學生的創造力與提問機會。受訪者也同時認為線上教育擴充了受教育機會的豐富性、深度及廣度，由此可見，部分受訪者認為臺灣本土的受教育機會不足。針對線上教育對學生的負面影響，則包括減少與同儕和教師間面對面的互動機會，以及評鑑上的困境與學生反應冷漠等問題。

關鍵詞：華人教育模式、遠距教學、東亞教育、數位學習、國際化、線上教育、臺灣教育

一、前言

隨著網路的普及在過去二十年間的成長，線上教育的影響力在世界各國日益提升。東亞社會尤其積極，不論公共部門還是私人機構，皆致力於促進線上教育的發展。作為網路課程可用性與參與度的全球領導者，擁有相對成熟的線上教育市場，不論對內或者對外，探討線上教育潮流在東亞國家發展之緣由與影響都非常重要。

儘管只有少許跡象顯示出傳統磚瓦教室正處於即將被激增的網路課程所取代的風險，然而這個現象對現存的教育模式、教師及學生卻有著不容忽視的潛在影響。線上教育的成長與全球化及網路發展有著密不可分的關聯性，而兩者在歷史上皆被認為是以西方為中心。有鑑於本土教育模式與國際教育模式間存在的緊張關係，深入探討線上教育在東亞地區的影響力顯得尤其重要。

由於美國與其他西方先進經濟體之教育制度和意識形態形塑了世界各國的現行教育模式（Sparapani et al., 2014），這裡產生了一個問題：網路教育是否可被視為全球變遷中的一部分？臺灣的教育發展史為東亞地區的教育研究提供了一個值得探討的個案，因其現存的教育制度受到多方影響，包括傳統中華文化、日本的皇民化教育、美國教育模式、全球政治與經濟潮流，以及本土臺灣的政治與社會脈絡等方面。

有鑑於此，臺灣身為一個以華人血統為主要族群的社會，臺灣的教育代表了一種歷史上各種因素結合而成的模式（Chou & Ching, 2012）。本研究旨在以臺灣為研究個案，深入探討在全球趨勢中，線上教育在華人社會與社群的影響及意義，並特別聚焦於其在華人社會中所扮演的角色。本研究試著定義線上教育對（1）現存教育模式；（2）教師；（3）學生的影響。

二、文獻探討

（一）線上教育的定義

遠距教育作為線上教育的先驅，由學生與教師間物理及時間上的分離所定義而成（Moore & Kearsley, 2012, p. 2; Wallace, 2003, p. 242），其內涵包括了媒體的多樣性，在學生指導及使用分配上有著較高的彈性。然而隨著網路被視為「遠距教育事實上的標準平臺」（Chen, Lambert, & Guidry, 2010, p. 1222），「遠距」的用語自 2002 年之後使用率開始下降（Ngram Viewer, 2014），轉而被「線上教育」所取代。儘管線上教育已經普遍被視為遠距教育的廣義概念，過去針對線上教育的研究卻時常使用許多相關，但卻重複甚至互相矛盾的概念給予定義。這些概念基本上是由單一形容詞與名詞互相搭配，加諸「線上的」、「數位的」字根、「虛擬的」或者「基於網路的」，修飾「教育」、「學習」、「教學」、「課程」或者「班級」（參見 Farrell, 1999; Rosenberg, 2001; Vonderwell, 2003）。

本研究使用「線上教育」和「線上課程」的概念，後者之內涵為離散的、機構組織性的，或者為一系列的線上教育的實例。「教育」的內涵包括了教與學。社會大眾對於線上教育構成的認知不盡相同，在光譜的一端，狹義的詮釋認為線上課程需由獲得認證的教育機構主導，併入評鑑制度，並提供參與者結業證明，包括學分或者證書等，且有明確的開課與結訓日程。而在光譜的另外一端，較為廣義的定義視線上教育為任何一種可透過數位化方式取得教學媒材的形式（不論是文字、音訊或者影片）。在本研究中，線上教育符合下列定義：

1. 任何機構之目標需符合教育目的。
2. 其取得管道需完全透過網路媒介，包括任何可移動或非移動性之電子設備。
3. 它必須包含任何正式或者非正式之評鑑及追蹤系統。

　　根據上述定義，其內涵包括了營利或非營利之公私立機構的付費或免費線上課程，其中需包括同步或不同步的師生及同儕互動。這類線上教育的定義與早期相關研究中所描述之線上教育的內涵相互整合而得（如 Rosenberg, 2001, p. 28; Wallace, 2003; Wang & Reeves, 2004; Jung, 2001; Lee, 2010, p. 278; Allen & Seaman, 2014, p. 6）。

　　在探討線上教育的同時，我們也必須討論與其概念相反之教育模式的內涵。由於缺乏精準的詞彙描述這類教育模式，本文以「線下」（offline）及「以教室為主」（classroom-based）對其進行描述。在中文版本的問卷中則提供「實體課程」對本概念進行描述。有鑑於缺乏直接的英文對應用詞，「實體」被定義為「擁有存在形體的媒材」（與抽象概念、虛擬或線上存在相反的內涵）（MDBG, 2014）。而「課程」一般在英文中被翻譯為「課堂」或「課」。為了促進研究一致性及資料的可信度，上述定義將提供給問卷填答者，並同樣可見於本章節的其他內容中。

（二）線上及線下教育模式之對照

　　線上教育之內涵及教學法皆反映出與線下教育有著明顯差異的發展脈絡與教學情境。從根本上，兩者教育模式之相似處是鮮明的，皆以漸進式的教學模式致力於受教者知識與技能的獲取，並同樣以教學素材的重複性穩固受教者對教學內容的記憶力。此外，兩者皆有符合質性與量化的評鑑機制，且同樣以教師－學生的線性教育模式進行架構。造成線上與線下教育模式的相對同質性有許多因素。許多實證研究結果已證實，在某些情境下，在線上教學的脈絡中搭配線下練習的運用，能提升教學成效，而漸進式學習只是其中一個例子。在其他的案例當中，運用線下的學習方法在某種程度上，利於緩解社會對教育現狀的質疑，更遑論其在不同脈絡底下存有其他優勢的可能性。以師生關係為例，在線上教育的學習情境中，或許傳統線下教育模式中的師生互動模式並不是必要的元素。

　　儘管線上與傳統線下教育模式間有許多共通點，兩者仍無疑存在著顯著差異。這些差異存在於教學模式、學習方法、課程內涵傳遞方式、評鑑制度、行

政模式與師生、同儕關係等，而部分差異歸因於日新月異的資訊科技。以課程設計與教學為例，相較於傳統線下教育模式，更利於提升互動性、資訊即時更新，以及運用多元媒體進行教學。這是過去的教育模式較無法整合、運用的新興教育型態。線上與線下教育的其他相異處，反映出線上教育模式架構上的限制。學生評鑑機制即為其中最值得討論的例子之一。在線上教育中，空間與時間上的師生分離，使得教育活動的評鑑方式受到些許阻礙。有鑑於此，由於教師對學生學習表現的觀察評估受到媒介的限制，及執行上的困難，透過電腦軟體自動處理的考試方式已成為線上課程基本的評鑑方式。因此，線上教育網絡同時有其優勢與限制。其優勢在於提供施教者新的選擇，然而有得必有失，線上教育也受限於部分傳統教育方式執行上的可行性。

　　早期針對線上教育的相關研究，對於上述與傳統教育模式的差異性有不少討論，尤其著墨於比較兩者間的教學成效，以及學生的學習成果。許多線上與線下教育模式的比較研究，結論皆為兩者的教學成效相當，甚至在某些個案討論中，線上教育的教學成效高於線下教育。美國一間教育學院進行後設分析研究，針對 51 篇相關文獻進行兩者間的比較討論，得出結論為：「全部或者部分採取線上教育模式學習的學生，其學習成果普遍優於採用傳統教室內教授式教學的學生。」（Means et al., 2009, p. xiv）這項發現同時指出：「線上學習的成效廣泛呈現於不同類型的課程以及學習者身上。」（Means et al., 2009. p. xv）本章將從不同的面向進行討論，不再著墨於線上教育的成效，而在於促成其發展之因素，以及對現存教育模式，教師與學生之影響。

（三）臺灣線上教育之發展趨勢

　　線上教育的發展是全球趨勢。不論個人、機構或者政府，對線上課程皆給予更多有目共睹的關注與投入。值得一提的是，部分特定國家與地區針對線上教育在社會各層面的急遽發展，提供了研究者高度研究價值之案例。在這些個案當中，臺灣與其他東亞地區的國家在線上生員人均數、線上課程活動設計、個人線上教育支出、市場成熟度、政府的推廣時程以及機構投入相關科技與服務上，扮演了領航者的角色。

　　上述列舉的各項實例同樣在世界各國可見一二，而臺灣也不例外。從歷史發展軌跡與線上教育統計數據上來看，顯示出臺灣不論是政府部門、教育機構甚至整個社會運作，早些年便已經投入許多心力發展線上教育。在網路出現以前，臺灣的遠距教育早已開始發展，甚至早在中華民國政權建立之前，遠距教育扮演了匯集民族主義與國際外交關係的關鍵角色。1940 年中華函授學校在重慶成立，並於 1966 年在臺北復校，其教育方針逐漸由信函的傳遞，轉變為影音與電視傳播的方式提供給課程參與者，可以說是遠距教學與現今線上教育的重要先驅。國立空中大學於 1986 年成立，高雄空中大學也於 1997 年建校，顯示出當時臺灣社會已經對現在線上教育的發展產生關注。如今這兩間獲得認證的高等教育機構分別有 35,000 及 16,000 名學生註冊。

　　隨著 1987 年解除戒嚴，1990 年代臺灣經歷了劇變的教育改革。自那時起，臺灣社會，包括政府、高等教育機構、營利與非營利組織等，皆致力於持續發展線上教育模式。1994 年的遠距教學計劃為上世紀九十年代臺灣教育改革的重點之一，教育部透過電視廣播展開教育普及。2001 年遠距教學計劃的第二階段展開，強調不同步、以網路為主的教學模式。2000 年推出一個名為亞卓市（EduCities）的全國性線上課程平臺（DoED, 2010）。2004 年，亞卓市發展成了一個擁有150 萬人次、1,700 個學校的用戶群——「當代全球最大的線上學習社群」（Chan, 2010；引自 Kong et al., 2014, p. 10）。2005 年教育部開始了一連串的計劃，於偏鄉地區建設數位機會中心（Digital Opportunity Center, DOC）。時隔七年，目前已建設了 123 個數位機會中心，共提供 1,915 種不同的課程。2008 年經由不同機構的合作，以及於 2002 年開始的臺灣數位典藏與數位學習計劃，力求「發展全面性、涵蓋各級學校的數位學習系統，從國小、國中、高中職到大專院校及終身學習社會教育」（Executive Yuan, 2013）。教育部自 2014 至 2017 年展開的數位學習發展計劃，臺灣政府也顯示出對線上教育持續性的投入與關注，並視其為臺灣教育改革的重要元素之一。

　　時至今日，全國大專院校提供不同學位學程的線上教育課程，包括各個高等教育機構所提供的同步或不同步的學分認證學程。除此之外，針對特定群體的持續進修計劃，近年來也蓬勃發展。隨著臺灣本土線上教育的發展及普及

率，線上課程的參與者也不再只限於當地的民眾。以 Coursera 的研究為例，臺灣近年來已成為全球線上教學影片觀看人均次數第二高的國家（Coursera, 2014）。

　　臺灣自早期起便持續有組織性的推動線上教育，也同時影響並反映在全球與在地經濟指標上。與日本、南韓等國家一樣，臺灣同樣被視為發展移動學習全球最成熟的市場之一。促成臺灣高度發展與成熟的線上教育市場有兩個關鍵因素，首先是相較於過去持續穩定成長的教育市場，以及線上課程保有高品質的穩定性。2010 年，臺灣是僅次於美國、日本、南韓、英國與中國，排名世界第六的移動學習資源消費國（Adkins, 2011, p. 5）。有鑑於臺灣的人口總數與經濟發展較上述國家相對弱勢，線上教育在臺灣發展的相關數據可謂相當卓越。

（四）線上教育對現存教育模式、教師及學生的影響

　　過去關於線上學習的相關研究，多聚焦於其採用率與相關原因之探討，學生與教師對其學習成效之感受，以及在教育機構發展中所扮演的角色。除了學生學習表現與參與度之評估外（如 Means et al., 2009），鮮少有線上教育相關研究能夠有系統的針對其對於現存教育模式、教師與學生之影響。儘管現在已普遍接受線上教育在教育發展進程上扮演了具有影響力的角色，然而對其型態、導向與影響之內涵，我們仍缺乏更深入的探究。

1. 教育模式

　　臺灣作為一個華人社會，其教育模式受到中國、日本與部分西方元素之影響，有鑑於其歷史文化的特殊性，臺灣被視為評估線上教育潮流之影響的特別個案。然而至今卻仍然少有對此進行討論的相關研究。關於線上教育對現存教育模式影響的相關探討中，過去的研究多認為線上教育重塑了教學與評鑑的方式，並對教育政策、制度發展計劃產生重大影響，也同時提升了全球課程的發展與應用（Sparapani et al., 2014）。

　　如上所述，線上教育作為現存教育模式之補充或替代，已然重塑了教育政

策的實施。臺灣的政府部門，尤其是教育部，是線上教育的頭號支持者，並在許多教育政策的實施與推動上，優先發展線上教育的相關計劃，在各面向上影響了臺灣的教育發展。透過來自官方的壓力，不論是以獎勵或者規定的方式推動，各機構與教育者都必須將線上課程融入教育活動，並適應網路在教育中扮演的角色轉變。臺灣制度改革的過程是循序漸進但涉及範圍廣泛，並同時存有潛在的優勢與劣勢。在某些方面，它能擴充課程資源、提升註冊率、減少開支或增加學費的流入、提升機構的知名度，以及深度整合國內與國際教育網絡。但在另外一方面，線上教育的應用可能成為一種負擔。教育模式的改革受到外部因素的影響，並且為了配合新政策或者世界潮流而推動線上教育發展，可能成為一種新的壓力，甚至被視為分散離心力，導致不完整或者流於表面的政策實施（Sparapani et al., 2014, pp. 11-12）。

2. 教師

關於線上教育對教師的影響有多種看法。當線上課程在世界各地急速擴增，這樣的潮流並不一定由教育者自身所帶動。根據研究顯示，教師對線上教育之態度，較教育行政機構與政策制定的同僚更為謹慎。根據一項針對美國四千多位大學教職員進行的調查，有超過58%的填答者表示自己對線上教育發展的態度是「恐慌大於興奮」。相較之下，超過80%的行政人員表示自己針對這個議題「興奮大於恐慌」（Allen & Seaman, 2012, p. 5）。根據其他美國的相關研究，對線上教育持保留態度的原因，包括了其對教師可能造成的負擔，學習成效的品質，以及缺乏制度上完善的獎勵支持機制（Seaman, 2009, p. 3）。

儘管線上教育在臺灣已在許多不同的脈絡下獲得實踐，事實上傳統教學模式仍普遍根植於現在的教育場域當中。直至 2011 年，運用科技的能力仍非師資培育的必要元素。相關的培訓與進修依然取決於教師個人的參與意願（Sparapani et al., 2014, p. 10）。站在教師的立場，這類型的進修只是作為對教學方式的加值，但傳統的線下教學模式仍被視為主流。和其他國家的案例一樣，臺灣教育人員對於採用線上教育模式的熱忱，大多受到獎勵機制、個人對科技的態度以及機構內的文化所影響（Wu, Hsu, & Hwang, 2008; Chen & Tseng, 2012）。

3. 學生

　　研究線上教育對學生的影響，大多與學生學習表現、參與度有關，或者傾向在各種變項之間找到正相關（Means et al., 2009; Chen et al., 2010; Kuo et al., 2013）。在臺灣，網路科技的普及與使用率相當高，學習者對網路的熟悉度能夠減緩線下與線上教育模式之間轉換的磨合期（Chen et al., 2014）。

三、研究方法

　　本研究與選舉研究中心合作，在 2014 年 10 月於臺灣進行了全國性的調查（n = 397）。邀請參加調查的對象年齡分布在 20 至 69 歲，一共送出 8,700 份問卷，而本調查在回收 400 份問卷之後即結束。選研中心自 1989 年以來即開始負責全國性的政治與社會議題之統計數據資料蒐集工作，並因此被譽為少數有能力進行全國性調查的機構（鄭夙芬，1996, p. 206）。受訪者來自全國各地區，而回收問卷的受訪者之區域分布也幾乎反映了最近一次人口普查的人口區域分布。正如同預期，受訪者傾向年輕群體，反映出普遍網路使用者與線上課程註冊人的年齡層分布。

　　問卷由四個部分所組成，包括：（1）致使臺灣線上課程的普及率提升之因素；（2）線上教育對現存教育模式、教師及學生之影響；（3）線上與線下教育之比較；（4）受訪者接受線上教育的個人經驗之人口統計數據。本章受限於篇幅限制，暫不討論第一部分的研究發現。受訪者的人口資料來源由選研中心所提供，在問卷調查中沒有問到的問題，與近來研究的調查數據相符合。為了確保數據的有效性，以及避免受訪者對線上課程定義詮釋之差異，問卷中針對線上課程提供受訪者以下之定義。

　　本調查針對線上課程之定義有下列原則：

1. 任何機構（例如：公立或私立，營利或者非營利的組織）之目標需符合教育目的。
2. 其取得管道需完全透過網路媒介，包括任何可移動或非移動性之電子

設備。

3. 它必須包含任何正式或者非正式之評鑑及追蹤系統。

線上課程包含了免費及付費課程，以及同步或不同步之師生互動。

四、研究結果與討論

（一）人數分布

問卷受訪者（n＝397）大多受過高等教育，有68.8%的受訪者在問卷中的個人訊息欄位，表示擁有大學以上之學歷，並有另外 17.9%的受訪者出身於技術學院，顯示出大多數（86.6%）的受訪者皆以不同的形式接受過高等教育。超過三分之二（67.8%）的受訪者任職於被定義為「白領」的工作單位，包括公部門職員、管理階級、專業技術人員，或者辦公室職員。接受調查之受訪者年齡皆為20歲（含）以上的社會大眾，其中有大約六分之一（17.6%）的受訪者二十幾歲，將近三分之一（32.2%）三十幾歲。接受調查之受訪者年齡分布，顯示出隨著年齡遞增而遞減的趨勢，反映出年輕族群使用網路的頻率較年長者更高。超過一半（54.9%）的受訪者為男性，並有 45.1%的受訪者為女性。儘管受訪者的來源分布來自全臺各地，但相較於山區或者人口密度較低的東部，來自大臺北都會區的受訪者比例較高（42.6%），僅有少數（1.8%）來自上述山區與東部地區。

超過半數（54.7%）的受訪者指出他們過去曾經上過線上課程。儘管這個數據可能高估，包含了那些僅只是熟悉網路科技的受訪者，但根據本研究在問卷調查中對線上教育的定義，這也可算是線上教育的一種形式。除此之外，有6.5%的受訪者表示自己正致力於線上課程之發展、設計、行政等相關工作。數據顯示出，這群受訪者參與線上課程的經驗相當多元化，其中包含了不同的課程資源，包括大專院校提供的課程平臺（33.2%）、政府部門運作之平臺（35.5%）、私人營利的線上課程（50.7%），以及私人非營利的線上課程

（19.4%）。此外，受訪者選擇的線上課程涵蓋了多元的主題，包括專業或技術性課程（42.9%）、學術型課程（53%）、外語課程（35%），及其他（5.5%）。

　　針對課程完成率，將近四分之一（23%）的受訪者指出自己有完成所有的線上課程，另外超過一半（56.2%）受訪者則表示他們完成了部分課程，而其中有12%沒有完整參與任何線上課程。其餘受訪者表示自己計劃完成他們目前參與的課程（1.8%），或者目前參與的課程沒有明確的開始與結束日程（6.9%）。儘管超過半數的受訪者曾經參與過線上課程，其中仍有部分的人只有相對受限的線上課程經驗。超過半數（54.8%）的人僅參與少於三個月的課程，另外四分之一（25.3%）則是持續一年以下三個月以上之課程。只有9.2%的人擁有一到三年的線上課程經驗，其中有10%參與課程超過三年。四分之一（24.9%）的受訪者只參與過需要付費的課程，而有一半（49.8%）則是僅參與過免費的課程。其餘四分之一（25.3%）的受訪者則同時有過付費與免費課程之參與經驗。

（二）影響

　　本研究發現指出，線上教育對臺灣現有教育模式、教師與學生有部分影響。其中包含了正面與負面之影響，以及根據受訪者問卷調查結果中所顯示的綜覽之相關影響。

1. 教育模式

　　將近三分之一（31%）的受訪者認為線上教育對臺灣現有的教育模式存有潛在威脅。部分的人表示線上教育對傳統的教育模式實踐有負面影響，而另外一部分的人則認為線上課程數量增長對傳統教育模式之挑戰，有助於未來教育模式之發展與建立。四分之三（76%）的受訪者認同線上教育改變了師生關係。42%的受訪者相信線上課程能夠充分提供師生互動機會，只有 24%認為線上課程賦予教師在教室當中更加權威的地位。有鑑於傳統的師生關係被視為教師中心與專制的模式，研究發現教室當中的角色受到線上教育的影響而開始轉變。49位受訪者在開放性問答中提供了額外的見解，超過30%提及線上課程只

能提供少量（甚至無法提供）師生互動。

　　根據受訪者對於線上與線下教育之比較，80.4%認為線上教育更為西式，60.7%認為線上教育較為積極，60.4%認為線上教育更重視問題解決而非記憶背誦。另一方面，72.0%的受訪者認為線上教育相較於線下教育更自上而下，另外只有 47.6%的人認為線上教育更以教師中心導向。根據上述兩種不同的結論，可能反映出在傳統的認知當中，線上課程的教師或許根本不存在。至於教學方法，60%的受訪者認為線上課程強調以考試為主的評鑑方式多於批判思考，62%則認為其強調知識獲取多於問題解決。只有 32%認為線上課程強調記憶。這些研究顯示出有些基礎的教學方法在線上課程上的運用不同於臺灣現存教育模式中的形態，但部分卻有雷同之處。線上課程給人一種西方教育模式的意象，並結合一項概念：即在地教育產出之不足。師生關係受到線上教育成長之影響，顯示出其對臺灣現存教育模式所帶來的重大挑戰。然而，研究結果針對這些影響究竟為正面或負面，卻是無法利用非黑即白的二元論進行探討，而是一種混合的概念。本研究結果顯示出臺灣民眾認為線上教育對現存教育模式有助益，但同時也存在風險。

2. 教師

　　線上教育的發展對教師之影響有多元面向。75%的受訪者認為線上教育有助於激勵教學品質的提升。此外，也有利於線上課程主題多元性之提升，讓教師在感到提升現有教案與課程品質的同時，也擁有更多管道與機會接觸到相關的有用資源，以協助其提升備課品質。將近三分之二（62%）的受訪者相信線上課程全面減輕了教師的負擔，而課程設計相關資源的易取得性，和運用網路授課的便利性被視為減輕教師負擔的主要因素。另一方面，42%的受訪者認為教師的工作保障受到線上教育發展的威脅。綜上所述，教師在教室中所扮演的角色以及與學生之間的關係的確受到線上教育成長之影響。

3. 學生

　　相較於線上教育對教師不同面向的影響，本研究發現線上教育對學生基本上皆為正面影響。超過四分之三的受訪者認為線上教育有助於鼓勵學生獨立學

習。除此之外，62%認為其較現存教育模式提供了更多機會對教師進行批判。
僅有少數（22%）的受訪者覺得線上課程會削弱學生的創意，31%認為線上課
程阻礙學生發問。部分受訪者提供其不同見解，主張線上教育彌補了教育機會
的廣度、深度與豐富性。由上述觀點可以推論，受訪者的居住地附近所提供的
教育課程，或者是在臺灣整體而言，現存的教育模式之產物被視為缺乏多元性
的，而線上課程能夠提供學生在不離開家的前提下，追求限制以外的教育機
會。而在線上教育負面影響的討論部分，受訪者在開放問答題中，表示線上教
育提供較少與教師和同儕面對面互動的機會。至於評鑑問題以及學生冷漠的問
題也同樣被少數受訪者提及。

　　表 12.1 呈現了受訪者在問卷調查中，對臺灣線上教育發展影響的認同程
度。在表 12.2 的部分，則以降冪排列的形式呈現各項指標的平均數與標準差。

▶▶▶ 表 12.1　線上教育認同度的百分比調查

	強烈不同意	不同意	同意	強烈同意
威脅現存教育模式	7.6	61.5	25.9	5.0
強調考試導向多於批判性思考	1.8	38.5	54.9	4.8
強調記憶背誦	3.0	65.5	29.7	1.8
強調知識習得多於問題解決能力	2.5	35.5	57.9	4.0
最終將全面取代教室學習模式	22.4	63.7	11.1	2.8
減輕教師負擔	1.8	36.3	56.7	5.3
威脅教師工作保障	4.8	53.9	34.8	6.5
激勵教師提升教學品質	1.8	23.2	65.0	10.1
給予教師充分機會與學生互動	5.0	52.6	37.0	5.3
給予教師更多權威	8.1	68.0	22.7	1.3
改變教師與學生的關係	1.0	23.4	68.8	6.8
改變學生與教師的關係	0.5	23.7	68.0	7.8
阻礙學生發問機會	6.3	63.0	27.2	3.5
削弱學生創造力	8.3	69.0	20.4	2.3
給學生更多批判教師的機會	2.8	35.3	56.2	5.8
賦予學生獨立學習的權利	3.0	19.1	61.0	16.9

▶▶ 表 12.2　關於線上教育認同的平均數和標準差

	平均數（M）	標準差（SD）
賦予學生獨立學習的機會	2.92	0.69
激勵教師提升教學品質	2.83	0.61
改變學生與教師的關係	2.83	0.55
改變教師與學生的關係	2.81	0.56
減輕教師負擔	2.65	0.61
給予學生更多批判教師的機會	2.65	0.63
強調考試導向多於批判性思考	2.63	0.61
強調知識習得多於問題解決能力	2.63	0.60
威脅教師工作保障	2.43	0.69
給予教師更多與學生互動的機會	2.43	0.67
強調記憶背誦	2.30	0.55
威脅現存教育模式	2.28	0.68
阻礙學生發問機會	2.28	0.63
賦予教師更高的權威性角色	2.17	0.57
削弱學生創造力	2.17	0.59
最終將全面取代在教室學習的模式	1.94	0.67

註：回答 1 = 強烈不同意，2 = 不同意，3 = 同意，4 = 強烈同意。

　　透過這些調查結果，我們可以得到一個基本的結論：不論線上教育的發展是否挑戰現存教育模式，社會對其影響之觀感有不同面向。線上教育被認為對現存教育模式同時擁有正面與負面影響。除此之外，線上教育對教師與學生之影響也同時存在利弊。對教師而言，它能夠激勵其提升教學品質並減輕其整體的教學負擔，但同時對教師工作的保障與師生關係的轉變卻仍有待商榷。對學生而言，線上教育幾乎是全然有利的。它較現存教育模式更能鼓勵學生獨立學習，並提供更多機會給教師提出意見。此外，僅有少數受訪者認為線上課程不利於學生，而多數這麼認為的受訪者聚焦於其可能削弱學生的創造力，以及阻礙其發問機會。

（三）研究限制與對未來研究之啟示

如上所述，本章研究結果係以在臺灣進行之全國性調查為依據。受訪者樣本反映出不同年齡層、來自全臺各地的社會大眾對線上教育之見解，但由於是以網路問卷的形式進行調查，研究結果可能有所偏頗。然而，有鑑於本研究聚焦於線上教育之相關討論，這些樣本的使用實際上並不會與研究結果有太大的出入。雖然臺灣為華人社會，但特殊的歷史背景使其被視為一種多元教育模式的混合形態，臺灣受到包括傳統華人儒家文化、日本皇民教育、臺灣本土教育，以及美式教育模式之影響。因此，雖然研究結果在某種程度上能夠呈現線上教育對華人教育模式之影響，讀者將研究結果推論至臺灣整體的社會脈絡時，仍應謹慎行事。

由於受限於章節篇幅，本研究之數據分析並不包含群體間的比較。未來研究可以特別聚焦於比較群體間的異同，例如：比較有線上課程參與經驗與無經驗者的異同；曾有發展線上課程相關工作經驗，包括課程發展、設計、行政作業等，與無經驗者之異同；或者是參與不同種類，和基於不同理由參與課程群體之間的差異。除此之外，未來研究可以在其他華人社會之國家或者社群進行相同議題的探討，以揭示跨文化共享之潛在問題，並找出能夠充分詮釋線上教育對華人社會與華人教育模式之影響的通則。

五、結論

利用在臺灣進行的全國性調查數據，本章嘗試聚焦於線上教育對特定華人社群之教育模式，以及教師與學生的影響進行討論。研究結果揭示了線上教育本質上同時存有正面與負面的影響力。儘管只有三分之一的受訪者認為線上教育「威脅」到現存教育模式，更多人則認為其對師生關係進行了重新定義。除此之外，線上教育被視為較傳統線下教育更西式、積極、由上自下，並聚焦在知識習得面上，儘管針對線上教育模式是否更以教師為中心尚有爭議。由此可見，其指出當線上教育的部分面向與臺灣現存的教育模式有雷同之處，其他方

面卻顯示出這樣的教育模式偏離了當地人所期待的教育方式。線上教育對教師之影響，一般被認為是一體兩面的。許多調查結果指出線上教育能激勵教師提升其教學品質，並有助於減輕教學負擔。而在學生方面，線上教育之影響大多被視為有益的。多數受訪者相信線上教育鼓勵學生獨立學習，並提供更多機會讓他們對教師的教學進行批判性思考。此外，受訪者也不認為線上教育會阻礙學生的創造力與發問機會。同時，研究結果指出線上教育補充了教育機會的廣度、深度與豐富性，代表部分受訪者認為本土受教育機會並不充裕。至於線上教育對學生的弊端，受訪者提及的層面包括減少師生與同儕間面對面互動的機會，以及在很小程度上的評鑑困難與學生冷漠問題。

綜覽上述，本研究結果揭示了線上教育對臺灣現存教育模式，及教師與學生有著重大的影響力，而這些影響層面有利有弊。儘管這個臺灣全國性的調查結果不必然代表著線上教育在所有華人國家或社群所扮演的角色與意義，研究結果呈現了清楚的證據指出線上教育對臺灣的影響，為東亞地區日後研究線上與線下教育之關係的未來研究，奠定了堅實的基礎。

致謝

本章節的完成仰賴於許多人投注的時間與心血。筆者特別感謝周祝瑛教授協調國際教育研究社群，給予集結眾人力量與回饋的機會；政治大學選舉研究中心協助進行調查；國立政治大學與中央研究院的專家評審員及前測人員在問卷設計初版所給予的建議；在首爾大學參與比較教育協會第二屆會議時，與會人對本研究給予的回饋；以及花時間協助完成問卷調查的受訪者。

參 考 文 獻

鄭夙芬（1996）。國立政治大學選舉研究中心簡介。**調查研究——方法與應用，1**，
205-212。

Adkins, S. S. (2011). *The worldwide market for mobile learning products and services: 2010-2015 forecast and analysis*. Ambient Insight. Retrieved 25 Sep, 2014, from http://www.ambientinsight.com/Resources/Documents/Ambient-Insight-2010-2015-Worldwide-Mobile-Learning-Market-Forecast-Executive-Overview.pdf

Allen, I. E., & Seaman, J. (2012). *Conflicted: Faculty and online education, 2012*. Babson Survey Research Group. Retrieved 10 Oct, 2014, from http://files.eric.ed.gov/fulltext/ED535214.pdf

Allen, I. E., & Seaman, J. (2014). *Grade change: Tracking online education in the United States*. Oakland: Babson Survey Research Group. Retrieved 3 Oct, 2014, from http://www.online-learningsurvey.com/reports/gradechange.pdf

Chen, H. R., & Tseng, H. F. (2012). Factors that influence acceptance of web-based e-learning systems for the in-service education of junior high school teachers in Taiwan. *Evaluation and Program Planning*, *35*(3), 398-406. doi:10.1016/j.evalprogplan.2011.11.007.

Chen, L. Y., Hsiao, B., Chern, C. C., & Chen, H. G. (2014). Affective mechanisms linking internet use to learning performance in high school students: A moderated mediation study. *Computers in Human Behavior*, *35*, 431-443. doi:10.1016/j.chb.2014.03.025.

Chen, P. S. D., Lambert, A. D., & Guidry, K. R. (2010). Engaging online learners: The impact of web-based learning technology on college student engagement. *Computers & Education*, *54*(4), 1222-1232. doi:10.1016/j.compedu.2009.11.008.

Chou, C. P., & Ching, G. (2012). *Taiwan education at the crossroad: When globalization meets localization*. New York: Palgrave Macmillan. doi:10.1057/9780230120143.

Coursera. (2014). *Coursera cup leaderboard standings*. Retrieved 20 Aug, 2014, from http://blog.coursera.org/post/89785500257/do-it-for-your-country-win-the-coursera-cup

Executive Yuan, ROC. (2013). *The Republic of China yearbook 2013*. Retrieved 8 Nov, 2014, from http://www.ey.gov.tw/en/cp.aspx?n=00B16C6FEB500D8B

Farrell, G. M. (Ed.). (1999). *The development of virtual education: A global perspective.* Vancouver: The Commonwealth of Learning. Retrieved 29 Sep, 2014, from http://files.eric.ed.gov/fulltext/ED432668.pdf

Jung, I. (2001). Issues and challenges of providing online inservice teacher training: Korea's experience. *The International Review of Research in Open and Distance Learning, 2*(1), 1-18. Retrieved 29 Sep, 2014, from http://unpan1.un.org/intradoc/groups/public/documents/apcity/unpan004045.pdf

Kong, S. C., Chan, T. W., Huang, R., & Cheah, H. M. (2014). A review of e-learning policy in school education in Singapore, Hong Kong, Taiwan, and Beijing: Implications to future policy planning. *Journal of Computers in Education, 1*, 1-26. doi: 10.1007/s40692-014-0011-0.

Kuo, Y. C., Walker, A. E., Belland, B. R., & Schroder, K. E. (2013). A predictive study of student satisfaction in online education programs. *The International Review of Research in Open and Distance Learning, 14*(1), 16-39. Retrieved 24 Nov, 2014, from http://www.irrodl.org/index.php/irrodl/article/view/1338/2416

Lee, J. W. (2010). Online support service quality, online learning acceptance, and student satisfaction. *The Internet and Higher Education, 13*(4), 277-283. doi:10.1016/j.iheduc.2010.08.002.

MDBG. (2014). *Definition: Shiti.* Retrieved 10 Oct, 2014, from http://www.mdbg.net/chindict/chindict.php?page=worddict&wdrst=1&wdqb=%E5%AF%A6%E9%AB%94

Means, B., Toyama, Y., Murphy, R., Bakia, M., & Jones, K. (2009). *Evaluation of evidence-based practices in online learning: A meta-analysis and review of online learning studies.* U.S. Department of Education. Retrieved 10 Oct, 2014, from http://files.eric.ed.gov/fulltext/ED505824.pdf

Moore, M. G., & Kearsley, G. (2012). *Distance education: A systems view of online learning.* Belmont: Wadsworth/Cengage Learning.

Ngram Viewer. (2014). *Phrases: Distance learning, distance education, online learning, online education, online course between 1970 and 2008.* Google Books. Retrieved 29 Sep, 2014, from http://goo.gl/HA5lvz

Rosenberg, M. J. (2001). *E-learning: Strategies for delivering knowledge in the digital age*. New York: McGraw-Hill.

Seaman, J. (2009). *Online learning as a strategic asset, Vol. II: The paradox of faculty voices: Views and experiences with online learning*. Washington, DC: Association of Public and Landgrant Universities. Retrieved 24 Nov, 2014, from http://www.aplu.org/document.doc?id=1879

Sparapani, E. F., Perez, D. C., Gould, J., Hillman, S., & Clark, L. (2014). A global curriculum? Understanding teaching and learning in the United States, Taiwan, India, and Mexico. *SAGE Open, 4*(2), 1-15. doi:10.1177/2158244014536406.

United States Department of Education [DoED]. (2010). *National education technology plan 2010. Office of Educational Technology*. Retrieved 30 Sep, 2014, from http://tech.ed.gov/wp-content/uploads/2013/10/netp2010.pdf

Vonderwell, S. (2003). An examination of asynchronous communication experiences and perspectives of students in an online course: A case study. *The Internet and Higher Education, 6*(1), 77-90. doi: 10.1016/S1096-7516(02)00164-1.

Wallace, R. M. (2003). Online learning in higher education: A review of research on interactions among teachers and students. *Education, Communication & Information, 3*(2), 241-280. doi:10.1080/14636310303143.

Wang, C. M., & Reeves, T. (2004). Cultural considerations in online education: A review of the literature. In *World conference on e-learning in corporate, government, healthcare, and higher education* (Vol. 2004, No. 1, pp. 2460-2465).

Wu, H. K., Hsu, Y. S., & Hwang, F. K. (2008). Factors affecting teachers' adoption of technology in classrooms: Does school size matter? *International Journal of Science and Mathematics Education, 6*(1), 63-85. doi:10.1007/s10763-006-9061-8.

第 *13* 章

紐西蘭的
華人教育模式

何艾馨、王宇

摘要

　　隨著紐西蘭華人移民的增加，華人社區對教育機會的需求也在增加，以保證學生在紐西蘭主流教育體系的勝出。透過文獻研究、對社區學校的調查以及對奧克蘭華人移民的訪談，本章旨在揭示紐西蘭語境下華人教育模式的內涵和「成功」這個概念的含義，並引用布迪厄（Beurdieu）關於「資本」和「場域」、萊夫（Lave）和溫格（Wenger）關於「合法的邊緣參與」等理論對訪談結果進行分析。

關鍵詞：華人移民、華人教育、布迪厄、合法的邊緣參與

一、引言

　　人的跨國移動是全球化的顯著特徵。全球化的概念是指促進區域、國家、社會、社群、組織和人們之間相互連接和相互依賴之經濟的、技術的、社會文化的和政治的變化過程（Martin, 2008）。進入二十一世紀，華人移民家庭和國際留學生的高度流動成為一個全球性的現象。在過去二十年裡，和美國、加拿大、澳洲等許多英語國家一樣，作為一個主要的移民目的國和海外教育目的地，紐西蘭經歷了華人移民和國際留學生的快速增長。

二、紐西蘭的華人學生

　　紐西蘭的華人學生可以分成兩大群體。第一大群體是來自中國大陸、香港、澳門、臺灣等的第一代華人移民的子女，他們取得了居民身分或者公民身分。他們構成了紐西蘭華人學生的主體，是亞洲移民新潮的一部分。根據 Eyou、Adair 和 Dixon（2000）的研究，亞洲移民新潮可以追溯到 1987 年的商業移民政策和 1991 年計分系統的實施。這兩個政策是為了吸引技術移民和投資，且不論移民的種族和來源國。根據 2013 年紐西蘭人口普查（Statistics, 2013），華人是紐西蘭增長最快的族裔。到 2013 年，華裔人口增長到 171,000 人，增幅達 16%。在這 171,000 個華裔人口中，18.3%（大約 31,300 人）是 15 歲以下的學生。

　　第二大群體屬於教育出口類型，主要由支付國際學費的中國留學生組成。根據《紐西蘭教育》（Education New Zealand, 2014）的報導，中國已經成為紐西蘭國際學生的主要來源國之一，中國留學生佔國際留學生總數的 26.5%。2012 年，包括小學、中學和高等教育在內，紐西蘭的中國留學生總數是 24,902 人，2013 年上升到 25,343 人。絕大多數的中國留學生是在高等教育部分，佔了總數的 84.2%，中小學的中國留學生加起來才 4,010 人。

　　華人學生的第一大群體，即擁有居民身分或者公民身分的華裔學生在數量

上超過了第二大類別的支付國際學費的中國留學生。在本章中,「華人學生」
這個概念指的是第一大群體,即已經取得公民身分或者居民身分的華人學生。
他們與家人或者親戚住在一起,在紐西蘭學校上學。而支付國際學費的中國留
學生則不是本章的重點。

三、華人教育模式

　　如果要描述出一種紐西蘭語境下的「華人教育模式」,那麼首先要明確
「華人教育模式」究竟意味著什麼。根據文獻,「華人教育模式」的含義十分
複雜。因為華人移民生活在不同的華人社會和國家,「華人教育模式」所植根
的社會文化和經濟背景便極其紛繁。大體來說,華人教育模式可以分為兩類:
第一類是指現代歷史上華人社會的教育模式,包括中國大陸、臺灣、香港、新
加坡和馬來西亞(Chen, 2014; Mok & Welch, 2003)。例如,中國大陸文化大革
命時期(1966-1976)的教育模式以其革命性為特徵;文革後,中國教育從革
命的模式轉向重視學業成績(Chen, 2014)。第二類是指華人學生和華人移民
在海外其他國家進行的教育模式(Akorrie, Ding, & Li, 2011; Chen, 2014; Chou &
Ching, 2015; Chua, 2011;　Gu & Schweisfurth, 2006; Sriprakash, Proctor, & Hu,
2015)。例如,在《虎媽的戰歌》中,作者第二代美籍華人蔡美兒(Chua)
使用了「虎媽」這一概念來指她嚴厲的注重學業成績的家庭教育模式。蔡美兒
的「虎媽」模式因襲自她自己的成長背景和家庭文化。但是,Lichtman
(2011)和 Guo(2013)等作者也表示「虎媽」模式只是華人教育模式的一
種,不同環境下的華人移民家庭還有其他的教育模式。在紐西蘭,Akorrie 等
人(2011)運用位於漢密爾頓(Hamilton)華人社區學校的案例探討了運行一
個社區學校的風險和問題。他們認為家長把孩子送到社區學校的主要原因是追
求學業成績而不是學習中國文化。在澳洲,Sriprakash 等人(2015)揭示了雪
梨一群華人移民家長的家庭教育實踐,指出家庭教育和私人輔導對孩子們學業
優勢的影響,以及為了取得這種學業上的優勢而造成的緊張。紐西蘭和澳洲的
研究都說明了華人社區學校和私人輔導是對主流教育的補充,是華人移民子女

提升學業成績的路徑之一。在本章中，華人教育模式指的是文獻中的第二類，即華人移民的家庭教育模式及其為子女教育而做的選擇。

四、華人家長和社區教育的力量

根據 Kavan 和 Wilkinson（2003），華人家長為子女在紐西蘭受什麼教育做決定，期望他們將來成為「龍」。望子成「龍」的概念包含了華人家長對其獨生子女的訴求：社會地位高、工作好、職位有權力（Kavan & Wilkinson, 2003）。因此，華人家長運用權力為其子女教育做選擇，甚至跨越國界和體制的不同，他們認為紐西蘭的教育可以幫助他們達成目標。在高等教育階段，Peng（2014）指出華人家長在子女的專業選擇上發揮很大的作用。在日常教育之外，華人家長的教育選擇也透過社區教育的形式來實施（Akorrie et al., 2011）。從學前教育到高中階段，都有華人家長送孩子到社區學校參加週末或者課後的課外活動，培養他們的中文能力和對中國文化的欣賞。在過去二十年裡，紐西蘭的華人社區學校在幾個方面經歷了巨大的變化：學校的數量、創立者的背景和機構的類型。根據林寶玉（2001）的研究，在 2000 年，大奧克蘭地區只有 15 所華人社區學校，其中 12 所是由來自臺灣的華人移民建立的（有 2 所學校在 2000 年停止招生），來自中國大陸的華人移民建立的社區學校只有 3 所。

紐西蘭的華人學生也經歷了大規模的增長，因此給紐西蘭的教育部門帶來了挑戰。例如，Eyou 等人（2000）的研究曾對紐西蘭華人青少年移民的文化認同和心理適應表示擔憂。Peng（2014）注意到華人學生為了達到紐西蘭教育的要求而需要提高能力的現象。這些要求包括：多元文化的個性、社會關係、英語能力、溝通技巧以及紐西蘭的學習方式。由於紐西蘭的教育機構在文化方面日益多元，因此本章著重討論兩個問題：

1. 紐西蘭語境下的華人教育模式是什麼樣的？
2. 華人教育模式是如何影響華人學生的學習，以及他們在紐西蘭學校的成功？

五、社區學校及其變遷

　　2014 年，大奧克蘭地區大約有 30 所華人社區學校，其中至少 15 所成立於上世紀九十年代後期。當時，來自中國大陸的華人技術移民成為華人移民人口的新生力量。由於這一移民「新潮」，從 2000 年開始，奧克蘭地區的華人社區學校的數量至少多了一倍。需要特別指出的是，在大奧克蘭地區，由來自中國大陸的華人移民建立的社區學校增長迅速，甚至成為主流。社區學校應華人社區的需求而生，為華人社會成員提供學校實踐以外的教育機會。

　　就種類而言，在移民「新潮」以前，紐西蘭的 19 個華人社區學校中有 7 個是隸屬於宗教社團的，如佛教和基督教。第二大類是個人建立的（有 5 所）。其餘三類為：社團下屬的 2 所，家長成立的 2 所，教育者成立的 3 所（林寶玉，2001，頁 237）。移民「新潮」改變了這種狀況。現在，由個人和社團成立的社區學校多於宗教社團，而且出現了一種新型的社區學校。這種新型的社區學校主要由家長的需求促成，由一些非常活躍的家長和適合的教育者聯合成立，受到正規學校支持，作為其課後項目的一部分。在 30 所社區學校中，有 5 個課程項目採用這種模式。這種類型的社區學校有其優勢獲得主流學校的支持。家長和教師通常使用學校的設施，如教室、影印機、通訊和學校網頁等來上課、準備材料、發布消息和通知。儘管這類項目的學生不如其他社區學校的人數多，但它卻是課後中文課程項目的穩定來源。

　　華人移民「新潮」使社區學校學習中文的學生人數大大增加了。例如，林寶玉（2001）注意到，在 2000 年，大奧克蘭地區的 13 所社區學校共有 1,712 名學生學習中文。在學生的數量上，成立於 1998 年的華人社區服務中心（Chinese New Settlers Services Trust）近年來註冊學生人數都穩定在 1,700 名左右，成為奧克蘭地區甚至紐西蘭最大的社區學校。奧克蘭西區華人教育中心（West Auckland Afterschool Education Centre）成立於 1996 年，現有 700 名學生，成為奧克蘭地區第二大社區學校。屋崙華僑會所（Auckland Chinese Community Centre Inc.）下屬的中文學校在奧克蘭地區歷史最長。該中文學校成立於上世

紀六十年代，以廣東話為背景，為其會所成員（主要是廣東人）的後代提供廣東話課程，現在也教授普通話。大奧克蘭地區還有一些規模較小的華人社區學校，如布朗斯灣華人社區學校（Browns Bay Chinese Community School）、新市小學課後中文課程項目（New Market Primary Afterschool Chinese Programme）、哇卡朗阿小學課後中文課程項目（Wakaaranga Primary Afterschool Chinese Programme）等。

　　華人社區學校提供的課程反映了華人社區成員的各種需求。這些課程從中文課、學科項目，到與中國相關的課外課程，不一而足。除了中文課程，本研究所調查的大多數社區學校還開設數學、英語閱讀與寫作、中國文化（如書法、國畫、美術、武術和舞蹈）等課程。例如，奧克蘭地區最大的華人社區學校——華人社區服務中心提供的課程如下：

- 美術：兒童水彩畫
- 美術：素描和卡通繪圖
- 英語閱讀與寫作
- 兒童舞蹈
- 國際象棋
- 武術

- 計算
- 數學：七到十二年級
- 中文作為第二語言
- 劍橋數學
- 數學競賽輔導

六、理論基礎

　　學校可以看作是實踐的場域（Bourdieu, 1985）。不同社會的學校，如中國和紐西蘭的學校，擁有不同的指導思想、邏輯和活動，以再生產和加強該場域的結構。布迪厄指出這些就是資本。經濟的、社會的、文化的資本都包含利息和作用，都可以積累、投入和交換，以維持群體的獨特性，並在社會結構中佔據主導地位（Bourdieu, 1984, 1996）。紐西蘭的華人學生必定會帶著他們的文化身分、知識、專長、技能以及社會關係，以英語作為媒介參與到紐西蘭學校場域的實踐中。不同形式的資本相互交換、汲取，以滿足學生的個體發展需

求。本章著重討論作為移民或公民的華人學生，由於他們支付的學費與其他當地學生一樣，所以經濟資本在學校環境下的作用並不顯著。另一方面，當華人學生想要提升他們的表現、獲得紐西蘭主流學校同儕的認可時，文化資本和社會資本則起了至關重要的作用。不過從根本上來說，指導中國學校和紐西蘭學校場域實踐的原則是不同的。

在中國，儒家思想和高考對課程體系的影響是決定性的。高考是中國大學入學的全國性考試。2014 年 6 月全國各省共有 939 萬考生參加了為期兩天的高考。高考成績決定學生可以上哪所高等院校，因此具有很大的影響力。而在紐西蘭，紐西蘭課程網要（New Zealand Curriculum）（Ministry of Education, 2007）和國家教育成績證書（National Certificates of Education Achievement, NCEA）指導著紐西蘭學校的教育實踐。課綱規定了五種主要能力，包括：（1）思考能力；（2）運用語言、符號和文本的能力；（3）自我管理能力；（4）關心別人；（5）參與和貢獻。課綱還細分出八個學習領域，包括：英語、藝術、健康和體育、語言學習、數學和統計、科學、社會科學，以及科技。國家教育成績證書是紐西蘭的大學入學考試體系，分為內部考試和外部考試，內部考試在年中進行，外部考試在年底進行。中學高年級的學生通過某個考試就會獲得相應的學分，一旦他們累積了一定數量的學分，就可以獲得一級、二級或三級的國家教育成績證書。學生們用這些學分去申請紐西蘭的大學。

為了在紐西蘭的學校勝出，華人學生需要學習紐西蘭的課程大綱，遵循指導紐西蘭學校實踐的規則。布迪厄（Bourdieu, 1985）的實踐理論指出實踐的規則是隱性的，想當然，植根於環境的常規原則，它指導著每個成員的行動。「遊戲規則」這個比喻有助於描繪在遊戲中指導遊戲者行動的自我構建、符號和屬性（Bourdieu, 1992, 2000）。遊戲者可能會調整自己對遊戲規則的理解和解釋，在遊戲和自己將來的行動之間尋找戰略上的契合點。那些在場域中被高度認可的構建和符號，可以看作是力量的載體，決定學生們應該獲得和保持什麼樣的資源與技能。

因此，紐西蘭的華人學生攜帶著他們獨有的、習得自家庭、社交圈、族

群、社會，以及中國和紐西蘭教育系統的社會和文化資本。如前所述，紐西蘭
的華人家長們願意竭盡全力為他們的孩子提供所需的資源，讓他們積累資本、
熟悉紐西蘭的遊戲規則，從而在紐西蘭的教育體系中脫穎而出。萊夫和溫格
（Lave & Wenger, 1991, 1999）在社區實踐的概念中提出了「合法的邊緣參與」
這個隱喻，來描述新來者向有經驗的人學習、最後達到完全參與社區活動的過
程。「合法的邊緣參與」過程包括缺乏經驗的社區成員在新社區的實踐中重建
身分、掌握能力、了解機構的習慣、積累經驗，以及逐漸向完全參與過渡。不
僅學習是重要的，對獲取資源的需求、選擇和支配也都是社區實踐的關鍵要素
（Lave & Wenger, 1991, 1999）。根據「合法的邊緣參與」的邏輯，那些對主流
學校環境和日常規則不熟悉的華人學生必須學習新的知識、積累經驗、提高能
力、培養身分認同，這樣才能克服障礙、逐步成為學校認可的一員。

七、個案研究

根據上述理論基礎，本章旨在揭示兩個研究性問題：

1. 紐西蘭語境下的華人教育模式是什麼樣的？
2. 華人教育模式是如何影響華人學生的學習，以及他們在紐西蘭學校的
   成功？

本研究採用質性的研究方法來揭示紐西蘭語境下華人教育模式的含義，以
及它對華人學生學習和成功的影響。本研究以任意抽樣的方式對參與者進行半
結構式訪談，一共進行了 13 個訪談。在這 13 位受訪者中，6 位是社區學校的
負責人或者協調人，6 位家長，和 1 位教師。6 位負責人中有 4 位同時在他們自
己的社區學校擔任中文教師。訪談進行時，他們的孩子也在他們的社區學校學
習。所有這些訪談採用了一套準備好的問題，分別指向學習中文、中國文化和
其他課外課程的目的和困難。

八、訪談結果

　　訪談結果顯示，華人學生不僅要適應紐西蘭主流學校的環境，還需要保持身分、母語和中國文化，來維繫他們與父母、家庭成員間的文化聯繫。這類教育主要是透過社區教育，特別是社區學校來完成的。根據訪談，社區學校不僅幫助華人學生保持文化身分，還幫他們提高學習成績，從而幫助他們在紐西蘭的主流學校系統獲得成功。類似的研究結果在美國的同類研究中也同樣存在。Lu（2001）指出，美國芝加哥的華人社區學校提供類似的課程，如中國文化、武術、舞蹈、數學、英語、藝術和電腦技能。這些課程和紐西蘭華人社區學校的課程大體一致，其目的也是幫助華人移民保有其文化身分。

與中文課程項目相結合的華人教育模式

　　推廣中文是紐西蘭華人社區學校的重要組成部分。所有的華人社區學校和附屬於主流學校的課後中文課程項目都開設中文課。研究的參與者均強調學習中文有助於增強文化身分和創造更多機會，因此十分重要。

　　根據訪談，孩子們是被家長推著盡早開始學習中文的。社區學校的入學統計顯示大多數華人孩子從 5 歲就開始學習中文了，即與他們入學小學一年級同時；有些學生更早。根據受訪的家長們表示，學習中文的主要目的是保持華人身分。四位家長強調了孩子們學習母語的重要性，特別是用中文說、讀和寫的能力，以及用中文和父母溝通的能力。華人家長們的回答反映了他們對孩子積累社會文化資本（如語言和身分等）的高度期望。

　　一個課後課程項目的負責人兼教師表示，95%的華人家長認為保留他們的母語非常重要，只有 1%到 2%的華人家長認為英語能力比中文更重要。另一個中文課程項目的負責人表示，受過很好教育的華人家長更有意識在紐西蘭保留母語。下面是她關於保留母語的觀點：

當第一代新移民帶著他們中國出生的第一個孩子來到紐西蘭時，他們常常過分強調英文的重要性，而不注意保持孩子的中文能力。這個現象十分常見。等他們的孩子長大了，家長就會發現再讓孩子保持中文能力非常困難。華人家長後悔沒有堅持讓第一個孩子學習中文，於是他們就強迫第二個孩子（經常是在紐西蘭出生的）好好學習中文。

有兩個受訪者曾經歷過這樣的兩難處境：因為在紐西蘭英語是主導語言，究竟該讓孩子們的中文學到何種程度？Haste（2001）曾指出，符號性的工具如語言和文字既可以幫助人們，也會約束人們的行為。不過，本研究發現如果家長堅持讓他們的孩子學習中文和英語兩種語言，他們可能得到更多機會而不是限制。

提高語言能力也有助於增加將來的機會，這是學習中文的另一個考量。中國在世界經濟體中發揮十分重要的作用，學習中文也在世界各地變得愈來愈熱門。有四位家長就表示提高孩子們的語言能力（包括中文），從長遠來看，會為他們提供更多機會，如申請大學、獎學金，以及工作。比如，他們可以參加在中國的交流項目，將來也會獲得更多的就業機會。六位家長都同意孩子們應該盡早開始學習中文。

McLaughlin（2012）指出，孩子們在小的時候更有可能聽家長的意見，而且他們不會覺得學習一種語言有多困難。在本研究中，社區學校的入學情況也反映出學齡前和小學的學生人數比高中的學生多。訪談還發現，這些華人學生選擇在八年級以後停止學習中文，是因為：（1）在高中的課程表裡，他們的選擇十分有限；（2）他們和家長都認為他們的中文能力應付日常溝通已經足夠了；（3）沒有繼續學習中文的必要，除非有些人特別喜歡，或者他們透過其他課程獲得的國家教育成績證書的學分還不夠。

在一個說英語的環境中學習中文是不容易的。受訪者表示，教師、學校負責人和家長們都抱怨孩子們缺乏動力，學習效果沒有持久性。值得注意的是，華裔學生學習中文的比例是很小的。根據紐西蘭 2013 年的人口普查，大奧克蘭地區大約有 112,290 位華人。如果學生的比例是 18.3%的話，那麼奧克蘭地

區 15 歲以下的華裔學生應該在 20,549 位左右。但是在社區學校和課後中文班等學習中文的學生卻不超過 4,000 人。因此，一位社區學校的負責人就擔心，如果新移民家長不堅持送他們的孩子去社區學校學習中文，或者在家教他們中文，他們很可能會失去母語。這一不可避免的現實不僅發生在華人移民身上，也發生在其他少數族裔身上。

九、華人教育模式加強了學生的學習表現和學業成績

華人學生參加社區學校的另一個考量是累積社會和文化資本，以便與紐西蘭的其他學生競爭或在紐西蘭主流學校勝出。在加強學習表現這一點上，本研究也涉及了社區學校提供的英語課和數學課。英語課主要是為移民的需求服務的，具體來說就是提高他們的英語閱讀和寫作能力，以便在紐西蘭安頓下來，並在紐西蘭主流學校獲得成功。本研究中的社區學校只為新來的移民提供英語課，以滿足他們的生存需求。一旦孩子們的英語能力在主流學校得到改善，家長就會停止送他們去社區學校的英語班。

送孩子去社區學校學習數學，反映了華人家長對紐西蘭與中國在數學教育上存在差距的擔憂。中國的小學採用分科教學，這就意味著每門課教授的內容比較深。調查結果顯示，華人家長們認為紐西蘭的小學數學教得很簡單，儘管有國家標準，但是直到三年級，並沒有什麼具體的要求。這些家長因此擔心他們孩子的數學能力比不上中國同等程度的學生，或者擔心由於錯過發展數學能力的時機從而失去學業上的成功機會。為了滿足華人家長的期望，社區學校採用其他國家的數學大綱和國際上承認的數學考試，例如，有些學校採用澳洲的數學大綱。澳洲 6 歲開始入學，數學比紐西蘭的程度深。有些學校採用劍橋和奧林匹克數學來加強華人學生的數學學習。

劍橋數學是劍橋國際考試的一部分（Cambridge International Examination, 2015），是一套由劍橋大學研發的具有世界級水準的國際課程（適用於 5 到 19 歲）和資格認證（適用於 14 到 19 歲）。根據紐西蘭《教育評論》（Education Review, 2013），除了國家教育成績證書這一考試系統，有些紐西蘭的主流學

校採用國際的課程大綱和資格認證，如劍橋國際考試（58 個學校）和國際文憑大學預科課程（International Baccalaureate，22 個學校）。與國家教育成績證書（NCEA）考試相比，劍橋數學是公認的內容深、國際認可度高。由此，一些紐西蘭學校和華人家長更看重劍橋的課程體系，而華人社區學校根據華人家長的要求提供劍橋數學的輔導課也就不足為奇了。

奧林匹克數學（簡稱「奧數」）指的是國際奧林匹克數學競賽（International Mathematical Olympiad, IMO），是一項為高中學生舉辦的世界數學錦標賽。一名社區學校的負責人說，一些教育輔導機構包括社區學校採用奧林匹克數學競賽題目，訓練少年學習者的發散性思維能力。本研究中來自中國大陸的華人家長非常認可這個項目，這種文化也傳播到紐西蘭的華人社區。

接受訪談的六位家長中，有四位把他們的孩子送到課外數學輔導課。其中，兩個孩子只有5歲左右。一位家長非常後悔，她的兒子今年16歲，學習奧數已經太晚了。她還舉了她兒子朋友的例子，她兒子的朋友因為學習了奧數，數學成績高，上了普林斯頓大學。這些說法也顯示出在華人社區裡家長之間的比較是十分常見的。

參與本研究的一位社區學校的負責人表示，華人家長傾向於拿自己的孩子跟別的孩子做比較，諸如課外課、學習結果，以及有關藝術、音樂、數學、中文等方面的能力。背後的原因是他們看重自己孩子的學習成績、藝術能力和天分，並因他們成績好而自豪。因此分享和交流類似的經驗在華人家長中十分常見。華人家長之間的比較也是華人教育模式的一個特點。華人教育模式根植於儒家思想和社會流動機制，其中「教育是達到社會地位和物質成功的必經之路」，所以華人家長「對孩子在學校成功有壓力」（Starr, 2012, p. 4）。但是，這一特點在以往的研究中並未受到足夠的重視。而 Starr（2012）認為華人教育模式主要跟儒家的教育方法、教學實踐、學習者的角色以及考試制度有關，而不是華人家長對孩子教育選擇的貢獻和影響。

華人家長重視扎實的學習基礎，特別是英語閱讀、寫作和數學。一名新華人移民家長，同時也是一位課後中文課程項目的主講老師和負責人認為中國大陸的教育體系太過嚴苛，而紐西蘭的教育又過於寬鬆。她理想的教育模式是兩

者的平衡，即將中國教育與紐西蘭教育模式結合起來。她努力實踐自己的想法，堅持在正常的學校時間之外把她的孩子們送到社區學校。表 13.1 是她 9 歲兒子緊張忙碌的課外課程表。

▶▶ 表 13.1　一個華人學生的課外課程表

	星期一	星期二	星期三	星期四	星期五	星期六	星期日
課後 下午 3:00-5:30	數學	中文	數學	武術	中文	中文 （兩節）	英語寫作 （私人家教）
	鋼琴	武術	中文 寫作			中文寫 作、游泳	繪畫、 教會活動

　　她 5 歲的女兒還沒有她兒子那麼忙。當被問及她兒子是否喜歡這種安排時，她回答：「……他得適應。他仍然有很多時間玩。我的兩個孩子都成長得很健康。人們認為他們聰明、開心、聽大人的話。」上述老師的意見和做法代表了大多數受訪者。訪談結果顯示華人家長有一種傾向：試圖把他們自己認為理想的教育模式付諸實踐，以滿足孩子的教育需求。為了給孩子提供這種理想的教育模式，華人家長或者運用自己的專長，或者依靠社區學校的課程。正如本章開篇所述，華人家長尋找各種機會，提高孩子的文化身分、水準和技能，作為他們社會和文化資本的一部分，以期這些資本可以使他們的孩子在紐西蘭主流學校系統脫穎而出，成為成功的一員。因此，家長們在各種課外課程中投入時間、精力和金錢。而華人社區學校正好滿足了華人家長的這種需求，得以服務於該目的。

十、結論

　　華人家長希望他們的孩子在紐西蘭學校勝出。為了達到這一目標，他們為孩子打造一個理想的「紐西蘭語境下的華人教育模式」，該教育模式結合了基於社區的教育和紐西蘭主流學校教育。這種教育模式主要由華人家長們促成和支持，因為他們看到了孩子們兼有紐西蘭和華人的身分、社會和文化資本的潛

力和優勢。這種雙身分、社會和文化資本可以使他們將來成為紐西蘭社會成功的一員。

這顯示出華人家長在社區教育的供應方面起了關鍵的作用。華人家長對孩子的教育和成功往往投以極大的重視。本章引用布迪厄關於「場域」和「資本」的概念，以及萊夫和溫格關於「合法的邊緣參與」的理論，得出如下結論：華人家長願意提供課外或週末學習的各種資源和機會，以幫助他們的孩子在紐西蘭主流學校的場域中成為合格的參與者，並且將來在紐西蘭社會成為合格的成員。

在紐西蘭主流學校的教育之外，紐西蘭的華人教育模式主要是透過社區教育的形式來實現的。社區教育包含了一些可以幫助孩子們取得學業成就的主要原則，如針對社區成員的終身學習、家長對培養孩子文化素養和學業能力的高度期望，以及對紐西蘭主流學校部門教學情況的了解。

該研究結果顯示華人家長和學生對進一步提高中文能力努力不足。這一方面是由於紐西蘭高中階段學校的要求多，而同時也由於選擇機會少。華人學生通常在八年級以後就停止了社區學校的中文課。在高年級科目競爭激烈的情況下，華人家長和學生都不考慮透過選修國家教育成績證書（NCEA）中的中文科目這一策略來保有他們的身分和語言能力，這也令人擔憂。由於語言學習是紐西蘭課程綱要的主要課程之一，八年級以後就停止中文學習也與國家教學課綱的要求不符。因此，紐西蘭主流的中小學有必要向當地的社區學校學習，重新思考學習第二語言的重要性，調整他們現在的教學情況。小學可以從提供課後語言課開始，幫助新移民保有身分，同時培養非母語者對語言學習的興趣。

參 考 文 獻

林寶玉（2001）。*紐西蘭的漢語教育*。臺北：世界華文作家出版社。

Akorrie, M. E. M., Ding, Q., & Li, Y. (2011). A passion for learning Chinese? Investigating a community-based Chinese cultural education school in Hamilton, New Zealand. *Chinese Management Studies*, 5(4), 460-479.

Bourdieu, P. (1984). *Distinction: A social critique of the judgement of taste* (R. Nice, Trans.). Cambridge: Harvard University Press.

Bourdieu, P. (1985). The forms of capital. In J. G. Richardson (Ed.), *Handbook of theory and research for the sociology of education* (pp. 241-258). New York: Greenwood Press.

Bourdieu, P. (1992). *The logic of practice* (R. Nice, Trans.). Cambridge: Polity.

Bourdieu, P. (1996). *The state nobility*. Cambridge: Polity Press.

Bourdieu, P. (2000). *Pascalian mediations*. Cambridge: Polity Press.

Cambridge International Examinations. (2015). *Cambridge prospectus*. Retrieved March 5, 2015, from http://www.cie.org.uk/images/7882-cambridge-prospectus.pdf

Chen,T. H. (2014). Contrasting models of education. In *Chinese education since 1949: Academic and revolutionary models* (pp. 1-8). New York: Elsevier Inc.

Chou, C. P., & Ching, G. S. (2015). Cross-straitization of higher education: Voices of the mainland Chinese students studying in Taiwan. *International Journal of Information and Education Technology*, 5(2), 89-94.

Chua, A. (蔡美兒) (2011). *Battle hymns of the tiger mother*. New York: The Penguin Press.

Education New Zealand. (2014, July). *China insight report*. Retrieved December 10, 2014, from http://www.enz.govt.nz/sites/public_files/CHINA%20INSIGHT%20REPORT%20JULY%202014_0.pdf

Education Review. (2013). *NCEA vs other systems: The downside of picking sides*. Retrieved March 5, 2015, from http://www.educationreview.co.nz/magazine/january-2013/ncea-vs-other-systems-the-downside-of-picking-sides/#.VPgLSvmUeSo

Eyou, M., Adair, V., & Dixon, R. (2000). Cultural identity and psychological adjustment of adolescent Chinese immigrants in New Zealand. *Journal of Adolescence*, 23, 531-543.

Gu, Q., & Schweisfurth, M. (2006). Who adapts? Beyond cultural model of 'the' Chinese learner. *Language, Culture and Curriculum*, *19*(1), 74-89.

Guo, K. (2013). Ideals and realities in Chinese immigrant parenting: Tiger mother versus others. *Journal of Family and Studies*, *19*(1), 44-52.

Haste, H. (2001). Book review: Mind as action. *Infant and Child Development*, *10*(4), 239-240.

Kavan, H., & Wilkinson, L. (2003). *Dialogues with dragons: Assisting Chinese students' academic achievement*. Retrieved December 10, 2014, from http://www.massey.ac.nz/massey/fms/Colleges/College%20of%20Business/Communication%20and%20Journalism/Staff/Staff%20research%20files/hkavan_Dialoguing%20with%20dragons.pdf

Lave, J., & Wenger, E. (1991). *Situated learning: Legitimate peripheral participation*. New York: Cambridge University Press.

Lave, J., & Wenger, E. (1999). Learning and pedagogy in communities of practice. In J. Leach & B. Moon (Eds.), *Learners and pedagogy* (pp. 21-33). London: The Open University.

Lichtman, L. J. (2011). *A practical guide for raising a self-directed and caring child: An alternative to the tiger mother parenting style*. Bloomington: iUniverse.

Lu, X. (2001). Bicultural identity development and Chinese community formation: An ethnographic study of Chinese schools in Chicago. *The Howard Journal of Communications*, *12*, 203-220.

Martin, J. (2008, May/June). Migration, globalization and gender: Some key lessons. *Organization for Economic Cooperation and Development*, *267*, 27-28.

McLaughlin, B. (2012). *Second language acquisition in childhood: Vol. 2. School-age children*. New York: Psychology Press.

Ministry of Education. (2007). *The New Zealand Curriculum*. Wellington: Ministry of Education.

Mok, K.-H., & Welch, A. (Eds.). (2003). *Globalization and educational restructuring in the Asia Pacific region*. Gordonsville: Palgrave Macmillan.

Peng, B. (2014). *Exploring the attitudes and perceptions of Chinese students towards their tertiary studies in New Zealand*. Unpublished master's thesis, Auckland University of Technology, Auckland.

Sriprakash, A., Proctor, H., & Hu, B. (2015, August 4). Visible pedagogic work: Parenting, private tutoring and educational advantage in Australia. *Discourse: Studies in the Cultural Politics of Education*, 1-16 doi:10.1080/01596306.2015.1061976.

Starr, D. (2012). *China and the Confucian education model*. Birmingham: Universitas 21.

Statistics NZ. (2013). *New Zealand Census*. Retrieved December 10, 2014, from http://www.stats.govt.nz/Census/2013-census/data-tables.aspx

第 *14* 章

菲律賓華文教育改革：
以僑中學院為例

蔡藝術

摘要

　　1976 年菲化案之後，菲律賓華文教育的質量碰到了前所未有的大滑坡。為定居菲律賓的華人孩子開設中文課程的菲律賓華校被迫將華文從原來的主修課程轉變成選修課。由於華人文化和價值觀的轉變，孩子們的中文水準退步了。學生文化背景的變化促使許多華文教育工作者提倡把華文當作第二語言來教，而不再是第一語言了。本章寫的是華文教育的改革背景、改革情況和改革過程，以及菲律賓第一所華人中學——菲律賓僑中學院在改革中所做出的努力，以展示轉變觀念後菲律賓華文教育改革所取得的成果。

關鍵詞：菲律賓華文教育、教學改革、中文為第二語言教學

一、背景介紹

　　菲律賓華文教育曾經是可以與中國媲美的。七十年代菲律賓的華語學校高中畢業生如果決定到中國、臺灣、香港、澳門等地繼續讀大學的話是可以很好地跟上這些地方的教學程度的。

　　政府實行戒嚴令時所履行的 1973 年菲化案改變了菲律賓華校的管理制度。法律規定：「所有教育機構的管理與行政必須掌握在菲律賓公民手上。」（1973 年總統法令第 176 號）當時在臺灣政府管轄之下的學校不得不進行重組，中國籍校長和行政人員必須下臺。根據中國初高中六年制而設置的菲律賓華人中學必須遵循菲律賓的教育制度，把中學改成四年制，而中文只能當作選修課，教授方式也必須調整。中文課程的授課時間從原來的一天四個小時縮減成一天兩個小時（沈文，2011；顏長城、黃端銘，2008）。

　　接著，菲國政府於 1978 年發布第 1379 號總統法令，讓外國人集體入籍。這使許多華僑獲得菲律賓國籍，為他們開啟了更多的經濟機會。更多的商業契機使華人家長得以參與各種投資，華人家庭也因此出現了前所未有的變化——家長忙於做生意，許多家庭依賴傭人來幫忙照看孩子。這無形當中減少了孩子接觸祖輩語言和文化的機會。華人融進菲律賓社會也引來了文化認同的轉變，愈來愈多的華人把中國和菲律賓的文化習慣融入自己的日常生活中。旅居菲律賓的概念逐漸淡化，華人開始生根於他們現在所謂的「家」（黃炳輝、黃端銘，1999）。

　　華文教育日漸不受重視，以及下一代文化認同的改變形成了對華語環境的排斥（黃端銘，2003）。因為有了這些改變，華語的使用率愈來愈低，導致華語不受重視而日漸式微（顏長城、黃端銘，2008）。八十年代末，許多中學畢業生無法看懂中文，也無法使用華語交談（沈文，2011）。語言能力的衰退影響了華人家庭，許多孩子在進入學校接受教育的時候不具備說華語的能力。這個現象與之前的情況形成鮮明對比——以前的學生在進入學校之前，已經會說閩南話了。因此到了學校之後，他們只需學會與閩南方言相似的普通話。

儘管這個時期華人文化已經有了變遷，教授華語的方式卻一直都沒有改變（趙敏成，1999）。華校依然根據中國的第一語言模式教授中文，認為學生起碼會說華語，完全沒有考慮到新一代的華人已經不具備華語的溝通能力了。這種教育模式主要是讓學生把已經擁有的語言材料與老師所講的內容聯繫起來，從詞語到短語到句子。學生在學校裡學的是：（1）讀漢字，不停地讀漢字，把老師所講的漢字與自己已掌握的詞語連結起來；（2）寫漢字，把已掌握的詞語與老師所講的筆畫連結起來。對會說華語的初學者來說，這種教授方式是可行的。然而，對不會說華語的學生來說，不停地重複和背誦老師所講的內容成為了一種負擔（陳根娥，2000），這種艱難的學習過程導致學生畏懼華語，排斥華語，甚至於厭惡華語。這個時候的華語教學開始式微（黃端銘，2013），未能馬上就當時的學習情況與需求適當地調整教學方式，是華文教育最大的問題（楊石泉，1995）。因此，華文教育改革成為當務之急。

二、轉變觀念

華教改革的關鍵是轉變華語教學方式的觀念。華語不再是學生的第一語言而是第二語言，這一觀念必須轉變過來。這意味著華文教育不再是教授菲律賓華僑學會母語，而是培育具有中華文化素質的菲律賓人（黃端銘，2013）。

意識到教學模式必須轉變的時候，教育同仁卻對具體的操作方式爭執不休。有些人認為必須堅持傳統的第一語言教授方式，而有些人卻認為採取第二語言的方式教授華語比較合適。我的工作單位菲律賓僑中學院是後者第二語言教學模式的先行者。菲律賓僑中學院建立於 1923 年，是菲律賓第一所華人中學。決心「拯救」本國華文教育水準的菲律賓華教中心自創立以來就提倡這個新的教學模式，而菲律賓僑中學院成為它的實踐基地，轉變了教學理念，並履行了第二語言的教學模式。本文描述的便是僑中學院改革華文教育取得的成果。

為了能更加理解本章，我們先來看看第一語言和第二語言之間有什麼不同之處。

前面提到，第一語言模式認為學生在第一次上學之前基本上已經懂得華語，因為他們在家裡使用的語言就是華語。孩子們已經能夠用「母語」交談了，不費勁兒就能夠把想法用華語表達出來。所以第一語言教學主要集中在語言的運用上。學生除了進一步加強交際能力外，在學校裡學的是文學和知識（何懿，2006；沈文，2011；焦叔章，1995）。即使不能把所有的詞語都聽懂，學生基本上可以理解課堂上所說的內容，而學校將教會他們閱讀並書寫中文。這種模式不會把聽說作為教學重點。圖 14.1 是使用這種模式的小學一年級第一課的課文（小學華語課本第一冊，日期不詳）。

開學

開學了，
老師來了，
同學們也來了，
我看到許多老師，
也看到許多新同學。
見了老師，
我說：
老師早！
見了同學，
我說：
你好！

▶▶▶ 圖 14.1　使用第一語言模式的課文

圖中的課文有 11 行 21 個漢字。21 個漢字裡，只有四個被列入課文之後的生字表裡，意即這四個漢字是孩子不熟悉而必須學會的。生詞表裡只有兩個生詞（四個漢字），由此可想像編者認為一年級的孩子們已經掌握了課文中的其他詞語（漢字），他們只需把漢字和所掌握的詞語連結起來就可以理解課文了。編者在每一課中都標出三項學習任務，即：識詞、認字、寫字。

反觀第二語言，是孩子們在第一語言的基礎上，透過正規學習獲得的。教學目的是讓學生擁有使用外語的能力（何懿，2006；沈文，2011；焦叔章，1995）。這個教學模式認為學生在入學之前，對這個外語一無所知，一句話也不會說，一個字也不會認。因此，這個模式強調的是教授學生語言本身，老師必須從語音（拼音）開始，由簡到繁、有系統地教孩子發音、說話。學生依靠日積月累，透過操練逐漸掌握語音、詞彙意義和語法規則。圖14.2是使用第二語言模式的小學一年級第一課的課文（菲律賓華語課本，日期不詳）。

b m a
Bàba!
Māma!

▶▶▶ 圖 14.2　使用第二語言模式的課文

　　第二語言教學把重點放在漢字的語音上。雖然學生也須理解漢字的語義，但學習的重點則放在正確的發音上。與第一語言模式不一樣的是，這種第二語言教學強調的是先聽說，後讀寫。圖 14.3 和圖 14.4 將概括這兩種教學模式。

　　哪一種模式最適合要看學習的對象。除了來自中國、香港或澳門的學生外，華校大部分的學生都是本國土生土長的。前面已經提到，這些孩子所接觸

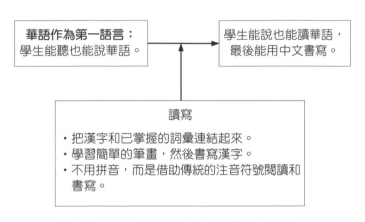

▶▶ 圖 14.3　華語作為第一語言的教學模式

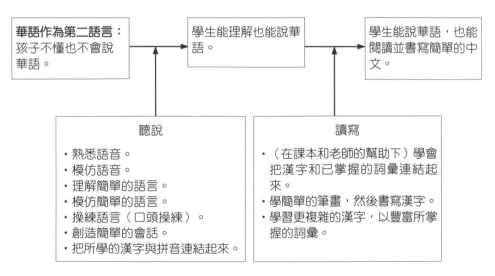

▶▶ 圖 14.4　華語作為第二語言的教學模式

到的文化中，菲律賓文化要大於中國文化，而且也已經開始認同自己是菲律賓人的身分了（何懿，2005）。他們完全地融入了菲律賓社會，而中國的語言和文化對他們來說是很陌生的。因此，轉變觀念，採用第二語言教學模式將提高學校教育這些「新一代」學生的效率。這樣的語言教學模式可行與否，就在菲律賓僑中學院進行實踐。實踐的結果是本文的焦點。

三、履行新的教學模式

改革菲律賓華文教育的教學模式來自北京語言大學前院長、中國對外漢語教學專家、世界漢語教學學會會長、主張以第二語言教授華語的呂必松教授。他於九十年代初應菲律賓華教中心邀請，到菲律賓來為華語教師進行一系列培訓，主講「華語作為第二語言教學的理論與實踐」。

採取新的教學模式要有一套新的教材，因此菲律賓華教中心編纂了《菲律賓華語課本》，而這套教材是華教改革的主要依據。除了強調學生的聽說能力外，該套教材的課文內容也切合菲律賓的實際情況，貼近菲律賓生活，讓學生更能理解與體會。這套教材使用的是菲律賓人名、地名、故事，以及發生在菲律賓國內的事情，有效地激發學生學習華語的興趣與動力。

除了教材之外，改革的重點也在於教師轉變教學方式上。菲律賓僑中學院遵循呂教授的模式，制定出這種教學模式的三大目標：

1. 第一是轉移「教學」的中心，從「教」轉到了「學」。教師的任務不再是教授，而是引導學習，充分發揮學生學習的主動性和積極性。教師為主導，學生為主體，這有別於先前死記硬背的學習方式，也不再是「填鴨式」的教學方式。教師的新角色強調透過操練培養學生的語言能力。學生在課堂上要不停地讀，不停地說，不停地操練句型。教師精講，讓學生多練。這種操練超出了一般的課文閱讀範圍，讓學生用自己的話語回答老師的問題，而不是機械性地照讀課本上的每一句話。
2. 教師使用各種教學手段和技巧，訓練學生各種能力。這些教學方法包

括問答法、講述法、情境法、表演法、對話法等等。透過各種培訓、
同事間相互學習的公開課、教學領導聽課與評課（議課）等手段，讓
每一位教師都具備良好的教學能力。

3. 最後，為了提高課堂學習質量，教師也必須充分利用多媒體，包括視
聽材料、字卡、錄音、影片，以及電腦應用程式等。這些媒介使學習
內容更為吸引人，讓學生對學習更感興趣。

新的教材與新的教學模式自 1994 年開始在菲律賓僑中學院落實。這種觀
念轉變所取得的初步成績於執行該模式十年後由蔡藝術等人（2008）記載在一
份報告中。

四、改革成果

自從第一次使用新的教學模式以來，菲律賓僑中學院學生的華語能力有了
顯著的提高。在學生較佳地掌握華語的聽說之後，讀寫也就成為老師教學的重
點。參考過去這些年來學生的華語成績，不難看出華語教學的質量在不斷地提
升。表 14.1 是 1993～1994 學年度、1994～1995 學年度、2012～2013 學年度小
學部留級生人數的比較。

▶▶ 表 14.1　小學部華語成績（菲律賓僑中學院，1994，1995，2013a）

年級 （小學部）	1993-1994 學年度			1994-1995 學年度			2012-2013 學年度		
	學生數	留級生	佔 （％）	學生數	留級生	佔 （％）	學生數	留級生	佔 （％）
一年級	90	8	8.9	103	7	6.8	119	3	2.5
二年級	105	8	7.6	83	8	9.6	132	1	0.8
三年級	102	28	27.5	118	16	13.6	112	1	0.9
四年級	118	32	27.1	97	25	25.8	122	4	3.3
五年級	130	30	23.1	114	21	18.4	127	7	5.5
六年級	108	27	25.0	126	17	13.5	121	2	1.7
總　　計	653	133	20.4	641	94	14.7	733	18	2.5

　　應用第二語言教學模式的《菲律賓華語課本》在菲律賓僑中學院第一次使用的前一年，小學部 653 人中有留級生 133 人，佔總人數的 20.4%。新教材使用一年後，小學部 641 人中有留級生 94 人，佔總人數的 14.7%。2013 年的資料顯示，小學部 733 人中留級生僅 18 人，佔總人數 2.5%。這個資料與當時使用傳統的華語教學模式相比，留級生下降了 17.9%。

　　相似的情況在中學部也很明顯。菲律賓僑中學院還使用第一語言模式教授華語的時候，中學部 498 人中有留級生 77 人，佔總人數的 15.5%。使用《菲律賓華語課本》一年後，中學部 500 人中僅有留級生 41 人，佔總人數的 8.2%。2013 年的數據顯示，中學部 392 人中留級生僅 13 人，佔總人數 3.3%。這個數據與當時全國使用第一語言模式教授華語相比，留級生下降了 12.2%（表14.2）。

　　上述數據證明使用第二語言教學模式教授中文的可行性和有效性，同時也證明履行該模式時應用第二語言的教材是必要的。

▶▶▶ 表 14.2　中學部華語成績（菲律賓僑中學院，1994，1995，2013a）

年級（中學部）	1993-1994 學年度			1994-1995 學年度			2012-2013 學年度		
	學生數	留級生	佔（%）	學生數	留級生	佔（%）	學生數	留級生	佔（%）
一年級	190	43	22.6	187	27	14.4	94	0	0
二年級	143	27	18.9	144	10	6.9	93	3	3.2
三年級	94	6	6.4	96	3	3.1	101	10	9.9
四年級	71	1	1.4	73	1	1.4	104	0	0
總　計	498	77	15.5	500	41	8.2	392	13	3.3

五、華文教育的前景

　　為了加強學生學習華語的效果，菲律賓僑中學院採取一些方案，讓孩子們進一步接觸中華文化。學校不時舉辦中文歌曲歌唱比賽、演講比賽、朗誦比賽、話劇比賽、說故事比賽等，並舉辦中文書展。講華語運動也在校內展開，

為孩子們提供較好的言語交際技能的訓練場所，還開闢了有關中華文化的第二課堂，如民樂興趣小組、毛筆書法小組、中文朗誦小組等，以此來提高學生對中國語言、中國文化的情感。

　　為了進一步檢驗華語教學的質量，學生必須參加國際性漢語水平考試（HSK）。自小學四年級開始，學生就開始接觸漢考型的試題，平時測驗與階段考試都如此，成績很不錯（菲律賓僑中學院，2013b）。2012 至 2013 學年度，小學六年級畢業生考漢考三級，及格率為 90.68%；中學四年級（普通班）畢業生考漢考四級，及格率為 81.71%；中學四年級（實驗班）畢業生考漢考六級，及格率 100%。這些數據進一步證明華語作為第二語言的教學模式的有效性。

　　無庸置疑，在這一場教學改革中，教師的作用是非常關鍵的。雖然菲律賓的華語教師素質有待提升，但已在改善中。除了上述培訓之外，華語教師也到中國進修學習。自 2004 年開始，菲律賓僑中學院送出 14 名中學畢業生到中國學習漢語教學本科，目前已經有 12 位回母校來教書了。資深教師也參加了中國國務院僑務辦公室與暨南大學聯合菲律賓華教中心舉辦的函授課程。目前有 10 位教師正在上這個課，預期於論文答辯後就可以畢業。

　　僑中學院的教師也到全國支援其他華校，多次到外省進行教學演示和公開課，與同仁們分享第二語言教學技巧和經驗，以求取得教學成效。到目前為止，我院一共派出 60 位教師到全國各地做公開課。在中國國家漢語國際推廣領導小組辦公室（國家漢辦）舉行的國際漢語優秀教學成果評選活動中，我院三位教師榮獲「優秀示範課獎」、「創新示範課獎」和「優秀教案獎」。

　　僑中學院在提高菲律賓華文教育素質投入了大量的心力，中國國務院僑務辦公室（國僑辦）於 2009 年授予它「華文教育示範學校」稱號。

六、結論

　　就本文前面所提到的，第二語言教授華語的模式在菲律賓是行得通的。初步的結果顯示，這種教學模式充分發揮學生學習華語的能力，同時也讓他們能

夠完全融入菲律賓文化。儘管目前的年輕一代還是無法像其先輩一樣把華語掌握得那麼好，中國和菲律賓文化的融合卻是必然的，也是不可扭轉的。因此，我們只能不斷地改革教育制度，使之更好地適應這菲中的合成文化。過去那種認為華語是第一語言的教學模式無法跟上文化上的變化。華語教學的質量由它適合不適合學習語言者來斷定。而隨著時代的變遷，教學模式只能做這樣的調整。就在我們轉變觀念，把華語當作第二語言來教的同時，我們意識到華語確實已經不再是菲化案之前的那個語言了。看來只有這樣才能使新一代的華裔更能夠認同祖先的根。

參考文獻

小學華語課本第一冊（日期不詳）。馬尼拉：Luminaire Printing & Publishing Corp。

何懿（2005）。從落葉歸根到落葉生根。**華語督導看華校華語教學 2004-2005**（頁 21-59）。馬尼拉：菲律賓華教中心。

何懿（2006）。**菲律賓華教透視和思考**。馬尼拉：菲律賓華教中心。

沈文（2011）。**過河的腳印——菲律賓華校的華語教學**。馬尼拉：菲律賓華教中心。

陳根娥（2000）。探討菲律賓華文教育的發展和前途——必須改革才有出路。**新世紀華語教學序言**（頁 44-54）。馬尼拉：菲律賓華教中心。

焦叔章（1995）。淺談第二語言教學。**繪製華語教學心藍圖**（頁 28-31）。馬尼拉：菲律賓華教中心。

菲律賓華語課本（日期不詳）。馬尼拉：菲律賓華教中心。

菲律賓僑中學院（1994）。學生成績記錄 1993-1994 學年度。菲律賓馬尼拉。

菲律賓僑中學院（1995）。學生成績記錄 1994-1995 學年度。菲律賓馬尼拉。

菲律賓僑中學院（2013a）。學生成績記錄 2012-2013 學年度。菲律賓馬尼拉。

菲律賓僑中學院（2013b）。檔案部資料。菲律賓馬尼拉。

黃炳輝、黃端銘（1999）。值得思考的幾個問題。**第三屆東南亞華文教育研討會論文集**（頁 10-14）。馬尼拉：菲律賓華教中心。

黃端銘（2003）。華語教學與培養中華文化氣質。**探索第二語言教學的可喜成果**（頁 5-9）。馬尼拉：菲律賓華教中心。

黃端銘（2013）。**菲律賓華文教育綜合報告**。馬尼拉：菲律賓華教中心。

楊石泉（1995）。華語教學的性質、特點和方法。**繪製華語教學心藍圖**（頁 35-38）。馬尼拉：菲律賓華教中心。

趙敏成（1999）。僑中學院——堅持華語教學改革，成績顯著。**邁向新世紀華語教學改革**（頁 23-37）。馬尼拉：菲律賓華教中心。

蔡藝術、楊美美、吳國政（2008）。轉變觀念，教學改革出成效。**菲律賓華文教育綜合年鑑**（頁 98-108）。馬尼拉：菲律賓華教中心。

總統法令 176 號（1973）。取自 http://www.lawphil.net/statutes/presdecs/pd1973/pd_176_1973.html

總統法令 1379 號（1978）。取自 http://www.lawphil.net/statutes/presdecs/pd1978/pd_1379_1978.html

顏長城、黃端銘（2008）。菲律賓華文教育的演變。**菲律賓華文教育綜合年鑑**（頁117-119）。馬尼拉：菲律賓華教中心。

第15章
澳洲中國大陸移民家庭
兒童教養之研究

笪微微、Anthony Welch、王震華

摘要

　　這項質性研究主要是分析來自中國大陸的移民父母在新的文化環境中教育和養育下一代的做法，及現存有關中國家庭教育模式的數據。研究結果顯示，中國父母在兒童教育養育實踐中保留有明顯的文化傳統觀念，如強調母語保留、父母對孩子的嚴格掌控，以及父母對子女學習教育的全方位參與。研究結果同時也發現父母為適應新環境而在養育子女方面做出的相應改變，比如對子女的期望和父母在教育方式方法上的改變。鑑於參與該研究的中國移民父母多屬於受過高等教育的群體，這些父母多屬於中產階級，他們在養育子女方面表現出一種中西結合的模式。此外，研究結果還表明，移民兒童在教育上取得的成果不僅僅來源於正規的學校教育，還和家庭中的潛在各種社會及文化因素有關聯。

關鍵詞：中國大陸移民、文化觀念、兒童教養、移民教育、部分融入模式

一、背景介紹

　　本章將對定居在澳洲雪梨的中國大陸新移民家庭，在教育和養育孩子方面的文化習俗進行探討。根據現有文獻，為孩子提供更多的教育機會並有助於今後的發展是很多中國父母決定移民他國的重要因素之一（Chi, 2014; Da, 2001）。接受好的教育是確保子女在新國家裡更能夠融入社會，並取得經濟獨立的保障。兒童養育教育方式最能體現文化觀念和信仰，包括既要滿足兒童的需求，又能將父母的文化價值觀念和社會準則傳給下一代。透過日常社會交流，兒童逐步形成對自我本身和所處地位的認識，在思考問題和行為方式上能夠或多或少與所處文化環境不相違背（Ward & Belanger, 2011）。家庭作為社會最基本的單元，在幫助兒童樹立對人生的積極態度和對未來的嚮往方面發揮非常重要的作用。同時，接受學校的正規教育也很關鍵，他們學到的價值觀能在實踐中得到應用和證實。在這種環境下，如何處理傳統和變化是項複雜的任務，想要在新的文化環境中取得成功也因此增加了難度。在這一條件下，父母和孩子會採取不同的方式來適應環境，因此父母和孩子之間的關係通常會變得緊張。

　　但是，來自中國的移民父母在教育和養育孩子方面遇到的困難，比上面提到的還要多。眾所周知，西方社會對中國父母的普遍看法就是嚴厲以及對子女行為的絕對控制（Chao, 1994; Chua, 2011; New York Times, 2015）。在他們看來，中國父母都是一樣的，沒有例外。但是澳洲學者 Crissman（1991）對這種看法提出異議。他認為，中國人不是一個單一化的民族。中國人有很長的移民史，移民人口眾多，其本身就是多元化的人群，現在分布在世界各地。也就是說，我們不應該再把他們看成是一元化的人群。此外，我們還必須考慮到他們各自不同的社會和經濟狀況，他們的出生地、成長地區、宗教信仰和所講的語言。

　　本文將重點研究近期從中國大陸移民澳洲並定居在雪梨的移民家庭，在養育和教育子女方面的做法。中國人移民澳洲已經有 150 多年的歷史。早期移民飽受敵視和歧視，與現在的移民本身有很大的不同（Hugo, 2005; Jupp, 2001, 2002; Welch, 2013）。自二十世紀八十年代起，中國移民人數已經成為澳洲人

口發展最快的非本國出生人群之一，位居第三。與早期從中國移民相比，現在
的移民大多數都具有技術專長；大約80%以上的人都是從事前三類職業的，包
括行政和管理、專業和半專業人員（Hugo, 2005）。另一個特點是，很多新移
民都是帶著家屬和孩子一起移民過來的。到 2011 年為止，中文成為澳洲全國
最大的非官方語言。在雪梨，講中文和廣東話的人數也位居第一位（Welch,
2013, pp. 103-104）。雖然中國移民的人口不斷增加，但對於中國大陸移民家
庭在澳洲養育和教育孩子的方式，和孩子入學後表現的研究與分析卻寥寥無
幾。本文的目的就是找出中國移民家庭在養育和教育下一代方面的模式，特別
注重他們在新的社會文化及政治環境下，在養育和教育下一代方面的改變，他
們還保留著哪些傳統做法？

　　以下，本文將首先綜述有關兒童養育教育方面的現有文獻和理論框架，然
後介紹研究方法和調查研究對象的背景情況。研究的結果以分標題的形式出
現，並引用實例給予說明，其後是作者對研究結果的討論和分析，最後是總
結。

二、部分融入模式

　　從一個國家移民到另一個國家經常會涉及一系列的改變，如語言、文化、
經濟狀況和自我民族認同（Berry, 2007; Isajiw, 1999）。早期的自然融入理論認
為，移民融入是隨著在居住國居住的時間自然而然融入的。此種直線式融入理
論認為，移民的融入過程是有得有失的，即他們在接受新文化的同時導致他們
放棄原來持有的文化（Fong, 2006）。事實是這樣，早期主流融入理論期望中
國及其他所有移民到澳洲的人以放棄自己的文化為代價來融入到新的國家：
「融入就是要看不出移民與當地人的區別」（Jupp, 2002, p. 22）。然而，近期
對各種移民群體和個體所做的觀察和研究結果對這種直線式的融入模式提出異
議，並提出了新的分隔式的融入模式（Boyd, 2002）。這種部分融入模式認
為，移民融入的進度和深度因受到多種因素的影響差別很大，這些因素包括移
民的年齡、原國籍、所講的語言種類、與本民族人群的聯繫、教育程度和跨國

活動（Albanese, 2009; Fong, 2006; Heisler, 2008）。移民兒童在文化融入上佔有明顯優勢，常常融入得比父母要快。此外，在澳洲、美國和加拿大的研究還發現，移民常常能夠在經濟領域融入主流社會的同時，仍然保留他們自己的文化傳統、語言和道德規範（Albanese, 2009; Boyd, 2002）。很多移民父母為了下一代的利益做出了很大的犧牲。移民融入不僅僅是個逐步的過程並且是有所選擇的，常常是根據他們的興趣做取捨（Hall, 1992; Isajiw, 1999）。移民本身常常持有兩種或兩種以上的個體認同，相互之間存在一定的文化空間。部分融入模式可以說是海外華人群體一種混合式融入的過程。

三、社會性資本與兒童養育及教育

社會性資本是指個人與家庭積累和使用的資源，包括人際關係網（Coleman, 1988; Lin, 2001; Putnam, 1993, 2000）。社會性資本不同程度的存在於各種社會結構中，如家庭、宗教團體和社區等，這種資本能夠促進其成員的行動。Coleman 把這一概念擴展並運用到兒童人力資本發展方面。也就是說，如果移民兒童能夠廣泛接觸使用本社區的各種資源，這將有利於他們的認知和社會發展（Coleman, 1988, 1990）。Bourdieu 認為社會性資本作為一種特權是群體中的產物，來源於其成員有目標的行動，強調成員間的社會責任和緊密聯繫（Bourdieu, 1983; Bourdieu & Passeron, 1977; Lin, 2001）。Portes（1995）認為社會性資本是指個人在所處社會環境中對稀有資源的利用。Portes 將社會性資本分為兩種，一種為父母所有，另一種為兒童所有。對父母而言，社會性資本是指父母能夠從所屬社區的人群中得到幫助和支持，從而加強並樹立他們在教育子女方面的地位和能力，以便於他們能夠掌控子女的所作所為。社會性資本對兒童來講，是指他們是否能夠充分利用家庭和所屬社區掌控的資源。

社會性資本這一概念，已被學者們廣泛用於研究移民家庭和他們子女學業表現的內在連結上（Hagan, MacMillan, & Wheaton, 1996; Sandefur, Meier, & Campbell, 2006; Zhou & Bankston, 1994）。Zhou 和 Bankston（1994）對越南第二代移民青少年的研究發現，社區資源比他們父母所持有的文化觀念更有利於促進他

們在學業方面的提高。反之，缺少這種社區資源會對孩子的學業有負面的影響（Hagan et al., 1996）。其他研究也表明，移民父母的社會和經濟資源以及父母的文化教育程度都是影響他們子女在學校學業表現的重要因素（Fuligni & Fuligni, 2007）。因此，學者們認為社會性資本是個關鍵因素，它有助於我們更加理解為什麼有的移民兒童能夠在逆境中取得良好的成績，而有些移民兒童卻不能（Portes, 1995; Zhou & Bankston, 1994）。研究還表明，歸屬於本民族社區和宗教團體有助於父母糾正孩子的一些不良行為，同時加強他們的自我認證，並有利於傳播文化傳統和保留母語（Chen, 2008; Da, 2010）。Fuligni 和 Fuligni（2007）的研究還發現，對家庭的責任感（包括父母對孩子及孩子對父母）是促進和提高移民兒童學習的動力。這是中國移民家庭令人羨慕的一點，也是中國移民在澳洲這一環境中學業成功的原因（詳見下文）。

四、研究方法

本研究蒐集的資料來自兩個方面，一是來自對中國移民家庭育兒進行的質性研究課題，二是來自有關移民和教育模式的文獻資料。這項質性研究課題對定居在雪梨的 28 名中國大陸移民家長（包括 14 名父親和 14 名母親），在養育和教育子女的做法上進行了調查和分析，他們的子女既有在中國出生的也有在澳洲出生的。訪談問題包括開放式問卷和結構式問卷，其內容主要圍繞以下幾個方面：在養育和教育孩子方面的文化觀念和看法、對孩子的期望、對兒童教養實行嚴教的看法及教育兒童的模式。同時也蒐集了受訪父母的個人社會背景資料。所有受訪家長是透過滾雪球的方式招募的，同時華人的教會組織和社區對此也給予了很大的幫助。

大多數受訪家長是二十世紀八十年代後期和九十年代初來到雪梨的。他們之中大部分是以語言生的身分來澳洲，只有少數幾人是有雇主提名或以家庭團聚為由而來的。他們的年齡在 20 歲到 50 歲之間，大多數人是 30 幾歲（近期來澳洲的中國移民大多數也是這個年齡段）。他們移民的理由包括：為了孩子的教育和將來的發展、尋求更好的生活質量、嚮往和追求民主，及個人能有更多

的選擇。他們來澳時的教育水準分別是：25 人具有大學學士學位，2 人有大專文憑，1 人高中畢業。他們大多數人移民前在中國是從事專業工作的，如教師和大學教授、研究人員、工程師和政府部門的公務員。但是移民後，截至參加這項課題時，一半人從事有關專業工作，另一半從事的工作低於他們的學歷水準；關於子女情況，28 人中，其中 20 人有一個孩子，7 人有兩個孩子，1 人有三個孩子。關於宗教信仰，9 人自陳是基督教徒，其餘人員稱無宗教信仰，但不定期地參加華人教會組織的各種社會文化慶祝活動。

對所有受訪者進行的實地訪談都是由講國語的研究員用母語（即普通話）進行的；訪談時間分別在 1 到 3 小時之間。對訪談記錄的分析還包括對訪談者的現場觀察和個人背景資料。研究結果是以標題形式出現並配有被訪談者的原話作為依據。文中對所提及的人名及會透露個人的資訊都做了修改。

五、研究結果

（一）保留母語的多種意義和採取的措施

本文中的母語是指中國官方語言普通話，不是地方方言。雖然移民到新的國家後，幫助孩子盡快學習掌握主流社會語言（即英語）是當務之急，因此保留孩子的母語對移民父母來說成為一項新的教育任務，也是他們想保留文化傳統的唯一途徑。根據訪談記錄，父母對保留母語重要性的看法可以歸納為三方面。第一，保留母語有利於孩子保留民族文化和自我認同。例如，30 多歲的萬先生就提及他的孩子出現了自我認同的危機。他孩子認為自己是澳洲人，否認自己是華人，但其他人仍然說他是華人，由此產生自我認同的困惑。萬先生在訪談中流露他因為孩子的自我認同而產生了困惑和焦慮，他甚至認為自己帶兒子移民澳洲是個悲劇。儘管如此，他兒子在學校成績很好並得過校長獎。萬先生認為他兒子的認同問題與學校同學對亞裔人的態度有關。為了幫助兒子，萬先生試著在家創造一個講中文的環境，每當他對兒子講中文，他兒子不管你說什麼都用英文回答（這一現象在華人移民孩子中很普遍，他們急於融入到新

的主流文化中去）。萬先生曾強迫他兒子去參加華人教會的週六華人學校學習中文，但他兒子總找各種藉口不參加。

　　保留母語對大多數受訪父母而言既是一個挑戰，又是一項重要的教育任務。保留母語也是保持與留在中國國內的親朋好友的重要紐帶。以黃先生為例，30 多歲的他，有一個 10 來歲的孩子。訪談中他以他的朋友當例子來說明他認為保留母語是非常重要的。他那位朋友帶著全家移民美國，多年後帶全家及孩子回國探親訪友。沒想到，這次令人激動的探親卻使他感到尷尬和失望。其原因就是他的孩子由於不能流利地講母語，阻礙了與祖父母和親朋好友的交談。黃先生吸取了他朋友的教訓，在家裡立了一個規矩，那就是在家人面前必須講母語。儘管他兒子開始時反對和抱怨，但最後還是接受了這項家規。

　　對大多數中國父母來說，保留母語，也就意味著能講雙語，這對他們孩子將來就業是一種優勢。例如，一位 30 歲左右的李先生就是這樣認為的：

> 如果我們能為我們的孩子提供一個自然環境（在家裡）學習另一種語
> 言，為什麼我們不做呢？如果一個人會兩種語言而不是一種語言，從
> 長遠角度看是一種優勢。如果你的孩子講雙語，將有助於他在中國找
> 到工作。要知道中國是個很大的市場。

　　能講多種語言確實是就業的寶貴財富和優勢，但這種財富也常常被忽視。很明顯，保留母語有著多方面的意義。不少受訪父母還提到，保留母語不僅僅限於會說，還要會寫，這是一個比較艱巨的任務。

　　為了保留母語，除了在家必講母語和送孩子參加華人舉辦的週六語言班外，由祖父母照看孩子也不失為是一項保留母語的有效措施。受訪的父母中，有 12 位的孩子是移民澳洲後出生的，其中 11 位請他們在國內的父母到澳洲來幫助他們照看年幼的孩子，或者將他們的孩子送回國由祖父母照看。這一現象被稱為祖父母跨國照料兒童（Da, 2003）。這一現象意味一種混合式的教育模式，有著雙重的作用。祖父母所提供的不單單是對孩子身體和情緒方面的照顧，他們還有助於將中國的傳統文化遺產傳給第三代。有幾位受訪的父母驕傲

地談到他們的孩子在由祖父母照看期間學會了很多知識。一位 30 多歲有兩個孩子的平女士提到她 4 歲的孩子送回中國由祖父母照看期間，學會了讀和寫 300 個漢字。另一位 30 多歲有兩個孩子的娜女士也談到她孩子能背誦十幾首古詩，都是由在中國的祖父母教的。以上例子同時也說明，中國家長更傾向於對子女進行早期文化知識的教育和記憶力的培養。祖父母參與教育和養育兒童可以被認為是中國父母養育孩子的特色，也是中國大陸在教育方面的一個共同特點。

（二）嚴格養育的文化觀念

在中國文化中，養育兒童通常包括了撫養、保護和幫助的含義（Mak & Chan, 1995），但同時，中國父母也崇尚對孩子的嚴厲和管束。嚴厲在中國文化裡指的是紀律，表現在對孩子教育上的期望，父母對孩子的管束和適當的體罰（例如打手心、打屁股），讓孩子站在牆角罰站或者完成額外的作業及其他各種任務都很常見。這種紀律一般被看作是父母關愛的一種方式，也是父母管束孩子行為或者改正孩子過錯和不良行為的有效方法（Chua, 2011）。但是，在我們的調查中，家長對體罰的態度卻存在分歧。28 位受訪父母中，14 位（9 位母親和 5 位父親）認同某種形式的體罰，另外 14 位（4 位母親和 10 位父親）卻不贊成任何形式的體罰。一個有趣的現象是我們發現有更多的母親（而非父親）認同對孩子的體罰。這可能是與社會角色分工有關，即母親通常承擔了更多養育孩子的責任，而長時間照顧孩子很容易造成體力上的疲勞並失去耐心。此外，「體罰」包括了各種不同形式的體罰，其後果也大不相同，並且體罰的程度也難以衡量（Soriano, 1995）。對於認同適當體罰的父母，他們通常認為他們採取的體罰形式確實發揮了改進孩子行為的效果。這在柯女士的例子中得到了最好的體現。柯女士 40 多歲，有兩個孩子，在中國和澳洲都分別獲得了高等教育學位。她說到：

> 我認為某些懲罰是必須的，尤其是當孩子小的時候犯了錯誤……如果你只是解釋，他們是不會理解的……不過我從沒有真正傷害過我兒

子，他確實學會了哪些行為舉止在家裡和在外邊是可以接受的。

在認同某些體罰的家長中，孩子的年齡也是他們考慮的因素。有些家長表示當孩子上學後就不再進行體罰。同時，對於體罰的態度和家長的受教育程度並沒有絕對相關性，但它卻和文化觀念有關，正如上述提到柯女士的例子就證明這點。

對於不贊同任何形式體罰的家長，他們可能已經了解所在國對於體罰孩子的公眾態度。這種對反對體罰孩子的立場可以看作是一種文化融入的跡象，這在一定程度上也體現了一種養育和教育相結合的模式。在不贊成體罰的家長中，他們的觀點與自己在中國的成長經歷有關。比如陳先生，身為一名父親，他強烈反對對婦女、兒童使用暴力。他同時也提到在他成長的過程中，他的父母從未對孩子使用過任何體罰。

訪談數據顯示在孩子成長的某些階段，父母的管束會有所增加，尤其是對十幾歲的女孩子。有女兒的受訪家長談到他們和這個階段的女兒的各種衝突，比如針對在朋友家留宿這個問題。在聚會後，這個年齡的孩子經常會請求父母容許她在朋友家留宿，但中國父母一般都會拒絕這種請求。以 40 多歲的連女士為例，她談到她在來澳洲之前就已經信仰基督教，她有兩個孩子，其中一個女兒正好十幾歲。連女士對女兒做出了嚴格規定，絕不允許她在朋友家留宿，並且要求她必須在午夜前返回家裡。她提到這一規定使得她和女兒的關係很緊張。

我們到家後，她（指女兒）對我很生氣，問我為什麼中國父母都這樣，為什麼澳洲的父母就不這樣。不管她怎麼說，在這點上我堅持我的規定，絕不鬆口。

不過，身為一名基督徒，連女士還從教友那裡尋求幫助來緩和這種代溝之間的衝突。在朋友家留宿這個問題上，父母對十幾歲女兒進行嚴格管束也和他們當地對性的看法有關（Shirpak et al., 2007）。連女士直言不諱地表明她不喜

歡當地文化中對性開放的態度，並特別強調了澳洲等西方國家的社會問題（如性侵犯、吸毒、少女懷孕）。移民父母對女兒（而非兒子）社交活動高度管束的現象在其他有關亞洲移民家庭的研究中也都提到，如 Soriano（1995）對菲律賓移民的研究和 Batrouney（1995）對黎巴嫩移民的研究。

此外，家長對女兒的控制還表現在其他方面，如穿耳洞，戴戒指、項鍊和手鐲等。例如蘇先生，已近 40 歲了，有一個十幾歲的女兒。訪談中他說：

> 她（指女兒）想要穿耳洞、戴耳環，我沒同意。儘管這也不是什麼大不了的事，但我看來，她這個年齡沒必要做這些事情，這會影響她的學習。她現在的主要任務就是好好學習。只要她還沒滿 18 歲，由我撫養，我就對她有管教的責任。

對於女兒，蘇先生表現出了家長的絕對權威和責任。在中國文化裡，父母認為孩子的主要任務就是好好學習。在他們看來，任何會影響孩子學習的事情都應該被禁止或者勸阻。中國父母在管教孩子時，傳統文化觀念發揮了重要的作用。

（三）對子女經濟回報看法的轉變

對受訪者的訪談數據也展現了家長在養育兒童方面的一些變化。在中國文化中，父母對孩子的期望總是和孝順連結在一起。正如「養兒防老」（養育孩子，以備年老之需）這個成語所說，父母都期望子女能在父母年老時提供經濟上的支援並在身邊照顧他們（Michel, 2014）。但是，受訪者卻表述了與這種傳統觀念不同的期望。儘管表述的內容不同，但他們都表示並不期望獲得子女的經濟回報或者年老時的照顧。例如王先生，40 多歲，有一個十幾歲的兒子，他這樣說道：

> 我不期望等我老時兒子能給我們什麼經濟回報，但我們真的希望他能夠上大學。這是我對他的唯一期望，也是我來澳洲的原因。

　　王先生又補充，他移民到澳洲對他本身並沒有太多意義。他在中國有穩定的工作和舒適的生活，除了唯一的孩子，沒有任何可擔心的。他覺得在中國的激烈競爭下，他兒子幾乎沒有機會上大學。王先生的太太還繼續在中國做生意，以支持王先生和兒子的生活。和中國許多其他的「太空人家庭」一樣，他們夫妻每年只見兩次面。很顯然，王先生和他的太太為了孩子的未來犧牲了自己的生活。

　　受訪家長對孩子的期望一般都集中在孩子身上而不是他們的個人需求上，充分顯示了在傳統文化中對家庭的義務和責任方面的變化。下面引用的是任女士（30 多歲）的原訪談內容：

> 我不期望在我們年老的時候孩子來照顧我們。我不希望我的孩子認為他對我們有這種義務……儘管我現在還有義務對留在國內的父母提供資助。我不想我的孩子過和我一樣的生活，我希望他能在這個國家過得開心、無憂無慮和幸福。

　　任女士還提到，她也不會在意兒子是否能考上大學，她甚至不在意兒子會找什麼工作。只要孩子開心，她就開心。任女士的這種開明態度有可能受到了當地主流社會的影響。以上證據表明，在當地主流社會的同化過程中，受訪者關於養育孩子的一些傳統觀念和期望發生了變化或者做出了調整。這再次說明傳統的中國養育兒童模式正在朝著混合型育兒模式發生轉變。

（四）父母對孩子教育的全面參與

　　訪談數據顯示受訪家長對孩子教育上積極主動的全面參與。大多數受訪家長都談到他們送孩子參加週六中文學校舉辦的各種課程，這在各地華人父母中是很普遍的（Chua, 2011）。這種現象涉及到文化觀念，即父母對子女有著責無旁貸的責任和義務，監督孩子在校學習情況則成為父母每天要履行的任務。節選黃先生的談話如下：

　　每天傍晚，我都要向兒子了解他一天的學習情況，從而知道他都學到了什麼知識，是否他都能理解老師講的內容。如果他有些問題還不太理解，我就幫他……此外，我還檢查老師當天留的家庭作業，看看是否他做得正確。我的英文水準比我夫人好，所以我可以輔導兒子的英文；我夫人負責兒子的中文，包括講和書寫。

　　黃先生甚至還讓朋友從中國寄來一套水準高於澳洲學校使用的教課書，作為幫助孩子學習的輔助教材。黃先生這種對孩子教育的深入參與在中國獨生子女家庭中是很普遍的。風笑天（1997）在對中國獨生子女的研究中就指出中國家長所扮演的多種角色和任務，包括檢查孩子作業、輔導孩子學習、陪孩子做遊戲，並且是孩子的同伴。中國的獨生子女政策對如何做父母有著深刻的影響，並給渴望孩子成功的家長造成巨大的壓力。此外，中國傳統孔子儒家倫理對教育和學習的高度重視，也是導致移民父母對孩子學習期望值過高的因素之一（Welch, 2013, pp. 121-122）。

　　父母對子女教育全面參與還表現在學校的選擇方面。選擇一流高中是進入一流大學的關鍵。以前面提到過的蘇先生為例，他有一個十來歲的女兒，他直言不諱地說他希望女兒在澳洲受到最好的教育。為此，他提前一年為女兒挑選一流的高中。他女兒本來學習能力就很好，並被挑選到所在學校的資優班學習。為了進一步提高女兒的成績，蘇先生又讓女兒到週六華人學校進修高級課程。

　　蘇先生對女兒的高期望與他從事的教育工作有關。全面深入參與子女教育是中國教育模式的特點之一，並在澳洲華人家長中很普遍。例如，有的家長為了讓孩子進入理想的學校，不惜搬家在學校附近買房；還有就是送孩子赴私立學校就讀。他們的這些策略證明是成功的。有關統計資料顯示，華人子女進入精英學校的成功率很高，特別是位於雪梨的詹姆斯‧如斯高中（James Ruse High School），這是一所連續十二年來都被評為當地最頂尖的學校。2010 年申請進入新南威爾斯省前十名精英學校的學生入學率是 20%，而華裔生的錄取率佔 53%（SMH, 2010）。此外，澳洲華裔學生在近期的 PISA 調查中，數學成績

已經超過上海學生的最佳成績（ABC, 2013; AFR, 2014; Feniger & Lefstein, 2014）。

　　父母全面參與子女教育是中國人教育模式的一貫做法，正如中國古人所講的「子不教，父之過」。所以，在澳洲的華人家長最有可能送子女進私人學校補習功課來提高成績，以保證他們能夠進入省立精英高中，或自費的私立學校，並有可能拿到獎學金。最近的一項 PISA 調查研究顯示，在澳洲就讀的中國學生中參加數學強化班人數佔 40%，相比之下，非華裔學生僅佔 10%，競爭力最強的同批上海學生佔 60%（Feniger & Lefstein, 2014）。

　　以上這些做法表現出華人在繼續保留教育和養育兒童方面傳統做法的同時，又表現出了為適應新的社會文化環境所做的適當改變（Shin & Wong, 2013）。該研究結果支持部分融入模式：即，移民在接受主流社會文化的同時又能保留自己的文化傳統。可以說，在經濟和語言方面的融入並不一定導致在文化和自我認證方面的融入，至少對於第一代和第二代的移民來說是如此。這項研究也支持有關社會性資本在養育和教育兒童方面的作用。週六華人學校和教會為移民家庭提供了多方面的幫助，不光是信仰和心理方面，還包括社會交流和文化方面的幫助。

　　在澳洲的華人家庭比其他民族更注重保留母語，此項研究在這方面支持現有的研究文獻。Tannenbaum 和 Howie（2002）有關對澳洲華人家庭的研究發現，保留母語還有助於維持家庭的穩定與和諧。Kao（2004）對居住在美國的華人家庭的研究發現，凡是有很強的自我民族認同並能與本族人保持聯繫的移民兒童通常和父母的關係很好，在學校的成績也很好。Agirdag（2014）對美國雙語移民學生的長期追蹤調查特別指出，保持兩種語言比講單一語言的學生有明顯的智力發展優勢，包括他們的收入，比只講單一語言（英語）的人群高。

　　關於父母降低對子女經濟回報的趨勢，既反映了主流社會文化對他們的影響，又與他們對澳洲良好的福利制度的認可（有些福利在中國還沒有）有關，另外還與中國獨生子女政策及他們自己在中國的生活經歷有關。這些父母對孩子的期望多側重於他們的身心健康而不是更高的社會經濟條件。

正如其他研究所顯示，澳洲的華人父母在子女教育上更傾向於嚴格管理；由於文化差異，為了防止孩子受到主流社會的一些負面影響，對孩子採取體罰是可以接受的。這也涉及到養育兒童的一些文化觀念，養育兒童包括對孩子的培訓和競爭能力的培養（Chao, 1994）。訪談資料還支持現有文獻，即華人父母更趨向於對兒童進行早期文化教育，並強調學科成績而不注重社會交往技巧、體育活動、獨立性和自主性的培養（Chao, 1996; Fuligni & Fuligni, 2007）。更值得一提的是，在中國文化中祖父母在兒童養育方面所起的作用。無論如何，在養育兒童中強調嚴厲和控制很容易造成父母與孩子之間的衝突和矛盾。對有些孩子來說，這種壓力會對孩子的精神健康有影響（Chua, 2011）。

中國移民父母在養育和教育子女的特點，與他們移民前後的社會、教育和經濟狀況有關。目前的移民政策偏重移民本身的高技術水準和教育程度（Hugo, 2014）。教育程度，作為重要的人力資本，不但反映了人的價值觀和積極的進取心，也反映教養兒童能夠讓他們將來成功的資源（Fuligni & Fuligni, 2007）。一系列的研究表明，父母的教育水準和語言能力與移民兒童在學習上的出色表現有著更直接的關係（Abada, Hou, & Ram, 2009; Albanese, 2009）。對於華人父母來說，儒家倫理強調學習進取和成功也是必須要考慮的一個因素。

六、結論

這項研究顯示，來自中國的移民父母在教育和養育下一代方面既保留了某些傳統做法，又做出了相應的改變。移民本身對移民來講，是對長期固有的觀念和實踐做法的巨大挑戰。正如以上例子所呈現的，華人父母在澳洲養育下一代還是很成功的。面對這些新的挑戰，他們既能保留傳統文化中的精華部分，同時又能做出調整以適應新的環境。此項研究結果表現一種融合的教育模式。正如一位受訪家長所說的，能夠掌握兩種語言對他們的孩子來講是一個優勢。由此可以進一步論證，熟悉兩種知識和教育傳統將構成一種在新的並具有挑戰性的環境下的優勢。但這並不是就可以避免一些矛盾，特別是在保留母語和強調嚴厲等方面。雖然有個別父母看上去並不特別強調學習成績，但大多數父母

還是很注重孩子在校的學業表現。此外，年輕一代的澳籍華人在學業上普遍成功的例子反映了中國人在教育中非常注重學業成績的教育理念，它是中國人的教育模式核心。

　　澳籍華人所表現的這種中西結合的模式，反映在如何處理保留傳統的同時又要適應新的文化環境的相互關係上。保留傳統的做法主要體現在幾個方面，如強調學業成績、保留母語、送孩子參加課外輔導班，及祖父母參與養育和兒童早期知識的灌輸。他們為適應環境在養育子女的做法上有相應的改變，包括不再偏重體罰，這也意味著他們認為孩子是否幸福對他們來說是最重要的。還有就是他們願意在孩子教育上投資，但並不完全期望孩子在經濟上給予回報（這一點部分反映了他們對澳洲較好的福利政策的認可）。研究結果還指出，這種中西結合的教育模式不可爭辯的事實是在 PISA 測試的結果上，澳籍華人學生的表現與上海同批同儕學生不相上下，甚至還超過了他們。

　　鑑於目前澳洲的移民政策偏重學歷和技能，所以本研究觀察到的相容教育模式，可以說只能代表中產階級的家庭，並且在一定程度上，只限於第一代華人移民父母。有關相容式的教育模式，儘管我們認為文化和社會性資本的傳播是無法跨越國界的，但大量事實證明在近期來自中國的移民人群中，文化資本是可以跨越國界的。事實顯示，來自中國的移民家庭注重教育成果，父母甘願為此付出的代價是可觀的，特別是在學校的各種考試方面，他們的子女成績突出，但是這種現象可能會在後代中有所變化。不管怎樣，是否中國移民在一個新的和更具挑戰性的環境中既能保留傳統主流社會教育模式的核心，又能成功地融入主流社會，還需要進一步研究和證實。

參 考 文 獻

風笑天（1997）。獨生子女父母的角色特點。載於劉錫霖、郭康健（編），**蛻變中的中國家庭**（頁 338-348）。香港：廣角鏡出版公司。

Abada, T., Hou, F., & Ram, B. (2009). Ethnic differences in educational attainment among the children of Canadian immigrants. *Canadian Journal of Sociology*, *34*(1), 1-28.

Agirdag, O. (2014). The long term effects of bilingualism on children of immigration: Student bilingualism and future earnings. *International Journal of Bilingual Education and Bilingualism*, *17*(4), 449-464.

Albanese, P. (2009). Ethnicity, immigration and family life. In M. Baker (Ed.), *Families: Changing trends in Canada* (pp. 130-153). Toronto: McGraw-Hill Ryerson.

Australian Broadcasting Commission [ABC]. (2013, December 3). Don't panic about PISA. *The Drum*, www.abc.net.au/news/2013-12-04/buckingham-pisa-panic/5133364

Australian Financial Review [AFR]. (2014, September 1). Chinese students do better in Australia. *Australian Financial Review*.

Batrouney, T. (1995). Lebanese-Australian families. In R. Hartley (Ed.), *Families and cultural diversity in Australia* (pp. 191-215). Sydney: Allen and Unwin.

Berry, J. W. (2007). Acculturation strategies and adaptation. In J. E. Lansford, K. Deater-Deckard, & M. H. Bornstein (Eds.), *Immigrant families in contemporary society* (pp. 69-82). New York: The Guilford Press.

Bourdieu, P. (1983). *Distinction: A social critique of the judgement of taste*. London: Routledge and Kegan Paul.

Bourdieu, P., & Passeron, J.-C. (1977). *Reproduction in education, society and culture*. London: Sage.

Boyd, M. (2002). Educational attainments of immigrant offspring: Success or segmented assimilation? *International Migration Review*, *36*(4), 1037-1060.

Chao, R. K. (1994). Beyond parental control and authoritarian parenting style: Understanding Chinese parenting through the cultural notion of training. *Child Development*, *65*(4), 1111-1119.

Chao, R. K. (1996). Chinese and European American mothers' beliefs about the role of parenting in children's school success. *Journal of Cross-Cultural Psychology*, *27*, 403-423.

Chen, C. (2008). Focus on the Chinese American family: Chinese immigrant church and childrearing. In E. Rudd & L. Descartes (Eds.), *The changing landscape of work and family in the American middle-class: Report from the field.* Toronto: Lexington Books.

Chi, X-H. (2014). *Negotiating two worlds: A cross-cultural narrative of Chinese immigrant parents' encounter with Canadian schooling.* Doctoral thesis, Ontario Institute for Studies in Education, University of Toronto.

Chua, A. (2011). *Battle Hymn of the tiger mother.* London: Bloomsbury.

Coleman, J. S. (1988). Social capital in the creation of human capital. *American Journal of Sociology*, *94*(Supplement), S95-S120.

Coleman, J. S. (1990). *Foundations of social theory.* Cambridge: The Belknap Press of Harvard University Press.

Crissman, L. W. (1991). Chinese immigrant families in Australia: A variety of experiences. *Journal of Comparative Family Studies*, *22*, 25-37.

Da, W. W. (2001). *Migration from the People's Republic of China to Australia: A study of family practices.* Doctoral dissertation, Faculty of Education, The University of Sydney, Australia.

Da, W. W. (2003). Transnational grandparenting: Child care arrangements among migrants from the People's Republic of China. *Journal of International Migration and Integration*, *4*(1), 79-103.

Da, W. W. (2010). Support network strategies of female Chinese immigrants in London, Ontario. *Asian and Pacific Migration Journal*, *19*(4), 525-549.

Feniger, Y., & Lefstein, A. (2014). How not to reason with PISA data: An ironic investigation. *Journal of Education Policy*, *29*(6), 845-855.

Fong, E. (2006). Patterns of participation in informal social activities among Chinese immigrants in Toronto. *International Migration Review*, *40*(2), 348-374.

Fuligni, A., & Fuligni, A. S. (2007). Immigrant families and the educational development of their children. In J. E. Lansford, K. Deater-Deckard, & M. H. Bornstein (Eds.), *Immigrant families in contemporary society* (pp. 231-249). London: The Guildford Press.

Hagan, J., MacMillan, R., & Wheaton, B. (1996). New kid in town: Social capital and the life course effects of family migration on children. *American Sociological Review, 61*, 368-385.

Hall, S. (1992). The question of cultural identity. In D. Hall & A. McGrew (Eds.), *Modernity and its futures* (pp. 274-316). Cambridge: Polity Press.

Heisler, B. S. (2008). The sociology of immigration from assimilation to segmented assimilation from the American experience to the global arena. In C. B. Brettell & J. F. Hollifield (Eds.), *Migration theory: Talking across disciplines* (pp. 83-112). London: Routledge.

Hugo, G. (2005). Australia's international migration transformed. *Australian Mosaic, 9*, 1.

Hugo, G. (2014). Change and continuity in Australia: International migration policy. *International Migration Review, 48*(3), 868-890.

Isajiw, W. W. (1999). *Understanding diversity: Ethnicity and race in the Canadian context.* Toronto: Thompson Educational Publishing, Inc.

Jupp, J. (Ed.). (2001). *The Australian people: An encyclopaedia of the nation, its people and their origins.* Cambridge: Cambridge University Press.

Jupp, J. (2002). *From White Australia to Woomera: The story of Australian migration.* Sydney: Allen and Unwin.

Kao, G. (2004). Parental influences on the educational outcomes of immigrant youth. *International Migration Review, 38*(2), 427-449.

Lin, N. (2001). *Social capital: A theory of social structure and action* (Structural analysis in the social sciences). Cambridge: Cambridge University Press.

Mak, A. S., & Chan, H. (1995). Chinese family values in Australia. In R. Hartley (Ed.), *Families and cultural diversity in Australia* (pp. 70-95). Sydney: Allen and Unwin.

Michel, V. (2014). *China online: Netspeak and wordplay used by over 700 million Chinese internet users.* Tokyo: Tuttle.

New York Times. (2015, January 1). Inside a Chinese test-prep factory. *New York Times.*

Portes, A. (1995). Children of immigrants: Segmented assimilation and its determinants. In A. Portes (Ed.), *The economic sociology of immigration* (pp. 248-279). New York: Russell Sage Foundation.

Putnam, R. (1993). *Making democracy work*. Princeton: Princeton University Press.

Putnam, R. (2000). *Bowling alone: The collapse and revival of American community*. New York: Simon and Schuster.

Sandefur, G. D., Meier, A., & Campbell, M. (2006). Family resources, social capital, and college attendance. *Social Science Research*, *35*(2), 525-553.

Shin, M., & Joel Wong, Y. (2013). Beyond the tiger mom: Asian American parenting and parent-child relationships. In B. Peter & P. Stelios (Eds.), *Parenting: Challenges, practices and cultural influences* (Family issues in the 21st century). New York: NOVA Publishers.

Shirpak, K. R., Maticka-tyndale, E., & Chinichian, M. (2007). Iranian immigrants' perceptions of sexuality in Canada: A symbolic interactionist approach. *The Canadian Journal of Human Sexuality*, *16*(3-4), 113-118.

Soriano, G. (1995). Filipino families in Australia. In R. Hartley (Ed.), *Families and cultural diversity in Australia* (pp. 96-120). Sydney: Allen and Unwin.

Sydney Morning Herald [SMH]. (2010, September 30). Top school's secret weapon: 95% of kids of migrant heritage. *Sydney Morning Herald*.

Tannenbaum, M., & Howie, P. (2002). The association between language maintenance and family relations: Chinese immigrant children in Australia. *Journal of Multilingual and Multicultural Development*, *23*(5), 408-424.

Ward, M., & Belanger, M. (2011). *The family dynamic: Canadian perspectives* (6th ed.). Ontario: Nelson Education.

Welch, A. (2013). Cultural difference and identity. In R. Connell, A. Welch et al. (Eds.), *Education, change and society* (pp. 99-130). Melbourne: Oxford University Press.

Zhou, M., & Bankston, C. L. (1994). Social capital and the adaptation of the second generation: The case of Vietnamese youth in New Orleans. *International Migration Review*, *28*, 821-845.

第三篇

當理論遇到實踐

第*16*章
引領全球改革的中國教師教育模式[1]

李軍

摘要

　　透過批判性地重新檢視一個多世紀以來中國教師教育的發展軌跡，以及近三十年來全球化背景下教師教育所面臨的主要挑戰，從歷史視角和比較視角兩種宏觀維度深入探究了教師教育的中國模式。就歷史視角而言，是從縱向角度研究不同階段中國式改革的趕超心態，將中國教師教育發展歷程分為初創、制度化、再制度化和專業化四個階段。比較的視角則是在國際背景下來定位教師教育的中國模式，用四個核心的特徵來界定教師教育的中國模式：一、個人和社會並重的人文主義路向；二、中庸的實踐性；三、系統的開放和多元；四、知與行的合一。這一中國模式可為全球教師教育的改革和發展引領新的方向。

關鍵詞：中國模式、教師教育、人文主義路向、中庸、知行合一、全球化

1　本章節中文版原由《復旦教育論壇》2017 年第 15 卷第 2 期首次發表，由田小紅、陳佩佩、張夢舟翻譯自作者所著 The Chinese model of teacher education: The humanist way for Chinese learners, teachers and schools。載於 P. C. I. Chou & J. Spangler (Eds.), *Chinese Education tion Models in a Global Age: Transforming practice into Theory* (pp. 249-264). Springer, 2016。部分內容改寫自筆者以下相關論著，特此鳴謝：*Quest for World-Class Teacher Education? A Multiperspectival Study on the Chinese Model of Policy Implementation*. Singapore: Springer, 2016; The Chinese model of teacher education: Retrospect and prospects over a century. *Frontiers of Education in China, 2012, 7*(3), 417-442; When Confucianism meets Ubuntu: Rediscovering justice, morality and practicality for education and development. *International Journal of Comparative Education and Development, 2015, 17*(1), 38-45；檢視教師教育的中國模式。社會科學報，2013-02-07（第 5 頁）。筆者謹向《復旦教育論壇》期刊及譯者授予版權許可表示感謝。

在最近 PISA（OECD, 2010, 2013）的測試中，上海學生的卓越表現涵蓋所有測試領域，令世界嘖嘖稱奇。全世界都在關注為什麼中國的學生在和其他國家或地區學生相比時，能表現出這麼大的可競爭性。其實，數十年來中國一直致力於改進教師教育，上海學生在 PISA 多次測試中所取得的成績證實了這種改革的成就。本章旨在全面反思中國教師教育模式對學生、教師和學校的影響。它首先回顧了中國教師教育體系確立和發展的軌跡、全球化社會和政治環境對教師教育的新挑戰，然後闡述了中國為培育優質教師的最新政策行動。最後，本文從儒家人文主義的視角反思了教師教育的中國模式，並闡明在全球化時代的中國式學習、教學和學校教育。

一、中國教師教育的發展軌跡

中國有著悠久的尊師重道傳統，但直到十九世紀九十年代後期才真正有教師職業的教育系統。這一歷史的發展軌跡大致可以劃分為如下四個階段。

（一）始創（1897～1911 年）

在西方傳統中，教師培育學校最初是為了宗教目的而創建的。但是在中國，它們都是為了政治的原因而創建的。這是由於在儒家傳統中，教師始終是個人和社會發展的基礎。十九世紀初清王朝從繁榮走向衰弱，以至於一蹶不振。在半殖民狀態下，很多政界以及教育界人士帶著強烈的追趕意識，認為教師教育是實現民族復興和國家自強的關鍵。由於這些政治性的努力，中國的現代教師教育才應運而生，並逐步自成體系。

中國的第一所師範學校——南洋公學師範館創建於 1897 年，比西方的第一所師範學校——十七世紀八十年代初 Jean Baptiste de La Salle 在法國漢斯創建的天主教兄弟學院，大約晚兩百年。南洋公學是上海交通大學的前身，由盛宣懷在上海創建。其師範館是該校的教師教育機構，也是現代中國的第一所專門培育專職教師的學校。1902 年 5 月 21 日，中國第一所獨立的師範學校——湖北師範學院，由張之洞創立。同一年稍晚，第一所私立師範學校——私立通州

師範學校，由張謇在江蘇省南通市創立。此外，1898 年晚清政府創立了第一所現代國立大學——京師大學堂，並於 1902 年設置了師範館。

　　1902 年，一個獨立的教師教育子系統被納入中國現代第一個國家法定的學制——壬寅學制，旨在模仿日本的現代學校制度。在此期間，清朝學部確立了中國第一個小學教師資格證書系統，並在接下來的幾年裡進一步完善了這一系統（Kuo, 1915）。同年，全國共有 271 所師範學校和 282 所教師培訓機構，總共有 36,608 名學生和 36,974 名獲得證書的教師（學部總務司，1907，頁 13、23-24、50-51）。

（二）制度化（1912～1949 年）

　　中華民國成立後不久，公布了數項關於學校制度的重要政策。其中，1912 年頒布的《教師教育法》和《師範學校條例》是指導教師教育目標、專業和課程的綱領性文件。透過這些新政策，教師教育在兩個層面上得到了確立：師範學校培養小學教師，師範院校培養中學教師。前者是省級的，後者是省級或國家級的。1912 年設立了師範學校的學區系統，以適應各地的不同情形，這在中國的歷史上是第一次。隨後，在 1916 年 4 月 28 日開始在全國實施小學教師的證書制度（孫邦正，1971，頁 530-533）。就教師教育課程和機構而言，這些政策舉措都是革命性的且行之有效。

　　《壬戌學制》是 1922 年 11 月 1 日通過的新法。中國的學校制度開始從日本模式急速轉變為美國模式。美國模式的特點是具有因地制宜的靈活性、適應性和有特色的中等教育。這種 6-3-3 學制是為學生不同的發展階段和獨特的中學教育量身定制的（錢曼倩、金林祥，1996，頁 284-300）。在新的體系裡，教師教育在兩個層面展開：師範學校和高等師範院校。培養小學教師的師範學校一般都併入了綜合中學。一些省分開始停止給就讀於師範學校的學生提供補貼，導致了教師教育註冊人數的下降。名義上，高等師範院校仍然定位於獨立的機構，而實際上卻只保留了北京高等師範學校，其他高等師範院校基本上都被併入綜合性大學。雖然《壬戌學制》因為其靈活的學年、操作的適應性和深遠的影響被譽為中國近代教育史上的一個里程碑，但實際上教師教育被削弱了

（孫邦正，1971，頁 539）。根據劉問岫（1984）記載的數據，1922 到 1928 年普通師範學校的數量減少了 63%，學生人數下降了 49%，預算削減了 34%。

　　從 1932 到 1935 年，國民政府做出了巨大努力要恢復 1922 年之前的教師教育制度。師範學校從綜合中學中獨立出來，而一些高等教育機構再次成為獨立培訓教師的高等師範院校。在 1921 到 1949 年期間，社會政治環境發生了巨大變化，一連串的戰爭在中國爆發。國難當頭之時，教師教育卻得到重視和發展。到 1946 年，普通師範學校的數量幾乎增加了三倍，達到 902 所，學生人數增加了五倍，達到 245,609 人（教育部中國教育年鑑編委會，1948，頁 929-930）。

（三）再制度化（1949～1993 年）

　　1949 年，中華人民共和國成立，政府把掃除文盲、為所有適齡兒童提供普及教育列為頭等大事，教師教育的重建則成為當務之急。由於當時的國際政治環境，教師教育採用了蘇聯模式，並一直沿用了長達數十年之久（陳永明等，2003；Pepper, 1996）。透過這一模式，中國建立了一個獨立的教師教育體系，所有的教師都是由師範學校和高等師範院校培養，或由省級或地區教育學院提供在職教育。到 1953 年，全中國共有 31 個獨立的高等師範院校（中央教育科學研究所，1984，頁 90-91）。

　　二十世紀五十年代的「院系調整」為教師教育體系帶來了巨大的變化。例如，1951 年，以大夏大學、光華大學的文、理、教育學科為基礎，透過合併同濟大學動物系、植物系，復旦大學教育系，滬江大學音樂系以及東亞體育專科學校，成立了華東師範大學。之後又陸續合併了聖約翰大學的教育系、理學院，浙江大學地理系，滬江大學教育系，大同大學教育系，震旦大學教育系，江蘇師範學院音樂專業，以及上海第二師範學院地理系。而在 1949 年之前，教師教育是綜合性大學的一部分，但此時是新成立的或組建的高等師範院校的專屬了。

　　這段時期的教育深受政治的影響。自二十世紀五十年代後期，黨和政府一再重申，教育必須為無產階級政治服務。與所有其他領域一樣，教師教育也被

深深地捲入政治運動之中，為政治服務，而其他功能在很大程度上被忽視或受到限制。此外，教育界受到巨大的衝擊，教師的社會政治地位顯著下降。

改革開放以來，為了實現國家現代化，教師教育逐步得到恢復，進入一個徹底轉型時期。1983 年，要求小學教師完成中學教師教育課程，初中教師完成二至三年的中學後教師教育課程，高中教師完成四年制本科教師教育課程。此外，1978 年《關於加強和促進教師教育的意見》，1985 年《中共中央委員會關於教育體制改革的決定》、《關於基礎教師教育和教師教育計劃的意見》，1986 年《關於加強和推進教師教育的意見》等國家政策，都強調教師教育必須成為教育發展的首要任務。為了給教師和教師教育創造有利環境，尊重教師職業，第一個全國教師節於 1985 年 9 月 10 日設立。教師節這一全國性節日的設立，提升了教師在社會中的象徵地位。這些政策和策略恢復了教師教育制度的關鍵功能，並為未來的改革做好了準備。

（四）專業化（1993 年至今）

自二十世紀九十年代初期以來，在日益加劇的全球化進程的推動下，中國掀起了市場化、私有化和分權化等改革浪潮。為了實現現代化，追趕已發展國家，新一輪教育改革的主要目的是擴大各級教育的入學，同時提升教育品質。義務教育和中學後教育的快速擴張迫切需要高品質教師，前蘇聯的獨立教師教育制度已無法滿足提高教師隊伍品質的同時又擴大教師隊伍的需求。優質教育加速了教師專業化的進程。為了應對這些挑戰，中國制定了新的政策，對教師教育進行整體結構的調整和改進，重組教師教育體系，目標是改革教師教育，提高新教師的學歷資質，建立教師繼續教育體系，並顯著提高教師隊伍的整體素質（中華人民共和國教育部，2002）。這些政策的目標是培養足夠數量的優質教師，實現教師隊伍專業化，促進教師教育體系多樣化，並不斷提高教師的經濟和社會地位。

1993 年中共中央委員會和國務院發布了《中國教育改革和發展綱要》。1993 年 10 月 31 日全國人民代表大會常務委員會通過《中華人民共和國教師法》，象徵著教師教育改革進入了新時代。1995 年頒布的《教師資格條例》

規定所有教師必須獲得教師許可證（中華人民共和國教育部，1995）。1996年，原國家教委《關於師範教育改革和發展的若干意見》重構了教師教育體系，即教師教育主要依賴於獨立的高等師範院校，並允許綜合性大學參與。此外，1999 年中共中央委員會和國務院頒布《關於深化教育改革全面推進素質教育的決定》，2001 年教育部頒布《全國教育事業第十個五年計劃》，2010年國務院頒布《國家中長期教育改革和發展規劃綱要（2010-2020 年）》。在這三個重要的政策文件中，強調了教師教育的新願景與戰略計劃。特別是在2010 年發展的發展規劃綱要中，強調了教師專業的重要位置和道德規範，提高了教師職業的社會地位。這種把專業知識和道德標準視為同等重要的指導思想，根源於儒家的認識論傳統，也是一個世紀前清政府建立現代教師教育制度時便強調繼承的歷史遺產。

（五）現實與挑戰

中國有培育不同層次教師的院校。一般說來，教師教育包含三個專業層次、兩種主要教育形式。第一種是在師範學校、專科院校或大學完成的職前教師教育，第二種是在縣級教師進修學校、市級或省級教育學院提供的在職教育。除此之外，愈來愈多的綜合大學都在積極開設教師教育課程。到 2004年，共有315所綜合性大學開設了教師教育課程，招收了48萬名學生（中華人民共和國年鑑編輯部，2005，頁 752）。近幾年來，全國教師教育網絡聯盟和網際網路的線上課程也在教師培育中發揮了重要作用。

隨著教師教育機構的多樣化，2012 年大約 52 萬名學生在教師教育機構學習，教師人數由1990 年的 860 萬增加到2012 年的1,070 萬，教師的品質達到了一個新的水準。例如，小學和國中教師的教育合格率分別從1990 年的73.9%和46.5%，躍升到2012年的99.8%和99.1%（中華人民共和國年鑑編輯部，1991，頁 349；2013，頁 636）。同時，教師教育也面臨著新的挑戰。挑戰之一是近年來人口基數的巨大變化。由於 1978 年以來實施獨生子女政策，新出生的嬰兒人數在 1990 年代末迎來人口高峰後不斷下降。小學學齡兒童人數的急劇下降，使中國基礎教育體系的重點從增加合格學校和教師的數量，轉移到提高教

學的質量。另一挑戰是對中學教師數量的龐大需求，而中學教師的品質則是一個更嚴峻的問題，教師教育改革面臨著品質和數量的雙重挑戰。

　　政府在 1990 年代發起的新一輪教師教育改革的效果已經初現端倪。首先，由封閉獨立的教師教育模式轉向開放、混合的系統。除了這些制度變革，在名稱上，「教師教育」已經取代了字面意思是「教師」和「榜樣」的「師範教育」，後者通常是指職前教師教育，不包括在職教師教育。其次，教育部現在要求小學教師接受二到三年師範專科教育；中學所有教師都必須持有本科學士學位。第三，設置了教師教育新課程和學位制度，培養優質教師。1996年，設置了小學和中學教師教育碩士學位。第四，新的教師證書制度和新實施的教師教育課程標準，透過標準程序、合法要求和措施，以及廣泛的參與得以全面貫徹。第五，教師教育體系採用了新的形式。例如，全國教師教育網絡聯盟的全天候在線教育。最後，更重要的是，在教師教育課程中加強專業知識和師德培養的整合，其核心在於儒家認識論中強調善德及其在教育生活中的應用。這一點幾乎在所有的重要政策文件中都一再的強調。

二、中國的教師教育模式

　　透過對中國教師教育發展歷史的回顧與反思可以發現，中國的教師教育在一百年來以一種為社會發展、國家富強和提高國際地位的趕超心態，走過了一段艱難曲折的發展歷程。從以下幾個方面可以看出，教師教育的中國模式對中國式的學生、教師和學校都具有顯而易見的意義。

（一）個人和社會並重的人文路向

　　中國模式的核心是儒家人文主義，強調學習、教學和學校教育對個人及社會發展的重要作用。從其發端起，儒家就重視定義學習、教學及教育的人文主義目的。如在《大學》中寫明：「大學之道，在明明德，在親民，在止於至善。」完美體現了個人利益和社會公共利益協調的融合（Lee, 2000, pp. 10-11）。世界最早的教育專論、另一部儒家經典《禮記・學記》也提到了，

教育是政治議程的第一要務。兩千多年來，學習、教學和教育的重要性已經深深地扎根於中國文化的信念當中，孕育了中國教師教育模式的人文主義哲學取向。

在中國傳統社會中，由於對教育重要性的高度強調，教師通常被給予最受尊敬的社會政治地位。教師是中國社會重要的文化象徵。西元前三世紀的儒家哲學家、改革家荀子（西元前 313-238）提議，教師應與君主的國家地位相同。他指出，如果一個國家要崛起，必須首先尊師重道。唐朝的韓愈（768-824）進一步指出，教師的職責包含以下三個方面：傳道、授業、解惑。由此，教師作為道統和知識傳授者及解惑者的形象，深深地植根於中國的教師教育模式中。

儒家強調社會中個人和群體的道德關係，展示了一種東亞的生活方式。這種生活方式的中心思想即用愛、正義和發展的眼光去平等地看待每個人（Li, 2015）。此外，儒家認為，教師集知識淵博的學者和藝術家身分於一身，同時又是充滿愛心、專業且負責任的公共知識分子。因此，無論是對於個人的修養、國家的富強還是社會的發展，教育始終是首要的議題（Hayhoe & Li, 2010）。為了確保教育的發展優先權，教師職業一直被視為是向公眾及私人提供良好教育服務的核心所在。教師的教育和發展也被普遍認為是基礎教育和學生學習成功的關鍵。因此，在過去的一個世紀裡，以師範大學為代表的中國教師教育模式一直頑強存在著也就不足為奇了。在新的全球化時代，中國的教師教育模式也將變得更加強大。

（二）中庸的實踐性

儒家人文主義不僅是一種理想主義的哲學，而且具有政策行動和社會轉型的實踐導向——中庸的黃金準則。孔子是位偉大的教育家，他本人用他一生的教育實踐對此進行了證明。「中庸」被儒家學者奉為其哲學理念的最高原則（Lin, 1939）。從字面上看，「中」指的是中正的、合適的、恰好或是公平的；而「庸」則有普通、平庸、務實或是通用的意思（Ku, 1906, p. 7）。「中」（中和）和「庸」（普通）不僅僅是指尋求一條中間路線，它同時蘊涵

著一種精神，而這種精神就是人文與理性的完美和諧。事實上，中庸可以作為
「人類情感與行動的指南」（Chai & Chai, 1965, p. 305）。「中」和「庸」，這
兩個原則基於儒家價值觀中的實用主義，平衡集體理性與個人及社會發展的道
德義務。儒家試圖透過這種和諧及平和的協調方式，緩和理想與現實間的張
力。

　　「中學為體，西學為用」就是這一植根於儒家認識論的中庸運用（Li,
2009; Li & Hayhoe, 2012）。「中學為體，西學為用」是由晚清洋務派代表人物
張之洞（1837-1909）提出的。1902 年，基於朱熹（1130-1200）的理念，張之
洞創立了中國第一所獨立的師範學校。再一個例子，是改革開放之後中國運用
現代化和人力資本兩大理論，對教師教育進行了制度化的實踐創新（Li & Lin,
2008）。第三個例子，是在九十年代關於是否保留師範學校的獨立系統的身分
問題。二十世紀九十年代，針對保留師範學校獨特的歷史身分還是更改為綜合
性大學的問題，進行了全國性、激烈的辯論。最後決定，由師範大學承擔提供
優質教師的重任，使教師職業在國家生活中有崇高的地位。師範大學沒有遵循
大學合併的趨勢，繼續保持了師範大學的獨特性，因為「教育是振興中華民族
的最大希望，而振興教育的希望在於教師」（Ashmore & Cao, 1997, p. 70）。

　　在中國近幾十年教師教育的改革中，中庸的實踐性表現得很明顯，而這也
是一個務實的政策選擇。在全球化背景下，教師培育的數量、品質及其發展，
已經成為中國在個人培養、社會發展、國家建設和國際競爭力等方面的工作重
點。中國的模式從來就不是一種功利主義傾向，而是始終將個人的道德發展與
卓越和社會整體的發展融為一體。在教師教育的改革與發展中，儒家中庸的實
踐性平衡了短視的工具主義與純粹的烏托邦理想主義兩個極端。

（三）系統的開放和多元

　　系統的開放性和多樣性以儒家的中庸理念為中心，是中國教師教育模式的
另外兩個核心要素，在歷史發展的不同階段發揮了非常好的調節作用。1897
年中國的教師教育是引入日本模式而誕生的，而日本模式是以法國模式為基
礎。教師教育在政治系統中具有獨立的地位，確保了其穩定性，是教師培育、

社會發展和國家建設的可靠工具。二十世紀二十年代到三十年代之間，中國的系統開始轉向依賴於綜合性大學的美國模式，教師教育失去了其獨立的身分。1949 年後，採用了基於法國模式的蘇聯模式。由於國際上提供給新生的共產主義政權的資源極為有限，這種模式在二十世紀七十至八十年代的人口繁榮期運作良好。然而，現在的中國模式仍然是開放、混合繼承著法國的傳統模式，但是卻夾雜著美國模式的元素。在過去的一個世紀中，中國模式是開放和包容的系統，混合著法國模式傳統，又吸收了美國模式的特徵。中國模式以其開放性、適應性、靈活性及多樣包容性，善於從其他系統中獲取經驗，同時又兼具「他山之石可以攻玉」的儒家實用主義。

（四）知與行的合一

最重要的一點，中國的教師教育模式植根於儒家的認識論──特別是明代心學集大成者王陽明提出的「知行合一」論。他在《傳習錄》中提出：「知者行之始，行者知之成：聖學只一個功夫，知行不可分作兩事。」教育的知識應當是人文的、整體的，其最終目的是為了個人和公眾的福祉而非別的。這種知識的應用被視為是其社會有效性的測試，而不是歐洲科學傳統裡的邏輯或理性的證明。

事實上，教育知識被視為是改善與發展個人生活和公眾生活的重要工具。例如，教師教育改革的政策文件明確規定，專業知識和道德標準必須始終貫穿於教師教育的核心，尤其是在專業學習和實踐綜合課程中。透過這種方式，中國模式把保持其卓越性和多樣性作為機構發展和體制變革的重中之重。儒家傳統認識論將中國教師教育模式置於國家系統中，透過政策的介入和干預，使教師教育得以成為個人及公共利益發展的基礎工具，並保障和提高教師教育自身的自主性及學術水準。正是由於這種儒家觀點，教師教育也一直是中國當代教育改革中的重中之重，明顯帶有知識與行動有機整合的基本特徵。

三、對中國式學習者、教師和學校的影響

　　中國教師教育模式的四個核心特徵充分表現在中國式的學生、教師及學校上，為他們提供了制度上的合理解釋。其實，從上個世紀開始這些問題就已經開始被討論（Chan & Rao, 2009; Hayhoe, 2015; Li, 2001; Kwo, 2010; Watkins & Biggs, 1996）。近年來中國式「虎媽」、中國式「獅師」焦點問題（Chua, 2011），則進一步激起了世界各地對中國教師教育模式的全球性討論。

　　這些討論只關注了教育現象的所謂中國性，卻沒有對中國的教師教育模式進行系統的檢視。Lee（1996）總結了一些中國學習、教學和教育方面的關鍵特徵，如教育的重要性、可教性和完善性、意志力、學習動機以及探究反思過程等。迄今為止，所提供的解釋往往只侷限於中國的社會文化背景因素，卻沒有對中國教師教育模式等的制度性因素進行深入探討。

　　教師和師範大學在中國教師教育模式中所發揮的作用至為重要。儒家的學習方式高度重視教師和學校，學習和教學從來就被看作是一個包容、綜合及整體的過程。正如兩千年前的儒家經典《禮記·學記》所明確闡述的：

> 是故古之王者，建國君民，教學為先。……
>
> 雖有嘉肴，弗食，不知其旨也；雖有至道，弗學，不知其善也。是故，學然後知不足，教然後知困。知不足，然後能自反也；知困，然後能自強也。故曰：教學相長也。《兌命》曰：「學學半。」其此之謂乎？……
>
> 君子既知教之所由興，又知教之所由廢，然後可以為人師也。……
>
> 君子知至學之難易，而知其美惡，然後能博喻；能博喻，然後能為師。

　　由於這一儒家傳統，中國、東亞和南亞地區的教師教育機構——特別是師範大學作為高等教育機構中的一種特殊類型——一直享有與綜合大學一樣的學

術地位和大學地位。最近獲得更名的「香港教育大學」是一個最新的證明。隨著時間的推移，關於學習、教學和教育這些文化上公認的儒家價值觀，已經在很大程度上透過中國的教師教育模式制度化，並對中國式的學生、教師和學校產生了極為深刻的影響。教育實踐的中國性不僅在諸如中國大陸、香港、澳門、臺灣，以及日本、韓國、馬來西亞這樣的儒家傳統社會中可以觀察到，而且在澳洲、法國、德國、英國和美國這些西方國家的中國社區也具有同樣的體現。

四、結語

中國的教師教育模式的特點不是一成不變的。相反的，它是充滿活力、適應性強且可變，在不同的環境中具有不同的形式，在未來也可以對發展中國家和已發展國家提供新的政策路向選擇。本世紀初，美國遭遇了嚴重的教師短缺危機。其中的一個原因就是因為美國的教師主要來自於綜合性大學，但綜合性大學所能夠提供的教師數量遠遠不夠、不穩定且不能及時因應需要。為了解決這一實際的問題，美國應該向中國式的師範大學體制學習。又如，菲律賓曾經在近年對師範大學是否應該像美國那樣併入綜合大學，進行了一場全國性的激烈辯論。辯論的焦點集中在是否應該把現有的三所師範類大學，改設為綜合性的大學。

顯然，中國的教師教育模式都可以為這些國家的教師教育改革提供很好的經驗。中國教師教育模式以其扎根於儒家思想的人文主義、開放性和多樣性的核心特徵，可以為國際社會的教師教育變革提供借鑑。正是由於中國的教師教育模式有著悠久的傳統和豐富的特點，在未來還可以以其豐富和獨特的中國性，用充滿生機與活力的方式為世界的教師教育改革做出積極的貢獻。

參 考 文 獻

中央教育科學研究所（1984）。**中華人民共和國教育大事 1949-1982**。北京：教育科學出版社。

中共中央國務院（1993，2 月 13 日）。**中國教育改革和發展綱要**。2016 年 6 月 13 日，取自 www.moe.edu.cn/publicfiles/business/htmlfiles/moe/moe_177/200407/2484.html

中共中央國務院（2010，7 月 29 日）。**國家中長期教育改革和發展規劃綱要（2010-2020 年）**。2016 年 6 月 13 日，取自 http://www.gov.cn/jrzg/2010-07/29/content_1667143.htm

中華人民共和國教育部（2002，2 月 6 日）。**教育部關於「十五」期間教師教育改革與發展的意見**。2016 年 6 月 13 日，取自 http://www.moe.edu.cn/publicfiles/business/htmlfiles/moe/moe_290/200408/2546.html

中華人民共和國教育部（1995，12 月 12 日）。**教師資格條例**。2016 年 6 月 13 日，取自 http://www.moe.edu.cn/publicfiles/business/htmlfiles/moe/moe_620/200409/3178.html

中華人民共和國年鑑編輯部（2005）。**中華人民共和國年鑑 2005**。北京：中華人民共和國年鑑社。

中華人民共和國年鑑編輯部（1991）。**中華人民共和國年鑑 1991**。北京：中華人民共和國年鑑社。

中華人民共和國年鑑編輯部（2013）。**中華人民共和國年鑑 2013**。北京：中華人民共和國年鑑社。

李軍（1998）。**教育學志**。上海：上海人民出版社。

高時良（2006）。**學記研究**。北京：人民教育出版社。

高時良（1982）。**學記評注**。北京：人民教育出版社。

孫邦正（1971）。**六十年來的中國教育**。臺北：正中書局。

陳學恂（1981）。**中國近代教育大事記**。上海：上海教育出版社。

陳永明等（2003）。**教師教育研究**。上海：華東師範大學出版社。

教育部中國教育年鑑編審委員會（1934）。**第一次中國教育年鑑 1934**。上海：開明書店。

教育部中國教育年鑑編委會（1948）。**第二次中國教育年鑑 1948**。上海：商務印書館。

國家教委（1996，4 月 10 日）。**國家教育委員會關於師範教育改革和發展的若干意見**。2016 年 6 月 13 日，取自 http://www.gdjyw.com/jyfg/20/law_20_1027.htm

劉問岫（1984）。**中國師範教育簡史**。北京：人民教育出版社。

錢曼倩、金林祥（1996）。**中國近代學制比較研究**。廣州：廣東教育出版社。

學部總務司（編）（1907）。**第一次教育統計圖表（光緒三十三年）**。臺北：文海出版社。

顧樹森（1981）。**中國歷代教育制度**。南京：江蘇人民出版社。

顧明遠、檀傳寶（2004）。**中國教育發展報告——變革中的教師與教師教育**。北京：北京師範大學出版社。

Ashmore, R. A., & Cao, Z. (1997). *Teacher education in the People's Republic of China*. Bloomington: Phi Delta Kappa Educational Foundation.

Chai, C. & Chai, W. (1965). *The humanist way in ancient China: Essential works of Confucianism*. New York: Bantam Books.

Chan, C., & Rao, N. (2009). *Revisiting the Chinese Learner: Changing contexts, changing education*. Hong Kong: CERC.

Chua, A. (2011). *Battle hymn of the tiger mother*. New York: Penguin Press.

Hayhoe, R. (2015). The idea of the normal university and the university of education: Implications for a Confucian pedagogy. In J. C. K. Lee & C. Day (Eds.), *Quality and change in teacher education: Western and Chinese perspectives*. Dordrecht: Springer.

Hayhoe, R., & Li, J. (2010). The idea of a normal university in the 21st century. *Frontiers of Education in China, 5*(1), 74-103.

Ku, H. M. (1906). *The conduct of life, or the universal order of Confucius*. London: John Murray.

Kuo, P. W. (1915). *The Chinese system of public education*. New York: Teachers College.

Kwo, O. (2010). *Teachers as learners: Critical discourse challenges and opportunities*. Hong Kong: CERC.

Lee, W. O. (1996). The cultural context for Chinese learners: Conceptions of learning in the Confucian tradition. In D. A. Watkins & J. B. Biggs (Eds.), *The Chinese learner: Cultural, psychological and contextual influences* (pp. 25-41). Hong Kong: CERC.

Lee, T. H. C. (2000). *Education in traditional China: A history*. Leiden/Boston/Koln: Brill.

Li, J. (2001). Chinese conceptualization of learning. *Ethos, 29*(2), 111-137.

Li, J. (2009). Confucianism. In D. Pong (Ed.), *Encyclopedia of modern China* (Vol. I, pp. 347-351). Detroit: Charles Scribner's Sons.

Li, J. (2012). World-class higher education and the emerging Chinese model of the university. *Prospects: Quarterly Review of Comparative Education, 42*(3), 319-339.

Li, J. (2013). China's quest for world-class teachers: A rational model of national initiatives and institutional transformations. *Asia Pacific Journal of Teacher Education, 41*(3), 316-330.

Li, J. (2015). When Confucianism meets Ubuntu: Rediscovering justice, morality and practicality for education and development. *International Journal of Comparative Education and Development, 17*(1), 38-45.

Li, J. (2016). *Quest for world-class teacher education? A multi perspectival approach on the Chinese model of policy implementation.* Singapore: Springer.

Li, J., & Hayhoe, R. (2012). Confucianism and higher education. In J. A. Banks (Ed.), *Encyclopedia of diversity in education* (Vol. I, pp. 443-446). Thousand Oaks: Sage.

Li, J., & Lin, J. (2008). China's move to mass higher education: A policy analysis of policy making from a rational framework. In D. P. Baker & A. W. Wiseman (Eds.), *International perspectives on education and society: The worldwide transformation of higher education* (Vol. ix, pp. 269-295). Bingley, England: Emerald Publishing.

Lin, Y. T. (1939). *My country and my people* (Rev. ed.). London: Heinemann.

OECD. (2010). *PISA 2009 results: What students know and can do-Student performance in reading, mathematics and science* (Vol. I). Retrieved Jun 13, 2016, from the OECD Web Page http://dx.doi.org/10.1787/9789264091450-en

OECD. (2013). *PISA 2012 results: What students know and can do-Student performance in Mathematics, Reading and Science.* Retrieved Jun 3, 2016, from http://www.oecd.org/pisa/keyfindings/pisa-2012-results-volume-i.htm

Pepper, S. (1996). *Radicalism and education reform in 20th-century China: The search for an ideal development model.* Cambridge: Cambridge University Press.

Watkins, D., & Biggs, J. (1996). *The Chinese learner: Cultural, psychological and contextual influences.* Hong Kong/Melbourne: CERC/Australia Council for Educational Research.

第17章
當杜威遇到孔子：
實用主義 vs. 新愛國主義

Gulbahar Beckett、趙娟娟

摘要

　　本章以三項分別採集於加拿大、美國和中國西北部中學的實證數據為例，探討了杜威式以學生為中心的教學法是如何在儒家思想認識論環境下產生的。闡述了來自於香港、大陸和臺灣的移民中學生在加拿大學習的經歷和認識，及其任課教師的經歷和看法；美國高中生及其老師的教學經歷和看法；以及中國西北部教師的經歷和觀點。本章在傳統的比較研究基礎上進一步拓展，展示了變換的教育實踐和混合型教育哲理的複雜性及其所需要的自我覺悟、觀念衝突調和及實踐支持。透過審視中國儒學以教師為中心的教育理念和美國、加拿大杜威式以學生為中心的教學思想之間的衝突和矛盾，作者推測出一種全球化時代新出現的中國教育模式，可以稱之為矛盾的實用主義和新愛國主義，這種模式透過發揮知識的影響力來適應新自由國際競爭。

關鍵詞：杜威式教學、儒家認識論、實用主義、新愛國主義

一、背景介紹

　　國際化推動人力、教學法和哲學思想的日趨流動，以便尋求最好的教育實踐實現教育投資的最大回報。根據國際教育協會門戶開放報告（Open Doors Report on International Educational Exchange, 2013），1998 到 1999 年間，中華人民共和國成為向美國輸出學生最多的國家，2011 到 2012 學年中國留學生在美的數目達到 194,029 人。2012 到 2013 學年，中國留學生數目達到 235,597，比上一年增長了 21.4%。其中 39.8%是本科生，43.9%是研究生或博士生，16.3%在選擇性實習訓練階段。很多學生在畢業後留美從事各行各業，包括教育領域在內的工作。中華人民共和國也是向美國輸送中學生數目最大的國家，中學生在美人數 2013 年佔整個國際中學生和職業教育學校學生的 32.3%（n = 23,562人）（Farrugia, 2014）。國際學生對教學的看法和喜好與美國教育制度和文化之間的互動，無疑是一個有趣且重要的課題，需要認真的探索。中國甚至「進口」這些國家的教學實踐，比方杜威式以學生為中心的教學法，中國透過新課改將其廣泛介紹給國內的學生和教師（參見 Beckett & Zhao, 2016）。全球化還促進了中國在內很多國家的經濟發展，這些國家不再單純滿足於向西方學習，而是開始致力於向西方國家介紹本國知識，讓知識「走出去」。透過孔子學院下進行的中文教學和國外學校中的中文作為外語的教學，都是這樣的積極舉措。

　　本章以三項分別採集於加拿大（Beckett, 1999）、美國（Zhao & Beckett, 2014; Zhao, 2016）和中國西北部（Zhao & Beckett, 2014）中學的實證數據為例，探討了杜威式以學生為中心的教學法是如何在儒家思想認識論環境下產生的。具體來說，本文講述了來自於香港、大陸和臺灣的移民中學生在加拿大學習的經歷和認識，以及任課教師的經歷和看法；美國高中生及其老師的教學經歷和看法；還有中國西北部教師們的經歷和觀點。

（一）重要性

　　傳統比較教育往往停留在東西方的一些淺顯的比較上，本文有別於以往傳統的比較教育研究，探討的是當教學實踐與認識觀念交鋒時會發生的情況，並挖掘不同的實踐和思想背後的哲學原理。因此，它展示了變換的教育實踐和混合型教育哲理的複雜性及其所需要的自我覺悟、觀念衝突調和及實踐支持。透過審視中國和美國、加拿大教學法之間的衝突和矛盾，作者推測出一種全球化時代新出現的中國教育模式，可以稱之為矛盾的實用主義和新愛國主義。

（二）概念

　　杜威式以學生為中心的教學法指的是體驗性和互動性的課程，其中考慮到學生的興趣和體驗，提供學生在學習過程中掌握主動權的機會（Dewey, 1938）。這是透過對學習者來說有直接重要意義的教育活動來進行培養，幫助他們學習能力和方法。對杜威來說，教育的目的是幫助學生學會如何學習來為改變世界做準備。對「認識論」（epistemology）一詞的解釋可以無窮無盡，正如「史丹佛哲學百科全書」（Stanford Encyclopedia of Philosophy）對其定義和討論就有 77 頁。就本章的內容，我們把「認識論」定義為關於知識和合理信念的理論（Winch & Gingell, 1999）。同樣的，本文也不對儒家思想贅述，「儒學認識論」在本章中指由儒家思想傳統發展而來的哲學和理論，既反映又影響人民的思想和實踐，本章主要涉及其在教育的哲學思想和實踐。儒家思想認識論是對所繼承的文化遺產的理解和表達，是對歷史經典的智慧和知識傳播（Zhao, 2014）、道德修養的教育與學習（Zhao, 2013），和社會關係中正確的態度與行為（Rošker, 2014）的理解和表達。儒家文化下的教學更傾向於以教師為中心，教師擁有絕對的權威，向學生傳授知識和訊息（Zhao, 2013）。矛盾的實用主義（dilemmatic pragmatism）在本章中指的是個體（比方學生和老師們）所做的實用性選擇，矛盾是因為他們的選擇與其哲學信念衝突。比如中文老師雖然贊同儒家以教師為中心的教學哲學，但是為了保住工作就會做出矛盾的選擇，不得不調整為杜威式以學生為中心的教學哲學和實踐。新愛國主義

（neo-patriotism）指的是當下的中國愛國主義，為適應新自由國際競爭，而運用知識的影響力透過「出口」一些中國人認為全世界需要學習的知識（Feng, Beckett, & Huang, 2013），例如決策。為提高中國的國際地位，中國政府支持在美國和其他國家的中文教學項目的款項，以及很多中國老師不遠萬里去異國他鄉「傳播中國語言和文化」（Beckett & Li, 2012），都是這種新愛國主義的體現。

二、從實踐到理論

實踐中的事例

1. 個案一：中國學生對專題導向教學的看法

Beckett（1999）用民族誌的研究方法探索了專題導向教學（project-based instruction），一種典型的杜威式教學模式，在加拿大中學的英文作為第二語言（ESL）課堂的應用。參與本研究的有 3 位加拿大教師和 73 個華人學生，其中 2 位學生來自中國大陸，46 位來自臺灣，25 位來自香港。雖然參與者大部分來自臺灣和香港，但一概通稱為中國學生，因為他們跟來自大陸的學生一樣擁有同樣的儒家教育思想和經歷，他們的看法都與本章討論的問題相關。據參與研究的教師和學校的手冊所述，把專題導向教學模式引入 ESL 課堂是為了讓英語學習者熟悉這種在加拿大教育文化當中常用的教育活動，也是加拿大本土學生學習的日常。

專題導向教學的具體目標包括透過真實世界的任務全面地教授英語，挑戰學生的創造力，提高他們獨立完成任務的能力，以及增強團隊協作能力、批評性思維能力和決策能力。透過課堂教學觀察和對學生作業的分析，以及參與教師的證實，透過選擇、設計和執行項，以及報告專題的結果，學生都達到了專題課程目標。研究數據分析還顯示，學生透過在數據蒐集、分析、整合以及在口述彙報或者書面總結項目報告的過程中練習了英語聽說讀寫。此外，透過在

學校和市區圖書館搜索，包括在路上和在圖書館裡向英語母語者問路和解釋路線，或求助於電腦，他們還學到了圖書館和電腦使用技能及社交能力。與老師們的採訪也證實了這一點，老師們同時表示學生透過專題導向學習學到了很多，也達到了預期目標。老師們非常滿意學生能透過執行現實世界的真實項目來整體地學習英語，而不是在以教師為中心的學習環境下聽、說、讀、寫四種語言能力分開來學。

採訪數據的分析顯示，18%的學生認為專題導向的英語學習是一種好的學習模式，因為可以透過真實的活動有趣地學習，幫助提升他們英語能力而不會因為枯燥無味的教科書而打瞌睡。學生們指出專題式學習幫助他們學習電腦和研究技能，讓他們有種成就感。他們還覺得專題式學習幫助他們提高了讀寫能力。25%的學生對專題導向學習褒貶不一，覺得自己不知道到底學到了什麼，反而渴望在自己本國傳統的英語教學模式下學習。他們希望能多從老師身上學，而不是透過小組作業向自己的同學學習；希望從指定的書本上學雖然少但反而「更重要的信息」，不喜歡雖然學到的多，但是卻要從各處搜尋的知識信息。

73 名學生中，大部分的學生（57%）反映不喜歡專題式學習，抱怨花太多時間學了一些不相關的知識，沒有學到基本知識。學生們雖然明白專題式學習的目標之一是幫助提高批判性思維，但是他們覺得批判性思維是成人的事情，而不是學生的（他們的原話是自己還是「孩子」）。他們認為老師應該教書本上的知識，小組作業浪費時間，因為同學對自己的學習沒有什麼大的幫助。他們覺得ESL課應該分為 ESL聽、說、讀、寫不同的課程，不喜歡加拿大學校裡要透過上社會學、英語文學和科學這些課程來學英語。

總之，參與這項研究的學生學到了很多社會學、科學和英語文學的學科知識和各方面的能力，包括英語語言能力，因為需要跟老師、圖書管理員和同學交流；也需要為專題做調查而廣泛閱讀；還需要做口頭或者書面的專題報告。除此之外，他們學會了透過專題式教學——加拿大當地同學習以為常的學習方式來學習，實現了老師們為他們設立的學習目標。學生雖然承認他們學到了很多知識，但還是希望英語課可以分成英語聽、說、讀、寫這樣不同的課程，希

望他們的老師跟他們本國的老師一樣可以多教點課本上的內容。

　　Beckett（1999）指出，這種希望把語言課按技能分開授課的想法也許可以從語言學視角來解釋。老師們透過以內容為基礎的語言學習法教學生，是功能語言學的視角，把語言看作是意義建構的資源（Halliday, 1994），學生卻是形式語言學的視角，把語言看為字、短語、語法結構這樣的語言形式，希望零散分別教授。然而，語言學視角不能解釋學生對於沒有接受到教師以教科書為主的權威性教學的不滿，但也許杜威式以學生為中心對比儒家傳統下教師和課本為中心的權威教學視角可用以解釋。這一點我們將在下一節「獨特的中國和儒家思想 vs. 西方和杜威教育思想」分題的討論中詳述。

2. 個案二：美國學生和中國老師

　　Zhao（2016）的博士論文用民族史誌個案的方法研究了在美國中學教學的中文教師，試圖理解他們在跨文化下的觀念和教學。參與本研究的教師來自中國大陸和臺灣。作者採訪了 23 名教師，並對其中 5 名進行了一年的課堂觀察，調查結果顯示，因為儒家思想的教學和文化模式與杜威式美國教學模式和社會文化不同，中文教師在教學的各方面遇到多種挑戰。老師們一致認為在美國課堂直接使用中國式教學方法行不通。大部分老師承認自己對學生有較高的期望，希望他們課堂上和課後都可以用功學習，非常看重學生的學習成績。比方說，一些老師說自己在教學的第一年往往給學生安排很多作業。上課的時候講課時間多，給學生的課堂活動時間少，因為他們希望學生透過老師的授課學到更多的內容。老師們反思在美國教書的開始階段，往往會傾向於套用中國的教學方法。結果學生上課缺乏動力、學習積極性不足，一部分學生甚至出現抵制教學的行為。其中的一名教師提到：中國教師對學生學習動力的期望和對他們學習成就的嚴格要求，「與美國教育強調學生全面發展不符」。

　　套用中國教學模式，注重書本的學習和知識攝入不僅會讓學生覺得枯燥，還會引起課堂管理的問題，從而影響老師和學生的關係。Zhao 和 Beckett（2014）用行動研究的方法在美國一所高中的中文課堂上採用杜威式專題導向教學。第一個學期中間階段，當學生開始出現紀律問題，發現是學生對課程失

去了興趣，厭倦了主要是講課和做練習的課堂形式，為了讓學生更加積極地學習，中文老師採用了專題導向教學。根據與 9 名學生的採訪和調查問卷顯示，專題導向教學作為一種學生為中心的教學法，增強了學生的學習動力，提高了他們的文化知識和語言交際能力，給了學生練習和使用語言的空間，而不是讓學生只背誦單詞和語法。所有的學生都一致認為進行專題有別於重複無聊的課業，可以讓他們從中得到樂趣。專題提供了他們可以接觸有趣及有創造性課程的機會，增加了課堂形式的多樣性。大部分學生覺得課題的內容可以跟他們的興趣相結合，能展現他們的個性。中文老師也從專題導向教學活動中，透過協助學生以及師生的合作，重建了與學生的關係。

就像 Zhao 和 Beckett（2014）研究中的教師一樣，在美國課堂教書一段時間後，中文教師為了更能迎合學生的興趣和需要，都開始調整他們的教學法，雖然這種轉變本身並不容易，而且通常需要不停的自我覺悟和調整（Zhao, 2016）。教師們指出，將教學方式轉向杜威式以學生為中心的美國教學法困難繁多，因為中國教學模式更傾向於以教師為中心，而美國教學以學生為中心。然而，這些教師們後來開始欣賞且喜歡以學生為中心的教學法，他們認為這種教學法認可學生的學習方式和多樣性，並替他們的興趣和需要著想。教師們覺得以學生為中心的教學法，學生在玩的同時還能學到知識。但是，很多教師採用美國教學法也存在矛盾，因為相較於中國教學模式，學生學到的語言基礎知識和語法知識較少。雖然學生喜歡做課堂活動，但是通常沉浸在活動中忘了學習。雖然中國學習模式不受歡迎，但受儒家教育思想，教師們還是覺得課堂授課、書本的學習和知識的記憶在學習中非常重要，所以很多本研究中的中文教師把他們認為中國教育裡值得學習的地方，應用在他們現在的教學中。比方受儒家思想的影響，上課開始和結束的時候，老師及學生間的問候和行禮作為互相表達尊敬的禮節。所有的中文老師都認為最理想的教學法是融合了中國和美國的教學方法。

3. 個案三：中國西北部的老師和以學生為中心的課程

Beckett 和 Zhao（2015, 2016）在一項質性個案研究中調查了新自由市場經

濟對中國教育的影響，尤其是對中國西北部教師的課程和教學法的影響。市場
經濟的新自由主義倡導開放市場和自由貿易，促進了國與國之間激烈的資源競
爭。在新自由市場經濟的指引下，中國在內的發展中國家為了提高教育質量增
強國民的國際競爭力，多次進行教育改革。其中的一項改革，就是在小學和中
學教育體制中引入和實施以學生為中心的課程。新課改與新自自由主義緊密相
連，因為新課改的動機就是為了和像美國這樣的國家競爭，要讓中國學生必須
像美國學生一樣學習才能更順利地適應國際競爭。到底是哪一種美國教育方法
也許看法不一，但是透過以學生為中心和探究式的合作性、互動性學習活動，
培養出足以改變世界的學生，正是杜威式教學法的主要特點。根據對課程改革
政策的研究和對 22 名教師的採訪調查顯示，自 2004 年開始的新一輪課改是對
傳統課程和教育體制的一次徹底革新（Beckett & Zhao, 2015）。新課改採用了
很多西方的教學理念和實踐，包括探究式合作性學習、校本課程開放、發展性
評量和檔案式評量。新課改鼓勵並允許地方政府和學校在政策實施方面有各自
的不同，是教育體制的權力下放，有別於以往自上而下的政策實施。

　　很多教師在教學中減少了講課時間，增加了與學生的互動活動（Beckett &
Zhao, 2015）。參與研究的教師一致認為新課改迎合了學生的興趣、增強了學
生的參與性，新課改更適應日益變化的全球化，應該在全國範圍內推廣。但是
一些教師也指出新課改太激進，對傳統教育思想一概否定。他們擔憂這種新模
式過度重視對知識訊息的攝入和對考試技能的訓練，忽略了對道德教育和品德
的培養，而這些正是儒家教育思想的核心，對年輕一代的健康成長和全面發展
至關重要。

　　此外，在考試制度不變的情況下，新課改實施帶來的挑戰大於其帶來的益
處（Beckett & Zhao, 2015）。因為高考還是學生考大學的唯一衡量標準，而採
訪中老師們表示一方面他們要根據高考的內容來授課，另一方面他們也要重新
設計課程和教學活動以適應新課改的要求，所以增加了他們的工作量，也給他
們帶來了巨大的精神壓力。再加上中國學校班級人數數目多，進一步增加了他
們的工作量和壓力。受訪的大部分教師每學期教二至三個班級，一個班級人數
在 50 至 70 人之間。除了花大量的時間備課，每天還需要至少三小時批改作

業。很多教師（尤其是級任導師），上課和批改作業幾乎佔據他們所有的工作時間。另外，教師們出於責任心，還會在他們工作時間之外利用課間或放學後的時間輔導學生。又因為擔心做不好工作會被開除，他們還要加班超時的工作，不過也是因為他們喜歡看到學生做出成績，會讓他們覺得一切的努力都是值得的。

　　此外，教師的在職教育和培訓不到位，不能有效地支持新課改的實施（Beckett & Zhao, 2015）。教師們發現新課改的理念太抽象、模糊，很難理解，無論是政策本身還是行政層面，都沒有具體明確的步驟來指導實際教學。當地教育部門和學校給教師提供了各種培訓，但作用僅限於讓教師了解新課程有什麼變化，沒有對教師具體教學的改變給予足夠的幫助。結果是很多教師在教學中不知不覺地又開始用之前的教學方法（比方說以課本、講課為主），只是單純增加了課堂活動。政策和實施上出現了明顯的出入，需要認真、有系統的加以檢視。

三、獨特的中國和儒家思想 vs. 西方和杜威教育思想

　　這些研究中的中國學生和教師表達的想法，都受中國社會自古以來對待傳統思想的影響，尊崇精通經典志士，認為對學生來說掌握基礎知識比培養創造性更重要（Gardner, 1989）。這種觀點認為個體必須在掌握大量知識的基礎上才可以進行創作（Gardner, 1989; Pratt, 2002）。無論是學校還是工作場所，大家都尊重對基本知識的掌握。只有根據已有的規則在大量模仿大師之作的基礎上才鼓勵創作，正所謂「讀書破萬卷，下筆如有神」。

　　儒家教育文化下，理論知識遠比實踐的學習能力重要，這也解釋了個案一的中國學生為什麼想學到更多的資訊而不是學習技能。比方一個孩子「聰明」，是要有靈敏的雙耳來準確地接受和分析訊息，銳利的雙眼敏感地觀察外界事物，暗示了聽和看對智力來說比動手更重要（Beckett, 1999）。正如孟子所言：「勞心者治人，勞力者治於人。」（Dobson, 1963, p. 117）

　　雖然現在很多儒家教育思想（包括本章涉及到的）原本都不是孔子本人提

出的，但他的主張和實踐由他的弟子和擁護者一代又一代發展下來，形成了今天的儒家教育（Elliot & Tsai, 2008）。對孔子思想的解釋和應用（包括錯誤的解釋和應用），以及為適應每個時代的需要，對他的主張進行的改編，多少個世紀以來，儒學的不同分支流派發展成了今天的儒家思想（Nylon & Wilson, 2010）。據 Nylon 和 Wilson（2010）的分析研究，就連孔子出生前的價值觀念和那些對他的批判思想都被一概歸為儒學。本章我們用儒家教育和認識論來描述當代中國由儒家傳統發展而來的教育實踐。

　　孔子的學說其中的一個延伸，就是對傳統觀念的過度重視進而忽略實踐技能，這一點在科舉考試中展現得淋漓盡致，甚至在今天的考試制度裡也是如此。傳統中國教育是傳授知識和培養學生的人格（Chyu & Smith, 1991）。教師如同「百科全書」（Gao, Ting-Toomey, & Gudykunst, 1996, p. 22）向學生傳輸知識和模範品格，自然成為教室裡的中心人物，受學生尊敬。學習看作是從他人身上學習知識以了解自身以外的事物，對教師和權威極度遵從（Pratt, 1992）。而學生則希望能獲得有條理的步驟和密切的指導（Beckett, 1999）。

　　這些做法的背後跟中國古代的社會等級不無關係，統治者處於中心地位，其他人圍繞權力中心活動。老一輩決定年輕人需要學的知識和應當表現的行為舉止。這也許就是為什麼學生希望從老師身上學，而不願意向自己的小組同學學習的原因。傳統的中國教育觀認為，教育的過程就是教師有系統的傳授制定書本上的權威知識（Garrot, 1993; Ping, 1995）。據 Ping（1995）的分析，中國人尊崇書本，將其看作是知識、智慧和真理的象徵，對教材亦步亦趨。這也許就是學生對專題研究的不滿，以及想學老師教的書本內容的原因（Beckett, 1999）。

　　Zhao（2014, 2016）的研究中，中文教師受儒家認識論影響，看重學生的刻苦努力和忍耐力（Hue, 2007），不注重課堂的趣味性和學生的參與，所以才會引起美國學生的反感。對中文老師來說，學習是個人的努力，需要學生完成老師安排的作業，忍受學習的枯燥，上課要注意聽講，懂得自律（Hue, 2007; Zhao, 2016）。在儒家文化下培養的中文老師強調學生的刻苦努力，對學習成績要求嚴格（Yao, Wang, Weagley, & Liao, 2011; Zhao, 2014）。儒家教育環境下

形成的這些觀念和做法必定與杜威教育哲學相悖，後者強調老師的責任在於設計有教有樂的教學活動。

　　在中國西北部出現的新課改政策與實施的出入因素有很多，包括因為教師面臨的職業和心理挑戰，學校領導方面有限的資源配置和協助，職業培訓機構給予指導的不足等等。最重要的原因恐怕是對傳統教育的徹底革新和與應試教育文化的格格不入（Yan, 2012）。前面提到，中國社會尊崇傳統和文化遺產。新課程採用了側重過程的學生評量，考慮學生的學習過程和日常表現，不全部以考試成績作為考量。但是作為一個在全國使用統一課程和標準化測試考試有著悠久傳統的國家，應試教育體制的改革不可能那麼容易實現。教師們努力調和高等考試和新課改之間的不同要求，深刻體現了他們在實踐中面臨著採用西方教育理念與保留儒家教育傳統的矛盾，這一矛盾必將持續。

四、未來研究方向

　　以上討論 Beckett（1999）研究中的中國 ESL 學生，Beckett 和 Zhao（2015, 2016），Zhao 和 Beckett（2014）以及 Zhao（2016）研究中的中國教師，他們所持有的傳統儒家觀念和教學做法，展現了一種矛盾的實用主義和新愛國主義。前面提到，新自由愛國主義源於中國人對其國際競爭力的自信，包括對儒家教學法的優點感到自豪。這體現在 Beckett（1999）研究中的學生身上，他們希望向權威學習、看重事實和獨立學習、不在意學習過程和小組學習，希望學到基本知識而不是培養他們的創造性，但是卻非常實際地選擇繼續留在加拿大學習，方便他們以後考入北美的重點大學，表現出一種矛盾的實用主義。Zhao（2014）研究中的教師也採用了矛盾的實用主義策略，當意識到儒家教學法與美國學生的期望不符，降低了學生的學習動力時，他們改變自己的教學方法，接受現實改用杜威式專題導向教學法。Beckett 和 Zhao（2015, 2016）研究中的教師接受新自由市場經濟下的新課改，認識到其帶來的好處，但因為要確保學生的學業成績，不得不退回到傳統的以教科書和講課為主的教學方法。Zhao（2016）的博士論文中，中文教師的教學也顯示出一種新自由愛國主義，

儘管知道傳統的學習方法在美國不受歡迎，但他們始終相信中國式教學，尤其是講課、書本的學習和背誦，對學習來說至關重要。他們將中國教育模式有選擇地融合到教學中，比方說選用了儒家教育中，上課開始和結束時師生間的問候和行禮來表達師生間的尊敬。本研究中的所有教師都認為，理想的教學法是融合中國和美國的教學模式。在朝向杜威式以學生為中心的課程轉變時，老師們擔心忽略了儒家傳統，努力把儒家教學法融入到美國課堂中，這都表現出了他們對此一文化傳統的自豪感和重視度。從另一方面也展現了儒家傳統在教育領域的重要地位，和中國人想把中國教育模式帶向世界的信念。這些都表現了中國人的新自由愛國態度，這一態度是建立在中國壯大的經濟和軍事力量基礎上的。有了這種新自由愛國主義的態度，中國人也不必僅僅羨慕美國，一心向美國學習。

隨著中國在經濟、政治和軍事上的日漸強大，以及愈來愈多的中國人想成為中產和上層階級，我們認為這種矛盾的實用主義和新自由愛國主義還會繼續發展。更多的實證研究能幫助對這些理論作進一步的深入研究和了解，比如可以多採訪其他情境下的教師和學生，調查他們對中國教育模式當下以及未來的方向和趨勢的看法。採訪問題可以直接側重新自由主義、新愛國主義和矛盾的實用主義之間的關聯。也可以對教師和學生進行課堂觀察，調查他們的思想觀念如何體現在實際行動中，包括正式和非正式的教學。多模式語篇分析（multimodal discourse analysis）可以用來研究中國政府和社會是如何鼓勵各種情境下的新自由愛國主義。

參考文獻

Beckett, G. H. (1999). *Project-based instruction in a Canadian secondary school's ESL classes: Goals and evaluations*. Ph.D. dissertation. University of British Columbia.

Beckett, G. H. &, Li, F. (2012). Content-based English education in China: Students' experiences and perspectives. *The Journal of Contemporary Issues in Education*, 7(1), 47-63. Available at: http://ejournals.library.ualberta.ca/index.php/JCIE/issue/archive

Beckett, G. H. & Zhao, J. (2015). *New curriculum reform in P.R.C: A paradigm shift and impacts on secondary school teachers*. Paper presented at the 2015 American Association of Educational research, Chicago, U.S.

Beckett, G. H., & Zhao, J. (2016). Overworked and stressed teachers under market economy. In S. Guo & Y. Guo (Eds.), *Spotlight on China: Changes in education under China's market economy* (pp. 137-152). Rotterdam, Netherlands: Sense Publishers.

Chyu, L., & Smith, D. C. (1991). Secondary academic education. In D. C. Smith (Ed.), *The Confucian continuum: Educational modernization in Taiwan* (pp. 99-165). New York: Praeger Publishers.

Dewey, J. (1938). *Experience and education*. New York: Macmillan.

Dobson, W. A. C. H. (1963). *Mencius: A new translation arranged and annotated for the general reader*. Toronto: University of Toronto Press.

Elliot, J., & Tsai, C. T. (2008). What might Confucius have to say about action research? *Educational Action Research*, 16(4), 569-578.

Farrugia, C. A. (2014). Charting new pathways to higher education: International secondary students in the United States. *Center for Academic Mobility Research-Institute of International Education*. Retrieved from http://www.iie.org/Research-and-Publications/Publications-and-Reports/IIE-Bookstore/Charting-New-Pathways-To-Higher-Education-International-Secondary-Students-In-The-United-States#.WLtt9VeeOQE

Feng, H., Beckett, G. H., & Huang, D. (2013). From 'import' to 'import-export' oriented internationalization: The impact of national policy on scholarly publication in China. *Language Policy*, 12(3), 251-272.

Gao. G., Ting-Toomey, S., & Gudykunst, W. B. (1996). Chinese communication process. In M. H. Bond (Ed.), *The handbook of Chinese psychology* (pp. 28-293). Hong Kong: Oxford University Press.

Garrot, J. R. (1993). Student attitudes toward English language learning and teaching in China. In N. Bird, J. Harris, & M. Ingham (Eds.), *Language and content* (pp. 236-249). Hong Kong: Institute of Language Education.

Gardner, H. (1989). *To open minds: Chinese clues to the dilemma of contemporary education.* New York: Basic Books.

Halliday, M. A. K. (1994). *An introduction to functional grammar* (2nd ed.). London: Edward Arnold.

Hue, M. T. (2007). Emergence of Confucianism for teachers' definitions of guidance and discipline in Hong Kong secondary schools. *Research in Education, 78*, 21-33.

Nylon, M., & Wilson, T. (2010). *Lives of Confucius: Civilization's greatest sage through the age.* New York: Crown Archetype.

Open Doors Report on International Educational Exchange. (2013). Retrieved from http://www.iie.org/opendoor

Ping, H. (1995). Chinese attitudes towards learning and reading. In M. Chapman & J. Anderson (Eds.), *Thinking globally about education.* Vancouver, University of British Columbia.

Pratt, D. D. (1992). Chinese conceptions of learning and teaching: A westerner's attempt at understanding. *International Journal of Lifelong Learning, 11*(4), 301-319.

Pratt, D. D. (2002). Good teaching: One size fits all? In J. Ross-Gordon (Ed.), *An up-date on teaching theory.* San Francisco: Jossey-Bass.

Rošker, J. (2014). Epistemology in Chinese philosophy. In E. N. Zalta (Ed.), *The Stanford Encyclopedia of Philosophy* (Winter 2014 Edition). Retrieved from http://plato.stanford.edu/entries/chinese-epistemology/

Stanford Encyclopedia of Philosophy. (n.d). Retrieved from http://plato.stanford.edu/search/searcher.py?page=6&query=epistemology

Winch, C., & Gingell, J. (1999). *Key concepts in the philosophy of education.* London/New York: Routledge.

Yan, C. (2012). We can only change in a small way: A study of secondary English teachers' implementation of curriculum reform in China. *Journal of Educational Change*, *13*(4), 431-447.

Yao, R., Wang, F., Weagley, R., & Liao, L. (2011). Household saving motives: Comparing American and Chinese consumers. *Family and Consumer Sciences Research Journal*, *40*(1), 28-44.

Zhao, J. (2013). Confucius as a critical educator: Towards educational thoughts of Confucius. *Frontier of Education in China*, *8*(1), 9-27.

Zhao, J. (2014). Confucian principles and action research. In D. Coghlan & M. Brydon-Miller (Eds.), *Action research encyclopedia* (pp. 175-179). London: Sage.

Zhao, J. (2016). *Understanding experiences of Chinese language teachers teaching in U.S. classrooms*. Dissertation in progress. University of Cincinnati, Cincinnati.

Zhao, J., & Beckett, G. H. (2014). Project-based Chinese as foreign language Instruction. *Journal of the Chinese Language Teachers Association*, *49*(2), 45-73.

第18章
兩岸大學評鑑之
比較研究

周祝瑛、蔡晨雨

摘要

　　在過去二十年中，中國大陸和臺灣的高等教育都經歷了重大的改變，尤其引進一系列的大學評鑑模式，作為品質保證之重要途徑。中國大陸於 1990 年實行改革開放政策後，經濟和社會迅速發展。同一時期，隨著臺灣 1987 年解除戒嚴，臺灣高教經歷了快速的政治民主化和經濟轉型。為了因應全球化中世界百大學校排名的壓力，大陸眾多公立高校為了躋身世界一流大學，積極爭取政府資金，導致各大學資源和發展愈來愈不平衡。兩岸的大學評鑑模式不約而同都遇到了類似的挑戰，但在政策緣起和實施成效上卻截然不同。儘管兩岸大學評鑑已成為改善高等教育機構的動力之一，但整個評鑑過程卻強化了政府對大學的壟斷和霸權，造成了一些無形的社會成本和爭議。本文擬就兩岸的大學評鑑模式加以探討，進一步評析雙方所遭遇的問題。

關鍵詞：學術標準、績效評鑑、大學評鑑、大學擴張、世界一流大學排名

一、前言

　　在過去的四十年中，大學評鑑的引入，是全球大學擴張趨勢中，不可避免的一環。全球高等教育人數從 1970 年代的三千六百二十萬增長到 2011 年的一億八千二百二十萬，其中 46%來自東亞和南亞地區（UIS, 2013）。同時，大學部（本科生）人數在中國大陸增長了十倍（UIS, 2014），臺灣同時期大學部人數增長了六倍（MOE, 2015）。而大學錄取率已經從精英型（15%）過渡到大眾型（15%到 50%），進而發展成普及教育階段（50%以上）（Trow, 2005）。隨著愈來愈多的學生步入大學殿堂，如何保證高等教育的品質，值得關注。國際機構如：經濟合作暨發展組織（OECD）、聯合國教科文組織（UNES-CO），和世界貿易組織（WTO）都紛紛開始推出提升高教品質的計劃。各國政府也面臨著高教擴張情勢下，如何對有限教育經費的重新分配等問題（Chou & Ching, 2012）。因此，重視學校國際聲譽和學術研究成果的大學排名，開始成為各大學獲取政府資助的主要指標之一（Chang 2012；Fiske, 2004）。

　　高等教育在全球化過程中還面臨著另一項重要課題。為了因應全球標準的設置，大學院校必須為本身的教育成效負責。換言之，就是強調大學的辦學績效責任和成果評鑑，包括：教師的研究成果、教學表現和學生的學習及生涯發展（Alexander, 2000）。為此，在過去的十年中，高等教育的教與學問題，持續受到廣泛的關注與討論。

　　另外，高等教育隨著全球化、國際化、資訊傳播技術的發展，以及一系列政治經濟轉型的影響，愈來愈無法置身事外。這些變化也深刻的影響中國大陸和臺灣的高等教育政策與運作，尤其在以全球化為主的意識形態下，對兩岸高教政策方面，影響更為深遠，如：吸引國際學生、引入國際教職人員，和引進大學評鑑制度等。這一連串以提升高校國際化程度及大學品質的策略，都是為了因應全球化的國際趨勢而來（Mok & Lee, 2000）。

　　另一方面，大陸和臺灣都經歷了自 1990 年代以來，高等教育擴招導致的

公共資金分配下降，影響高等教育品質等問題。因此，兩岸的教育主管部門都對高教評鑑政策進行大幅調整。在知識經濟社會中，愈來愈多的大學教育被要求提升教學品質。因此，在全球化的高教績效改革浪潮中，除了要求提升大學的學術研究成果外，也引進教與學的評鑑項目，以此強調教與學的成效。

二、中國大陸近期高等教育的發展與改革

　　過去半個世紀以來，中國大陸的高等教育一直都由中央和省級政府直接領導，導致政府部門承擔了過多的責任和權力，不利於高校工作的靈活運作和學術自主發展，無法適時回應社會需求，和符合全球績效責任的水準，經常出現效率低下、權責分離等問題（Chou, 1999; Fan, 2006; Min, 2004）。為此，中國政府從 1990 年代中期啟動了一系列政策和體制改革，以提升高校辦學品質。具體來說，改革主要在調整過度集中的管理權力、改善管理績效、提高資源配置的有效性、擴招學生人數、提升教師資格，與促進學生就業等各方面（Min, 2004）。總之，過去二十年中，高等教育改革的總體目標是促進各級政府、社會與大學進行共同治理、共擔責任。中央政府改為負責整體規劃和宏觀管理；地方政府負責領導實施；大學則可在遵循法律的基礎上，擁有更多自主性，以進行日常運作和品質提升。

　　此外，過去十年來入學人數的增長，改變了中國高等教育的發展規模。例如，中國大陸1998年每年大學部招生人數約為108萬，2004年增長到447萬人（Wan, 2006）。受到大學擴招的影響，2012 年全國大學的入學高考報名人數915 萬，錄取率超過 75%（約 685 萬）（MOE PRC, 2010; http://edu.qq.com/a/20120606/000041.htm）。中國的高等教育免除學費的時代也因此而結束（Huang, 2003）。

　　在高教改革政策上，自 1990 年代中期以來，中國一直致力於建設世界一流大學、發展重點學科和培養高素質人才。如：支持科學技術的創新和人文社會科學研究的改進（Huang, 2005）。同時，教育部（MOE）於 1995 年推出「211 工程」，即建設二十一世紀 100 所重點大學，到了 2002 年，為 211 工程

中的 99 所大學投入 180 億人民幣資金。另一方面，1998 年又啟動「985 工程」（因為宣布於 1998 年 5 月），為建設世界一流大學和重點學科與研究中心，提供龐大的高教資金。因此，北大、清華以及其餘 38 所大學可以再次獲得政府和地方當局的資金補助（Wang 2010a; http://www.moe.gov.cn/publicfiles/business/htmlfiles/moe/s3336/ 201001/xxgk_82267.html）。

（一）中國大陸高等教育大學評鑑（又稱高校評估）

「評鑑」（quality assurance, QA）在高等教育不同領域裡有不同的定義（Barnett, 1992）。它關係大學品質和高教績效的不同測量標準和方法（Tam, 2001）。品質指標影響學生在受教過程中個體的自主性發展、所獲知識的完整性和成為民主社會公民的能力（Bickmore, 2012）。因此，全世界的高教愈來愈重視大學評鑑中，學生所應扮演的角色。學生的課後回饋、教育經驗，以及對課程的滿意度，儼然成為政府部門與納稅人眼中的重要關注（Alaniska et al., 2006; Li & Zhu, 2012）。

其中，Rowley（2003）認為蒐集學生對於教學的回饋，有助於以下四個方面：

1. 提供學生表達對課程和教學意見之機會及改進建議。
2. 鼓勵學生對學習過程和結果進行自我反思。
3. 提供學生機會，以表達他們對學習經驗的滿意度。
4. 促使高教機構針對學生的調查結果，建立該校的教學成效標準／指標。

隨著大陸高等教育大眾化和學生主體的多樣性趨勢，大學評鑑逐漸成為全國性議題。2002 年，大陸教育部推出五年為週期的高校學士學位課程和非學位課程評鑑計劃，進行自上而下的強制性評鑑。該計劃政策包括外部和內部評鑑。外部評鑑有三個方面（Li, 2010）：

1. 公眾監督配合中央政策指導方針，並依據大陸《高等教育法》，及

「面向 21 世紀教育振興行動計劃」等規定。

2. 透過各級政府、部門、機構進行評估（如國家教學品質評估、省／地方評估、大學教學評估和其他基於學科的評審）。

3. 以各類非政府機構產生的大學排名和評鑑為參考，如上海交通大學的世界大學學術排名、武漢大學的中國科學評價研究中心、中國大學校友會排名、網大排行榜、中國大學排行榜等。

自 2002 年以來，國家和大學／地方都對高等教育進行外部評鑑（Ding, 2008）。在國家層面，政府設立高等教育部評鑑辦公室，來管理教育品質的評估。另外，委由教育部高等教育評估中心，和中國學位與研究生教育發展中心，負責對全國執行五年週期計劃的高校評估工作。在制定政策的過程中，這些中心和機構需對評鑑的計劃、法規和理論進行研究，並建立評鑑資料庫（Huang, 2005）。

在大學層面，許多高校為此建立了自己的教學評鑑辦公室／中心，監督學校的本科教學和學位授予。至於地方層面上，大多數省級政府也設立自己的地方高等教育評估機構，來進行地方高校品質評估（Huang, 2005; Li & Zhu, 2012）。

總之，中國大陸目前的高等教育評鑑工作，主要由高等教育評估中心強制執行。如同其他國家一樣，中國的高校在評鑑過程，必須依照以下幾個程序：

1. 以評鑑機構和政府指定的評鑑小組發布的標準、指南為主。

2. 撰寫自我審查報告。

3. 接受評鑑小組的現場訪視。

4. 評鑑小組向大學和教育部提交評鑑報告。

5. 機構提交自我改進報告。

除了外部評鑑體系，中國大陸教育部要求各高校發展自身內部評鑑方案。從第一個五年週期的本科教學評鑑計劃開始（2002 到 2007 年，後延長至 2008 年），共評鑑 589 所大學。高校內部的評鑑機制如下（Ding, 2008; Li, Li, & Qu 2008）：

1. 建立半獨立式或附屬機構的教學評量中心，負責內部評鑑的開發和運作。
2. 招聘有經驗的退休人員組成教學督導小組，進行課堂觀察和品質改進。
3. 組織進行同行觀課與教學回饋。
4. 實施問卷調查、個人／團體訪談、學生代表報告等，以便了解學生受教情況。
5. 準備評鑑的年度自我檢討報告。
6. 實行教師職前和在職培訓計劃，特別是針對所有新進教師。

至於第二輪的評鑑工作，則重視各機構運用資訊技術的特徵，以符合中國「國家中長期改革和發展規劃綱要」（2010-2020）的目標。換句話說，評鑑體系的重要發展之一，是在第一輪國家評鑑體系（2008 年前生效）的基礎上，納入了系統內部評鑑，以作為第二輪評鑑之參考（Ji, 2010）。

此外，各種非政府機構，如：上海交通大學的世界大學學術排名，以及武漢大學中國科學評價研究中心，也扮演政府和高校的中介組織。他們每年產出的大學排名報告，有時甚至更能吸引中國國內外的關注。

（二）大陸大學評鑑的挑戰

無論是內外部的大學評鑑機制，皆有助於高教機構的自我檢視與改進。然而這套以提升高教品質為目標的大學評鑑制度，受限於大陸依然存在的政治權威和以黨領導的環境，大學評鑑自實施以來，仍採取由上而下的管理策略，也因為採用集中且統一的評鑑標準，忽略了大陸廣大地區的差異，及各高教機構間的獨特性，導致近年來，各地區的高教發展和彼此間的品質差異愈來愈懸殊（Li & Zhu, 2012）。此外，外部評鑑體系，大多側重於以可量化的數據和成果等指標，如：教師資歷、教育資源、教學管理，與畢業生就業率等量化指標。這些指標不但將複雜的大學教學和學習過程予以簡化，且進一步忽視了內部人員如：教授、學生和職員的觀點與改進意見（Ulrich, 2001）。

　　有鑑於此，繼 2002 至 2008 年第一輪全國外部評鑑之後，大陸教育部又啟動了內部評鑑體系，以彌補由於機構或地區差異所帶來的缺失。且將學生的學習經驗，如：智力發展、校園生活參與，和課程滿意度等項目，都包含在內。只是這些內部評鑑系統項目，目前仍須仰賴大學教學管理人員協助資料蒐集，而非經由教、職、工和學生來提供。究其原因，大部分中國高校仍然處於中央政府的管理之下，高校評鑑發展仍傾向於以提高學校聲譽，和獲取更多教育資源為出發點，而非自我的改進與完善。

　　此外，大多數的大學評鑑政策和方針，都是由中央發起，並由政府機構監管。這些政策對於那些必須遵循標準化評鑑標準的高校，形成莫大壓力，導致常常必須犧牲高校的個體需求和特點，作為符合評鑑標準的代價，鮮少對學生的大學學習經驗和個人成長，有所助益（Li, 2010）。

　　為此，大陸的高等教育評鑑工作，除了需關注如何滿足不同背景學生的需求，與保證教育品質的同時，各大學還需主動參與評鑑目標的設定，和指標驗證等過程。尤其，應關注如何促成高教教學與學習模式的轉變。透過雙向溝通和辯證對話的基礎，將教師、學生和行政人員視為評鑑中的共同合作團隊。在評鑑的過程中，重視協助大學實現願景和辦學目標。同時，將大學建構成一個以學習為中心的評鑑體系，協助提高學生的學習績效，進一步提升高等教育全面品質。

三、臺灣高等教育近期的發展與改革

　　1980 年代前，臺灣的高等教育與經濟發展和政府管理，密切相關。政府對公私立大學都實施了嚴格的管制。各大學皆以嚴格的入學考試制度，選拔人才。大學是培養社會精英的重要機構（Chou, 2012）。

　　直到 1987 年解嚴，臺灣的大學人數於 1990 年代中後期，才開始上升，進入空前擴招時代。而後為舒緩高等教育擴張的財政負擔，政府對高等教育的公共支出提出了限制，並採用了新自由主義原則和市場競爭機制，賦予大學治理和營運更大的自由與權利。

　　同時，臺灣政府為了回應民眾 1990 年代中「廣設高中、大學」的期待，降低升學壓力，與滿足地方選舉時對「一縣一大學」的要求，而大量升格與增設大學。結果到了 2008 年（當時每人年均收入為 1 萬 7 千美元）大學生的數量已經增加到 112 萬人，比 1984 年增加 6.5 倍。2011 到 2012 年度，高等學校的數量更增加到 163 所。在校大學生總數達近 135 萬人，幾乎佔臺灣總人口的 6%（Ministry of Education, 2012）。

　　高等教育迅速擴張也產生了一些副作用，包括一些職業學校過於迅速地升格為四年制大學，影響高教品質。同時政府一方面對大學的管制進行鬆綁，一方面也引進市場競爭機制，導致公、私立大學間資源分配不均，從而產生品質下降等後遺症。

（一）臺灣的大學評鑑

　　受到新自由主義意識形態和高等教育擴招的影響，臺灣的各大學必須致力於爭取更多教育資源和確保學生來源等工作。為了因應高教全球競爭力的挑戰與提高大學辦學績效，各大專院校必須在教學、研究與服務等各個方面，定期接受外部評鑑與自我評鑑。相較於過去，如今，各大學對培養優秀人才、提升辦學績效責任，和教職員工之間的聯繫，也比過去更加受到關注（Chou, 2008）。

　　從歷史發展回顧，臺灣的大學評鑑可以追溯到 1975 年開始實施。直到 2003 年的《大學法》新修訂，增訂了各大學必須接受評鑑工作等條文。於是，自 2004 到 2005 年間，教育部開始委託專業評鑑機構，對大學進行評估。自 2005 年後，大學評鑑政策便受到不斷地改進與重視。臺灣的大學一般都包括六個部門：教學資源、推廣服務、學生事務、通識教育、行政支援與國際化等單位。其中將各校的「國際化」程度納入評鑑新指標的做法，加深了大學融入全球環境的重要性。此後，受教育部之委託，財團法人台灣評鑑協會（TWAEA）對各大學進行第一輪評鑑工作（2006-2010）。到了第二輪（2011-2016）的大學評鑑，則更加關注學生學習成果與表現。

　　大學評鑑涉及：高教機構本身的自我定位、大學治理與管理、教學資源、

內部績效責任、社會責任、自我可持續發展、品質保證，與不斷改進和完善等複雜層面（Wang, 2010a）。透過 2003 年《大學法》的新規定，大學必須定期接受主管機關的評鑑等工作，賦予了教育部相關權利，進一步依據評鑑結果，進行大學公共預算分配的參考標準。

（二）臺灣大學評鑑的挑戰

為了能在全球高教競爭中擁有一席之地，臺灣透過大學評鑑制度，改進高等教育品質，提升各校的國際水準。例如，2010 年銘傳大學即獲得了美國中部各州高等教育委員會的評鑑認可（MSCHE, 2015）。過程中，該大學經歷了長期的自我評估，以及自我提升學習等程序，是臺灣乃至亞洲地區第一個被美國該機構認可的大學。

另一方面，自 2005 年實施大學評鑑以來，無論是五年週期的大學評鑑、五年五百億的追求頂尖大學計劃、追求教學卓越計劃，與各校畢業生追蹤評估等政策，都愈來愈重視學生學習成效（Chang, 2011）。

此外，在各大學外部評鑑體系中，針對教師個人，在國際、國內學術的出版如：教師在科學引文索引（SCI）和社會科學引文索引（SSCI），以及臺灣社會科學引文索引（TSSCI）上所發表的文章，進行記錄與管理。這些新指標都與教師的升等、獎金等利益分配息息相關，藉此鼓勵臺灣的大學與教師和國際接軌。

無獨有偶，臺灣的大學評鑑也是一個由上而下的體系。教育部依據《大學法》對高等教育機構進行管理，要求各機構由專業評鑑協會和個別部門，進行評估。此外，並將評鑑結果作為公預算和資源分配之依據，這些評鑑標準，也供作各大學教師資格的升等、薪資、休假和相關教學、推廣的依據，對高教發展，影響層面甚廣。

換言之，所有的大學評鑑政策，都是出於提高大學品質的考慮。同時，希望評鑑的過程將有助於高校提出更出色、詳細的方案，來提高他們的核心競爭力，完成教育目標和課程設計的理想。只是評鑑過程，太過仰賴企業單位慣有的模式，如：SWOT（優勢、劣勢、機會和威脅）和 PDCA（迴圈分析）量化

數據之蒐集與應用，忽略了高等教育與企業組織文化之差異性（Yen, 2011）。

　　此外，大學評鑑過程非常耗時與耗力，需要透過大量人力、物力與資源的動員，包括大學以及評鑑的工作人員等的投入（Peng, 2010）。而且評鑑委員的資格和實地考察的時間分配，也往往不易掌握。評鑑機構對於評鑑結果的公布，也對高校造成困擾。此外，愈來愈多的大學教師為了符合評鑑的標準，研究的重心已經超過了教學和其他社會參與表現。而且，臺灣很多教師都因為沒能達到研究發表的評鑑標準，或拒絕評鑑的要求，而被辭退（Wang, 2010b）。

四、兩岸大學評鑑的反思

　　從上述的討論可以看出，隨著新自由主義的全球擴張，大陸和臺灣的高等教育都呈現相似的發展模式。兩岸大專院校長期受到政府的調控，一直到1990 年代的大陸經濟結構調整，臺灣的政治解嚴開放，才逐漸改變。高等教育改革普遍都遵循政府的政策和方向，但中國大陸的高等教育改革更傾向於一種不斷在調整政府、社會和大學之間關係的半專制形式。近年來，為了促進社會參與，中央與地方政府共同承擔高教發展與改革的責任。加上來自社會中市場潮流的影響，促使大學必須在課程教學、人員編制、學費徵收以及其他方面，進行全面性的變革，以滿足市場對高等教育的需求。

　　在臺灣，近二十年來的高教改革，主要來自民眾對於政府高層鬆綁授權的呼籲。透過《大學法》的修訂，讓大學在決策制定和日常運作中，實現更大的大學自主性，進而提高效率和彈性。然而，由於高等教育學校與學生的擴張和公部門預算的削減，大學面臨愈來愈多來自政府績效評鑑要求的新挑戰。

　　因此，兩岸教育主管當局都推出了類似的高教評鑑政策，藉此提高大學的國際競爭力。大陸相繼推出了 1995 年的「211 工程」和 1998 年的「985 工程」，這些計劃都旨在培養躋身世界一流的中國大學（Li, 2010）。而在臺灣，一系列的改革政策，如大學每五年的評鑑週期、五年五百億，與教學卓越計劃等，很大程度上都與大學評鑑有關。同時，兩岸都相繼建立高等教育評鑑機構，執行全國大學評鑑工作。不過這些評鑑的計劃執行都遵循從上而下、中

央授權與以宏觀層面為主的模式。這些模式雖然有助於高教公共預算的重新分配，但也往往直接或間接影響各大學排名的變化。例如，在第一輪大學評鑑後，大陸和臺灣都有加入微觀層面的評鑑指標，如：強調教與學的重要性、納入區域或機構差異等因素考量。此外，以學生學習發展和成果為中心的評鑑，也陸續成為兩岸高等教育評鑑的優先考量標準之一。

　　總之，兩岸在因應全球市場力量和國際競爭過程中，發展的大學評鑑有著相似的發展模式。只是大學評鑑政策對兩岸高等教育的影響，仍然存在爭議，特別是評鑑工作中所耗費的大量時間、人力與資源問題。此外，高等教育全球化對公民認知也提出了挑戰，即全球公民需要從「知識傳播的被動模式」轉變為「積極的知識參與模式」。如何提高大學教學品質，使更多學習者受益，已是大學不可避免的責任（Neubauer, 2007）。無論大陸和臺灣的大學評鑑是否增強了政府對高教市場的管理、壟斷和霸權，為了高教品質的改進，大學評鑑制度應納入更多師生及納稅人的意見，以進行更多深入的探討與改進。

參 考 文 獻

Alaniska, H., Codina, E. A., Bohrer, J., et al. (2006). *Student involvement in the processes of quality assurance agencies.* Available at http://www.enqa.eu/files/Student%20involvement.pdf

Alexander, F. K. (2000). The changing face of accountability: Monitoring and assessing institutional performance in higher education. *The Journal of Higher Education, 71*(4), 411-431.

Barnett, R. (1992). *Improving higher education: Total quality care.* Buckingham: Open University Press.

Bickmore, K. (2012). *Citizenship education: Insights from research in Canada.* Paper presented at the 4th Japan Conference for the Evaluative Study on Citizenship Education from the Approach of Global Standard, Tokyo, September 8, 2012.

Chang, D. F. (2012). The challenges for establishing world-class universities in Taiwan. In J. C. Shin & B. M. Kehm (Eds.), *2012 institutionalization of world-class university in global competition* (pp. 185-205). Singapore: Springer.

Chang, F. J.-Y. (2011). *Long-term administrative development experiences.* Higher Education, Technological and Vocational Education Newsletter 05. February 10. Available online at: http://120.96.85.10/news050/2011012901.asp?c=0600

Chou, C. P. (1999). *Chinese higher education: Its implication to Taiwan.* Taipei: Shita Book.

Chou, C. P. (2008). The impact of neo-liberalism on Taiwanese higher education. *International Perspectives on Education and Society, 9*, 297-311.

Chou, C. (2012). Who benefits from the massification of Taiwan's higher education?—Editor's preface. *Chinese Education and Society, 45*(5/6), 3-7.

Chou, C. P., & Ching, G. (2012). *Taiwan education at the crossroad: When globalization meets localization.* New York: Palgrave Macmillan.

Ding, X. (2008). *Research on quality assurance in higher education.* Nanjing: Jiangsu Education Press.

Fan, W.-y. (2006/3). *Higher education management its trend of reform.* Paper presented at the cross-strait higher education research conference-Creativity, legalization and sustainable

兩岸大學評鑑之比較研究

development for higher education. Taipei: National Cheng-Chi University.

Fiske, E. B. (2004). *The Fiske guide to colleges 2003*. Naperville: Sourcebooks.

Huang, F. (2003). Transnational higher education: A perspective from China. *Higher Education Research and Development*, *22*(2) 193-203.

Huang, F. (2005). Quality enhancement and quantitative growth: Changes and trends of China's higher education. *Higher Education Policy*, *18*, 117-130.

Ji, P. (2010). *Introduction to Chinese quality assurance of higher education Higher Education Evaluation Center of the Ministry of Education, P. R. China*. Available online at http://www.niad.ac.jp/ICSFiles/afieldfile/2010/04/16/no13_jiping.pdf

Li, Y. (2010). Quality assurance in Chinese higher education. *Research in Comparative and International Education*, *5*(1), 58-76.

Li, Y., Li, X., & Qu, Q. (2008). *Practice and study of Chinese higher education teaching quality evaluation*. Guangzhou: Zhongshan University Press.

Li, Y., & Zhu, H. (2012). Towards learning-focused quality assurance in Chinese higher education. *Quality Assurance and Management*, *23*, 161-182.

Min, W. (2004). The legacy of the past and the context of the future. In P. G. Altbach & T. Umakoshi (Eds.), *Asian universities: Historical perspectives and contemporary challenges*. Baltimore: Johns Hopkins University Press.

Ministry of Education (PRC). (2010). *Educational statistics*. Available online at http://www.moe.edu.cn/publicfiles/business/htmlfiles/moe/s6208/index.html

Ministry of Education (Taiwan, ROC). (2012). *Summary of statistics: Summary of education at all Levels in SY 2011*. Available online at http://english.moe.gov.tw/ct.asp?xItem=12862&ctNode=1184&mp=1

Ministry of Education (Taiwan, ROC). (2015). *Mission and Function*. Available online at http://english.moe.gov.tw/ct.asp?xItem=1209&ctNode=363&mp=1

Mok, K. H., & Lee H.-H. (2000). Globalization or re-colonization: Higher education reforms in Hong Kong. *Higher Education Policy*, *13*, 361-377.

MSCHE [Middle States Commission on Higher Education]. (2015). *Institution directory: Ming Chuan University*. Retrieved from http://www.msche.org/institutions_view.asp?idinstitution=597

Neubauer, D. (2007). Globalization and education–Characteristics, dynamics, implications. In P. D. Hershock, M. Mason, & J. N. Hawkins (Eds.), *Changing Education-Leadership innovation and development in a globalizing Asia Pacific*. Hong Kong: Comparative Education Research Centre; Springer.

Peng, S. (2010). How to promote grading of student achievement in university. *Evaluation Bimonthly, 24*, 24-28.

Rowley, J. (2003). Designing student feedback questionnaires. *Quality Assurance in Education, 11*(3), 142-149

Tam, M. (2001). Measuring quality and performance in higher education. *Quality in Higher Education, 7*(1), 47-54.

Trow, M. A. (2005). Reflections on the transition from elite to mass to universal access: Forms and phases of higher education in modern societies since WWII. In P. G. Altbach (Ed.), *International handbook of higher education* (pp. 243-280). New York: Springer. Available online at http://escholarship.org/uc/item/96p3s213

Ulrich, W. (2001). The quest for competence in systemic research and practice. *Systems Research and Behavioral Science, 18*(1), 3-28.

UNESCO-UIS (2013). *UNESCO Institute for Statistics Data Center*. Available online at http://www.uis.unesco.org. Accessed on 30 Oc. 2013.

UNESCO-UIS. (2014). *Higher Education in Asia: Expanding out, expanding up*. Available online at http://www.uis.unesco.org/Library/Documents/higher-education-asia-graduate-university-research-2014-en.pdf

Wan, Y. (2006). Expansion of Chinese higher education since 1998: Its causes and outcomes. *Asia Pacific Education Review, 7*(1), 19-31.

Wang, X. (2010a). *Higher education as a field of study in China*. Maryland: Lexington Books.

Wang, B.-J. (2010b). University evaluation based on the whole school evaluation approach. *Bimonthly Evaluation, 23*, 21-25.

Yen, Shu-chun (2011). *University evaluation forum held on April 14*. Taipei: Tamkang University.

第 *19* 章

中國大陸數學之
教與學

趙明明、陳高偉

摘要

受考試文憑至上（exam-driven rewards）、教育資源與學術信念的三重影響，中國學生在國際數學測試中均得分頗高。由於在政府組織的考試中獲得高分，可以給學生及其家庭帶來經濟和社會回報，家庭和學校資源被大量配置到提高學生的學習成績上。家人鼓勵孩子們刻苦學習，並花費大量成本在孩子的書本和其他教育資源上。同時，中國頒布了各類頗具挑戰性的國家課程大綱、標準化的教科書以及教師培訓系統，教學方法較多以教師為中心，注重精講基本數學概念和技巧，以及反覆練習。因此，中國學生對於抽象概念的理解常常比較扎實，對常規解題技巧的運用比較嫻熟。但這種教學模式的弊端在於，不能有效激發學生創新思維，中國學生經常對於非常規類型，或者涵蓋多種解法的題目不願上手，顯得主動性不足。

關鍵詞：數學教學、中國大陸數學教育

一、中國數學之教與學

　　國際比較顯示，中國學生在數學方面的表現往往優於其他國家學生（Chiu, 2010）。這種現象引起了科研人員、教育工作者以及政策制定者的濃厚興趣。本章從國家、學校、課堂教學和學生個人這四個方面來分析中國學生數學成績優異的因素（見圖 19.1）。

（一）國家層面

　　在國家組織考試，經濟回報和集體主義思想等因素的共同作用下，中國人尤其是教育工作者向來傾向於支持學生學習，並鼓勵他們在正式考試中獲取好成績。此舉最早可追溯到隋朝，從西元 606 至 1905 年，科舉制度始終貫穿於中國的官吏遴選過程之中，中舉不僅為個人，同時也為整個家族帶來了巨大的金錢回報，聲望、權力和名望都得以提高，從而推動集體主義信念、價值觀和行為的大力發展，這點與個人主義觀念盛行的西方國家截然相反（Suen & Yu, 2006）。在當代中國，經濟的持續發展也推動教育不斷向前發展。例如在香港，工作滿十五年的高中教師即可賺取體力勞動者一生的工資，而教授一般來說只需要五年（McLelland, 1991）。因此，政府官員、家長、教師和學生都深知學術成就與個人將來的經濟和社會的成功密切相關（Reitz & Verma,

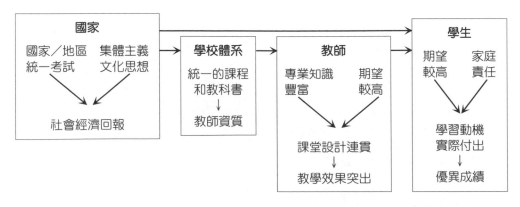

▶▶▶ 圖 19.1　國家、學校、教師和學生層面對於中國學生數學成績的影響

2004）。由此可見，中國學校和教師都極力支持學生在考試中取得好的成績，這其中也包括數學學科，因為很多人認為數學是其他學科成功與否的敲門磚。

　　中國上一代人的理念會直接影響下一代的數學學習。主要表現為對子女均抱有較高的學業期望，並為之提供大量教育資源。來自不同社會經濟背景下的學生可以透過公開競爭獲取高分和成功，這樣的現象使得中國人認為個人的努力比能力更為重要，並對每個學生都有很高期望（Stigler, Lee, & Stevenson, 1990）。以至於家人和親戚都經常提醒並告知學子，他們的成功或失敗將會影響整個家庭的聲響（Chiu & Ho, 2006）。

　　無論在家庭、學校或其他教育體系，中國人都十分樂於提供更多教育資源（如：書籍、家教等）（Lam, Ho, & Wong, 2002）。購置更多的教育資源也是為了強化家庭對孩子學習的效果，因為此舉有可能帶來更多潛在的社會收益與成就（Chiu & Ho, 2006）。無論在家中或學校，更多接觸教育資源，就意味著會給孩子帶來更多學習機會，最終提高他們的學業成就（Chiu, 2007）。

　　一些外在學習動機比如根植於中國文化中的考試、數學成績預期和社會地位等因素也會激勵學生學習（Li, 2003）。另外，中國學生也普遍樂於接受這些外部學習激勵。但凡有較高的外部或者內在學習動機的中國學生，普遍數學成績較好，而不像西方學生那樣，成績通常僅受個人的內在學習動機影響（Chiu & Zeng, 2008）。因此，中國學生在這些內在和外在學習動機的共同驅動下，較其他國家學生花費更多的時間完成家庭作業、學得更多，也在數學考試中考得更好（Chiu & Zeng, 2008; Stigler & Hiebert, 1990）。

（二）學校數學教學背景

　　在中國家長和社會普遍對學生數學成績期望頗高的大背景下，中國學校採用具有挑戰性的大綱、聘用合格師資、提倡集體備課，並分享專家骨幹教師（即在教育教學和科研工作中具核心作用的教師）的教學經驗（MEC, 2001）。學校在崇尚集體主義思想的大環境下，執行全國或地方上統一制定的數學大綱和標準化教科書，以此來實現教學目標（如 Geary, Bow-Thomas, Liu, & Siegler, 1996）。為了因應挑戰性的課程，中國學校的大多數教師則需接受國家培訓並

獲得資格方可執教（Chiu, 2011）。

此外，教師們常常互相協作並分享彼此的教學經驗。例如，集體教學備課在中國大陸城市學校中十分普遍（Ni & Li, 2009）。教師們常常透過集體教學研究來了解教師教案、學生教科書和課程標準，並研究討論成效顯著的教學方法。教育部官方指定一些學生教科書和教師指導手冊，以期取得富有成效的數學教學效果（MEC, 2001）。此外，優秀教師（「一流」教師）也向學區內外的同仁展示他們的課堂教學效果，互相學習，提高教學（Li, 2004）。

因此，同一個教學單元，中國教師的教學計劃常常十分類似，如有相似的教學目標、學習目標、例子講解、家庭作業問題以及演示方式等等（Ni & Li, 2009）。這樣的集體主義大環境下的（如中國大陸、臺灣和香港）自上而下的教育制度有利於積極高效地推廣在社會和文化上獲得認可的教學方法（Li, 2004）。正如 Stevenson 和 Stigler（1992）提出的：

> 中國和日本教師使用的授課方法對於教育行業來說其實並不陌生，沒有任何新奇手段。事實上，這些也是美國教育工作者經常推薦的教學方法。但關鍵在於，中國和日本可以廣泛且一致上行下效地去執行，從而才有顯著的教學成效。（p. 198）

綜上所述，家庭、學校和教師對學生數學成績的高期望和高投入，增加了學生的學習動機、提高了學習行為，進而提升了學生的數學成績（Geary et al., 1996）。家庭對孩子的期望、具有挑戰性的數學大綱以及複雜的課程內容都幫助學生挑戰有難度的數學學習，以便在日後國家的統一高考中取得好成績（Davey, Lian, & Higgins, 2007）。這些集體主義思想以及學業成敗對家庭的影響，都讓學生有動力去努力學習，但同時他們又有可能信心不足、害怕失敗（Lam et al., 2002）。

（三）幼兒園數學教學

中國幼兒園採用與小學數學相銜接的《操作式數學課程》（MEC,

2001）。這是一種成人主導的讓學齡前兒童接觸數學的教學方法，自 1900 年以來已經被廣泛接受（成子娟，2008）。與蒙特梭利學校一樣，操作式學習課程主要採用使數學具體化（例如，透過使用 10×10 網格），將操作物與它們各自的數學概念相連接（例如，基數和序數、位值、算術運算等），排列它們以突出系統結構（例如，10 以內的加減法、部分與整體結構的學習）這類方法來教學。因此，學生腦海中形成了邏輯數學的概念和解題思路的雛形，從而為小學階段數學學習做好進階準備（成子娟，2008）。

請思考下列學齡前數學案例：給學生展示四張不同面孔，識別面孔屬性並按屬性是否相同進行分類（成子娟，2008）。這四張圖具有三種屬性：一張有帽子，另三張沒有； 兩張面露喜悅和兩張表情憤怒；三張圓臉和一張方臉。幼兒園老師要求學生觀察並分析四張臉的特點和關係，然後指導學生使用圓珠建模，解決 4 以內的加法和減法問題（例如，$1 + 3 = 4$、$2 + 2 = 4$、$3 + 1 = 4$；$4 - 1 = 3$、$4 - 2 = 2$、$4 - 3 = 1$）。接下來，學生透過使用 10×10 網格來執行分類任務，從而了解數字 1 到 10 的部分和整體關係。

網格和這些部分整體關係可以幫助學齡前兒童使用組合和分解策略，解決涉及更大數字的加法和減法問題。例如，考慮用 10 進制策略來解決 $8 + 7$〔$8 + 7 = 8 + (2 + 5) = (8 + 2) + 5 = 10 + 5 = 15$〕。首先，教師引導學生專注於第一個加數（8 個點），並決定需要多少額外的點來組成網格上的一行（在這種情況下，$2 + 8 = 10$）。第二，教師要求學生把 7 分成兩組，第一組放 2 個點，另一組放 5 個點（$7 = 2 + 5$）。第三，教師指導學生添加 8 和 2，在網格上創建一行 10（$8 + 2 = 10$）。在第四步中，學生將剩餘的 5 加到 10 的一行中，得到 15（$10 + 5 = 15$）。然後，學生獨立處理大於 10 的和的問題（例如，$5 + 9$）。這種操作技巧可以幫助學生掌握必要的數學能力（成子娟，2008）。

受益於這一教學模式，中國學齡前兒童在許多數學領域均勝過西方學齡前兒童（Miller, Kelly, & Zhou, 2005）。幼兒園到小學三年級的學生都能解決簡單的加法問題，中國學生經常使用口算算數技能，而不是用手指算數。同時，這些學生最基本的輔助策略是分解。中國城市裡讀書的學生，透過學前班和幼兒

園的定期性學習，通常可以在進入一年級前熟練地掌握 20 以內的數數和加減問題（Zhang, Li, & Tang, 2004）。中國學生的這些優勢可以透過他們日後的學習得以繼續擴展。

（四）中小學數學教學

中國大陸的中小學數學課程強調雙基（數學基本知識和基本技能），課堂教學側重於把教學內容的精講和課程後的反覆練習相結合（MEC, 2001）。雙基教學法強調對基礎知識內容的熟知和技巧的掌握，並非側重於創新性思維（Leung, 2001）。中國教育者認為，反覆的實踐有助於記憶，可以幫助學生更深入地思考基本概念（Dhlin & Watkins, 2000；對中國思維起源的社會歷史分析可詳見 Zhang et al., 2004 ）。因此，中國數學課程有四個學習目標：（1）快速、準確的操作算術、分數、多項式和代數的計算；（2）能記住數學定義、公式、規定和步驟；（3）理解邏輯分類和數學命題；（4）透過轉化將解決方案與問題類型相匹配（MEC, 2001）。

為講授此類課程，教師需準備充足，包括教師需有較強的課堂控制能力、連貫的教學步驟，以及課堂精講，如講解抽象數學概念和解釋等（Zhang et al., 2004）。為了使教學效果顯著，北京和臺北的教師在批改作業和備課方面，平均每天要花費約六小時（Stevenson & Stigler, 1992）。

教師通常透過直接面向全體的授課方式來駕馭課堂，直接教學手段可幫助教師在授課時控制教學進度及維持課堂紀律（中國學校每班學生約有 40 到 60 名）（Huang & Leung, 2004）。由於儒家文化倡導師者為傳道、授業、解惑也，因此傳統的中國學生也更容易接受教師在課堂中的絕對權威，所以到目前為止形成中國課堂接近九成的時間都由授課教師主導的局面（Stevenson & Stigler, 1992）。

其次，課堂精講將授課內容與課堂話語銜接起來，幫助、指引學生達成每節課的學習目標（Wang & Murphy, 2004）。中國教師的授課計劃還強調數學概念和概念之間的聯繫，以此提高數學課程整體的連貫性。例如，來自中國大陸貴陽的教師會給學生講授比例和分數的相似性和差異性，以幫助學生更能理解

和學習（Cai & Wong, 2006）。

當學生解題出錯時，中國教師經常會認為這也是學習機會，教師會積極主動引導學生，提出關鍵性問題，並幫助學生糾正錯誤（Stevenson & Stigler, 1992）。透過此舉，中國教師常常鼓勵學生不斷嘗試、理解他們的錯誤並加以改正。

Schleppenbach、Perry、Miller、Sims 和 Fang（2007）透過分析中國 17 所小學數學課堂中教師使用延展性話語頻率及內容，對數學教學內容的前後連貫性進行了研究。延展性話語是指當學生給出問題的正確答案時（來自教師或學生的問題），教師會追問後續問題，這其中的持續性話語內容就是教師的延展性話語，通常不是單純以正確與否來評量學生的答案。請思考下列教師延展性話語的實例（Schleppenbach et al., 2007）：

老　　師：這個等式 $2xy = 5$ 是不是含有兩個未知數的二元一次方程式？

學生 A：不是。

老　　師：為什麼不是呢？

學生 A：二元一次方程式含有兩個未知數，未知數的項的次數應該為 1，即一次。但是這個方程式，$2xy$ 兩個項的指數之和為 2，xy 為一個 2 次項。

老　　師：這個方程式項的次數是 2，因此它不屬於二元一次方程式，同意嗎？

學生 B：同意。

老　　師：你能給出含有兩個未知數的二元一次方程式的例子嗎？

學生 B：$3x + 2y = 25$。

Schleppenbach 等人（2007）發現，在中國的數學課程中，延展性話語現象十分普遍。此外中國教師設計連貫的課程計劃，課程之間互相聯繫彼此嵌套。這些精心設計和連貫的數學課程大大減少了歧義和混亂，從而能夠幫助學生理

解數學概念和技能（Dhlin & Watkins, 2000）。因此在中國的數學課程上，教學過程連貫度頗高（Schleppenbach et al., 2007）。

與此高連貫程度的教學相關的是中國教師十分重視使用抽象概念（而不是具體實例）來歸納數學關係（Correa, Perry, Sims, Miller, & Fang, 2008）。具體來說，中國中學教師會用實例把抽象數學概念直觀化，預估學生的解題策略並評估學生是否掌握。中國教師只有在幫助學生更進一步理解數學概念的時候，才會使用具體實例（例如，教師會使用四張圖，每張圖上杯子的水量均不同，以此培養學生計算和理解算術平均值的概念）（Cai, 2005; Cai & Lester, 2005）。而當學生使用畫圖策略或透過估算得出正確答案時，教師會認為這樣解題沒有舉一反三的意義，常常不提倡學生採用。

因而，雙基課程策略和輔以反覆練習的課堂精講，也許有助於中國數學教學的有效實施。雙基課程可以將學生的注意力集中在主要的數學概念、技能、分類以及應對問題時如何靈活解題。同時，結合反覆練習的課堂精講可以幫助教師展開有效課堂管理，提高課程連貫性，透過幾個解題步驟幫助學生理解縱橫交錯的數學關係。綜上所述，這些因素可能導致中國的學生往往會比其他國家學生掌握更多的數學技能。

這種課堂教學的重要性體現在：各國兒童的智商測試結果相似、各國成人的算術能力也相似，但中國兒童的算術測試成績結果較高（Geary et al., 1996）。把這些發現與中國學生在國際數學測試中的優越表現結合來看，數學課程設計和課堂教學有助於中國學生在數學測試中取得好的成績（Stigler & Hiebert, 1999）。

二、中國學生的數學成績

在雙基課程模式和高度的教師指引性之教學影響下（Cai & Cifarelli, 2004），中國學生往往具備較強的計算能力，能輕而易舉解決常見數學問題。（常見數學問題例如，傳統問題：從 A 地到 B 地實際距離為 65 公里，這兩地在地圖上相距 10 公釐，A 地和 C 地在地圖上相距 21 公釐，求 B 地和 C 地實際

距離是多少？）然而，這種以掌握知識為主導的教學方法較難促進學生的創新性思維，所以中國學生普遍在一些非常規性問題上表現差強人意，尤其在可能有多個答案的時候，他們較不願主動積極主動嘗試（Cai, 2000）。比如這個非常規類的數學問題：「小明每天賺 150 美元，小林每天賺 250 美元。如果小明和小林想要賺到同樣數額的錢，那麼每人應該工作多少天？」

中國學生在對數學命題的理解準確且效率高。他們經常使用抽象和概括的方法去解決問題，他們使用符號表示法和抽象策略，從而正確、有效地解決問題（Cai & Lester, 2005）。如前所述，中國教師敦促學生要用精準正式的語言表達數學理解（Lopez-Real, Mok, Leung, & Marton, 2004），較少鼓勵學生使用非正式的言語，即用學生自己的話語來表達數學概念（Schleppenbach et al., 2007）。

中國學生也會採用多種常規策略來解決數學問題，從而得到正確的解題方案（Cai, 2000）。例如：若要七個女孩平均分兩個披薩，三個男孩平均分一個披薩，請問：每個男孩和每個女孩，哪位得到的披薩較多？超過90%的中國學生會採用傳統的解題方法，去比較三分之一與七分之二兩個分數。只有另外10%的學生會使用不那麼精確的非傳統解題思路（例如，三個女孩平分一個披薩，其他四個女孩分另一個披薩；後四個女孩比另三個男孩會得到更少的披薩）。

中國學生也會採用多種解題方法，中國六年級學生在做這道題的時候，老師要求使用三種以上的解題方法，結果顯示約40%的中國學生會使用兩種以上的解題方法。另外中國學生更喜歡用抽象概念去表示，如：$7/2 = 3.5$ 和 $3/1 = 3$；因此 3.5 個女孩平分一個披薩，3 個男孩平分一個披薩。所以，更少的男孩分享相同尺寸的披薩，因此每個男孩得到的披薩就更大一些（Cai & Lester, 2005）。

然而，中國學生似乎不太願意冒險去解決數學問題。如果中國學生不知如何解題，他們往往不寫任何答案（Cai & Cifarelli, 2004）。因為中國教師強調儒家教義，認為「知之為知之，不知為不知」，對待知識要誠實。因此當中國學生試探性解題並給出錯誤答案時，教師不僅不鼓勵，有時甚至會扣分。這些

教學實踐往往阻礙了學生創新性思維的發展。

　　這些研究也提出了新的問題，是否中國學生的規避冒險行為促使了他們優異的基礎數學概念運算計算能力（特別是這種在師生比很低的大班直接教學中）？當直接和連貫的教學減少了課堂中學生模稜兩可的理解，是否同時也降低了學生願意冒險試錯和創新性思維呢？在如今全球化的背景下，各國都增強了對其他國家教育和學校體系優缺點的關注，中國大陸也在努力探索實施全新的數學教學大綱，包括數學計算、解釋、表達、參與及數學問題解決等（Ni, Li, Cai, & Hau, 2008）。

三、結論

　　社會環境、教師和學生對待數學的態度和實踐等因素，推動了中國學生在數學學科上的卓越表現。回顧歷史，在中國古代的國家統一考試中，拔得頭籌者及其家庭都會被給予經濟和社會的獎勵，進而更加推動了集體主義的價值觀和學業成就有高回報的思想觀念。因此，中國人普遍對學生的學業期望較高，主動給予學生豐富的教育資源，並鼓勵學生練習數學技能。

　　美國學校和中國不同，偏向當地主導和自行管理。中國學校系統則是高度集中，採用更具針對性、實用性和挑戰性的國家或地區統一的教學大綱，聘用有資質的教師，採取集體備課，鼓勵骨幹教師分享教學經驗等方法。因此，這種國家或地區統一的教學大綱和教師認證體系也有助於教學實踐和教學方法的共享，即雙基課程（基本數學知識和技能）和課堂直接教學的實踐，及課堂精講和反覆練習的教學方法。相比之下，美國各學區、各學校的制度和規定都不一樣（儘管美國共同核心標準也在致力於統一標準），美國教師也不會進行標準化的集體備課，而是由每位教師獨立完成整個課堂教學。但中國教師通常具有較強的數學專業知識，認同協同教學並採用連貫性的數學教學，側重抽象概念，同時給予學生很多機會理解並更正錯誤。

　　與其他國家相較，中國人對於數學的積極態度也有助於中國學生在國際測試中取得優異成績。不像美國人往往對數學缺少熱情，甚至忽略數學的重要

性，中國人則十分強調數學的重要性。從幼兒時期起，中國學生受到家庭和親戚的影響，往往具備較強的內在和外在數學學習動機，幫助他們取得較高的數學成績。中國學生採用實用性強的解題思路，獲得準確而多樣的解題方法。然而中國教學太注重對知識的掌握這一特點，也抑制了學生試錯冒險與創新性思維的發展。相較而言，美國學生在嘗試新方法時往往更自信（但通常是過於自信）（Chiu & Klassen, 2010）。因此，中國學生不知如何解題之時，尤其在處理有多個答案的開放式或新穎題目時，往往不大願意主動大膽去嘗試。

四、啟發

　　中國學校體系有自身的社會結構、行為規範、教師經驗、教學方法，以及學生期望和成就。具體來說，包括以下這些因素：如中國社會集體主義的文化價值觀、學習成績帶來的經濟和社會的回報、國家或地區的統一課程的制定、國家的教師資格認證、國家的統一考試體系，以及家庭傾力支持並對學生成績有較高期待等等。透過與有經驗的同事互相協作，教師們可以設計出更為連貫的課程，將抽象概念、直接教學方法和教師對課堂掌控三者連接起來。中國學生擅長解決常規數學問題，能夠做到迅速準確和高效地解題，但他們可能缺少一些創新思維、靈活度和主動性不夠強，在解新穎題目時表現相對不佳。

　　以上回顧和總結關於中國學生的數學學習和表現，對於幫助學生提高數學成就有以下的指導作用。其中包括要聘請數學專業知識水準強的數學教師、讓社會回報與學業成績相匹配、任課教師之間要加強協同合作等。具體說來，教育者普遍認同數學教師必須具有足夠的數學專業知識才能有效地幫助學生學習，特別是在幫助他們解決非常規數學問題和學生問題時。此外，教育工作者可以透過強化學生的數學思維和解題模式，以此來提高學生的學習預期，並將社會回報與之相掛鉤。教師還可以與同事合作，設計出前後連貫性較強的課程以便更好地講授抽象數學概念，從而幫助學生實現這些高標準、高要求，最終提高學習成績。

參考文獻

成子娟（2008）。**學前數學操作式和多元化：幼兒學習評估**。香港：優質教育基金。

Cai, J. (2000). Mathematical thinking involved in U.S. and Chinese students' solving process-constrained and process-open problems. *Mathematical Thinking and Learning*, 2, 309-340.

Cai, J. (2005). U.S. and Chinese teachers' constructing, knowing, and evaluating representations to teach mathematics. *Mathematical Thinking and Learning, 7*, 135-169.

Cai, J., & Cifarelli, V. (2004). Thinking mathematically by Chinese learners. In L. Fan, N.-Y., Wong, J. Cai, & S. Li (Eds.), *How Chinese learn mathematics: Perspectives from insiders* (pp. 71-106). River Edge: World Scientific.

Cai, J., & Lester, F., Jr. (2005). Solution representations and pedagogical representations in Chinese and U.S. classrooms. *Journal of Mathematical Behavior, 24*, 221-237.

Cai, J., & Wong, T. (2006). U.S. and Chinese teachers' conceptions and constructions of representations. *International Journal of Science and Mathematics Education, 4*, 145-186.

Chiu, M. M. (2007). Families, economies, cultures and science achievement in 41 countries: Country, school, and student level analyses. *Journal of Family Psychology, 21*, 510-519.

Chiu, M. M. (2010). Inequality, family, school, and mathematics achievement. *Social Forces, 88* (4), 1645-1676.

Chiu, M. M. (2011). Changes in China's economy, families and cultural values. In F. Chin's (Ed.), *Asian economic and political developments* (pp. 291-307). New York: Nova Science Publishers.

Chiu, M. M., & Ho, S. C. (2006). Family effects on student achievement in Hong Kong. *Asian Pacific Journal of Education, 26*, 21-35.

Chiu, M. M., & Klassen, R. M. (2010). Relations of mathematics self-concept and its calibration with mathematics achievement. *Learning and Instruction, 20*, 2-17.

Chiu, M. M., & Zeng, X. (2008). Family and motivation effects on mathematics achievement. *Learning and Instruction, 18*, 321-336.

Correa, C. A., Perry, M., Sims, L. M., Miller, K. F., & Fang, G. (2008). Connected and culturally embedded beliefs. *Teaching and Teacher Education, 24*, 140-153.

Davey, G., Lian, C. D., & Higgins, L. (2007). The university entrance examination system in China. *Journal of Further and Higher Education, 31*, 385-396.

Dhlin, B., & Watkins, D. A. (2000). The role of repetition in the processes of memorizing and understanding. *British Journal of Educational Psychology, 70*, 65-84.

Geary, D. C., Bow-Thomas, C. C., Liu, F., & Siegler, R. S. (1996). Development of arithmetical competencies in Chinese and American children: Influences of age, language, and schooling. *Child Development, 67*, 2022-2044.

Huang, R., & Leung, K. S. F. (2004). Cracking the paradox of Chinese learners. In L. Fan, N. Y. Wong, J. Cai, & S. Li's (Eds.), *How Chinese learn mathematics: Perspectives from insiders* (pp. 348-381). River Edge: World Scientific.

Lam, C. C., Ho, E. S. C., & Wong, N. Y. (2002). Parents' beliefs and practices in education in Confucian heritage cultures. *Journal of Southeast Asian Education, 3*, 99-114.

Leung, F. K. S. (2001). In search of an East Asian identity in mathematics education. *Educational Studies in Mathematics, 47*, 35-51.

Li, J. (2003). U. S. and Chinese cultural beliefs about learning. *Journal of Educational Psychology, 95*, 258-267.

Li, J. H. (2004). Thorough understanding of the textbook–A significant feature of Chinese teacher manuals. In L. Fan, N.-Y., Wong, J. Cai, & S. Li (Eds.), *How Chinese learn mathematics: Perspectives from insiders* (pp. 262-279). River Edge: World Scientific.

Lopez-Real, R., Mok, A. C., Leung, K. S., & Marton, F. (2004). Identifying a pattern of teaching. In L. Fan, N.-Y. Wong, J. Cai, & S. Li (Eds.), *How Chinese learn mathematics: Perspectives from insiders* (pp. 282-412). River Edge: World Scientific.

McLelland, G. (1991). Attainment targets and related targets in schools. In N. B. Crawford & E. K. P. Hui (Eds.), *The curriculum and behavior problems in Hong Kong* (Education Papers no. 11). Hong Kong: The University of Hong Kong, Faculty of Education.

Miller, K. F., Kelly, M., & Zhou, X. (2005). Learning mathematics in China and the United States. In J. I. D. Campbell (Ed.), *Handbook of mathematical cognition.* (pp. 163-177). New York: Psychology Press.

Ministry of Education of China [MEC]. (2001). *Mathematics curriculum standards for full-time compulsory education*. Beijing: MEC.

Ni, Y., J., & Li, Q. (2009, March). *Effects of curriculum reform*. Paper presented at the Chinese-European Conference on Curriculum Development. Amsterdam.

Ni, Y. J., Li, Q., Cai, J., & Hau, K. T. (2008, March). *Effects of a reformed curriculum on student learning outcomes in primary mathematics*. Paper present at the annual meeting of American Educational Research Association, New York.

Reitz, J. G., & Verma, A. (2004). Immigration, race, and labor. *Industrial Relations, 43*, 835-854.

Schleppenbach, M., Perry, M., Miller, K. F., Sims, L., & Fang, G. (2007). Answer is only the beginning. *Journal of Educational Psychology, 99*, 380-396.

Stevenson, H. W., & Stigler, J. W. (1992). *The learning gap*. New York: Simon & Schuster.

Stigler, J. W., & Hiebert, J. (1999). *The teaching gap*. New York: Free Press.

Stigler, J. W., Lee, S. Y., & Stevenson, H. W. (1990). *Mathematical knowledge of Japanese, Chinese, and American elementary school children*. Reston: NCTM.

Suen, H. K., & Yu, L. (2006). Chronic consequences of high-stakes testing? Lessons from the Chinese civil service exam. *Comparative Education Review, 50*, 46-65.

Wang, T., & Murphy, J. (2004). An examination of coherence in a Chinese mathematics classroom. In L. Fan, N. Y. Wong, J. Cai, & S. Li (Eds.), *How Chinese learn mathematics Perspectives from insiders* (pp. 107-123). River Edge: World Scientific.

Zhang, D., Li, S., & Tang, R. (2004). The "two basics:" Mathematics teaching and learning in Mainland China. In L. Fan, N.-Y., Wong, J. Cai, & S. Li (Eds.), *How Chinese learn mathematics Perspectives from insiders* (pp. 189-207). River Edge: World Scientific.

第 *20* 章

儒家教育理念對
中國數學教與學的影響

王兆云、王光明

摘要

　　本章重點討論儒家的教育理念、學習和教育的核心觀點，以及中國數學教育者如何將儒家傳統思想和西方教育思想融會貫通。本章還討論了中國數學教與學的主要特點。中國數學教育主要涵蓋的理論層面有：融合了東西方教育理論、中國啟發式教育以及教與學中的「雙基」思想。最後，本章闡述了中西方數學教學和學習的共性與差異。受到儒家思想的影響，中國的數學教育形成了一種獨特的模式來支持學生學習。透過本章，希望能幫助學者了解儒家教育理念，推動多層次的新理論發展。

關鍵詞：儒家教育理念、中國數學教育、雙基思想

一、背景介紹

　　近 20 年來，由於東亞國家的學生在國際數學和科學學科的測試中一直名列前茅，國際上的數學教育家紛紛對這些國家的教育產生了濃厚的興趣（Karp, 2013）。例如國際教育成就評鑑協會（IEA）的國際數學與科學教育成就趨勢調查（TIMSS）和國際經濟合作暨發展組織的國際學生能力評量計劃（PISA），都表明東亞國家四年級和八年級學生成績比其他國家同級學生成績要好很多（Mullis, Martin, Foy, & Arora, 2012; OECD, 2013）。國際數學教育專家希望能找到東西方教育的共性和差別，他們發現東亞國家的教育秉承儒家思想（如 Leung, 2001）。他們希望探究為什麼受儒家文化影響的國家，中小學數學教育的成就很高（Clements, 2013）。教育家們已經著手研究儒家思想對東亞國家教育教學的影響。

　　現在教育研究學者試圖尋找東亞學生優於其他國家學生的原因。他們將主要原因歸於：東亞數學教師掌握了深刻的數學知識，運用多種方式對概念進行解讀，協同合作，將老師的教、思、學合而為一（如 Cai, 2004; Cai & Wang, 2010; Ma, 1999）。

　　學者們還著重研究了東西方的數學教法，他們發現中美教學是有差別的（Stigler & Hiebert, 1999）。例如，Cai 和 Wang（2010）進行了數學教師關於教學有效性的研究。結果顯示美國數學教師強調讓學生理解實例，然而中國教師強調透過例題抽象出概念進而理解概念。中國教師備課時關注的是數學概念、解題過程以及學生的理解情況（Li, Chen, & Kulm, 2009）。上述研究引導出一個非常有趣的問題：中國數學教師在教與學中的教學理念和方式是什麼？

　　一些數學教育研究者可能將中國教師教學中使用的教學方式，歸結為死記硬背式的機械學習和重複（Leung, 2001; Wong, 2006）。Leung（2001）研究了東亞國家數學教育的特點和內在價值取向，他從西方視角歸納了六大差異，包括：成果和過程、死記硬背和有意義的學習、刻苦學習和快樂學習、外部動機和內部動機、大班教學和個性化教學，以及很強的教師能力：注重專業知識和

注重教學方法。Leung 總結指出東亞國家「沒有明確的數學教育理論，還保留著特殊的教學方法」（p. 37）。因此，我們需要找到主導東亞國家數學教育的主要動因。

　　一個重要的發現是東亞國家的主流思想是儒家文化（Leung, 2001）。儒家文化是中國文化的瑰寶，包括家庭價值和語言傳承（Wang & Lin, 2005），外部動機在教育中也有著極為重要的作用。儒家思想影響了華人的集體認知和智慧。本章分三個部分，討論儒家思想對數學教育的影響：（1）教、思、學中的儒家哲學；（2）儒家思想對中國數學教學的影響；（3）中國數學教與學的特殊之處。

二、儒家教育理念和中國文化

　　儒家哲學和教育理念深深地根植於東亞國家的文化之中。這種文化源自於四書：《論語》、《孟子》、《大學》和《中庸》。「到十九世紀後期，整個東亞地區儒家思想和文化一家獨秀；換言之，儒家的價值觀和行為方式已經與中國、韓國、日本和越南的民眾生活息息相關，政府系統的構建也會參考儒家的價值觀」（Bell & Chaibong, 2003, p. 1）。中國語言裡的許多成語和俗語源自孔子思想集大成之作，影響著華人的學習和思維方式。本節關注孔子教、思、學方面的哲學思想。

（一）孔子關於學習和思維的思想

　　孔子熟諳環境和勤習的重要性。其思想秉承人之初、性相近的理念，但是由於後天環境和學習的影響，才習相遠（《論語・陽貨》）。人能夠透過學習和實踐，成就不同的事業。

　　孔子認為學習的兩個要義是勤奮和謙恭（Chen, 1990）。根據《論語》，孔子是公認最勤奮的學習者，他透過閱讀，向周圍的人求教，盡其所能學習知識。孔子云：「三人行，必有我師焉。擇其善者而從之，其不善者而改之。」（《論語・述而》）

　　孔子鼓勵溫習舊知識，「溫故而知新」（《論語・為政》）。人是根據自己已知的知識，才能估計和預測未來的變化。現代生活中，人們透過溫習和回憶已知的知識來發展和掌握新知識。

　　孔子遇到新的問題時，他會想辦法弄清楚兩個方面：他已知什麼，他需要知道或者需要解決什麼，從上述兩方面他找尋解決問題的方式（《論語・子罕》：「叩其兩端而竭焉」）。孔子認為學習者透過學習和批判性思考獲得知識，子曰：「學而不思則罔，思而不學則殆。」

　　學習的五個步驟包括：博學之，審問之，慎思之，明辨之，篤行之（《中庸》）。前兩個步驟關注學習過程，「慎思」和「明辨」指思考過程，「篤行」指知識的應用（Chen, 1990）。朱熹（1130-1200）《四書章句集注》中指出「知其然，知其所以然」，才能識記和理解知識。

　　當代對儒家思想的研究提出學習是一個循環上升的過程，即「博學→審問→思考／反饋（慎思）→確認／區分（明辨）→應用／實踐（篤行）→再學習（博學）……」（見圖 20.1）。

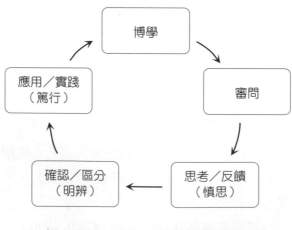

▶▶▶ 圖 20.1　孔子的學習過程概念

　　根據孔子對學習的理解，人們要涉獵廣泛，但是也要有深度的思辨。人們要把所學和生活實踐相聯繫。學習之後，要把知識應用到解決問題的實踐中，來檢驗所學知識的正確性。

（二）孔子教學思想

1. 教師的地位和素質

　　根據揚雄（52BC-18AD）的說法，儒家思想中教師是「為人師表」（Leung, 2001）。韓愈（768-824）《師說》中開篇語：「師者，所以傳道、授業、解惑也。」從儒家學說的觀點看，如果想成為優秀的工匠，從業者必須有相關的專業知識。中國古語有云，如果教師教給學生一杯水的知識，老師要有一桶水的知識，因此中國教師須在自己的專業領域術業專精。

2. 教師對待學生和教學的態度

　　子曰：「有教無類。」孔子認為所有的人都是可以受教育的（Chen, 1990）。另外，孔子及其弟子秉承因材施教的觀點，採用不同的方式教學。在《論語》中有許多孔子因材施教的生動實例。子曰：「中人以上，可以語上也；中人以下，不可以語上也。」（《論語·雍也》）

　　孔子指導學生「循循然善誘人」（《論語·子罕》），孔子還指出教師應該「誨人不倦」（《論語·述而》）。教師應該對學生有耐心，了解學生的能力，有步驟地引導學生學習。

　　孔子採取啟發式教學法幫助學生學習（《論語·述而》：「不憤不啟，不悱不發」）。朱熹解讀孔子的啟發式教學，指出「憤」是學生學習某一問題之後渴望理解知識和解決問題的切入點，但是卻沒有找到合適的方法的狀態。「悱」指學生思考了很久，但是沒有找到適合的表達方式的狀態。當學生到達上述兩種狀態時，教師就要開始指導學生學習了。

　　孔子極為關注學生的理解和接受能力。如果學生已經能夠舉一反三，教師就不需要再行贅述課程了（《論語·述而》：「舉一隅不以三隅反，則不復也」）。現代教學從此概念延伸的做法是，教師採取多種教法彈性教學。

　　教師專業發展也從教學中汲取營養。此概念源自《論語》，但是《禮記》中有詳細說明，即「教學相長」，換言之，教師和學生在教學過程中共同受益。透過學習，便可知所短，也能檢驗其不足；透過教學，亦可知難點，也能補所缺。透過知曉不足和缺陷，才能改進然後繼續進步，所以老師可以從教學中獲得知識。此觀點也說明在教學中師生的地位應該是平等的。

　　總之，孔子及其弟子對教學、思維和學習的觀點奠定極為重要。這些觀點演化出許多成語和俗語，成為中華文化的特色，指導了人們的教與學。實際上，這些也是教與學的重要方法，這些觀點對亞洲教育影響深遠。

三、孔子的理念對中國數學教與學的影響

　　在孔子的學習思想影響下，中國學者和學生具有開放的思想對待外來文化，他們廣泛的吸取其他國家的知識和經驗。中國數學教育家學習西方教學理論並且內化為適合中國教育的理論。儒家思想也影響了數學教學、學習和教師的知識構成。本節從以下三個方面進行闡述：（1）中國學者如何將西方數學理論和傳統理論進行融合；（2）中國數學教與學的特點；（3）中國數學教師的素質。

（一）中國傳統思想和西方理論的融合

　　中國教育家接受並學習西方的教育理論，將西方理論融入中國特有的教與學環境中，比如：中國的課程、教與學和研究專著（例如，塗榮豹、楊驍、王光明，2011；鍾啟泉，2003）概括了中西方教與學的觀點。王策三（1985）呼籲中西方融合創造更好的教育環境。《中國數學教學研究 30 年》（塗榮豹等，2011）中指出中國數學教育基於中國傳統思想，並且受到西方理論的影響。

　　中國數學教育系統不僅涵蓋了中國傳統教育思想，也融入了西方的先進方法和理論。十九世紀五十年代，俄國數學教學系統被引入中國。近 30 年，中國數學教育也吸收了西方的課程體系、思考方式、教法、學習方法和解決問題

的策略等等（馬中林、胡炯濤，1996；張奠宙、李士、李俊，2003；張雄、李得虎，2003；塗榮豹等，2011；鄭毓信，1996，2006）。

　　下面將列舉西方思想融入中國數學教學的例子。許多中國學者使用波利亞（George Polya）啟發式教學法進行幼兒園到十二年級（K-12）的數學教學。比如，鄭毓信的著作《數學方法論》（1996）和《數學方法論入門》（2006）涵蓋了大量波利亞的數學學習和教學方法。這兩部著作還包含拉卡托斯（Imre Lakatoes）、梅森（John Mason）、布爾巴基（Bourbaki）學派、弗賴登塔爾（Hans Freudenthal）等其他數學家的思維和解決問題之道。

　　《數學教學論》（馬中林、胡炯濤，1996）共設計八章內容：數學教育原則、數學思維、數學能力、數學邏輯、數學思想、數學方法、數學教學方法和數學教師的素質。其中包含了中西方的教育思想，比如，第一章中的七個數學教育原則既有儒家思想也有西方思想，比如：循序漸進原則、啟發引導原則、過程教學原則、歸納演繹原則、面向全體原則、啟發學習原則，和動機激發原則。這七個原則將中西方教育理論融合在一起，比如，面向全體原則是中西方教育家的共同看法。

（二）中國數學教與學的特徵

　　中國數學教與學主要特徵表現在三個方面：雙基、中國數學教師的啟發式教學和高效的教學效果。「雙基」用於學科知識和數學教法，啟發教學和教學效果屬於數學教學領域。

1. 雙基教學

　　中國數學教育領域強調「雙基」教學，「雙基」指基本知識和基本技巧。基本數學知識包括概念和基本數學觀點與方法。基本數學能力指運算能力、數據處理能力、歸因／邏輯思維能力、使用圖表和圖形表達的能力，且要熟悉解題模式、記憶解題模式並運用於類似問題的處理中（Tang et al., 2012; Zhang, Li, & Tang, 2004）。基本數學技巧包括過程知識、數學思考模式和解題技巧。教師要求學生掌握「雙基」。自五十年代以來中國數學課程結構幾經改革，但是

「雙基」一直是重點之一（Li, 2013）。

　　雙基強調的是學生要抓住數學的核心內容。張奠宙（2006）概括雙基的發展基礎和三個縱向層級。雙基從四個觀點進行闡述：（1）理解和記憶；（2）透過運用知識高效學習；（3）透過嚴苛的學習進行抽象思維的培養；（4）透過不同的概念、過程和任務重複學習。雙基同時包含三個縱向層級：（1）基本知識和技巧（雙基）；（2）知識模組，包含知識銜接、不同教法和數學思維和方式；（3）數學思考方式、理念和教法。

　　同時，「雙基」與數學教育目標相關聯。中國數學教育的目標是培養學生在計算、邏輯思考、空間理解和創造能力方面的數學技能（孟飛等，2011）。前三個能力是半個多世紀所推崇的能力，創造能力是近幾十年所增加的。雙基的概念與西方教育家波利亞（Polya, 1945/1957, 1965）和 Milgram（2007）提出的教學思想有相似之處，但是在實際教學中，有些國家並未給予足夠的重視（Milgram, 2007; Polya, 1965）。

2. 中國數學教師的啟發式教學

　　孔子的啟發式教學在中國教育學界十分盛行。啟發式教學要求教師誘導學生主動學習，激發學生思考並進行歸納總結。在數學教育中，啟發式教學策略融合了孔子／儒家的啟發教學策略、數學思維和思想以及教育理論。比如中國課本經常運用不完全的原因歸納法誘導出概念和解題方式，這種方法特別適用於小學和國中數學教學。這樣，教師引領學生從具體思維到抽象思維。我們再看波利亞（Polya, 1945/1957, 1965, 1968）的解題方式應用到啟發式教學中，比如，猜想、一般化、特殊化、歸納、分類、類比、劃分法等等。中國啟發式教學不僅僅教數學內容和解題技巧，同時也運用於數學思維和數學思想。

3. 高效的教與學

　　效果分為學習效果和教學效果。教師需要確保學生能夠完全理解和完成課程的要求。數學界提倡教師應該在課堂發揮主導地位，學生為主體，要求學生應該積極地參與思考和學習（王策三，1985；塗榮豹等，2011）。此舉的目的在於確保學生理解數學知識，避免浪費時間並確保完成教學任務。教師的主要

任務是激發學生的思考，同時學生也需要主動思考，回答老師的提問。此舉與波利亞（Polya, 1965）的三個教學原則相吻合。這三原則為：主動教學和思考、最佳動機和階段性學習的連續性。

（三）數學教師的素質和教學

由於孔子提倡工欲善其事，必先利其器；中國古語也云：「學生一杯水，教師一桶水。」數學教師必須具有深厚的專業知識和教學知識。數學的教學中強調雙基、啟發式教學和高效的教學等均是要求教師具有深厚專業知識和多樣的教學方法。數學教師須明晰數學問題以了解教學內容和學生可能遇到的問題。教師向學生展示多樣的解題方法，還要發現學生解題中的錯誤並幫助他們改正。不僅如此，教師還需要熟練地控制課堂進度。我們可以看到中國傳統思想和舒爾曼（Shulman, 1985）的思想有異曲同工之妙，他們認為「教師需要有廣泛的知識儲備和系統的知識結構」（p. 47）。馬力平（Ma, 1999）的研究也為中國數學教師所需的專業知識和教學方法提供了相應的佐證。

四、中國與西方數學教與學的異同

儒家教育理念與西方教育理論的結合，使中國具有自己特殊的模式。接下來我們將討論中國與西方在教學和學習方面的異同之處。

（一）中國與西方教學方面的異同

儒家教育思想很多方面已經被西方學者經由實證研究證實。這些思想獲得西方學者的支持（Hiebert et al., 2007），包括有教無類（《論語‧衛靈公》）、因材施教、教學相長、教師利用多任務進行教學、多種問題解決方式、用多種方式理解數學概念和類比方法等。儒家的啟發式教學方法實際上是一種以學生為中心的教學方法。建構主義同樣也是提倡以學生為中心的教學方法。

中國教師使用的教學方式並非是獨有的，現在有一些方法也被美國學者推

崇，但是，美國和東亞國家的教學還是有差距的（Stevenson & Stigler, 1992）。中國有一些教學方式並沒有受到西方教育家的關注，比如說，數學教學領域所提倡的教學思想：教師為主導，學生為主體，似乎沒有得到西方教育領域的認可。中國的啟發式教學有時候並沒有用英語或其他語言給予詳細深刻的闡述。有一些課堂教學策略和方法的知識，例如教師如何控制課堂節奏、啟發學生進行有效的思考，也只存在於中國教師的課堂教學中。這也是中國啟發式教學，或者說以學生為中心的教學方式中的一部分。這種方式可能包含了教師自身的教學專業知識和隱含的知識，也就是說，教師的知識具有可描述的和不可描述的部分。所以，中國數學教師常常會觀摩示範教師的公開課以及聽其他班級的相應課程，並從中受益（Huang, Li, Zhang, & Li, 2011; Huang, Su, & Xu, 2014; Ma, 1999）。

中國數學教師的啟發式教學與波利亞（Polya, 1965）「內部協助」的觀念相類似。「內部協助」是指「當學生熱切的希望能夠解決問題時提供幫助，或者當學生已經了解概念，並且可以透過自己的方式解決問題的時候，需提供適當幫助」（p. 137）。

建構主義學者認為所有的學生是主動的學習者；而儒家學說將學習者按照態度分為以下四種類型：有些人與生俱來就有一些知識，有些人樂於學習，有些人當遇到挑戰的時候才會學習，有些人無論什麼情況都不想學習（《論語‧季氏》）。另外，根據《禮記‧學記》闡述的四種學習過程中的失敗情況，即：學習者可能由於讀的太多、知識面太狹窄、學的東西太簡單，或者對現階段偏安不思進取而導致失敗。這四種失誤都有不同的心理原因，教師應該探尋這些心理原因，然後幫助學生改正自己的錯誤（王文錦，2001）。由此，中國的教師會經常對學生提出具有挑戰性的問題，促使學生學習，例如強記一些內容。中國教師也教學生許多記憶的技巧。從這個角度來看，一些西方的學者並沒有鼓勵學生記憶一定的內容，對記憶力的要求沒有給予足夠的重視。這種差別是因為西方和東方國家採用不同教學法的原因（Leung, 2001）。

孔子／儒家學說的五步學習法闡述了學與思的關係：教師既要教會知識，也要教給學生解決問題的方法和思考的技巧。波利亞（Polya, 1945/1957）提醒

教科書的作者應該注意到，「學生（或者說學習者）不僅僅只滿足於採用正確的步驟解釋問題，他們更想知道，這個問題產生的動機，以及採用不同方式的動機是什麼、目的是什麼」（p. 50）。

（二）中國與西方學習中的異同點

在數學教育中，中國的數學教師強調的是「雙基」。根據 Leung（2001）：「從本質講，內容是最基礎的。數學學科一個關鍵的特徵是它與眾不同的知識結構，正是這種知識結構，使數學和其他的學科區分開來。」「數學與眾不同的知識結構」是指數學的內容系統，它是基本概念的一部分。張奠宙和他的同事認為：「東亞地區的國家，包括日本、韓國、新加坡和中國（中國是指中國大陸、臺灣、香港和澳門），甚至俄羅斯都強調基礎的重要性。」（Zhang et al., 2004, p. 190）

中國的「雙基」與布魯納（Bruner, 1960）提出的結構學習是相似的，也與美國的國家數學教師委員會（NCTM, 2000）既要理解概念也要理解過程的觀點相匹配。NCTM 觀點也是西方許多學者的觀點（例如 Wu, 1999）。「雙基」同樣要求教師不僅僅要教會數學內容，還要教學生如何思考，教學生如何學習、如何分析和解決問題，以及如何記憶數學公式和一些數學理論。「雙基」和中國的啟發式教學結合，幫助學生學習數學內容、培養思考方式，以及教會學生解決問題的技巧和方法。從這個角度來看，一些西方國家教師可能在教學中，沒有對數學概念以及理解解題過程給予足夠的重視（Ma, 1999）。雖然很多西方國家的學者要求記憶和理解概念，但還是有許多西方國家的教師在教學中並沒有重視這些問題。

孔子的五步學習法、將思考與學習整合起來的方法，以及從兩個方面（叩其兩端）來解決問題的觀點，實際上西方的學者也都具備這種方法。波利亞的四步解決問題的方法（Polya, 1945/1957）指：理解問題、擬定計劃、實施計劃和檢查回顧解題過程，這一方法也已經被眾多學者所接受。當我們解決問題時，我們需要知道我們要解決什麼問題、我們有哪些資源能夠利用以解決這些問題。儒家的學習方式更傾向於利用現有的一切資源，這些資源包括向他人學

習、集體學習、從以往的經驗中吸取教訓，以及從網路或者其他的有效資源中獲取經驗。

波利亞（Polya, 1945/1957, 1965, 1968）的啟發式教學策略對數學的學習思考和問題解決提供了很好的借鑑。這種啟發式教學策略包括了言語層面以及非言語層面（Milgram, 2007）。非言語層面意指直覺思維（Bruner, 1960）以及「靈感突現／好的想法」（Polya, 1945/1957, p. 9）。中國數學學者將這種啟發式教學不僅僅應用到學習、數學思維和問題解決，並與中國的傳統啟發式教學進行融合。這就可以解釋 Cai 和 Wang（2010）提出的中國教師使用具體實例來引導學生到抽象思維，而美國教師用實例幫助學生來理解數學問題。從這點可以看出，北美教師可能在教室課堂教學中不經常使用非語言層面進行啟發式教學（Milgram, 2007）。

總之，西方學者和東方學者在教育上的某些觀點可以達成一致。但由於生活環境、文化傳承、政治環境的不同，相似的教育觀點可能會在不同文化上有不同的解讀。這也是導致中國數學教育與眾不同的原因。

五、結論

孔子／儒家教育哲學深深地影響到華人的公眾認知、公眾的智慧以及記憶的傳承，同樣也對中國的數學教育有著長足的影響。儒家學說，包括其認識論和方法論在中國文化中佔據了主要的哲學地位並引導價值取向。亞洲學生在基礎教育的數學方面取得了巨大的成就，也可以說是歸功於儒家學說思想的傳承（Clements et al., 2013; Leung, 2001, 2006）。

中國數學教育有其獨特的價值取向，這種價值取向引導中國學者將中國傳統思想和西方觀點結合起來，進而發展出獨特的教育和學習模式。一些中國教育思想也來自於中國傳統文化，有些中國學者認為孔子的思想不需要實證研究的檢驗，因為在檢驗之前學者們已經內化了這些思想，由此可見中國「沒有明確的數學教育的體系」（Leung, 2001）；相反的，西方學者強調實證研究並把他們研究所得應用到教育理論中，這些理論在一定程度上和儒家的教育思想是

有重疊的。事實上，中國學者某種程度上也進行了實證研究，他們研究的是如何把儒家教育理論應用到數學教育中。中國數學教育的期刊包括許多將儒家思想的觀點應用到數學教學和學習的文章。東亞國家學生的國際測試成績也實證了儒家理論對教與學的有效性。

中國數學的教與學有其自身的特點，可以總結為如下五個方面：（1）給予每個學生平等受教育的權利和根據學生的興趣發展智力；（2）教師在其專業和教學法方面需要有深厚的知識；（3）強調「雙基」包括數學內容、結構和體系；（4）有關內容思考、學習技巧以及數學思維的啟發式教學；（5）教學效度。這些特點是中國傳統文化和西方學者觀點的融合。

在上述五個方面中，「雙基」和啟發式教學最為重要。前者要求理解概念和解題過程，更重要的是建立數學的思維、知識結構、學習技巧和解題策略。啟發式教學要求教師進行引導、類比、一般化、特殊化、分類、發現、創新並證明。上述方式都可以用來激發學生的思考以求最佳的教學效果。這兩個方面的特徵使中國數學教育達到其規定目標，即：培養學生計算能力、邏輯思維能力、空間思維能力和創新能力。因此教師需要獲得足夠的專業知識並且掌握不同的教學方法，才能達到預期的教學效果。

參 考 文 獻

王文錦（2001）。**禮記釋解**。北京：中華書局。

王策三（1985）。**教學論稿**。北京：人民教育出版社。

孟飛、李麗萍、嚴家麗、塗榮豹（2011）。數學教學目的。載於塗榮豹、楊騫、王光明（編著）。**中國數學教學研究 30 年**。北京：科學教育出版社。

馬中林、胡炯濤（1996）。**數學教學論**。南寧：廣西教育出版社。

張奠宙（2006）。中國數學雙基教學理論框架。**數學教育學報，15**（3），1-3。

張奠宙、李士、李俊（2003）。**數學教學導論**。北京：高等教育出版社。

張雄、李得虎（2003）。**數學方法論與解題研究**。北京：高等教育出版社。

塗榮豹、楊騫、王光明（2011）。**中國數學教學研究 30 年**。北京：科學教育出版社。

鄭毓信（1996）。**數學方法論**。南寧：廣西教育出版社。

鄭毓信（2006）。**數學方法論入門**。杭州：浙江教育出版社。

鍾啟泉（2003）。**現代課程論**。上海：上海教育出版社。

Bell, D. A., & Chaibong, H. (2003). The contemporary relevance of Confucianism. In D. A. Bell & H. Chaibong (Eds.), *Confucianism for the modern world* (pp. 1-28). Cambridge: Cambridge University Press.

Bruner, J. (1960). *The process of education*. Cambridge: Harvard University Press.

Cai, J. (2004). Why do U.S. and Chinese students think differently in mathematical problem solving? Exploring the impact of early algebra learning and teachers' beliefs. *Journal of Mathematical Behavior, 23*, 135-167.

Cai, J., & Wang, T. (2010). Conceptions of effective mathematics teaching within a cultural context: Perspectives of teachers from China and the United States. *Journal of Mathematics Teacher Education, 13*, 265-287.

Chen, J. (1990). *Confucius as a teacher-Philosophy of Confucius with special reference to its educational implications*. Beijing: Foreign Language Press.

Clements, M. A. (2013). Past, present and future dimensions of mathematics education: Introduction to the third international handbook of mathematics education. In M. A. Clement, A. J. Bishop, C. Keitel, J. Kilpatrick, & F. K. S. Leung (Eds.), *Third international handbook on mathematics education* (pp. v-xi). New York: Springer.

Clements, K., Keitel, C., Bishop, A. J., Kilpatrick, J., & Leung, F. K. S. (2013). From the few to the many: Historical perspectives on who should learn mathematics. In M. A. Clement, A. J. Bishop, C. Keitel, J. Kilpatrick, & F. K. S. Leung (Eds.), *Third international handbook on mathematics education* (pp. 7-40). New York: Springer.

Hiebert, J., Morris, A. K., Berk, D., & Jansen, A. (2007). Preparing teachers to learn from teaching. *Journal of Teacher Education*, *58*(1), 47-61.

Huang, R., Li, Y., Zhang, J., & Li, X. (2011). Improving teachers' expertise in mathematics instruction through exemplary lesson development. *ZDM: The International Journal on Mathematics Education*, *43*, 805-817.

Huang, R., Su, H., & Xu, S. (2014). Developing teachers' and teaching researchers' professional competence in mathematics through Chinese lesson study. *ZDM, 46*, 239-251.

Karp, A. (2013). From the local to the international in mathematics education. In M. A. Clement, A. J. Bishop, C. Keitel, J. Kilpatrick, & F. K. S. Leung (Eds.), *Third international handbook on mathematics education* (pp. 797-826). New York: Springer.

Leung, F. K. S. (2001). In search of an East Asian identity in mathematics education. *Educational Studies in Mathematics*, *47*(1), 35-51.

Leung, F. K. S. (2006). Mathematics education in East Asian and the West: Does culture matter? In F. K. S. Leung, K. D. Graf, & F. J. Lopez-Real (Eds.), *Mathematics education in different cultural traditions—A comparative study of East Asia and the West: The 13th ICMI Study*. New York, NY: Springer.

Li, S. (2013). Practice makes perfect: A key belief in China. In C. Keitel, J. Kilpatrick, & F. K. S. Leung (Eds.), *Third international handbook on mathematics education* (pp. 129-138). New York: Springer.

Li, Y., Chen, X., & Kulm, G. (2009). Mathematics teachers' practices and thinking in lesson plan development: A case for teaching fraction division. *ZDM*, *41*(6), 717-731.

Ma, L.(馬力平)(1999). *Knowing and teaching elementary mathematics*. Hillsdale, NJ: Lawrence Erlbaum Associates.

Milgram,R. J. (2007). What is mathematical proficiency? In A. H. Schoenfeld (Ed.), *Assessing mathematics proficiency* (pp. 31-58). New York: Cambridge University Press.

Mullis, I. V. S., Martin, M. O., Foy, P., & Arora, A. (2012). *TIMSS 2011 international results in mathematics*. Chestnut Hill, MA: Boston College.

National Council of Teachers of Mathematics [NCTM]. (2000). *Principles and standards for school mathematics*. Reston: NCTM.

OECD. (2013). *PISA 2012 Results: What students know and can do−Student performance in mathematics, reading and science* (Volume I). PISA, OECD Publishing. http://dx.doi.org/10.1787/9789264201118-en

Polya, G. (1945/1957). *How to solve it*. Princeton: Princeton University Press.

Polya, G. (1965). *Mathematical discovery* (Vol. 1 & 2). New York: Wiley.

Polya, G. (1968). *Mathematics and plausible reasoning*. Princeton: Princeton University Press.

Shulman, L. (1985). On teaching problem solving and solving the problems of teaching. In E. E. Silver (Ed.), *Teaching and learning mathematical problem solving: Multiple research perspectives* (pp. 439-450). Hillsdale: Lawrence Erlbaum Associates.

Stevenson, H. W., & Stigler, J. W. (1992). *The learning gap: Why our schools are failing and what we can learn from Japanese and Chinese education*. New York: Summit Books.

Stigler, J. W., Hiebert, J. (1999). *The teaching gap: Best ideas from the world's teachers for improving education in the classroom*. New York: Free Press.

Tang, H., Peng, A., Cheng, B., Kuang, K. & Song, N. (2012). Characterisitcs of " two basics" teaching in secondary mathematics classrooms in China. In Y. Li, & R. Huang (Eds.). *How Chinese teach mathematics and improve teaching* (pp. 29-43). New York: Routledge, Taylor and Francis.

Wang, J., & Lin, E. (2005). Comparative studies on U.S. and Chinese mathematics learning and the implications for standards-based mathematics teaching reform. *Educational Researcher, 34*(5), 3-13.

Wong, N. Y. (2006). From "entering the way" to "exiting the way": In search of a bridge to span "basic skills" and "process abilities". In F. K. S. Leung, G. D. Graf. & F. J. Lopez-Real (Eds.), *Mathematics education in different cultural traditions: The 13th ICMI study* (pp. 111-128). New York: Springer. http:dx.doi,org/10.1007/0-387-29723-5.

Wu, H. (1999). Basic skills versus conceptual understanding. *American Educator/American Federation of Teachers*, *23*(3), 14-22.

Zhang, D., Li, S., & Tang, R. (2004). The "two basics": Mathematics teaching and learning in Mainland China. In L. Fun, N. Wong, J. Cai, & S. Li (Eds.), *How Chinese learn mathematics: Perspectives from insiders* (pp. 189-207). Singapore: World Scientific Publishers.

第21章
紐約市中英雙向式雙語教育的個案研究

許雅寧

摘要

　　本章旨在評述美國本土的一個中英雙向式雙語教育。在美國，對培養雙語能力來說，中英雙向式雙語教育是一種新興的，卻前景廣闊與發展迅猛的語言教育模式。本文首先闡述研究的基本原理與依據；其次以雙向式雙語模式（dual language model）為主，概述美國現有的雙語教育模式類型。本研究採用混合研究方法（mixed method approach）。教師訪談、教室觀察以及田野筆記（field notes）的資料被蒐集整理來進行質性資料分析（qualitative data analysis）；量化資料（quantitative data）則包括對學校現有的中英文讀寫材料進行的描述統計分析（descriptive statistical analysis）。中英雙向式雙語模式體現了中文教育模式裡的異質性（heterogeneity）。本研究探討了該雙語項目的發展、挑戰，以及中英雙向式雙語模式對中文教育的意義與啟示。本論文呼籲決策者、教育者以及行政管理人員給予更多的資源與支援來更好地促進雙向式雙語模式的發展。

關鍵詞：雙向式雙語模式、雙語教育、中文教育

一、背景介紹

在紐約市，華裔人口的數目呈現穩步增長的趨勢。根據 2010 年的人口普查資料顯示，華裔群體佔紐約市總人口的 6%，並以 10.5%（2008～2010 年）的速度持續增長，高於其他少數族裔（Asian American Federation, 2013）。規模不小的華裔人口數目使得如何更能滿足華人群體的教育需求成了亟待解決的問題。尤其是語言教育如何能夠保存中文的語言、文化與傳統方面。

對許多在美國生活的華人家長來說，保持好孩子的中文水準是父母長久以來的願望與挑戰（Carreira, 2004; Garcia, 2000; Mckay & Wong, 1996; Valdés, 2001; Wiley, 2000; Wong Fillmore, 1991, 1993, 2000）。美國學校官方的課程極少設置為華裔家庭提供學習繼承語（heritage language，以華裔孩子而言，即為中文）的支援，這使得家長們只能訴諸於週末中文學校來滿足語言學習的需求。然而，週末繼承語學習班的學習成果卻飽受爭議（Cho, 2000; Lee, 2002; Lee & Shin, 2008; You & Liu, 2011）。相關研究充分記載說明了繼承語學習班的困境，包括過時的課程設置、師資品質低、學生缺乏興趣，以及課程設置與在美國出生青少年需求不對等的教學法的偏誤（Cho, 2000; Lee, 2002; Zhou & Bankston, 1998）。除了可能會失去祖代傳承的繼承語，移民家庭通常發現英語的學習又是另一個挑戰（Gil & Bardack, 2010）。目前，紐約市教育局（New York City Department of Education）提供給母語為非英語的孩子三種教育選擇來支援他們的英語學習：ESL 課程項目〔Freestanding English as a Second Language（獨立英語為第二語言教學），紐約市教育局的翻譯〕、TBE 課程項目〔Transitional Bilingual Education（過渡式雙語教育）〕，或 DL 課程項目〔Dual Language Education（雙向式雙語教育）〕。ESL 課程項目把新移民的孩子置於全英文的語言環境中，不給孩子提供任何母語支援。該課程項目期待學生能夠自行學習社交英語與學術英語，並僅靠自己的力量用英文來處理所有科目的學習。由於缺少母語支援，這種學習途徑被廣泛地批判為一種「不成功便沉淪」（sink or swim）的選擇。在這個全英文的教學體系中，學生只能全憑自己，靠

著極有限的英文水準在體系中存活下來。即使對英文的學習而言，相關研究顯示，這種模式也不如有母語支援的雙語課程項目有成效（Cummins, 1979; Thomas & Collier, 2004）。此外，在被同化的過程中，雙語孩子也面臨著失去繼承語與族裔認同感的風險（Zhou, 1997）。意識到 ESL 教育模式的弊端，過渡式雙語教育（TBE）模式的設立給雙語孩子提供了母語的支援。然而，作為一種「過渡的」手段，母語支援只用於課程項目學習的初始階段。因此，在 TBE 課程項目一開始，孩子可能會經歷相對順暢的學習階段；但是，母語的支援十分短暫，最終的學習目標也只是掌握好英語。綜上所述，TBE 課程項目最終的學習成果與 ESL 課程項目如出一轍——在兩種模式裡，雙語能力都被減損至只剩單語能力（monolingualism）。

　　在 ESL 與 TBE 模式中，雙語孩子不僅失去了保持繼承語的可能，其英文學習的成效也頗令人質疑（Thomas & Collier, 2003）。至此，雙向式雙語（DL）模式的設立成為雙語家庭的第三種選擇。雙向式雙語教育模式不僅能有效地促進孩子的英文學習，它還在其正規教育體制中融入了繼承語的學習，用以鞏固強化少數族裔孩子的母語能力。值得一提的是，儘管雙向式雙語模式支援繼承語學習，它同時也吸引了來自不同語言文化背景的孩子，進一步豐富了雙向式雙語教育的設置與學習環境。本章旨在評述美國紐約市的一個中英雙向式雙語教育。英文與中文兩種課程設置的融合，滋生了新穎而混合的教育模式。這種模式把兩種語言與文化結合起來，體現了中文教育模式的異質性（heterogeneity）。此外，項目的混合性（hybridity）所帶來的挑戰也體現於課程項目中（不同語言文化間）的衝擊與調和上。本文作者希望這一章能進一步探討中文學習的多種可能。

二、理論框架

　　本研究中，雙語學習者（Dual Language Learners, DLLs）指的是家庭用語為非英語的學生。正因如此，他們也許不能流暢地使用英文。該術語最早由美國教育局和學前發展辦公室（Office of Head Start）採用，目的是提升母語非英

語兒童的語言能力（Espinosa, 2013）。雙向式雙語教育為母語為英語的兒童和母語為「搭檔語」（partner language，即雙語課程項目中除英語外的另一種語言）的兒童營造了一個雙贏的局面——透過在學校的學習，他們能夠掌握兩門語言。雙向式雙語課程是一種適應孩子發展階段的、語言與文化豐富多元的雙語教育項目。透過嚴格的雙語學科授課與學生間的雙語互動，母語為英語的孩子及母語是其他語言的孩子逐漸掌握學科知識與技巧，並相互彼此協助以用兩種語言學習學科，達成學業目標。雙向式雙語教育中的孩子可以透過他們的母語來學習每種學科和發展學習能力，並最終能把這些學科知識及學習能力轉移至他們的第二語言中；完成雙向式雙語教育的學習後，孩子們兩門語言的聽、說、讀、寫能力都能達到相當高的水準（New York City Department of Education, 2013）。

　　雙向式雙語課程是一種雙向的雙語教育項目。雙向式雙語教育給學生提供學術嚴謹的雙語課程，使英語學習者〔English Language Learners（ELLs），或ESL 學生〕和英文熟練的（English Proficient, EP）學生都至少能夠滿足課程標準的要求。學生們在雙向式雙語教育所獲得的語言與跨文化能力，為他們日後在國際社會中生存打下了重要的基礎（Howard & Christian, 1997）。在發展他們第二語言技能的同時，雙向式雙語教育的學生們也用兩種語言來學習學科知識。典型的雙向式雙語班裡同時擁有母語為英語和母語為「搭檔語」的學生。然而兩種孩子所佔的比例在相關學術文獻中卻備受爭議。不少研究者認為，在理想的情況下，雙向式雙語教育中兩種學生所佔比例應為 50：50，也就是說，學生中有一半是母語為英語的孩子，另一半為母語是「搭檔語」的孩子。其他研究者卻認為兩種學生的構成可以有不同的比例。甚至有學者建議讓其中一種語言群體的學生佔多數；而另外一些學者則主張佔多數與佔少數學生群體的比例不能超過 2：1（Torres-Guzmán et al., 2005）。關於教學的形式與安排，可以有兩種情況。其一，可以安排一位精通兩種語言的雙語教師來用兩種語言給孩子授課；或者可以採用團隊教學的編排，有兩位老師在兩個班級裡給孩子們上課，團隊中的一位老師用英文上課，另一位則用「搭檔語」來教學。兩間不同的教室分別對應兩門語言的教學，學生們則輪流在不同的教室裡上課。為

了滿足所有學生在學業和語言上的需求與目標，兩位老師一同準備教學計劃。就兩種語言使用的時間規劃而言，課程項目可以採用不同的模式來盡力平衡兩種語言間的時間分配；這些模式包括「半天模式」（half-day model）、「過山車模式」（roller-coaster model，即早上使用一門語言教學，下午至第二天早上是另一門語言），以及「隔日模式」（alternate day model）（Torres-Guzmán et al., 2005）。在 50：50 模式中，兩種語言平分所有的教學時間。每種時間規劃的模式都自有其利弊，關於何種模式的安排較優並沒有統一的說法（Honigsfeld & Dove, 2010）。Thomas 和 Collier（2003）提議一個雙語課程項目應給學生至少六年的時間來學習核心學科的課程。同時，一個有效的雙語課程項目應保證兩種語言對課程內容分開教學，每種語言不應重複授課或者對已教內容重複翻譯。英語與「搭檔語」的學習也是分開的，學習一種語言時不應摻雜使用另一種語言，以保證在每種語言上所花時間均等。對一個雙向式雙語課程而言，行政管理者、教師、父母的支援以及學生間積極的互依互助，對課程的蓬勃發展極為關鍵。

雙向式雙語教育（DL）模式值得稱頌之處在於它能夠使來自多樣背景的孩子積極地參與至課程項目中，從而充分地尊重與拓寬了孩子的文化視野。就中英雙向式雙語模式而言，它為華裔移民家庭提供了孩子學習中文語言文化學習的正式官方渠道。對非華裔的學生來說，雙向式雙語教育模式使他們得以接觸中文語言和文化。對美國官方教育政策而言，這樣混合多元的課程項目為中文學習提供了其他的可行模式。相較之下，ESL 與 TBE 模式對英文學習過於側重，犧牲了中文學習，剝奪了華裔學生保持中文能力的權利。ESL 與 TBE 課程項目鮮少支援孩子的中文學習，使得孩子在接受學校教育的過程中往往犧牲了中文語言。與之相反，在結束後，孩子能擁有高水準的雙語語言與學術能力。雙向式雙語教育被認為是培養學生雙語讀寫能力，和擴展文化視野頗具前景的方式。在這個多語化的世界裡，雙語學校的蓬勃發展是毋庸置疑的。在 2000年，全美國約有 260 所學校開設不同語種的雙向式雙語課程。時至今日，在全美範圍內有約 2,000 所學校開設雙向式雙語課程，其中紐約州的學校便有 300所（Walser, 2011）。在雙語課程項目所習得的語言技巧和文化知識能使孩子在

未來的就業市場上佔據一席優勢，並在國際商業舞臺上扮演重要角色，為國家經濟增長做貢獻。因此，雙向式雙語教育能吸引公眾的矚目與資金投入也就不足為奇了（Walser, 2011）。在亞洲成長的華裔孩子把中文作為第一語言來習得掌握；而在美國的華裔孩子主要透過在家使用中文作為日常社交語（social language）來習得中文，且更注重口語的交流。雙向式雙語教育致力於促進學生兩門語言的學術語言能力、讀寫能力以及學科知識的學習。除了把中文作為第一語言來教給母語為中文的學生，雙向式雙語教育為中文教育模式提供了另一種可行選擇，體現了中文教育模式的異質性。

三、研究方法

本研究採用混合研究方法的方案，蒐集並分析量化與質性資料。蒐集的資料包括對四位教師的採訪，兩年內 30 次教室觀察，以及從幼兒園到小學四年級的讀寫材料統計。每個年級各有一名教師接受採訪，每次採訪只有一名受訪者，持續一個小時。採訪從一些基本問題開始——包括教師在雙向式雙語教育的從業背景與經驗，後續問題有關於教學活動與工作量的詢問。採訪問題意在增加對相關情況的深入了解——包括雙向式雙語課程項目的挑戰，每個年級的課程設置，紐約州標準考試（New York State Test）對英語、數學和中文學科的影響，中文的讀寫材料的供應，以及教師所獲得的職業發展培訓支援。最後，採訪結束前的問題涉及家長支援和參與度，以及雙向式雙語教育面臨的挑戰。採訪章程請參考本章附錄 21.1。

參與本研究的學校是一所積極推動多語言和多文化能力的學校。該校學生中，50%為中南美裔，35%為亞裔，9%為非裔，4%為白人。17%的學生為英語學習者（ELLs），21%的學生需要接受特殊教育。該學校在 2010 年啟動中文和英文的雙向式雙語課程項目。該課程歡迎所有對學習中英雙文感興趣的學生，它也吸引了來自不同語言種族背景的孩子。儘管在班級裡華裔學生佔多數，項目中也有不少孩子來自其他族裔。值得注意的是，華裔群體本身也存在著相當大的多樣性。例如，第二或第三代美籍華人移民的孩子接觸與經驗到的

中文語言或文化通常是有限的。即便是在第一代移民孩子的群體中，孩子們生長的家鄉、家庭社會經濟地位、家中常說的方言或使用中文的機會，也有著相當大的差異。

　　就年級段而言，該校的雙向式雙語課程從幼兒園班起設，目前課程涵蓋幼兒園到小學四年級。每天會有一個指定的 30～45 分鐘的英語為第二語言（ESL）或中文為第二語言（CSL）的課程，為有需要的學生提供額外輔導。學校採用的是「並排式」雙向式雙語模式（side-by-side dual language model）：英文與中文老師各有自己的教室，學生每隔一天輪流到兩位老師的教室上課。輔導老師與家長志願者在教室裡輔助老師的教學。來自紐約市一些大學的教師培訓課程的實習老師也會到此實習輔導學生學習，增加教學經驗。該學校的中英雙向式雙語課程已開展到了第五年，學校一直重視培養雙向式雙語教育學生扎實的中英雙語學術能力，和精湛的雙語技能。

四、研究結果

　　在雙語課程項目的中文教室，許多大海報懸貼在教室四周，海報上寫著清晰的中文拼音的注音符號、漢字、教室時程表和規則，以及學術用語。每個學生都有一個中文名字，名字貼在教室入口的門上和孩子的書桌上。學生的作品裝點著教室與走廊的牆面——這些作品包括他們的作文、繪畫、手工藝術品，還有漢字書法。學校把慶祝中國的傳統節日納入課程規劃，還定期安排校外考察旅行以加深學生對中華傳統、社區、語言和文化的了解。

　　中文課程結合了對英文閱讀課程的參照和常規的漢字學習。在該學校，「讀寫工作坊」（Readers and Writers' Workshop）的「三要素」——分享閱讀（shared reading）、引導閱讀（guided reading）與自主閱讀（independent reading）構成了英文讀寫課程的核心部分。在這種模式下，核心的讀寫學習課程要求孩子們能夠廣泛而大量地閱讀。種類繁多、涉獵不同的學科、主題、興趣與風格的書籍是這個讀寫教程至關重要的部分。透過讀寫測評與教師觀察，學生們會被定期檢測閱讀發展水平。在課程中，教科書的用途並不多，它們僅僅

是一種教學指南。該雙語課程項目的中文閱讀課程採用的是英文教程中「讀寫工作坊」的模式，這與亞洲傳統的以教科書為導向的中文教育有著根本的不同。採用以閱讀為基礎的教程來教授中文讀寫，為中文教育模式帶來了新的選擇，但與此同時也為雙語教師及課程設置帶來了困難與挑戰。本文會在後續部分討論這些挑戰。

在漢字學習方面，這所學校遵循傳統的教學法，強調識記、反覆練習，和漢字偏旁部首的辨認。學校教授簡體版漢字及其拼音系統，不過教室也有繁體漢字的書籍。幼兒園班主要學習象形漢字，要求學生能認識約 100 個漢字。一年級學生開始學習漢字的部首和正確的筆畫順序。二年級學生繼續學習部首組合，強化提升漢字讀寫水準。隨著孩子年級的升高，到三、四年級，學生學習的漢字愈來愈複雜，數量也逐步增多。至四年級結束時，學生應當能認識約 600 個漢字。至於漢字的書寫，幼兒園班的孩子開始學寫大約 80 個漢字。到了四年級，學生應當能寫 400 個漢字。

由於該雙向式雙語教育隸屬於美國的教育體系，課程的教學法、教室活動、師生間或同學間互動、課堂管理與要求皆遵循美國的慣例。在課程活動中，以學生為中心的學習方式為主流，各個學科的學習都穿插有課堂活動。透過小組作業、師生間與同學間的互動，孩子們能夠發展批判性思考的能力（critical thinking skills）。課程強調同伴間的相互支援，也鼓勵同學們掌握學習的主動權。評量學生的方式有教室觀察、課題作業、課堂參與度、報告、家庭作業以及偶爾的考試。這些方式旨在全面考量與掌握學生的情況，包括他們的優勢、弱勢與學習的進程。教室管理建立在老師與學生間相互尊重的基礎上。透過踐行「文化回應教學法」（culturally responsive pedagogy），學生與老師共創教室規則，學生也學習如何解決同學間的衝突，以營造一個積極的學習環境。

在該學校，所有學科——包括數學、讀寫課、社會與科學都透過中英兩種語言來授課，目的是希望透過把語言與學科知識的學習相融合，能達到優異的學術語言能力。在雙向式雙語課程項目中，同學間的互動對學好語言至關重要。同學間互動能促進並加強讀寫能力的學習，並為孩子的語言習得提供真實

道地的學習機會（Parkes et al., 2009）。在對該學校的觀察中發現，孩子們靈活而自發地用主語言（英文）與「搭檔語」（中文）來進行交流互動，互動的主題囊括了學業功課的詢問和一些社交活動的交流，例如安排玩伴、分享玩具，以及借用鉛筆等。互動的話題和內容都與孩子們的生活學習緊密相連，體現出語言習得具有目的性。多變的語體語域和結構更豐富了孩子們中文的語言經驗。孩子們學會用中英兩種語言來詢問和傾聽問題、提出和接納回饋、協商和解決衝突，或者改善交流情境。由於每個人都是英文或者中文的學習者，孩子們對同伴間的互相學習與支援發展出積極合作的態度。雙向式雙語課程的學生來自十分多元的語言與種族背景，儘管有家庭成員說中文，孩子也許在家中有更多的機會接觸中文，但這並不是一個讓學生在雙向式雙語教育中表現優異的先決條件。非華裔的家庭也十分積極主動地支援孩子學習中文，他們透過與老師的密切交流、豐富孩子的課外活動，以及參加課後班或家教輔導來支援孩子學習中文。

除了孩子們令人矚目的進步，該雙向式雙語課程項目也面臨著一些挑戰。這些挑戰包括：不同學校之間的雙語課程缺乏統一的測評標準與課程設計、中文測試在紐約州標準考試中的弱勢地位、小學課程完成後如何進階到中學的雙向式雙語課程、中文老師超負荷的工作量，以及中文讀寫材料的短缺。

雙向式雙語教育的第一個挑戰是：不同學校的課程間沒有統一的教程與測評基準。其他學科都能參照「共同核心標準」（Common Core Standards）中所清楚規定的各年級需達成的要求與測評標準。然而與其他學科不同，無論是在全國範圍內還是在地方轄區，雙向式雙語教育裡的中文學習都沒有一個清晰統一的教程與測評標準。在參與本研究的學校，老師自己創建課程與測評基準，致使每個課程項目的教學目標都不甚相同。對轉出或轉學入不同雙向式雙語教育的雙語學生來說，由於課程設置不統一，他們的學業水準參差不齊。這給學生在新課程的過渡階段帶來了很多困難。當被問及與紐約市其他中英雙向式雙語教育的合作情況，該校的老師皆表示，課程之間沒有統一的教程與測評標準，因此在現存的五個中英雙向式雙語課程之間並沒有合作。

雙向式雙語教育的第二個挑戰與美國各州內規定的學科大考（high-stakes

State Examination）相關。在紐約州，孩子自三年級起需要參加英文、數學、科學與社會課的全州統一考試。考試結果用來衡量學生學習進展與學校的辦學品質，其資料成為學校統計資料資訊的一部分，並會被公諸於眾。中文學科的測試第一次出現在 2013 到 2014 學年。然而，現行的政策規定中文測試的結果不被計入學生進步報告或對學校辦學情況的衡量。換句話說，中文測試在現行教育體制裡並沒有分量。這對該學校的中文課程項目產生了顯著影響。正如一位老師所說：「由於它不計入評量體系，我不得不花更多時間來預備英文與數學考試。家長也希望孩子們能為英文與數學考試做更多準備。因此，中文被放在了次要的位置。」另一位老師也表示認同，說這個問題使得部分中文學習時間也被佔用。家長們要求課程花更多的精力來準備英文考試。且不論他們的種族背景，這些家長都面臨著一個難題：一方面，他們都熱切地期望能加強孩子的中文學習；另一方面，正如重要標準考試所指明的，他們也一如既往地意識到英文是「更重要的」語言。

　　中文學科考試的弱勢地位也影響到了雙向式雙語教育持續穩定的發展。從紐約市中英雙向式雙語教育的調查發現，絕大多數課程都集中在小學階段。目前，紐約市有五所雙語小學開設中英雙向式雙語課程，但僅有一所國中和兩所高中開設這類項目。國中階段的雙向式雙語教育的發展還處於萌芽階段，也許此現象可以解釋高中雙向式雙語教育較少的原因。然而，小學高年級階段項目報讀人數的減少卻大有隱憂。在該學校，幼兒園班有 26 名學生，一年級班有 22 人，二年級班有 19 人，三年級和四年級班各是 18 名學生。對教師們的訪談也證實了人數下降的趨勢。誠如一位受訪老師所言：「當孩子們漸漸長大，愈來愈少的學生願意繼續留在雙語班……一些家長希望孩子們能把英文學得更好。由於中文不如英文重要，父母們認為只有在低年級時才學中文。孩子們長大一些後，他們便不願意多花時間學中文。」這種趨勢在新移民家庭裡似乎更明顯，因為新移民父母往往無法給孩子英文水準的發展提供家庭的支援。參與研究的該學校是一所小學，然而課程教師們已經開始擔憂他們的學生在中學階段能否繼續接受雙語教育，因為正如一位老師所質問的：「如果在中學無法繼續，那麼孩子們現在花時間來學中文又有什麼用呢？」另一位老師補充說：

「是否能延續至中學階段的確是個問題。如果沒有國中或高中雙向式雙語模式的教育，那麼雙語學習的效果是大打折扣的。」

對英文測試備考的重視和高年級到中學階段縮減的學生入學規模，都佐證了關於「英語強勢霸權」（English hegemony）現象的相關研究。英語是社會的官方語言，它的強勢也因其在社會中的絕對主導地位而得到增強；由此，對許多雙語家庭來說，保持父輩的繼承語是一場艱苦的硬戰（Carreira, 2004; Garcia, 2000; Valdés, 2001; Wong Fillmore, 1993, 2000）。正如 Wiley（2000）所解釋的：「語言強勢產生於社會主導群體在全社會建立的強勢，他們說服其他群體接受他們的語言規範和使用，並把其作為社會的標準或範本。他們使那些未滿足社會語言標準的人們相信，是自己所說語言本身的缺陷導致了未達標的失敗，由此鞏固語言的霸權。」（p. 113）被同化的驅力是很難抵擋的，這也造成了許多雙語家庭逐漸失去母語（language shift）的現象（Veltman, 1988, 2000; Wong Fillmore, 1991）。Wong Fillmore（1991）主張在像美國這樣語言與文化十分多元的社會裡，移民家庭的孩子必須掌握英語——社會通用的主流交際語；這樣才能保障他們的升學機會與未來就業的能動性。儘管這樣的主張符合現實，但英語的學習不需要取代雙語兒童的母語。換句話說，第二語言的學習不需要付出犧牲自己母語的代價。然而，使用少數族裔語言的孩子在進入學校的英文環境後，往往面臨著被同化的強大壓力。而這種令人沮喪的現象在美國社會卻很普遍。因此，在美國，成為雙語者的過程是一個語言受到折損的過程，因為他們往往需要以犧牲母語來習得英語（Lambert, 1975, 1977, 1981）。Brecht 和 Ingold（2002）也表明，語言霸權使得許多美國的雙語家庭紛紛轉向使用英文，這些轉變有著可預測的趨勢——比如，在美國出生的第一代移民的孩子通常在上學之初或上學前就儘快地轉向使用英文。雖然雙向式雙語模式有意減少這些情況的發生，但從目前的資料來看，英語霸權的力量依舊強大，平衡中文和英文的學習與使用依舊任重而道遠。

雙向式雙語課程面臨的另一個挑戰是中文教師高負荷的工作量。由於雙語課程正處於開拓期，教師們往往無前例可循。雙向式雙語課程的教師們通常需要自己設計課程、測評標準和讀寫材料。透過研究該課程項目的讀寫材料，研

究者發現該學校的教師通常親手把英文書翻譯成中文，編寫教材與學生練習本。他們還需要動手製作教室的裝飾品、文字牆的材料，甚至是用來寫漢字的方格紙。教師們都一致認為：「工作量很大，我們不得不自己編寫與設計教材。」此外，另一個主要挑戰是學校或學區無法為教師提供足夠的職業發展培訓。學校或學區似乎並沒有充足的資源，為教師提供職業發展的支援。「學區所能提供的職業發展學習機會十分稀少。我們沒有任何的支援。」另一位教師說。高負荷的工作量再加上缺乏支援，雙向式雙語課程項目中文教師的工作是令人難以招架的。除了這些與體制有關的挑戰，雙向式雙語教育教師們的背景與他們對新興多元混合的雙向式雙語教育的踐行也值得關注。該學校所有的中文教師都成長於亞洲並接受傳統的中文教育，所以大部分趨向傳統教育模式，以教師為中心的教程和教科書為導向的教學方式主宰著課堂的氣氛，和美國教育強調以學生為中心的互動式學習差異頗大。雙向式雙語教育讓這些教師有機會學習不同的教育文化。這不僅進一步塑造了美國現存中文教育模式的課程，同時也為發展與研究美國雙語教師培訓項目提供了豐富的資訊。

最後，高品質中文讀寫材料的緊缺嚴重阻礙了課程項目的發展。在美國，讀寫教育以廣泛使用豐富多樣的閱讀寫作材料為核心。讀寫教育的實現是透過大量的閱讀來促進學生的閱讀水準、培養他們對讀寫的興趣。教科書的作用只是配角。形形色色的書籍為孩子提供了最貼近生活而豐富的閱讀寫作學習機會，使他們接觸學習到詞彙、語法、標點使用、句型句式與文本理解。在每學期之初，教師會評量孩子們的閱讀水準，並隨著學期的不斷推移定期評量。孩子們根據自己的閱讀能力與興趣來選擇書籍。閱讀是課程的關鍵區段，孩子們每天都需閱讀。教室裡擺放著不同體裁、內容、興趣、主題與閱讀難度的書籍，任孩子挑選。豐富多樣的閱讀經驗使孩子們能夠學習發展語言能力、讀寫能力和批判性思維能力。閱讀帶來的樂趣與獨立思考能力，培養孩子們成為終身的閱讀愛好者與學習者。在美國，這是十分典型的讀寫教育模式。

然而，傳統的中文讀寫教育卻不是這樣。在傳統的中文教育裡，教科書以外的書籍都被稱為「課外讀物」，暗示著這些書籍次要的、可有可無的地位。儘管包括從雜誌中摘取的段落或其他一些基礎閱讀材料也許會出現在課程中，

成為補充閱讀材料，然而教科書在學習中依舊佔據壟斷與支配的地位。語文的學習十分倚重課本，學生成績判定的依據是對課本的記誦與複製情況。因此，當採用以文學閱讀為中心（literature-centered）的教學方案時，便會障礙重重。一位老師表示：「我們嘗試著仿照英文的教學，用以文學閱讀為中心的方式來教中文，但是我們的中文書本十分短缺。即便我們手頭上有那麼幾本中文書，它們的內容品質也不夠高，也無法像英文書那樣能根據閱讀難度分級。」老師的話正揭露了在美國建立一個不同文化融合的項目的挑戰。雖然有人也許認為由於英文是美國的主導語言，所以在市面上較難買到其他語言的書籍，實際上，造成難題的並不是獲取資源的渠道——隨著網路與網上書城的大量崛起，書籍購買管道已變得通暢便捷。

　　真正的難題在於高品質與地道（authentic）的中文閱讀材料太少。中文書籍的短缺加重了中文老師的工作負擔，正如一位老師所言：「我們不得不自己編寫材料，或是翻譯英文書。這為我們在課堂之外增加了很多負擔。」表 21.1 按照年級羅列了中文與英文讀寫材料的對比。

　　從表 21.1 看出，除幼兒園外所有的年級中，中文書籍的數量遠遠少於英文書籍。由此反映了中文閱讀文本短缺的一貫情勢。在一年級，教室裡有 3,430 本英文書，卻僅有 892 本中文書。在二年級，共有 2,874 本英文書供孩子挑選，然而僅有 790 本中文書提供給孩子。三、四年級也是情況類似——三年級的英文書有 3,993 本，四年級英文書有 4,015 本，對比之下，三、四年級孩子的中文書各是 902 本和 782 本。從比例的角度來看，一、二、三年級中文書對英文書的比例都穩定在 23%～27%的範圍。中文書相較於英文書比例最低的是四

▶▶ 表 21.1　各年級中文與英文讀寫材料情況

	幼兒園	一年級	二年級	三年級	四年級
英文書數目	1,340	3,430	2,874	3,993	4,015
中文書數目	1,401	892	790	902	782
中文書數目對英文書數目百分比	104%	26%	27%	23%	19%

年級，僅為 19%。在幼兒園班，單從中文書與英文書的數目來看，也許可以粗略地推斷中文讀寫材料十分豐富，甚至超過了英文材料。然而，進一步的研究卻發現，幼兒園班的中文書籍絕大部分都是用來反覆操練的練習本。與之相比，英文書籍卻有著豐富的體裁、內容與難度分級。之後與老師們的談話也確證了這一點。「我們沒有足夠多真正的中文書給小不點們。」一位教師慨嘆道。

這種情況反映了中文教育模式中的「教科書中心主義」（textbook centrism）。長久以來，以教科書為中心的課程支配著中文教育的課程。儘管教科書為學生提供精心設計、循序漸進的學習規劃，它的刻板模式顯然無法滿足所有學生的需求。相反的，以文學閱讀為基礎的讀寫教程用內容廣泛的閱讀文本滋養孩子，鼓勵孩子根據興趣與水準按照自己的節奏來學習。中英雙向式雙語教育基於文學閱讀的教學法沿用了美國的以文學為基礎的教程，它也許正為中文教育孕育了一種全新的可能。

五、結論

如今正是見證中英雙向式雙語教育發展的好時機，本章介紹的這所學校只是眾多實例中的一個，它集中體現了雙向式雙語課程項目的發展以及中文教育的重大意義。

在雙向式雙語教育中，華裔學生與其他族裔的孩子一同發展各學科的中英雙語能力。雙語的互動多為同伴間的相互協調交流，是自然且自發的，與孩子的日常經驗緊密相連。在學習雙語的過程中，孩子們相互支援彼此的語言學習。華人移民孩子與主流學生的隔離——由此而帶來對移民孩子的孤立與成見，被對人人都是學習者的理解與尊重所取代。許多家庭沒有在附近社區的一些學校就讀，卻不辭長距離交通的奔勞，選擇了該中英雙向式雙語課程。該雙向式雙語課程的家長來自十分多元的種族、語言與文化背景。儘管大部分家長是華裔新移民，也有相當一部分的就讀家庭在此前從未接觸過中文語言或文化。父母們全力支持孩子的中文學習，並持續配合老師，建立學校與家庭之間堅實的合作關係。除去背景的差別，家長們都認同雙向式雙語教育的價值觀，

並相信能夠為他們的孩子提供扎實的教育與光明的未來。中英雙向式雙語教育的種族多樣性，為學生們提供了多元豐富的互動交流機會。母語為英語的孩子能推進華裔孩子的英文學習；另一方面，華裔學生也能增強母語為英語孩子的中文學習，從而營造了一個共同繁榮進步、互助的有機學習環境。

　　儘管雙向式雙語教育的進展令人矚目，但是也面臨不少挑戰，亟需受過良好訓練的、擁有雙向式雙語教育專業知識與經驗的教師一起加入。關於測驗評量與語言政策，儘管雙向式雙語課程在雙語教育中是一個體制內的官方選擇，州內中文考試卻未被納入體制內。在沒有一個官方承認的地位的情形下，這種模式的可持續性與可靠性會被嚴重削弱。在高年級階段，情況尤為惡化。以參與研究的學校而言，班級的規模隨著學生年歲的增長而縮減。事實上，這樣的趨勢一直持續至中學階段。當孩子從小學階段升學至高年級時，一向在雙向式雙語教育裡上學的家庭也許會面臨雙向式雙語模式的銳減而中斷。對語言的發展來說，持續的支援與學習是成功的關鍵。因此，對打算把孩子送去雙向式雙語課程的家庭來說，雙向式雙語教育的延續性會極大地左右他們的決定。最後，高品質的中文兒童讀物的短缺，為雙向式雙語模式的發展帶來了巨大的挑戰。由於美國的讀寫教育通常都採用以書籍文本為主的課程，若沒有適齡且引人入勝的中文讀物，以文學為主的讀寫教學將會十分困難：學生難以找到適合他們發展水準、原汁原味的中文兒童讀物來支援他們的學習；雙向式雙語教育的老師常需花費無數個小時充當作者、翻譯者、插畫師、編輯和出版者，為學生們編寫讀物。這進一步加劇了他們原本過分沉重的工作負擔。參與研究的該學校迫切亟需內容更豐富的兒童中文讀物。若出版商不能致力於給孩子出版中文兒童文學讀物，規劃以閱讀為主的教程將會非常艱難。儘管遵循傳統的中文學習教程，孩子也能習得基本的中文讀寫能力，美國教育中以文學讀物為基礎的教學法卻是為中文學習迎來了另一種可能。對入學時沒有英文背景的孩子來說，雙向式雙語教育為他們提供母語支援，因此孩子們能透過中文來學習學科知識，然後再將這些知識轉入英文。同樣的，沒有中文背景的孩子也用英文來構築學術知識，再把這些知識轉入中文部分的學習中。雙向式雙語教育的孩子隨著兩種語言與文化茁壯成長。

　　總而言之，雙向式雙語教育有著光明的前景。然而，課程項目的蓬勃發展需要有關各方合作努力。本研究的侷限性在於個案研究特有的限制。個案研究法能對某一課題進行深入研究；但是，研究結果也許無法應用於其他群體。因此，本案例中的研究學校所呈現出來的議題也許無法代表其他中英雙向式雙語學校的情況。相關因素例如學校資金、課程項目的歷史，以及學生的社會經濟地位背景都會影響到課程項目的發展。此外，個案學校的兩門語言是中文和英文，本研究的結果可能無法推廣至其他語言組合，例如西班牙文／英語、阿拉伯文／英語、法語／英語，或韓語／英語，目前這些語言組合在紐約市都有對應的雙向式雙語課程項目。

附 錄

▶▶▶ 表 21.1　對參與本研究的教師之採訪章程

1. 你的教學經歷為何？
2. 你在雙向式雙語教育裡的體驗為何？
3. 對你來說，一個典型的工作日為何？
4. 你的工作量為何？
5. 你所教年級的課程為何？
6. 英文、數學和中文的州內標準考試如何影響你的教學和學生的學習？
7. 學校或學區會給你提供什麼樣的職業發展培訓來支持你們設計所教年級的中文部分課程？
8. 關於中文讀寫材料方面，你遇到過什麼困難嗎？
9. 家長的支援和參與度如何？
10. 你如何看待中英雙向式雙語教育的發展與挑戰？

參考文獻

Asian American Federation. (2013). *Profile of New York City's Chinese Americans: 2013 Edition* (pp. 1-6). Retrieved from http://www.aafny.org/cic/briefs/chinese2013.pdf

Brecht, R. D., & Ingold, C. W. (2002). *Tapping a national resource: Heritage languages in the United States*. Washington, DC: ERIC Clearinghouse on Languages and Linguistics.

Carreira, M. (2004). Seeking explanatory adequacy: A dual approach to understanding the term "heritage language learner". *Heritage Language Journal*, *2*(1), 1-25.

Cho, G. (2000). The role of heritage language in social interactions and relationships: Reflections from a language minority group. *Bilingual Research Journal*, *24*(4), 333-348.

Cummins, J. (1979). Linguistic interdependence and the educational development of bilingual children. *Review of Educational Research*, *49*(2), 222-251.

Espinosa, L. M. (2013). *PreK-3rd: Challenging common myths about dual language learners: An update to the seminal 2008 report*. Retrieved from http://fcd-us.org/sites/default/files/Challenging%20Common%20Myths%20Update.pdf

Garcia, O. (2000). Language: A diversity category beyond all others. In R. Phillipson (Ed.), *Rights to language: Equity, power, and education* (pp. 243-248). Mahwah: Lawrence Erlbaum Associates.

Gil, L., & Bardack, S. (2010). Common assumptions v.s. the evidence: English language learners in the United States. *American Institutes for Research*. Retrieved January 2, 2015, from http://www.air.org/sites/default/files/downloads/report/ELL_Assumptions_and_Evidence_0.pdf

Honigsfeld, A., & Dove, M. G. (2010). *Collaboration and co-teaching: Strategies for English learners*. Thousand Oaks: Corwin Press.

Howard, E. R., & Christian, D. (1997). *The development of bilingualism and biliteracy in two-way immersion students*. Paper presented at the AERA, Chicago, IL.

Lambert, W. E. (1975). Culture and language as factors in learning and education. In A. Wolfgang (Ed.), *Education of immigrant students* (pp. 55-83). Toronto: Ontario Institute for Studies in Education.

Lambert, W. E. (1977). The effects of bilingualism on the individual: Cognitive and socio-cultural consequences. In P. A. Hornby (Ed.), *Bilingualism: Psychological, social and educational implications* (pp. 15-27). New York: Academic.

Lambert, W. E. (1981). Bilingualism and language acquisition. In H. Winitz (Ed.), *Native language and foreign language acquisition* (pp. 9-22). New York: New York Academy of Science.

Lee, J. S. (2002). The Korean language in America: The role of cultural identity in heritage language learning. *Language, Culture and Curriculum, 15*(2), 117-133.

Lee, J. S., & Shin, S. J. (2008). Korean heritage language education in the United States: The current state, opportunities, and possibilities. *Heritage Language Journal, 6*(2), 1-20.

Mckay, S. L., & Wong, S. (1996). Multiple discourses, multiple identities: Investment and agency in second language learning among Chinese adolescent immigrant students. *Harvard Educational Review, 66*(3), 577-606.

New York City Department of Education. (2013). Principles for planning and implementing a LAP. *Office of English Language Learners*. Retrieved January 3, 2015, from http://schools.nyc.gov/NR/rdonlyres/F4776F52-E3E9-4271-AB67-8F5CD4F760F2/0/LAPPrinciples_10_2008REV.pdf

Parkes, J., Ruth, T., Anberg-Espinoza, M., & De Jong, E. (2009). Urgent research questions and issues in dual language education. *Dual Language Education of New Mexico* (pp. 5-58). Retrieved from http://www.dlenm.org/documents/Research_Report.pdf

Thomas, W. P., & Collier, V. P. (2003). The multiple benefits of dual language. *Educational Leadership, 61*(2), 61-64.

Thomas, W. P., & Collier, V. P. (2004). The astounding effectiveness of dual language education for all. *NABE Journal of Research and Practice, 2*(1), 1-20.

Torres-Guzmán, M. E., Kleyn, T., Morales-Rodríguez, S., & Han, A. (2005). Self-designated dual-language programs: Is there a gap between labeling and implementation? *Bilingual Research Journal, 29*(2), 453-474. doi:10.1080/15235882.2005.10162844.

Valdés, G. (2001). Heritage language students: Profiles and possibilities. In J. K. Peyton, D. A. Ranard, & S. McGinnis (Eds.), *Heritage languages in America: Preserving a national re-*

source (pp. 37-77). McHenry: Center for Applied Linguistics (CAL).

Veltman, C. (1988). *The future of Spanish in the United States*. Washington, DC: Hispanic Policy Development Project.

Veltman, C. (2000). The American linguistic mosaic: Understanding language shift in the United States. In S. L. McKay & S. C. Wong (Eds.), *New immigrants in the United States* (pp. 58-93). Cambridge: Cambridge University Press.

Walser, N. (2011, March-April). Harvard education letter (Vol. 27, Number 2). *Harvard Education Press*. Retrieved January 3, 2015, from http://hepg.org/hel-home/issues/27_2/helarticle/dual-language-programs-on-the-rise

Wiley, T. G. (2000). Language planning and policy. In S. L. McKay & N. H. Hornberger (Eds.), *Sociolinguistics and language teaching* (pp. 103-147). Cambridge: Cambridge University Press.

Wong Fillmore, L. (1991). When learning a second language means losing the first. *Early Childhood Research Quarterly*, *6*(3), 323-347.

Wong Fillmore, L. (1993). Educating citizens for a multicultural 21st century. *Multicultural Education Journal*, *1*(1), 10-12.

Wong Fillmore, L. (2000). Loss of family languages: Should educators be concerned? *Theory Into Practice*, *39*(4), 203-210.

You, B. K., & Liu, N. (2011). Stakeholder views on the roles, challenges, and future prospects of Korean and Chinese heritage language-community language schools in Phoenix: A comparative study. *Heritage Language Journal*, *8*(3), 67-92.

Zhou, M. (1997). Growing up American: The challenge confronting immigrant children and children of immigrants. *Annual Review of Sociology*, *23*, 63-95.

Zhou, M., & Bankston, C. (1998). *Growing up American: How Vietnamese immigrants adapt to life in the United States*. New York: Russell Sage.

第四篇

結語

第22章

全球化時代的華人教育模式：
迷思或現實

錫東岳、姒依萍

摘要

　　如何準確清楚地定義華人教育模式是學術界一直爭議的問題，在關於這個問題的眾多研究中，學者專家試圖找出代表華人教育模式的關鍵元素，然而，提煉出不同社會背景下的華人教育模式的同質性並非易事。結合本書和先前的研究，本章旨在勾畫出華人教育模式的主要特徵。為了更加清晰地定義華人教育模式，本章提出華人教育模式具有動態性、融合性和多樣性三個特點，並提出規範、組織和主體是構成華人教育模式的三個關鍵元素。

關鍵詞：華人教育、儒家思想、教育模式

一、前言

　　如本書先前的章節所示，並沒有清楚和直接的方法來定義華人教育模式。從廣義而言，「中國」一詞意味著不同的歷史時期、不同的地域和不同的人群。在全球化的今天，要給處於不同社會背景下的華人教育模式下一個明確的定義並不容易。儘管如此，本章還是嘗試能夠為解決這個問題提供線索。本書並沒有嘗試給出華人教育模式的明確概念，而是鼓勵作者從不同的角度就此問題表達廣泛的觀點。

　　結合本書和之前研究，本章提出華人教育模式包含三個特點：動態性、融合性和多樣性，以及三個元素：組織、規範和主體，希望能夠為今後相關研究提供可以參考的框架。

二、特徵

　　華人教育模式有三個主要的特徵：動態性、融合性和多樣性。千百年來，華人教育模式並非一成不變，而是隨著時間的推移不斷演化，華人教育在不同的歷史背景下受到不同時代主流政治、經濟和文化的影響。此外，由於思想交流、人口流動和文化傳播，華人教育模式呈現出融合性的特徵。最後，華人教育在不同的地區、學科和組織之間都存在明顯的差異，所以華人教育模式又是多樣的。這三個特徵在下面的篇章中將會詳細論述。

（一）動態性

　　中國教育歷經數千年，其悠久的歷史與豐富的內涵是世界上其他文明所不能及的。然而在不同歷史時期隨著社會背景的變遷，中國教育在變化中不斷適應，動態性是華人教育模式的一個重要特徵。人口遷移、王朝盛衰，中國紛繁複雜的歷史變遷使華人教育模式也處於變動之中。

　　雖然有研究認為中國教育始於有記載的史前社會，一般認為儒家哲學是中

國教育理論和實踐的起源（Guo-Brennan, 2016）。儒家思想出現於西元前六世紀的春秋時期，長久以來，它在中國教育發展中具有深遠的影響。文字系統是形成中國社會的重要因素，除了中國大陸之外，很多國家和地區的社會文化都受到漢字的影響，包括亞洲的東北和東南地區以及世界上有中國移民的國家和地區。

　　研究者從不同的角度，用不同方法描述過去幾百年來華人教育模式的變化。在十九世紀中晚期清朝統治者展開了與殖民入侵的抗爭，儒家思想影響下的教育顯現出弊端，教育改革勢在必行。在清朝政府的最後五十年間，政治和經濟改革帶動了各類組織的結構性重組，教育當然也在其中（Li, 2016b）。清政府於 1911 年垮臺，中國政局發生了一系列劇烈的轉變，教育模式也因此發生演變（Chou, 2016a; Deng, 2016）。圖 22.1 歸納了本書先前章節中關於十九世紀中期以來華人教育模式演變的各個歷史階段。

　　從圖 22.1 可以看出，上述研究者雖然從不同的角度剖析中國大陸的教育，無一例外地都體現了華人教育模式的動態性。縱貫歷史，教育模式並非孤立存在，而是受到社會、經濟和其他因素的影響而不斷變化適應。這條時間線也顯示出本章後續將要討論的華人教育模式的融合性和多樣性。

（二）融合性

　　除了上述由於歷史變遷而造成的動態性，華人教育模式還因受到其他國家教育體系和政治的影響而具有明顯的融合性。世界各國的教育體系都會借鑑現存的系統、哲學和組織結構，完全不受外界和歷史因素影響的「純」教育理念幾乎是不存在的。八世紀唐朝推崇自主的教育組織——書院也是仿照佛寺和道觀的教育理念和方式（Li, 2016b）。Tan 和 Reyes（2016）在有關教育政策借鑑的論述中進一步提到：「華人教育模式是國內外思想和實踐的結合。」中國教育並非完全借鑑西方，來自外國的思想和實踐透過與當地傳統、價值觀和行為方式融合，進而逐漸內化與本地化。

　　在過去的兩個世紀，華人教育一直進行著本地模式與國外模式的相互融合。歐洲、日本、蘇聯和北美的教育體系都在不同的時期影響著華人教育模

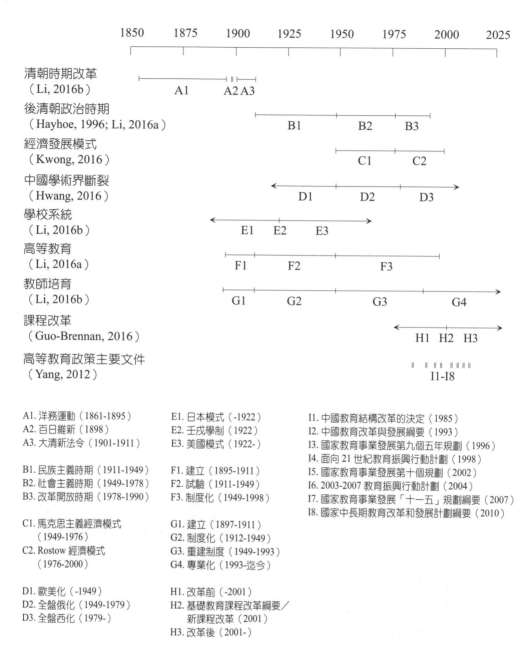

A1. 洋務運動（1861-1895）
A2. 百日維新（1898）
A3. 大清新法令（1901-1911）

B1. 民族主義時期（1911-1949）
B2. 社會主義時期（1949-1978）
B3. 改革開放時期（1978-1990）

C1. 馬克思主義經濟模式
　　（1949-1976）
C2. Rostow 經濟模式
　　（1976-2000）

D1. 歐美化（-1949）
D2. 全盤俄化（1949-1979）
D3. 全盤西化（1979-）

E1. 日本模式（-1922）
E2. 壬戌學制（1922）
E3. 美國模式（1922-）

F1. 建立（1895-1911）
F2. 試驗（1911-1949）
F3. 制度化（1949-1998）

G1. 建立（1897-1911）
G2. 制度化（1912-1949）
G3. 重建制度（1949-1993）
G4. 專業化（1993-迄今）

H1. 改革前（-2001）
H2. 基礎教育課程改革綱要／
　　新課程改革（2001）
H3. 改革後（2001-）

I1. 中國教育結構改革的決定（1985）
I2. 中國教育改革與發展綱要（1993）
I3. 國家教育事業發展第九個五年規劃（1996）
I4. 面向 21 世紀教育振興行動計劃（1998）
I5. 國家教育事業發展第十個規劃（2002）
I6. 2003-2007 教育振興行動計劃（2004）
I7. 國家教育事業發展「十一五」規劃綱要（2007）
I8. 國家中長期教育改革和發展計劃綱要（2010）

▶▶▶ 圖 22.1　十九世紀中期以來中國教育模式發展時間軸

式。「教育」一詞就是十九世紀末從日本傳入中國（Li, 2016b）。一些國外的重要人物也很關注華人教育模式，如：中國的科舉制度，朝廷和教育的結合都為歐洲哲學家和天主教傳教士所羨慕。

　　十九世紀末，以法國教育模式為基礎的日本教育模式傳入中國。從清朝滅亡到共產時期結束這段時間，美國和歐洲教育模式又進入中國（Hwang, 2016a; Li, 2016b）。當時中國知識分子的意識形態很大程度上受到社會進化主義、科學主義和反傳統主義的影響（Hwang, 2016a）。中國內戰後，在前蘇聯的影響下進行了一系列教育改革。這波改革一直持續到二十世紀八十年代的改革開放時期，此後美國模式再次進入中國教育系統。有研究顯示，華人教育模式和美國教育模式是理想的結合（Beckett & Zhao, 2016; Ho & Wang, 2016），而另有一些研究則認為衝突的模式會導致厭惡、鬥爭或抵制（Guo-Brennan, 2016; Hsu, 2016; H. Wang, 2016）。

　　今天，華人教育的很多方面融合了來自其他國家的理念和實踐，如權利下放、教育機構的自主性、建構主義教學、形成性和替代性評量、主動參與和學生為中心的學習、終身學習、創新、實驗和「做中學」等（Beckett & Zhao, 2016; Tan & Reyes, 2016）。借鑑與融合國外教育理念和實踐，一方面是中國教育體制缺陷的產物，另一方面也是近代中國務實精神和適應性的體現（Li, 2016b; Tan & Reyes, 2016）。在中國大陸以外的其他國家和地區，如澳洲、紐西蘭、菲律賓、臺灣和美國，都存在中國教育與當地教育模式的融合（Da & Welch, 2016; Ho & Wang, 2016; Hsu, 2016; Kotah, 2016; Spangler, 2016）。無論政策借鑑的動力為何，古今歷史都證明融合性是華人教育模式的一個關鍵特徵。

（三）多樣性

　　存在於不同社會背景下的華人教育模式具有各自不同的特點，多樣性成為華人教育模式的第三個顯著特徵。概括地說，導致華人教育模式多樣化的因素包括地域、學科和組織類型。

1. 地域

　　受中國歷史、文化和哲學影響的華人教育模式存在於中國大陸和世界各國。即使都被稱為中國教育，不同地域之間仍然存在著明顯的區別。在中國歷史上，地域一直是影響教育模式的主要因素。如偏遠地區有著與人口集中地區不同的教育模式。過去，發達地區的教育與朝廷連結緊密，而農村教育則偏向於自主發展（Li, 2016a）。如今，這樣的分水嶺依然存在，比如代表中國現代化大都市的上海在國際標準化測試（如 PISA）中名列前茅，而在中國西部的農村，存在「教育資源短缺，學校設備和基礎建設破舊且不安全，教師沒有職業訓練和發展，貧困率和文盲率全國最高」等諸多問題（Guo-Brennan, 2016）。即便在國家內部都存在著如此明顯的地域差異，所以認為世界上只有一種華人教育模式的假設是完全不準確的。

　　華人教育模式的地域多樣性在世界各國的華人社群更加明顯。從唐人街到世界各國的華人後裔家庭，華人教育模式在他們日常生活中得到充分的體現。他們有著相似的思考方式和行為模式的同時，也存在著顯著的差異。Da 和 Welch 在分析澳洲中國移民家庭的育兒行為時發現：「由於中國移民的歷史、規模和多樣性，從某種意義上來說，中國人不能被認為是一個統一的群體：需要考慮他們的社經地位、國家和地域、宗教和語言。」（Da & Welch, 2016）但是他們還是存在一些相似的特徵，如對子女的高期待、高影響力的學業測驗（high-stakes testing）、重視課外補習和學歷至上等（Chou, 2016b）。事實上，很多華人父母決定移民的主要動機之一是：相信教育是進入上層社會的途徑（Ho & Wang, 2016）。另外不同社會背景下的華人教育模式中還存在一些隱藏的共同點，如被最近的研究質疑和駁斥的體罰（Da & Welch, 2016）。

2. 學科

　　除了由於地域原因造成的差異，華人教育模式的多樣性還存在於不同的學科之間。數學、語言、公民教育等在受華人教育模式影響的同時，也顯現出各自不同的特點，可以說，他們是相同模式下的不同表現。

　　今天，在數學教學中採用操作式數學課程、問題導向教學策略，使學生取

得優秀的數學成績，而這些方式並不一定適用於其他學科（Chiu, 2016）。
Leung（2001）提出東西方在數學教學模式中存在兩極分化的現象，如「結果
和過程；死記硬背和有意義的學習；努力學習和快樂學習；內部動機和外部動
機；大班教學和個性化教學」，這些對比也有可能存在於其他學科中（Z.
Wang, 2016；引自 Leung, 2001）。另一方面，在中國語言教育中，對書寫的重
視一直以來都高於口語能力。儘管不同學科的教育模式存在差異，他們的共同
點也是不容忽視的。對這些共同點的研究和提煉有助於理解中國歷史、文化和
哲學影響下的華人教育模式。

3. 組織類型和層次

　　華人教育模式的多樣性，還存在於不同類型和不同層級的教育機構之間。
中國教育體系下不同類型的學校之間，存在明顯的差異。比如，學術性大學和
應用型大學之間因為追求不同的教育目標，而在課程設置上存在很大的差別。
夜校、週末學校和考試輔導學校等這些補習班的教育理念和實踐，與正式學校
也存在不同程度的差別。國家為弱勢學生提供選擇性和補救性教育模式，以確
保他們更好地接受教育。來自低社經地位的少數民族學生、殘障學生和有特殊
需求的學生可以自願選擇接受主流學校教育，也可以選擇符合他們特殊需求的
學校教育。比如在臺灣，專為身心障礙學生設計的教育模式不同於主流學校模
式，這也是體現了臺灣的政策影響（Cheng & Jacob, 2016）。毋庸置疑，從學
前教育到高等教育，不同教育層級之間的教育模式在擁有共同點的同時，也有
各自的特殊性。

　　華人教育模式的多樣性並不否認華人教育模式的存在性。華人教育模式在
不同社會背景下呈現不同的樣貌，動態性、融合性和多樣性是華人教育模式不
容忽視的三個顯著特徵。對這些特徵的理解對於分析華人教育模式有重要意
義，也可以為後續的研究提供基礎。

三、元素

　　理解華人教育模式，除了上述三個特徵之外，有必要分解出組成華人教育模式的主要元素。本章提煉出華人教育模式的三大元素：規範、組織和主體。每個元素對另兩個元素都有著相互但不等的作用，如圖 22.2 所示。

（一）規範

　　規範是將主體、組織以及他們各自的理論與實踐結合在一個社會中的黏合劑。從廣義而言，對華人教育模式的研究基於對主體和組織的觀察，而凌駕於二者之上的規範又對主體和組織有著明顯的影響。本章將剖析社會、學校教學、家庭教育和學習這些教育領域中的規範，這些規範在定義華人教育模式中起了重要的作用。

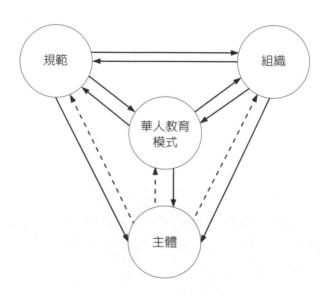

▶▶▶ 圖 22.2　華人教育模式組成元素

註：箭頭表示作用的方向。實線表示主要作用，虛線表示次要作用。儘管主體能夠影響組織和規範，但是組織和規範對主體的影響更大。

1. 社會

　　社會規範對教育模式有著重要的影響。在華人社會中，高度重視教育對社會變遷、主體和國家發展的作用，天道酬勤、集體主義、家庭凝聚和社會凝聚、孝敬和順從權威、社會和家庭的高期待都是華人社會的特色。

　　縱觀歷史，教育是中國社會重要的組成部分。「在過去的兩千年裡，對學習、教學和學校的信賴根植於中國文化中」（Li, 2016b）。儒家文化的核心是教育，《論語》將「學而第一」作為第一章。「子曰，學而時習之，不亦說乎？」則是《論語》的第一句（Confucius, in Slingerland 2006, p. 1）。兩千年來，經過歷代皇朝的興衰，對教育的重視始終是中國社會的一個規範。這一規範也隨著中國人的流動影響到周邊國家，乃至全世界。

　　四世紀興起的考試制度建立了教育和進入上層社會之間的連結，人們普遍相信教育在進入上層社會中的作用（H. Wang, 2016，引自 Biggs & Watkins, 2001; Siu, 2004）。如今，這種信仰依然存在（Ho & Wang, 2016），教育被廣泛地視為個人和國家發展的途徑（Li, 2016a）。這種發展模式在受中國歷史和受中國影響的國家都甚為普遍。

　　對教育的高度重視及儒家傳統對其他社會規範具有促進作用，如精英主義、集體主義、家庭和社會凝聚力，以及社會和家庭的高期待。學習可以成就個人、家庭和國家的觀念使得學習者被寄予了很高的期望。家長和老師禁止學生參加會使他們從學習上分心的活動（Da & Welch, 2016）。這些社會規範，結合儒家文化影響下的孝道和順從權威，共同構成了華人教育模式的社會背景。

2. 學校教學與家庭教育

　　教師和教學、父母和家教中的規範也是華人教育模式的關鍵要素。在中國和受中國影響下的地區，理想的教師需要具備若干特質。首先，他們是一個權威人物。在課堂中，教師需要維持有紀律、有秩序的學習環境，並在這個過程中充當唯一的決策者（Tan & Reyes, 2016; H. Wang, 2016）。近些年，中國、臺灣和其他一些國家的教育改革均提倡學生為中心的課程。然而，這些改革與其他地區以學生為中心的理念卻有著明顯的區別，例如美國的重點放在學生在課

堂中的主動參與及合作，但是在華人教育模式中，這些「學生為中心的教育仍存在於教師掌控的環境中，教師處於被尊重的地位，掌握著控制權和決策權」（Tan & Reyes, 2016）。

其次，一個理想的教師需要擁有豐富的知識。在傳統的觀念中，教師是受尊重的學者，精通所教學科的知識，並把它們傳遞給學生，而學生必須將這些知識熟記於心。知識導向的中國教育者非常仰賴教科書，課程高度結構化並且內容充實。教師和教學資料的目的是把靜止的知識傳遞給學生，而善於複製這些知識的學生往往可以得到高水準的學業成就。

第三，理想的教師是道德的公民。他們需要為人師表，樂於奉獻和為了成功而不計代價。華人父母在很多方面也被認為是道德的典範。父母有義務盡其所能最大程度上保障孩子的學習。孩子為了實現父母、家人、老師和社會對他們的期望而肩負重任。

3. 學習

幾千年來，中國文化影響下的社會一直具有勤奮學習的特徵。學習和學習者的規範浸透在所有主體的生命中，並且構成了華人教育模式。「萬般皆下品，惟有讀書高」的價值觀對其他相關的規範產生了根深蒂固的影響。努力工作、堅持、勤能補拙；重視記憶、反覆背誦和操練；高投入和犧牲；父母參與和監控；補習教育；排斥冒險，這些特性都互相交織在一起。

努力和堅持構成了許多華人教育模式的基礎。學習意味著投入時間和精力以掌握知識和技能。只要努力，任何人都可以獲得學業的成功。這和歐美的教育理念形成鮮明的對照，歐美教育模式的重點在於識別每個孩子特有的能力並鼓勵個性化發展。反觀華人教育，由於將獲得知識作為目標，將努力和堅持作為獲得知識的路徑，記憶、重複和練習成為中國學生主要的學習策略（Sung & Poole, 2016）。本書後續將提到的應試教育也是造成一切的原因。

為了讓孩子的學習成效最大化，華人教育模式下的父母投入大量的金錢和時間。在儒家文化影響下的社會中，家庭在教育上的投入為全球之首，大量的學生利用晚上和週末的時間去各種各樣的補習班。有很多父母為了孩子的學習

不惜代價，他們會為了給孩子提供最好的教育機會而選擇移民。在澳洲，「選擇最好的教育機構是中國移民家庭的普遍現象……有的家長為了孩子進入理想的學校，不惜搬家在學校附近買房；還有就是送孩子赴私立學校就讀」（Da & Welch, 2016）。受到上述規範的影響，中國影響下的社會確實在一些國際標準化測試（如 PISA）中表現優異，但是這些通常只是外部動機的結果（Spangler, 2016; Zhou & Wang, 2016）。

（二）組織

教育結構決定於教育機構，在華人教育模式中存在多種教育機構。從小學到繼續教育，各個教育層級都存在不同類型的教育機構，如私立學校和公立學校、綜合學校和專業學校、實體學校與網絡學校等。除此之外，其他政府機構、企業和非盈利組織也與教育模式之間存在彼此左右的關係。從本書其他章節的論述中，不難發現這些形式各異的教育機構和教育體系之間也存在著若干共同之處，如集中化、標準化、重視考試、教師為中心和學歷至上等。

1. 政府

政府機構和政策制定者幾乎在所有教育系統中都有著關鍵作用。法律決定了教育機構的結構並設計這些機構的內部運作機制，政府的決策影響身處其中的主體。很多時候，政府的組織結構反映了教育的組織結構，反之亦然。縱觀中國歷史，政府和其他機構透過標準化和高影響力的測驗選拔人才（Chou, 2016b; Guo-Brennan, 2016; H. Wang, 2016）。在受中國歷史、文化和哲學影響的社會背景下，教育部往往是國內教育機構的關鍵決策者。中國文化影響下之政府機構，其共同點是以考試為中心的公務員錄用過程。基於精英理論，標準的公務人員考試是華裔國家的共同特徵，如中國大陸的國家公務員考試、臺灣的公務人員考試，以及香港的公務員綜合招聘考試。

2. 商業

在受中國歷史、文化、哲學影響下的私人企業在組織和實踐中也顯現出若干中國特色，如對學歷的重視就是一個明顯的特徵。受華人教育模式的影響，

很多企業對學歷相當重視，而這一特點也反過來加強了華人教育模式的文憑主義（Chou, 2016b）。集中制是這些企業的另一個特徵，在中國式的企業中，高層領導是唯一和主要的決策制定者。

3. 教育

毋庸置疑，形式各異的教育機構本身是教育模式的主要組成元素。在廣義的中國背景下，不同的教育機構之間雖然存在著共同點，但也不是完全一致。本章主要討論集中化、以教師為中心、嚴格的評量系統、以課本為中心和補習教育。

華人教育機構的一大特徵是以高層領導為決策制定者的集中制。在華人教育模式中，承擔教學工作的一線教育者在機構行政決策中的話語權往往非常有限（Chou, 2014; Hwang, 2016a）。而在中國式課堂中，以教師為中心的課堂氛圍由來已久，教師掌控了大部分權威（Sung & Poole, 2016）。

華人教育機構的另一個特徵是表現為品類繁多且嚴格的標準化評量體系。對於學生而言，考試成績是體現他們學業成就的最主要方式，這也在很大程度上決定了他們是否可以繼續升學，而應試教育必然導致以課本為中心的教與學（Guo-Brennan, 2016）。對於教授而言，嚴格和標準化的評量體系體現在文獻引證機構的強大影響力，很多大學將 SSCI 發表作為職稱晉升的主要指標。來自全球發表的壓力是一把雙刃劍，一方面可以提升學術機構在國際上的知名度，另一方面，這降低了對本地期刊的重視，也會對教師的教學造成一定的影響（Chou, 2014; Hwang, 2016a）。2001 年上海率先推動提倡教育均等的教育改革，試圖改變傳統以考試為中心的教學方式，但是這種現象在不同層級的教育機構還是普遍存在。

在中國文化影響下的國家或地區，考試制度帶動了課外輔導機構蓬勃發展，其發展歷史和規模遠遠超過其他國家。如 Bray（2009）在 UNESCO 的報告中所言：「在東亞社會，如日本、香港、韓國和臺灣，由於受到崇尚教育和勤奮的儒家傳統的影響，補習班長久以來一直非常活躍並且根植於文化中。」（Bray, 2009, p. 24）對補習教育的重視也隨著中國移民進入其他國家，在華裔

家庭中，參加晚上和週末的補習班非常普遍（Ho & Wang, 2016; Hsu, 2016）。

（三）主體

主體是構成中國教育結構的核心。儘管在教育體系中存在著各種不同的主體，本章將重點討論教師和學生。

1. 教師

個人的規範和機構的背景，對教師及學生的行為舉止產生深遠的影響。教育工作者在華人社會受到很高的禮遇，他們在踐行自身教育理念的過程中，需要與社會規範保持一致。包括重視努力和堅持、以教師自己作為權威人物、保持有秩序的學習環境、對學生的高期待、天道酬勤、灌輸式教育等等（Da & Welch, 2016; Ho & Wang, 2016; Stevenson & Stigler, 1992; Zhou & Wang, 2016）。教師的教學實踐反映了組織環境和職責，如以知識、書本和考試為中心的教育，把記憶、重複和練習作為掌握知識的主要形式。教師也有明顯的主體差異，所以雖然大部分華人教師或多或少會有以上所述中國文化影響下的特質，也有一些教師並不受這些因素的影響（Guo-Brennan, 2016; Hwang, 2016b）。

2. 學生

學生的思想和行為在很多方面受到規範和機構的影響。在華人社會背景下，學生追求學業成就的意願普遍比較高，他們尊重學習，遵守紀律，遵從教師和家庭鼓勵的學習策略（Chiu, 2016; Da & Welch, 2016）。另一方面，也有證據表明，有些學生在保持傳統的理論和實踐的同時，也會崇尚西方的教育模式（Tsai, 2016）。在本章前半部分提到的動態性、融合性和多樣性同樣適用於主體、組織和規範，他們共同組成華人教育模式。

四、結論

基於本書和先前的研究，本章從動態性、融合性和多樣性三個特徵定義華人教育模式。首先，受中國歷史、文化和哲學影響的華人教育體系具有動態

性，它們會隨著社會政治、經濟和其他因素的變化而變化。圖22.1清晰地解釋
了這種動態的演化。其次，華人教育模式具有融合性，起源於中國的教育模式
受到其他國家教育系統和教育思想的影響。這在中國和其他受中國影響的華人
社會中均非常明顯。多年以來，華人教育模式在不同歷史時期受俄國、日本、
法國、美國和其他教育模式影響。存在於世界各國的華人教育模式和當地教育
模式相融合，包括澳洲、加拿大、香港、澳門、紐西蘭、新加坡和美國，如本
書之前的章節中所述，華人教育模式和當地教育模式的融合是雙向的，華人教
育模式影響當地教育模式，當地教育模式也反作用於華人教育模式。另外，華
人教育模式是多樣的，在擁有某些共同點的同時，不同的社會背景下的華人教
育模式會因地域、學科、組織類型和組織層級的不同而有明顯的區別。

　　本章的後半部分論述了華人教育模式的三個元素，即規範、組織和主體，
這可以為相關的研究提供基本的框架。包括社會、學校教育、家庭教育教學和
學習領域的規範，與華人教育模式彼此作用的政府、企業和教育機構，和作為
規範、信仰、行為及實踐傳播者的教師與學生。華人教育模式雖然難以簡單概
括，希望本文和本書前面的章節能夠為後續的研究提供框架。

參考文獻

Beckett, G., & Zhao, J. (2016). Deweyan student-centered pedagogy and confucian epistemology: Dilemmatic pragmatism and neo-patriotism? In C. P. Chou & J. Spangler (Eds.), *Chinese education models in a global age*. Singapore: Springer.

Biggs, J. B., & Watkins, D. A. (2001). Insights into teaching the Chinese learner. In D. A. Watkins & J. B. Biggs (Eds.), *Teaching the Chinese learner: Psychological and pedagogical perspectives* (pp. 277-300). Hong Kong: Centre for Comparative Research in Education.

Bray, M. (2009). *Confronting the shadow education system: What government policies for what private tutoring?* (pp. 1-132). Paris: United Nations Educational, Scientific and Cultural Organization; International Institute for Educational Planning.

Cheng, K. S. Y., & Jacob, W. J. (2016). A study of educational policies relating to afterschool programs and educational equality in Taiwan. In C. P. Chou & J. Spangler (Eds.), *Chinese education models in a global age*. Singapore: Springer.

Chiu, M. M. (2016). Chinese teaching and learning of mathematics. In C. P. Chou & J. Spangler (Eds.), *Chinese education models in a global age*. Singapore: Springer.

Chou, C. P. (2014). *The SSCI syndrome in higher education: A local or global phenomenon*. Rotterdam: Sense Publishers.

Chou, C. P. (2016a). Chinese models of university quality assurance: Case studies from China and Taiwan. In C. P. Chou & J. Spangler (Eds.), *Chinese education models in a global age*. Singapore: Springer.

Chou, C. P. (2016b). A Chinese model of citizenship education in Taiwan: Under the influence of globalization, localization and cross-straitization. In C. P. Chou & J. Spangler (Eds.), *Chinese education models in a global age*. Singapore: Springer.

Confucius. (2006). *The essential analects: Selected passages with traditional commentary* (trans.: Slingerland, E.). Indianapolis: Hackett Publishing.

Da, W.-W., & Welch, A. (2016). Educative and child-rearing practices among recent Chinese migrants in Australia: Continuity, change, hybridity. In C. P. Chou & J. Spangler (Eds.), *Chinese education models in a global age*. Singapore: Springer.

Deng, W. (2016). Chinese higher education model in change: Negotiation with western power. In C. P. Chou & J. Spangler (Eds.), *Chinese education models in a global age*. Singapore: Springer.

Guo-Brennan, L. (2016). Expanding horizons of curriculum wisdoms: Teachers' experiences in new curriculum reform in China. In C. P. Chou & J. Spangler (Eds.), *Chinese education models in a global age*. Singapore: Springer.

Hayhoe, R. (1996). *China's universities 1895-1995: A century of cultural conflict*. New York/ London: Garland Publishing Inc.

Ho, A.-H., & Wang, Y. (2016). Chinese model of education in New Zealand. In C. P. Chou & J. Spangler (Eds.), *Chinese education models in a global age*. Singapore: Springer.

Hsu, Y.-N. (2016). A case study of a Chinese/English dual language program in New York city. In C. P. Chou & J. Spangler (Eds.), *Chinese education models in a global age*. Singapore: Springer.

Hwang, K.-K. (2016a). Academic self-colonization and crisis of higher education: A comparison between Taiwan and Mainland China. In C. P. Chou & J. Spangler (Eds.), *Chinese education models in a global age*. Singapore: Springer.

Hwang, K.-K. (2016b). From cultural rehabilitation to cultural renaissance: Through the education of indigenous social science. In C. P. Chou & J. Spangler (Eds.), *Chinese education models in a global age*. Singapore: Springer.

Kotah, S. M. (2016). Shifting paradigm: Reforming Chinese language education in the Philippines. In C. P. Chou & J. Spangler (Eds.), *Chinese education models in a global age*. Singapore: Springer.

Kwong, J. (2016). Embedded models of development: Educational changes in the People's Republic of China. In C. P. Chou & J. Spangler (Eds.), *Chinese education models in a global age*. Singapore: Springer.

Leung, F. K. S. (2001). In search of an East Asian identity in mathematics education. *Educational Studies in Mathematics*, *47*(1), 35-51. http://www.jstor.org/stable/3483252

Li, J. (2016a). The Chinese model of teacher education: The humanist way for the Chinese learner, teacher and school. In C. P. Chou & J. Spangler (Eds.), *Chinese education models in a global age*. Singapore: Springer.

Li, J. (2016b). The Chinese university 3.0 in the global age: History, modernity and future. In C. P. Chou & J. Spangler (Eds.), *Chinese education models in a global age*. Singapore: Springer.

Siu, M. K. (2004). Official curriculum in ancient China: How did candidates study for the examination? In N.Y. Wong, L. Fan, J. Cai, & S. Li (Eds.), *How Chinese learn mathematics: Perspectives from insiders* (pp. 157-183). Singapore: World Scientific Publishing. http://hkumath.hku.hk/ks/Chapter%206-Siu.pdf

Spangler, J. (2016). Impacts of online education on existing education models: Empirical evidence from Taiwan. In C. P. Chou & J. Spangler (Eds.), *Chinese education models in a global age*. Singapore: Springer.

Stevenson, H., & Stigler, J. W. (1992). *The learning gap: Why our schools are failing and what we can learn from Japanese and Chinese education*. New York: Simon and Schuster.

Sung, K. Y., & Poole, F. (2016). Differences between native and non-native Chinese speaking teachers: Voices from overseas students who study Chinese in China. In C. P. Chou & J. Spangler (Eds.), *Chinese education models in a global age*. Singapore: Springer.

Tan, C., & Reyes, V. (2016). Curriculum reform and education policy borrowing in China: Towards a hybrid model of teaching. In C. P. Chou & J. Spangler (Eds.), *Chinese education models in a global age*. Singapore: Springer.

Tsai, S.-C. (2016). Perceptions of East Asian students in Canadian graduate schools: What they may indicate about student speech in a Chinese model of education. In C. P. Chou & J. Spangler (Eds.), *Chinese education models in a global age*. Singapore: Springer.

Wang, H.-h. (2016). Dangling between the traditional and the reformist: Reality shocks for student teachers amid the tide of educational reform in a test-oriented culture. In C. P. Chou & J. Spangler (Eds.), *Chinese education models in a global age*. Singapore: Springer.

Wang, Z. H. (2016). Confucian education ideology and its impact on Chinese mathematics teaching and learning. In C. P. Chou & J. Spangler (Eds.), *Chinese education models in a global age*. Singapore: Springer.

Yang, R. (2012, November). *Higher education reforms in China and their stakeholders: An analysis of the changing roles of losers and winners*. Paper presented at BRICS Recent Trends in Higher Education: Analysis around the Pact between Higher Education and Society University of Campinas, Sao Paulo. Retrieved from http://www.gr.unicamp.br/ceav/brics/files/Higher%20Education%20Reforms%20in%20China%20and%20their%20Stakeholders%20-%20An%20Analysis%20of%20the%20Changing%20Roles%20of%20Losers%20and%20Winners.pdf

Zhou, Y., & Wang, D. (2016). A Chinese approach to learning? A comparative study on time use patterns of 15-year old students in PISA 2012. In C. P. Chou & J. Spangler (Eds.), *Chinese education models in a global age*. Singapore: Springer.

附錄

 「全球化時代中華人教育
模式」的探索歷程[1]

周祝瑛

前言

隨著中國大陸經濟與政治實力的崛起，以及各地具有華人背景的學生在國
際學習評量上（如 PISA、數學奧林匹亞等競賽）成績優異，愈來愈多人開始
關注「教育成就」與大陸等東亞地區經濟等方面興起的關聯。其中，長期研究
全球華人心理學的著名學者黃光國教授，曾在《儒家思想與東亞現代化》
（1988）一書，提出近年來東亞社會經濟成長的三大因素，包含：（1）政治
及法律、（2）經濟及地理、（3）社會及文化。其中以社會及文化因素最為基
本，而東亞國家的經濟成就乃是良好的政策與社會文化因素互動後，克服不利
的經濟及地理因素所造成。另一位臺灣大學教授黃俊傑（2003）則提出傳統儒
家教育的結構性基礎，諸如：首先以君臣父子等關係為基礎的社會結構，具有
連續性（continuity）、包容性（inclusiveness）、無性性（asexuality）與權威
性（authoritarianism）等特質；其次，結合考試制度與官僚制度舉才所形成的
超穩定社會。

因此，上述儒家文化圈常被視為具有以下促進當地經濟成長，與社會發展
的特質（周愚文，2001；黃光國，2005；Stevenson & Stigler, 1994）：

1. 重視成就動機的群體主義

強調人際關係，對其所屬社會群體需有強烈認同感與行為成就動機，且認
為群體的目標和需求應放在個人之上。

1　本文第一版原刊載於《臺灣教育評論月刊》，2017，6（3），99-109，此為修訂版本。

2. 教育功能充滿實用導向

　　十分重視教育，學習過程強調積極求取問學的態度，認為透過努力充實自我，可克服先天之不足。求學的目的在於身體力行，應用所學改善社會。

3. 重視維持社會秩序的人倫關係

　　強調「以和為貴」的「中庸」，重視人與人之間相互依存的和諧關係，凡事避免「過」與「不及」，強調和諧穩定的社會秩序。

　　總之，儒家的倫理規範有助於大環境秩序的維繫，也影響後代教育思想。時至今日，如何讓這套教育理念與新時代思潮相結合，將是儒家文化圈的共同挑戰。

華人教育模式的探索歷程

　　有鑑於此，作者希望透過多國際學者的合作，以各自視角觀覽當地教育文化，經由各地華人世界與社群對於教育理念與學校實務等的探究，提出一個足以解釋華人圈中共同教育特質之處，藉此歸納出相關的理論或模式，用來解釋華人教育如何能在全球化競爭激烈中，透過各種國際評量與競賽，脫穎而出。同時試著去理解這些身處不同地理環境的國際或華裔學者，如何透過各自局內人與局外人的視角，比較世界各地區華人教育的特色。

　　於是在 2016 年春季出版了這本《華人教育模式：全球化視角》英文版專書，由九個國家與地區的 27 位來自中國大陸、臺灣、香港、澳門、菲律賓、澳洲、紐西蘭、加拿大與美國等地區作者共同執筆，探索各地華人教育的理論與實況 [2]。作者群包含許多長期關注中國教育研究的國際知名學者，如：加拿大多倫多大學的 Julia Kwong 教授、澳洲雪梨大學的 Anthony Welch、臺灣大學黃光國與香港大學李軍等學者，分別就個人多年的研究成果，與世人分享。全書歷時約兩年時間完成，並歸納出所有華人的教育系統，確實存在一定程度上的關聯性。

2　本文針對此書之英文版內容而來。

　　值得一提的是，在英文用詞上僅能以「Chinese education」一詞來介紹「華人教育」，缺點是無法區分大陸與大陸以外的華人教育。由於該書希望能突破過去「中國大陸」教育的研究範疇，針對整個華人圈，包括世界各地具華裔背景的師生與教育制度加以探討，從散布全球的華人社群中找出共同的教育特質，進而比較其中的差異，甚至從事與其他非華裔間的教育對照。因此，在一開始上的名詞界定與觀念溝通上，就花了不少功夫與各地學者進行商討溝通。歷經幾個月的磨合，終於發展出以下撰寫脈絡：首先，從歷史脈絡等縱軸面，探討自十八世紀中現代教育制度啟蒙的歷史發展，與當代中國大陸等華人地區教育模式的演進。其次，從國際視角的橫切面，分析當東方遇見西方所發展出的模式，以及西方教育哲學與制度對於華人教育的影響。第三部分主要針對華人教育模式理論與實務的探討，比較各處華人教育發展的異同。最後，總結世界各地華人教育模式的特徵，進行討論與歸納。

　　上述研究計劃是當前國際上少見的華人教育研究規模，每位作者的研究主題各有千秋，從西方影響下的華人高教模式、當杜威遇見孔老夫子、中國大陸教育政策、高教 3.0 發展模式、課程改革與借用模式、新課程中的教師視角，到海外地區如紐西蘭與菲律賓華文教育模式、澳洲華人新移民的教育及教養現況、華語研究生眼中的加拿大研究生教育，紐約市中英雙語學研究，到臺灣課後補救教學模式、全球與兩岸化下的臺灣公民教育與大學評鑑等。

　　其中，與文化中國等有關的學術反思，則針對兩岸學術自我殖民與高教危機、華人社會科學重建的文化復興等議題，提出探討。另外一些新興的議題，如：網絡學習調查研究、儒家思想與數學教育、兩岸四地學生 2012 年 PISA（國際學生能力評量計劃）的學習時間運用之異同比較，都為本書提供亮點。

華人教育值得一窺究竟

　　作者歸納各章發現：各地華人教育並不侷限於單一模式，而是包含三項特徵：

1. 華人教育模式隨著時代而持續變動。

2. 在近代教育模式的建置與轉變過程中，融合了中國儒家與德、法、日、美及蘇聯等國的教育經驗與特色。

3. 隨著華人的大規模全球遷徙與移民，在歷經各種不同社會情境脈絡下，衍生出符合不同社會需求的樣態。

以下謹就各章重點摘錄如下。

當過去遇到未來

Julia Kwong 在此書一開始〈嵌入式發展：中國大陸的教育變化〉一文中，檢視中國 1949 到 2000 年，教育模式在國家經濟起伏中的變遷與發展進程。作者將中國的教育發展區分為兩個階段，第一階段 1949 至 1976 年，介紹中國大陸如何進行符合新中國社會主義經濟路線的教育調整與革新；第二階段 1976 至 2000 年，分析教育政策如何調整來符合社會市場經濟的需求。由此可見不同經濟發展需求階段，教育發展的重心與結構組織，教育管理、課程改革、教學方法以及教育上獎懲制度都有所不同。Kwong特別追溯上述兩個階段的教育模式，一方面提醒世人在回應整個社會結構改變與意識形態發展的進程中，教育模式是如何受到這些複雜因素的影響，另一方面指出在開放的經濟體制中，如何借鑑國外教育模式和體系的挑戰（Kwong, 2016）。

李軍在〈中國大學 3.0 模式：傳統、現代與前瞻〉中提到，儘管許多亞洲國家的大學大多遵循歐洲學術典範與傳統的發展，建立出仿效西方的大學模式。然而中國大學 3.0 版或許是這段亞洲大學建立發展過程中唯一的例外。李教授嘗試從歷史文化的角度，來了解當代中國大學 3.0 版，如何在全球化時代建立出本身的關鍵價值、特色以及對於全球高教世界的貢獻。作者區分中國高教在歷史上發展的三個階段，首先是十八世紀、十九到二十世紀，受到不同西方國家影響下建立的大學高等教育模式。接著分析當代中國 3.0 版教育模式，是對世界一流大學，以及對高等教育化發展中兼顧自我精進、學術自由、知行合一以及和而不同的任務，來彰顯中國高教在文化上有如何別於主流的英國與美國高教模式，以及如何相似於歐洲、日本的高教模式。最後，作者分析當前

發展中的中國教育模式的改革與現況，以及未來如何發揮促進多元民主和全球對話的潛能。

　　Tan 與 Reyes 在〈中國教育課程改革：逐漸形成的混合教學模式〉中，回溯 1980 年代以來中國大陸的各種教育改革政策，例如在上海各學校中課程改革、教學與評價、課程革新等，大多數是希望能夠因應二十一世紀的挑戰。根據 Phillips 和 Ochs（2003）的教育政策四階段論，本文章分析了中國課程改革和中外混合模式，發現有別於過去全盤西化的教育方式，在上海的改革中，既融合了西方教育理念與實踐，又加入了中國本土的傳統價值。本文嘗試提出 PISA Shock（指 PISA 所帶來的衝擊）對於中國上海經驗的反思（Tan & Reyes, 2016）。

　　郭琳媛在〈拓展課程智慧和視野：對教師在新課程改革經歷的闡釋〉一文中，進一步指出中國新課程論中的教師經驗，作者提出中國的新課程論主要在於界定新的教育課程論如何透過中國文化、歷史傳統的元素。在課程改革中，教師（尤其是來自西部學校的教師），如何看待新課程在西部執行過程中所遭遇到的問題，進而去區分大陸東西兩岸不同的課程觀、教師的認同轉變，以及心理與社會層面對於教師在整個教育改革中的角色變動（Guo-Brennan, 2016）。

　　鄭勝耀和 Jacob 在〈臺灣課後補救教學政策與社會公平之研究〉中，一開始介紹了臺灣如何從 1960 年代開始重視弱勢學童的學習成效。臺灣從 1995 年開始，仿效美國和英國的教育優先區的概念，開始實施弱勢地區的學生課後補救教學，如從教育政策中實施優先計劃，甚至在各偏遠地區設立課後輔導。研究採取許多重要的西方教育公平等學者的研究，來探討課後輔導優先區帶來的影響與改變（Cheng & Jacob, 2016）。

　　黃光國在〈學術自我殖民與高等教育危機：臺灣與中國大陸的對比〉專文中指出，兩岸當前學術界中充滿著自我殖民的現象。自 1919 年五四運動後，社會上出現追隨德先生（民主）、賽先生（科學），全盤反傳統化的思想。在這種充滿科學至上的形態下，中國的學術傳統致力於透過西方的研究、理論與模式的借用與仿效，完全忽略西方國家在建立科學論述中所寄存的科學哲學知識論等基礎，結果造成後來的華人學術研究只能引用西方的皮毛和模式的複

製，缺少真正對於學術理論建構的創新。很多華人學者的研究傾向於仿效西方模式，缺乏實質的學術貢獻（Hwang, 2016a）。

　　黃教授接著於〈本土社會科學的視域：由文化「復健」到文化「復興」〉一文提到，兩岸目前學術殖民的起源以及問題之外，如何透過西方學術倫理等參照後，建立本土社會科學的模式，來避免兩岸高教重蹈過去中國高等教育全盤西方的覆轍。這裡頭所提到的建立本土社會科學，主要是鑑於兩岸當前希望能夠建立世界百大的焦慮，一味採取西方一流大學的模式，而忽略兩岸儒家哲學存在論與知識論的建構，其中包含最常被詬病的本土心理學。希望在兩岸學術界中建立華人世界的心理學規章和理論，而非一味追隨西方的模式（Huang, 2016b）。

當東方遇到西方

　　周憶粟和王丹的〈從 PISA 2012 比較兩岸四地中學生的學習方法〉一文，根據 2012 年 PISA 結果，分析兩岸四地 15 歲學生學習時間的使用。研究發現華人社會受到儒家思想的影響，學生將大多數的時間放在追求學業成就上。學生學習時間的長短是學生是否用功學習的指標，時間的使用是區分華人教育與其他文化體系教育差異的指標。本研究分析了在 PISA 測試中 18 個高學習成就的 15 歲青少年的學習時間模式，從數據中看出，上海、臺灣、香港、澳門四地教育會花更長時間於學生在學校期間的學習。在教學中突顯對閱讀、數學、科學的重視，重視程度超過其他國家。研究發現許多在正常學校上課時間之外，例如上海與臺灣的資料顯示，這兩地學生的課外補習活動特別多，尤其是上海的學生花了更多時間在非指示性的家庭作業上。相對的，香港、澳門、臺灣則較多地花在課內相關的作業上。華人教育的傳統多數強調努力、用功，這樣的現象在兩岸四地的課內與課外的活動中都有出現。同時，這種課外的學習活動，恰好呈現出家長對於孩童課程指導降低的趨勢，家長在課後學童輔導被補習班等機構所取代，家長的課後輔導地位正在消失（Zhou & Wang, 2016）。

　　鄧蔚玲在〈變化中的中國高等教育：較量西方〉一文中提到，雖然許多研究都顯示中國的高教模式像一個融合著西方典範與儒家傳統價值的混血兒童，

然而作者卻認為中國的高教其實更多地受到中國政黨、政治的影響，尤其是不同高教發展階段，不同的學派與政治人物所採取的不同政策舉措。作者透過對於中國高教模式發展歷程中的哲學多樣性、意識形態的極權主義以及經濟的發展需求，作為中國與西方世界高教世界的區別。從 1900 年開始，中國的高教其實是在全體大規模的動員之下，希望快速地超英趕美，建立強大中國的動機下所發展起來的。因此在高教結構的建置上，通常無法自外於整個中國社會政治、經濟、軍事巨變的情況。這樣的模式與西方長期有學者聚集探討哲學理論、大學研究等逐漸、緩慢生成的高教、積澱而成的學術底蘊有所不同。當中國改革開放之後，已經沒有迫切的富國強兵的使命，中國是否擁有更多的自由和自主來發展高教？中國的高教如何透過調整和改革來迎接新世紀的挑戰（Deng, 2016）？

宋可音和 Poole 在〈中文母語和非中文母語的教師教學差異之比較〉中，透過海外學習華語的學生眼中去區隔其中的差異，發現華語的學習與教師本身華語的流利程度、講課風格以及教師權威有很大的影響（Sung & Poole, 2016）。

王秀槐在〈擺盪在考試傳統文化與改革之間：實習教師的現實震撼〉一文中，探討國際上的實習教師如何在初學過程中進行學習。該研究透過 159 位實習教師的問卷調查與 34 位深入訪談，發現臺灣的實習教師在面對中學裡以考試為中心的學校環境產生很大的回響。其中主要有三個層面，包括教育的目標（是培養學術、競爭能力還是全人教育）、教學（是為考試而教還是為生活而教）、師生關係（究竟應該是朋友的角色還是權威的角色）。研究同時還從教學現場觀察考試文化傳統，以及教育改革中的差距（Wang, 2016）。

周祝瑛在〈全球化、本土化與兩岸化中的臺灣公民教育〉一文指出，臺灣當前公民教育深受西方民主與儒家思維所影響，然而無可否認的當前臺灣學校也受到第三重要勢力——兩岸關係的影響。研究指出臺灣各級學校公民教育出現了國家認同，以及對傳統文化、西方文明之間的糾結。尤其是近年來臺灣推動民主化進程中以臺灣為主體的政策，更進一步加強臺灣優先的主體性，相對於傳統文化則逐漸淡化（Chou, 2016a）。

錫東岳透過〈臺灣線上教育之影響評估〉，發現儘管國際上有愈來愈多的

線上學習課程，但在華人地區類似的探討仍十分缺乏。作者透過網路調查探討臺灣線上教育課程中的現況與困境，發現多數參與線上學習的師生表示，線上學習改變了學習的形式，減輕了教師的負擔，同時也讓學生可以依據個人需要，隨時隨地學習，進而鼓勵更多的創新與提問。這樣的結果，可說對傳統面對面的師生互動學習方式，產生了重大的啟示（Spangler, 2016a）。

在〈紐西蘭的華人教育模式〉一文中，何艾馨和王宇指出近年來有愈來愈多來自兩岸三地的華人移民到紐西蘭，對紐西蘭當地的教育產生了相當大的影響，同時紐西蘭教育當局也盡力協助華人子弟融入當地的學校。本文針對奧克蘭地區的華人區華人移民進行訪談，了解到紐西蘭華人在西方世界傳承文化、習慣和語言的情況。Beurdieu 的資本場域概念以及 Lave 和 Wenger 的邊緣參與的合理化概念都與此次研究訪談資料中的發現相符合（Ho & Wang, 2016）。

蔡藝術在〈菲律賓華文教育改革：以僑中學院為例〉一文中，指出菲律賓的華語教學政策經過 1976 年菲律賓化法令實行後，進入了一個萎縮階段。當時許多華語學校在政府的壓力下，逐漸從過去以華語為核心的課程改為選修課，造成菲律賓華人對華人文化學習的斷層。愈來愈多的菲律賓華人不再以華語為母語，致使現在很多的華人學校也開始轉變教學。隨著新一代菲律賓華人華語能力的消失，更多的華人教師必須改變過去以華語為母語的學生為對象的教學方式。文章以菲律賓歷史最悠久的華人學校作為個案，探討在四十年中菲律賓華語教學的重大轉變歷程與困境（Kotah, 2016）。

Tsai 的〈加拿大研究所中，東亞學生對於華語教學的看法〉，主要根據 18 位就讀於加拿大研究所的東亞學生，探討他們對於華語教育所培養出來的學生究竟是能夠獨立自主、創新能力還是與上述相反。這些參與者大多數來自中國，傳統上受到威權的教師和集體化影響，較少參與創造、批判和討論的教育模式。來到西方世界之後，發現師生互動、同儕討論都有別於原來的模式，產生較大的文化震撼（Tsai, 2016）。

笪微微和 Welch 於〈澳洲中國大陸移民家庭兒童教養之研究〉一文，探討澳洲雪梨市中的華人新移民如何教養子女。研究發現新移民的教養模式中，如何維護母語和對教育的嚴格性以及父母的管控都具有挑戰性。尤其是面對新的

西方世界中的教育理念與現實，都有別於華人的樣態。本文發現中產階級的華人移民家庭中出現東西方融合的模式。尤其這些新移民的家庭中經常透過非正規的學校教育，通常在家庭教育中傳達華人的傳統觀念與習慣（Da & Welch, 2016）。

當理論遇到實踐

接著李軍在〈引領全球改革的中國教師教育模式〉中指出，自 1990 年中國改革開放後，中國重新審視教師教育在社會變遷中的轉變。華人教師培育模式是一個值得探討與重新檢視的過程。本文深入探討教師教育在中國不同階段的發展情形，從為了超英趕美，到出現有四種中國化教師培育：（1）符合個人與社會發展的儒家模式；（2）中庸道統的特殊性；（3）制度的開放與多元化；（4）知識與社會行動的融合。在上述的四個重要特色中，中國教師面臨著新時代中全球化的新使命（Li, 2016b）。

Beckett 和趙娟娟在〈當杜威遇到孔子：實用主義 vs. 新愛國主義〉中，首先根據加拿大、美國、中國大陸西北部三個國家地區的研究，梳理出杜威的學生中心與孔子以師為尊之間的差異。接著文章透過來自香港、大陸與臺灣的加拿大的移民與教師，比較西方式的學生中心與儒家中師者為大的差異。發現西方實用主義與新的愛國主義中存在重大矛盾（Beckett & Zhao, 2016）。

周祝瑛在另一篇〈兩岸大學評鑑之比較研究〉中提到，1990 年代後，海峽兩岸分別出現了高等教育為了符應全球化的改革，透過大學評鑑制度來提升高教品質。其中加上世界百大以及國際知名度與全球招生等壓力，進而促成兩岸大學評鑑制度的深化。透過大學、系所以及教師個人的評鑑制度，提高量化指標的可行性，希望藉此讓兩岸的大學與國際高教接軌。但其中的後遺症也不少，包括盲目追求指標下的 SSCI 症候群等問題（Chou, 2016b）。

趙明明的〈中國大陸數學之教與學〉一文，探討中國大陸學前到基礎教育中的數學課之教學與學習活動。文章透過對華人考試、課程和教學現場的觀察、分析發現，考試導向、教育資源和學術追求，雖然驅使學生在國際測試中獲得高分數，但降低了學生敢於冒險的意願。華人社會通常鼓勵孩子用功學

習，花大量時間在課本學習和其他補習班上。數學教學著眼於基本的數學概念和解題技巧，因此學生在理解題目，解決常規的問題上很拿手，但面對一些非常規的問題和冒險性的事情上就束手無策（Chiu, 2016）。

　　王兆云的〈儒家教育理念對中國數學教與學的影響〉，則在探討儒家思想的教與學，以及華人學者如何在西方教育體制中結合儒家的教育傳統。首先該文介紹了中外數學教育的理論與現況，以及華人學者如何將儒家意識與西方教育理論相結合。最後分析華人和西方數學教與學上的異同（Wang, 2016）。

　　許雅寧在〈紐約市中英雙向式雙語教育的個案研究〉，分析中英雙語教育在中英發展的現況。透過教師訪談、教室觀察等資料蒐集，發現在華人教師面對非華語母語者的教與學的過程，面臨到的觀念與教法的衝突。透過教師本身的心態與教法的調整，完成中英雙語的教學（Hsu, 2016）。

結語

　　此書最後由主編者錫東岳〈全球化時代的華人教育模式：迷思或現實〉一文，總結華人教育模式在世界各地生存和發展之原因（Spangler, 2016b），同時比較各華人區域教育特色與案例，除了歸納華人成績出色的原因，包括呼應上述研究指出的傳統文化與家庭重視教育、以考試制度選拔人才、教師地位崇高、家長及社會氛圍多重視教育、升學考試與社會用人制度等因素，也呼籲必須重視華人教育模式中的缺陷，透過更多華人教育模式的個案探討與比較，對其他地區的教育興革做出參考貢獻，尤其臺灣教育在華人世界中相對成熟穩健，具有發揚中華文化、融合西方精髓的優勢，值得與其他華人地區，相互借鏡。

參考文獻

周愚文（2001）。中國教育史綱。臺北：正中書局。

黃俊傑（2003）。傳統儒家教育與現代大學生活（演講大綱）。2007 年 5 月 4 日，取自 http://www.ntnu.edu.tw/aa/aa5/92.1.2article.doc

黃光國（1988）。儒家思想與東亞現代化。臺北：遠流出版公司。

黃光國（2005）。儒家關係主義——文化反思與典範重建。臺北：臺大出版中心。

Beckett, G., & Zhao, J. (2016). Deweyan student-centered pedagogy and Confucian epistemology: Dilemmatic pragmatism and neo-patriotism? In C. P., Chou & J. Spangler (Eds.) , *Chinese education models in a global age* (pp. 265-277). Singapore: Springer. DOI: 10.1007/978- 981-10-0330-1_19.

Cheng, K., & Jacob, W. J. (2016). A study of educational policies relating to afterschool programs and educational equality in Taiwan. In C. P., Chou & J. Spangler (Eds.), *Chinese education models in a global age* (pp. 65-75). Singapore: Springer. DOI:10.1007/978-981-10-0330-1_5.

Chiu, M. M. (2016). Chinese teaching and learning of mathematics. In C. P., Chou & J. Spangler (Eds.), *Chinese education models in a global age* (pp. 293-304). Singapore: Springer. DOI: 10.1007/978-981-10-0330-1_21.

Chou, C. P. (2016a). A Chinese model of citizenship education in Taiwan: Under the infulence of globalization, localization and cross-straitization. In C. P., Chou & J. Spangler (Eds.), *Chinese education models in a global age* (pp. 163-176). Singapore: Springer. DOI:10.1007/978-981-10-0330-1_12.

Chou, C. P. (2016b). Chinese models of university quality assurance: Case studies from China and Taiwan. In C. P., Chou & J. Spangler (Eds.), *Chinese education models in a global age* (pp. 279-292). Singapore: Springer. DOI:10.1007/978-981-10-0330-1_20.

Da, W. W., & Welch, A. (2016). Educative and child-rearing practices among recent Chinese migrants in Australia: Continuity, change, hybridity. In C. P., Chou & J. Spangler (Eds.), *Chinese education models in a global age* (pp. 231-245). Singapore: Springer. DOI:10.1007/978-981-10-0330-1_17.

Deng, W. (2016). Chinese higher education model in change: Negotiation with western power. In C. P., Chou & J. Spangler (Eds.), *Chinese education models in a global age* (pp. 121-132). Singapore: Springer. DOI:10.1007/978-981-10-0330-1_9.

Guo-Brennan, L. (2016). Expanding horizons of curriculum wisdoms: Teachers' experiences in new curriculum reform in China. In C. P., Chou & J. Spangler (Eds.), *Chinese education models in a global age* (pp. 51-64). Singapore: Springer. DOI:10.1007/978-981-10- 0330-1_4.

Ho, A., & Wang, Y. (2016). A Chinese model of education in New Zealand. In C. P., Chou & J. Spangler (Eds.), *Chinese education models in a global age* (pp. 193-206). Singapore: Springer. DOI: 10.1007/978-981-10-0330-1_14.

Hsu, Y. (2016). A case study of a Chinese/English dual language program in New York City. In C. P., Chou & J. Spangler (Eds.), *Chinese education models in a global age* (pp. 319-333). Singapore: Springer. DOI:10.1007/978-981-10-0330-1_23.

Hwang, K.-K. (2016a). Academic self-colonization and the crisis of higher education in Taiwan and Mainland China. In C. P., Chou & J. Spangler (Eds.), *Chinese education models in a global age* (pp. 77-86). Singapore: Springer. DOI:10.1007/978-981-10-0330-1_6.

Hwang, K.-K. (2016b). From cultural rehabilitation to cultural renaissance: Through the education of indigenous social science. In C. P., Chou & J. Spangler (Eds.), *Chinese education models in a global age* (pp. 87-101). Singapore: Springer. DOI:10.1007/978-981-10-0330-1_7.

Kotah, S. M. (2016). Shifting paradigm: Reforming Chinese language education in the Philippines. In C. P., Chou & J. Spangler (Eds.), *Chinese education models in a global age* (pp. 207-216). Singapore: Springer. DOI:10.1007/978-981- 10-0330-1_15.

Kwong, J. (2016). Embedded models of development: Educational changes in the People's Republic of China. In C. P., Chou & J. Spangler (Eds.), *Chinese education models in a global age* (pp. 15-35). Singapore: Springer. DOI:10.1007/978-981-10-0330-1_1.

Li, J. (2016). The Chinese model of teacher education: The humanist way for Chinese learners, teachers and schools. In C. P., Chou & J. Spangler (Eds.), *Chinese education models in a global age* (pp. 249-265). Singapore: Springer. DOI:10.1007/978-981-10-0330-1_18.

Phillips, D., & Ochs, K. (2003). Processes of policy borrowing in education: Some explanatory and analytical devices. *Comparative Education, 39*(4), 451-461.

Spangler, J. (2016a). Impacts of online education on existing education models: Empirical evidence from Taiwan. In C. P., Chou & J. Spangler (Eds.), *Chinese education models in a global age* (pp. 177-192). Singapore: Springer. DOI:10.1007/ 978-981-10-0330-1_13.

Spangler, J. (2016b). Chinese education models in a global age: Myth or reality? In C. P., Chou & J. Spangler (Eds.), *Chinese education models in a global age* (pp. 337-354). Singapore: Springer. DOI:10.1007/978-981-10-0330-1_24.

Stevenson, H., & Stigler, J. (1994). *The learning gap: Why our schools are failing and what we can learn from Japanese and Chinese educaton?* New York: Simon & Schuster.

Sung, K. Y., & Poole, F. (2016). Differences between native and non-native Chinese speaking teachers: Voices from overseas students who study Chinese in China. In C. P., Chou & J. Spangler (Eds.), *Chinese education models in a global age* (pp. 133-148). Singapore: Springer. DOI: 10.1007/978-981-10-0330-1_10.

Tan, C., & Reyes, V. (2016). Curriculum reform and education policy borrowing in China: Towards a hybrid model of teaching. In C. P., Chou & J. Spangler (Eds.), *Chinese education models in a global age* (pp. 37-49). Singapore: Springer. DOI:10.1007/978-981-10-0330-1_3.

Tsai, S. C. (2016). Perceptions of East Asian students in Canadian graduate schools: What they may indicate about student speech in a Chinese model of education. In C. P., Chou & J. Spangler (Eds.), *Chinese education models in a global age* (pp. 217-230). Singapore: Springer. DOI: 10.1007/978-981-10-0330-1_16.

Wang, H. H. (2016). Dangling between the traditional and the reformist: Reality shocks for student teachers amid the tide of educational reform in test-orieuted culture. In C. P., Chou & J. Spangler (Eds.), *Chinese education models in a global age* (pp. 149-162). Singapore: Springer. DOI:10.1007/978-981-10-0330-1_11.

Wang, Z. Y. (2016). Confucian education ideology and its impact on Chinese mathematics teaching and learning. In C. P., Chou & J. Spangler (Eds.), *Chinese education models in a global age* (pp. 305-318). Singapore: Springer. DOI:10.1007/978-981-10-0330-1_22.

Zhou, Y., & Wang, D. (2016). A Chinese approach to learning? A comparative study on time use patterns of 15-years-old students in PISA 2012. In C. P., Chou & J. Spangler (Eds.), *Chinese education models in a global age* (pp. 105-119). Singapore: Springer. DOI:10.1007/978-981-10-0330-1_8.

 **從大學評鑑看兩岸學術自我殖民與高教危機**[1]

周祝瑛

前言

近年來，高等教育中的「全球化」與「本土化」議題備受矚目（Chou & Ching, 2012）。隨著中國大陸經濟與政治實力的崛起，加上具有華人背景的學生在各種國際學習評量上（如：PISA）成績優異，愈來愈多人開始關注「教育」與大陸日漸興起的關聯（Tan, 2013）。根據臺灣大學黃俊傑教授（2003）的說法，傳統文化中儒家教育的結構性基礎，包括：（1）以父子關係為主軸的社會結構，其中具有連續性（continuity）、包容性（inclusiveness）無性性（asexuality）與權威性（authoritarianism）等特徵；（2）透過考試制度與官僚制度相結合，形成超穩定社會。另一位長期致力於研究全球華人心理學的黃光國教授，在《儒家思想與東亞現代化》（1988）一書中，提出近年來東亞社會經濟成長的三大因素，包含：（1）政治及法律；（2）經濟及地理；（3）社會及文化。其中以社會及文化因素最為基本，而東亞國家的經濟成就乃是良好的政策與社會文化因素互動後，克服不利的經濟及地理因素所造成的。至於上述儒家文化圈具有以下社會特質，間接促進當地高度的經濟成長與社會發展（周愚文，2001；黃光國，2005；Stevenson & Stigler, 1994）：

1. 高成就動機的群體主義

儒家社會中強調人際關係，尤其對其所屬社會群體需有強烈認同感與行為成就動機，且認為群體的目標和需求應放在個人之上。

1　本文原刊載於《世界教育訊息》（*Journal of World Education*），港澳台聚焦，*20*，63-66。

2. 強調實用導向的教育功能

在「儒家文化圈」的各國中，皆十分重視教育，學習過程強調積極求取問學的態度，雖然個人資質不同，但透過努力充實自我，即可克服先天之不足。此外儒家求學的目的在於身體力行，在應用所學改善社會。普遍教育水準高，文盲率低，原因在此。

3. 重視維持社會秩序的人倫關係

儒家強調「以和為貴」的「中庸」思想，重視人與人之間相互依存的和諧關係，凡事避免「過」與「不及」的毛病，以穩定社會秩序。

總之，儒家內涵溫和的倫理規範所維繫的大環境秩序，對穩定社會結構頗有貢獻，也影響後世教育思想。不過，由於當時孔子並未考慮到新知識等課題，或者這也是為後人對於儒家文化對傳統中國長期維持「超穩定狀態」所詬病。

為此，Chou 和 Spangler 等人希望透過多國際學者的協力編纂合作，以各自視角觀覽當地教育文化，經由各地華人世界與社群對於教育理念與學校實務等的探究，希望提出一個解釋華人圈中是否有一些共同或差異之處？是否可以歸納出相關的理論模式，用來解釋華人教育如何能在全球化競爭激烈化中，獨樹一格？並藉由身處不同地理環境，透過各自局內人與局外人的視角，找出世界各地區華人教育的異同及優缺點。而由上述作者於 2016 年所出版的《華人教育模式：全球化視角》一書（英文版），作者發現全球各地華人的教育模式，其實並不侷限於單一模式，而是包含三項特徵：（1）華人教育模式隨著時代而持續變動；（2）在近代教育模式的建置與轉變過程中，融合了包含中國儒家與德、法、日、美及蘇聯等國的教育經驗，可謂具融合東西教育的特色；（3）隨著華人的大規模全球遷徙與移民，在歷經各種不同社會情境脈絡下，衍生出符合不同社會需求的樣態（Chou & Spangler, 2016）。在這樣多層次發展下，華人吸收了東西文化的精髓，在世界各地生存並建立立足之地。

華人高等教育中學術自我殖民的危機

　　儘管全球華人基礎教育階段成績出色，究其原因不外乎包括：傳統文化與家庭重視教育、以考試制度選拔人才、教師地位較崇高，及社會氛圍多重視教育及升學考試等因素使然（Spangler, 2016）。然而在高等教育的發展上，根據 Deng（2016）關於中國高教模式在建立過程中如何與西方權利妥協的研究中發現，雖然許多研究都顯示，中國的高教模式彷彿一個融合著西方典範與儒家傳統價值的混合體，然而中國的高教其實更多地受到中國政黨、政治的影響。尤其是不同高教發展階段，不同的學派與政治人物所採取的不同政策舉措。作者進而透過對於中國高教模式發展歷程中的哲學多樣性、意識形態的極權主義以及經濟的發展需求，來區別中國與西方世界高教世界的不同。例如，從 1900 年開始，中國的高教其實是在全體大規模的動員之下，希望快速地「超英趕美」，建立強大中國的動機下所發展起來的。因此在高教結構的建置上，通常無法自外於整個中國社會政治、經濟、軍事巨變的情況。這樣的模式與西方長期有學者聚集探討哲學理論、大學研究等逐漸、緩慢生成的高教、積澱而成的學術底蘊有所不同（Deng, 2016）。

　　至於在高教如何擺脫西方殖民與全盤移植誤區的討論方面，黃光國（Hwang, 2016a）進一步透過兩岸的「學術自我殖民與高等教育危機」等研究，指出兩岸當前學術界中充滿著自我殖民的現象。自 1919 年五四運動後，社會上出現追隨德先生（民主）、賽先生（科學），全盤反傳統化的思想。在這種充滿科學至上的形態下，中國的學術傳統致力於透過西方的研究、理論與模式的借用與仿效，完全忽略西方國家在建立科學論述中所寄存的科學哲學知識論等基礎，結果造成後來的華人學術研究只能引用西方的皮毛和模式的複製，缺少真正對於學術理論建構的創新。即使到今日，國內外很多華人學者的研究，仍傾向於仿效西方模式，缺乏實質的學術貢獻（Hwang, 2016a）。

　　如同上述 Deng（2016）所提出的觀點，當中國大陸改革開放之後，已經沒有迫切的富國強兵的使命，是否擁有更多的自由和自主來發展高教？中國的高教如何透過調整和改革來迎接新世紀的挑戰？為此，黃光國教授針對如何透

過由本土社會科學的建構，來再造與復興中華的文化，藉由兩岸目前西方學術殖民的嚴重後果，進一步呼籲如何透過參照西方學術倫理等精髓，建立具有華人文化傳統與符合社會真實情境脈絡（social contextualization）需求的本土人文及社會科學模式，來避免兩岸高教重蹈過去中國高等教育全盤西化的覆轍（Hwang, 2016b）。

這裡所提到的建立本土人文與社會科學，主要是鑑於當前兩岸在致力於追求世界百大的焦慮中，一味採取西方世界中所謂「世界一流大學」的模式，而忽略兩岸儒家哲學存在論與知識論的建構，其中包含最常被詬病的包括心理學等學門，幾乎都是清一色採取西方的理論建構與樣本參照，完全缺乏本土的論述與個案研究做依據。如何在兩岸學術界中建立華人世界的人文與社會科學規章、典範和理論，而非一味追隨西方的模式，是兩岸學術界必須反思之處。

SSCI 症候群：兩岸學術研究異化問題

自 1990 年代中期以來臺灣高等教育擴張的結果，如何維持高教的品質，已成為社會各界關注的焦點。隨著 2003 年上海交通大學開始公布「世界大學學術排名」（ARWU），以論文引用率、教授與畢業校友諾貝爾獎與菲爾茲獎得主數目、《自然》（Nature）期刊與《科學》（Science）期刊論文數目、SCI 和 SSCI 論文數目等學術數據作為排名依據；2004 年，英國《泰晤士報高等教育特刊》（Times Higher Education）與 QS 公司開始合作推出世界大學排名（THE-QS）之後，世界各國的大學進入了一個全球性的排行競賽。在追求世界一流的全球化標準下，各國大學學術的評量指標逐漸被量化成如：學科領域被引用的次數、《科學》及《自然》中發表的文章比例，與在 SSCI、SCI、AHCI 等引文索引資料庫發表的文章數等指標。

尤其隨著 1990 年代中期以來，臺灣高等教育的急遽擴張，出現許多包括：發展質量失衡、教育資源排擠、階級複製日趨明顯等後遺症。為了解決上述問題，教育主管當局於是透過《大學法》等法規修訂，試圖從事大學財務、國際化及評鑑標準化等制度層面來解決高教問題。2005 年，為了提高臺灣高等教育國際競爭力與能見度，接連提出「追求卓越計劃」、「頂尖大學」，並

透過新一波大學評鑑制度，大量引進各種「量化指標」，作為大學品質與績效的監督與經費補助之依據。尤其大學發展經費與教授等各種學術專題補助，必須依據如：Science Citation Index（SCI）、Social Science Citation Index（SSCI）、Arts & Humanities Citation Index（A&HCI）、Taiwan Social Science Citation Index（TSSCI）等期刊資料庫之論文數，國際期刊發表質量與被引用次數（impact factor）作為學術研究的評量標準。這些評量標準造成了臺灣學界日後以國際期刊論文發表為主的研究取向，中文發表形式漸不受重視；研究議題也儘量符合國際期刊或投稿期刊與主編之要求，而非本土所關懷之議題；其中研究出版形式出現「重期刊論文而輕專書」、「發表篇數勝於一切」等情況（Chou, 2014）。因上述期刊以英語居多，於是許多研究論文以英語形式發表。

　　然而，在上述各項以追求大學卓越發展為目標的背後，充滿以量化評鑑指標，作為評鑑教師學術表現依據的迷思，不僅忽略了文、理領域不同之特性、各學門間的差異，也同時加劇了校際間、各學院甚至各科系間不甚公平的競爭（黃慕萱，2007）。

　　尤其目前臺灣的大學學術評鑑與各種獎勵措施，包括教授的各種彈性薪資，經常出現文理不分的情況，以及只重每位教師在 SCI、SSCI、A&HCI、TSSCI 等期刊資料庫發表的篇數、智慧財產權與技術轉移證明等，以此來評定大學好壞，結果出現了以下現象（周祝瑛、吳榕峰、胡祝惠，2011）：

1. 鼓勵以英語發表論文，其他語系包括以中文發表的期刊論文或專書不再具優勢。
2. 為了增加投稿的錄取率，國際議題成為研究主流，國內議題相對不被重視。
3. 投稿對象以國外的英語期刊為主，政府與大學獎勵著重刊載篇數的多寡而非文章的品質。
4. 形成以量化為指標的評鑑機制，拉大文理在出版量與資源分配上的差距。

5. 即使是國內的 TSSCI 等期刊，也因為國內審查委員專業領域狹小、評審委員的人數普遍不足（review and selection pool），加上臺灣學術中錯綜複雜的師徒校友網絡，以及華人社會中特殊的人際關係（如費孝通所說的「差序格局」等）所影響，TSSCI 實施迄今，依然很難杜絕臺灣學術派系林立、編輯群偏好不一等因素，難以真正達到公正、專業等標準。

　　上述發展引發許多人質疑所謂的全球學術標準，若以在國際期刊資料庫所發表的論文數量作為評鑑標準，是否能真正提升一國整體學術品質？另外，由於文理之間研究典範與發表形式等方面存在著差異，理工科的學術社群大多支持這項新的評鑑指標，相對的人文社會為主領域則備受打擊，許多非理工類型的大學對此感到隱憂。尤其在 2003 年 10 月，臺灣各大媒體競相報導教育部所公布的國際學術論文排名中，以政治大學為首的人文社會型等大學都遠遠落於其他理工大學之後，這種向理工與期刊論文傾斜的政策，持續對臺灣人文社會學科的發展產生重大影響。

　　相對之下，中國大陸高教也存在類似問題。從中國高教的發展實踐經驗看，普遍存在著「在理論上偉大，但蒼白和微弱」等問題（Hwang, 2016b）。在中國現代學術界有三個明顯的問題，例如：在 1949 年之前，中國學者從美國和其他歐洲國家學會了分散和缺乏系統性的理論研究。從 1949 年到 1979 年間從蘇聯片面學會蘇式論述。1979 年以後，則是從西方理論急切的吸收與仿效，但缺乏融會貫通的全盤理解與選擇性借用，在許多人文與社會科學的學術研究，缺少創新理論的建構與對外國理論質疑和批判反思。加上，近年來高等教育政策也深受世界百大排行的影響，許多 211 與 985 等名牌大學，也紛紛進行管理體制改革，採取重視 SCI 或 SSCI 出版物等評估系統。形成上述與臺灣類似的研究困境，並大量複製西方研究範例及研究理論，更重要的出現了與本土社會問題等隔閡現象，許多研究問題雖然是從本地社會現實出發，但研究結果卻不能解決本身的社會問題（Lin, 2011）。

　　臺灣和中國大陸的高等教育也許各有不同的體制、不同的發展階段與類

型，但兩者所面臨學術殖民的危機，卻顯然大同小異。無論是 Li（2016）或蔣凱等人（Jiang & Xu, 2015）的研究都指出，大陸高教在引用上述論文出版作為學術指標，都對高教研究取向與學術氛圍產生重要影響，尤其對於人文社會領域的不利影響，更加顯著。對於學術界人士的專業文化（professional culture）、學科文化（disciplinary culture）與組織文化（organizational culture），都出現學術人格上的異化問題。

結語

1956 年英國科學與小說家 C. P. Snow（1905-1980）在《兩種文化》（*The Two Cultures*）一書中，陳述長久以來劍橋與牛津等傳統大學「文、理隔閡」的問題，當時這些著名大學教授仍維持在著正式禮服、集體用餐的傳統。席間出現文、理教授座位涇渭分明，只談各自話題，彼此間毫無交集的情形。為此 Snow 提出「兩種文化」概念，認為應加強文、理兩個領域的溝通與交流，尊重彼此各自領域特性，容許雙方不同的專業分工與想法（Snow, 1993）。

直到今日，Snow 兩種文化的隔閡依然存在於臺灣社會，在大學中的文、理科系依舊涇渭分明，尤其是理工領域享有愈來愈多的資源與發言權，早已是不爭的事實。例如在各種獎勵補助上，這些學科一方面佔有配合甚至開創國家建設與經濟發展的優勢，可以透過許多名義申請到各種儀器設備等資源，另外還享有科學無國界的特色，容易以外文（如英文）與計量形式來發表。尤其近年來東亞地區，包括臺灣與中國大陸在內的大學，受到全球化、市場化與標準化等三方面影響，大量採用所謂科學化計量指標，來代表學界的效能與生產力。

由於人文社會科學與自然科學兩者間所存之懸殊差異，在學術評鑑上，自應有不同的考量，主管單位更不宜套用自然科學的標準。尤其兩岸的人文社會領域界長期受到西方學術殖民的影響，當前以英文發表學術論文的評鑑取向，往往背離了華人文化傳統與特定社會情境的需求。在全球化的衝擊中，人文、社會科學尤應從本國社會與國情為研究背景，不應侷限於歐美之價值觀，而忽略華人教育特有的優勢與價值。

參考文獻

周祝瑛、吳榕峰、胡祝惠（2011）。SSCI 下的人文社會領域學術評鑑：以國立政治大學為例。**比較教育**，**70**，33-58。

周愚文（2001）。**中國教育史綱**。臺北：正中書局。

黃俊傑（2003）。**傳統儒家教育與現代大學生活**（演講大綱）。2007 年 5 月 4 日，取自 http://www.ntnu.edu.tw/aa/aa5/92.1.2article.doc

黃光國（1988）。**儒家思想與東亞現代化**。臺北：遠流出版公司。

黃光國（2005）。**儒家關係主義──文化反思與典範重建**。臺北：臺大出版中心。

黃慕萱（2007）。**社會科學者學術評鑑之研究：以經濟學者與社會學者為例（二）**。行政院國家科學委員會專題研究報告（NSC 95-2413-H-002-006）。

Chou, C. P. (Ed.). (2014). *The SSCI syndrome: A local or global phenomenon?* Netherland: Sense Publishers.

Chou, C. P., & Ching, G. (2012). *Taiwan education at the crossroad: When globalization meets localization.* New York: Palgrave Macmillan.

Chou, C. P., & Spangler, J. (Eds.). (2016). *Chinese education models in a global age.* Singapore: Springer.

Deng, W. (2016). Chinese higher education model in change: Negotiation with western power. In C. P., Chou & J. Spangler (Eds.), *Chinese education models in a global age* (pp. 121-132). Singapore: Springer.

Hwang, K.-K. (2016a). Academic self-colonization and the crisis of higher education in Taiwan and Mainland China. In C. P., Chou J. Spangler (Eds.), *Chinese education models in a global age* (pp. 77-86). Singapore: Springer.

Hwang, K.-K. (2016b). From cultural rehabilitation to cultural renaissance: Through the education of indigenous social science. In C. P., Chou & J. Spangler (Eds.), *Chinese education models in a global age* (pp. 87-101). Singapore: Springer.

Jiang, K., & Xu, X. (2015). *Faculty's attitudes and responses to the SSCI fever: A case study of a research university in China.* Presentation in Washington D.C. (March 12, 2015).

Li, J. (2016). The Chinese university 3.0 in a global age: History, modernity, and future. In C. P.

Chou & J. Spangler (Eds.), *Chinese education models in a global age* (pp. 15-35). Singapore: Springer.

Lin, C. (2011). The construction of subjectivity: A theory of Enlightment based on Chinese Experience. *Chinese Social Sciences Quarterly* (in Chinese), *37*, 41-43.

Snow, C. P. (1993). *The two cultures*. UK: Cambridge University Press.

Spangler, J. (2016). Chinese education models in a global age: Myth or reality? In C. P., Chou & J. Spangler (Eds.), *Chinese education models in a global age* (pp. 337-354). Singapore: Springer.

Stevenson, H., & Stigler, J. (1994). *The learning gap: Why our schools are failing and what we can learn from Japanese and Chinese educaton?* New York: Simon & Schuster.

Tan, C. (2013). *Learning from Shanghai: Lessons on achieving educational success*. Singapore: Springer.

附錄三　當東方遇到西方：華人教育呈現何種景觀

──訪臺灣政治大學教授周祝瑛[1]

楊桂青

　　虎媽、狼爸、貓爸……華人教育有多少種可能性？在世界各地，華人教育遇到了哪些問題，發生了哪些改變？散在各地、多姿多彩的華人教育，對我們當前的教育改革有什麼啟示？政治大學教授周祝瑛近期所開展的全球華人教育模式研究，給我們帶來不少啟發。

探究華人教育的多種可能性

記者：針對中國學生學業壓力重、應試壓力大等現象，不少學者建議，在進行教育改革時，要增加個別化教育、減少考試壓力等。您認為這樣的做法是否有效？

周祝瑛：

　　我看到，整個中國教育改革好像在「拔河」，一面是學生升學考試的壓力，一面是政府希望減少學生升學考試的壓力，這兩方面在「拔河」。

　　減少學生的升學考試壓力也是臺灣教育改革二十多年來一直在努力做的事。因為幾乎所有的學生問題，比如對學習感到困倦、學習負擔過重等，都與此有關。大家認為，只要把升學考試變簡單，甚至是增加學校數量以後，學生就可以減輕負擔。只要減輕負擔，只要有快樂學習，只要引進一些更靈活的教學，教育問題就會迎刃而解。

1　本文刊於 2016 年 10 月 27 日，中國教育新聞網──中國教育報。

　　按照這樣的想法，臺灣進行了教育改革，比如，大學入學考試由過去的筆試變成了多元入學，擴充了大學數量。比方說，儘管大學入學考試總共有兩次，兩次起來，平均錄取率超過 83%，可是考試壓力與教育問題依然沒有解決，為什麼？

記者：這與您研究全球華人教育模式有關係嗎？

周祝瑛：

　　我們恰恰是因此而開始研究並出版了《華人教育模式：全球化視角》（英文版）。做這項研究，我有這樣幾方面的考量：

　　第一，近幾年中國經濟與政治實力的崛起，加上華裔學生學業成就出色，愈來愈多的人開始關注教育與中國日漸興起的關聯。我想看看中國大陸和港、澳、臺地區以及世界各地的華人教育是怎麼樣的，有沒有什麼特別的模式。

　　第二，當華人到了其他地方成為「少數民族」，必須調整教育方式以符合當地社會需求，與當地社會融合的時候，華人教育模式會做什麼樣的改變。

　　第三，我 1993 年 10 月份第一次來北京，到現在 23 年了。我看到中國大陸經濟社會各方面發生了很大變化，當然也有一些方面沒有多大改變。在變與不變當中，教育到底扮演了什麼角色？家長、學校、教學、課程甚至教育目標等，做了什麼樣的調整？

　　第四，在不同的國家、不同的社會，華人教育是否還秉持著「萬般皆下品，唯有讀書高」這樣的概念，還是發展出了不同的價值體系，甚至可以融合當地優點，創造出新的樣態？

記者：這項研究大概涉及哪些方面的內容？

周祝瑛：

　　當時我向全世界的有關學者發邀請函，後來真正來參與的有 27 位學者，共撰寫23章，涉及9個國家和地區的華人教育，比如：紐西蘭、澳洲、美國、加拿大、馬來西亞、新加坡、菲律賓和臺灣等。從十八世紀談到當代，探討高教發展、網路學習、華人中學生 PISA 成績、雙語教學、數學和大學排行等。

華人教育是很有韌性的

記者：當東方遇見西方，華人教育發生了什麼狀況，遭遇了哪些困難，產生出
　　　什麼樣的結果？華人教育模式有哪些特徵？

周祝瑛：

　　華人教育是不斷在變動的，不斷修正、檢討，隨著時代、地域的變化而調整自己。華人教育是很有韌性的，總是能夠想盡辦法去適應不同的環境。

　　華人教育的第一個特色是，家長非常務實，引導孩子從比較務實的角度去學習、發展，包括前途、就業、人生等的方面。所以從這一角度來看，父母與孩子之間比較容易起衝突。

　　華人家長傾向於認為透過好的教育，可以取得 better skills、better jobs、better lives，就是說，更好的技能就有更好的工作，更好的工作就有更好的生活。我覺得這個概念不一定是對的。好的工作真的會有好的生活嗎？不盡然啊。如果大家都從事高科技的工作，那請問家裡的馬桶壞了誰來修，垃圾誰來清理？

　　第二個特色是，華人教育一直處於不斷調整過程中。中國大陸的教育自十八世紀以來，受過德國、法國、日本、美國、蘇聯等國教育的影響，海外華人教育則一直要適應當地的教育理念、課程。

　　第三個特色是，華人教育經過不同的社會情境脈絡，延伸出不同的社會需求，具有豐富多樣的樣態。

　　比如，多倫多的華人教育可能跟紐西蘭的華人教育不一樣，就像中國大陸上海的學校不同於寧夏的學校一樣。

　　再比如，馬來西亞的獨立中學是有特色的制度，在「排華」的情況之下，馬來西亞的華人更團結。菲律賓對華人表面上採取比較「無為而治」的態度，反而使華人失去了「戒心」，與當地文化融合，弱化了中文教育。這是華人的一個特點，就是在遇到艱苦環境的時候，容易心生警惕，團結起來。如果在一個比較鬆散的環境之下，反而沒有那種警覺性，沒有去強調中文教育。

至於紐西蘭華人對傳統文化的保存採取實用主義態度，因為懂中文將來就業前景較好，所以家長會迫使孩子去學習。

從某種意義上說，海外各種華人教育模式與其說是學校教育的模式，不如說是透過家長、家庭教育而展現出來的教育特色。

華人教育促進中華文化不斷精進

記者：透過比較研究不同的華人教育模式，華人教育有哪些優點，在哪些方面
　　　做得更好？

周祝瑛：

華人特別重視教育，尤其是以華人為主的這些國家或地區，特別重視教育，所以它的整個教育制度，是建構在一個很重視教育的社會氛圍或者社會結構中的。從某種程度上說，不管在哪個社會裡，教育始終是每個人「出頭」、超越的憑藉，是成功的象徵。在海外的華人地區，尤其是當一個人剛移民到海外的時候，幾乎什麼東西都缺，只有靠教育來突破圍城，靠教育來與主流文化對話，靠教育來顯示自己在新環境裡也能夠出人頭地。進入當地的大學，就意味著更廣的人脈、更多的校友關係、更多的發展機會。

華人重視教育的特質，使得中國教育不斷配合社會變遷，一方面延續傳統，使人倫關係深植人格中；另一方面涵化其他文化的精髓，促進中華文化不斷精進與進步。

記者：外國人對華人重視教育的特點有何評價？

周祝瑛：

我想舉這樣的例子來說明這個問題。美國密西根大學的斯蒂文森（Harold W. Stevenson）和加州大學的斯丁格勒（James W. Stigler）在 1980、1990 年代研究了美國、日本和臺灣的教育，寫成《學習的鴻溝：為什麼我們的教育失敗了，我們能向日本和華人的教育學習什麼》一書。他們說，華人地區的家庭，都會有一個小小的書房，即使沒有能力擁有一個書房，也會想辦法擠出一張書

桌，再放一個書架。孩子們放學後寫功課、念書，這是理所當然要做的事情。而這種在家裡從小培養出來的讀書氛圍，在很多文化與社會中是沒有的。

這是華人心裡根深蒂固的概念。這與儒家傳統很有關係，讀書愈「高」，就可以成為士大夫階級，就可以精忠報國、建功立業等思維有關。不管是否是知識分子，華人普遍總有這樣的情結，好像這是與生俱來的、融在血液裡的一個信念。

記者：有沒有其他國家的家長也是這樣重視教育的？
周祝瑛：

華人父母對孩子的教育是在所不惜的，在這一點上，全世界可以與我們相匹配的大概只有猶太人。猶太人為了子女的教育，可以犧牲假期，節衣縮食。我們則是「再窮也不能窮教育，再餓也不能餓孩子」。

記者：在與其他文化的激盪中，華人教育模式有沒有體現出一些缺點來？
周祝瑛：

華人教育的缺點是過猶不及。因為孩子的生活幾乎全部圍繞著學習轉，而且學習就是學那些考試科目。這樣一來，他的生活經驗、各種技能就會相對不足，對外面的世界的關心與其他文化中學生的生活經驗與技能相比，就明顯有差距。

在西方比較先進的國家，孩子的成長過程是比較均衡的。他們認為，學習只是生活的一部分，所以學生下午三點放學之後，去打工、游泳運動，做別的事情。而在海外華人地區，下午三點以後還要讓孩子上很多補習課，補習 SAT 或托福，或者上才藝課等，幾乎將孩子所有的時間都塞滿，父母才安心孩子不會輸在起跑點。

也正因為如此，我們的學校教育強調競爭，因為高度的競爭，有一些孩子就會產生學習與生活上的疏離，表現差的學生會自慚形穢的缺乏自信心。因為競爭，一些孩子的多元智慧被遮蔽。這種太過片面化的追求升學價值觀，會影響孩子身心的均衡發展。拿最近的例子來說，華人中近視眼特別多，「低頭

控」、手機族現象特別嚴重，可能與上述現象有關。

記者：華人中低頭族、手機族現象要比其他族裔多嗎？為什麼會這樣？

周祝瑛：

　　可能是因為，一是我們的社會網路通路特別發達，二來上網可說是一種逃避，三是我們的教育過程中，很少教孩子怎麼生活，包括怎麼休閒，比如要有良好的運動習慣、有良好的嗜好與藝術賞析能力等。我們甚至教出了很多缺乏自信、不了解自己、不懂得玩的小孩與成年人。

記者：這會帶來什麼遺憾？

周祝瑛：

　　在這樣的環境中，我們很少出現很好的工匠，甚至一流的音樂家、一流的發明家。

　　與此相關聯的一個現象是，華人圈對職業教育的認同程度和重視程度比較弱。拿高中生來說，根據最近的一項國際研究指出，芬蘭高中生的技能是世界上最強的，動手能力在其他國家的高中生之上。我在日本教書的時候，發現芬蘭大學生和日本大學生很不一樣。我每出一個作業題目，日本學生就是「唉……」很不情願，而芬蘭學生就說「好啊，好啊！」很有興趣，覺得很有挑戰性。芬蘭學生通常下午兩、三點就放學的，日本學生則和我們的學生一樣，讀書到很晚。

　　很早我們就把小孩子在知識上餵得太飽了，沒有留給他自我探索的空間。

記者：在海外華人那裡，家庭教育是傳承中華傳統文化的關鍵。靠家庭來傳遞的這種文化，到了第三代可能就不一樣了。在海外華人教育裡面，文化認同會不會受到一些挑戰？

周祝瑛：

　　一個人移民到國外，一定有很多原因，比如希望尋求不一樣的生活、希望孩子避開升學考試的壓力等等。

可是另外一方面他又希望，自己的兒女能夠保存他所曾經擁有過的文化傳統，比如尊師重道、懂中文並掌握雙語甚至三語，能夠更好地發展等。所以，海外的華人家長心裡充滿了矛盾情結。

成功的教育改革不是一套一套搬來的

記者：您對中國教育「走出去」有什麼建議？

周祝瑛：

我覺得「南橘北枳」，很多東西是沒有辦法生搬硬吞的，尤其是學校教育。教育必須跟當地的社會文化、社會期待、社會情景、社會需求，包括自然環境的條件等等結合在一起。

斯蒂文森和斯丁格勒看到我們的教師訓練得這麼好，學生這樣有禮貌，整個社會這麼重視教育，父母的期待、孩子的努力、不要放鬆等價值觀，讓他們覺得亞洲教育很值得借鑑。可是當把這項研究拿到美國家長面前的時候，很多美國家長並不感到羨慕。對於孩子的成長來說，教育並不是唯一的，教育不是一切，更重要的是生活，所以杜威才會說「教育即生活」。教育要讓孩子學會怎麼生存在這個世界上，怎麼快樂，怎麼悲傷，怎麼與人相處，遇到問題時知道怎麼解決。

記者：您覺得最好的華人教育模式，應該是什麼樣子的？

周祝瑛：

我覺得沒有最好的，應該說最適合當地需求的，也是最自在的。所以我們也不要去硬搬、移植什麼制度過來。

因此，教育一定要跟當地的土壤結合在一起。搬過來也是可以的，但要考慮本地情景，不斷去調整、修正、優化，這樣才能長久。比較成功的改革，應該不是一套一套搬過來，這樣沒辦法長久。我曾寫過《誰捉弄了台灣教改？》等一系列的書，就是探討過去二十多年臺灣的教改，如何走過很多模仿國外制度的冤枉路，值得借鏡。

現在大家慢慢體會到，其實並不是外國的月亮圓，只是因為受不同環境的影響而已。教育更是如此。

從全球華人教育模式的研究中，可以歸納出所有華人的教育系統，確實存在一定程度上的關聯性，但也從中發現許多共同的優點與缺陷，建議未來可以透過更多華人教育模式的個案與比較，提供更深入具體的研究結果，對世界其他地區做出更多的教育貢獻。

國家圖書館出版品預行編目（CIP）資料

華人教育模式：全球化視角／周祝瑛, 錫東岳,
魯嬪文主編. -- 初版. -- 新北市：心理, 2018.10
面；　公分. --（教育願景系列；46031）
譯自：Chinese education models in a global age
ISBN 978-986-191-835-8（平裝）

1. 教育史　2. 中國

520.192　　　　　　　　　　　　　　107013049

教育願景系列 46031

華人教育模式：全球化視角

主　　　編：周祝瑛、錫東岳、魯嬪文
執 行 編 輯：林汝穎
總 編 輯：林敬堯
發 行 人：洪有義
出 版 者：心理出版社股份有限公司
地　　　址：231 新北市新店區光明街 288 號 7 樓
電　　　話：(02) 29150566
傳　　　真：(02) 29152928
郵撥帳號：19293172　心理出版社股份有限公司
網　　　址：http://www.psy.com.tw
電子信箱：psychoco@ms15.hinet.net
駐美代表：Lisa Wu（lisawu99@optonline.net）
排 版 者：辰皓國際出版製作有限公司
印 刷 者：辰皓國際出版製作有限公司
初版一刷：2018 年 10 月
Ｉ Ｓ Ｂ Ｎ：978-986-191-835-8
定　　　價：新台幣 500 元